WAKE UP NOW OR NEVER
(Break Bad Habits & Transform Your Life)

Arjun Maurya

Title: Wake Up: Now or Never

Author: Arjun Maurya

ISBN : 978-93-5810-691-6

DISCLAIMER

Nature of Work & Characterization: This is a work of fiction and personal philosophy. All names, characters, businesses, places, events, and incidents are either the products of the author's imagination or used in a fictitious manner. Any resemblance to actual persons, living or dead, or actual events is purely **coincidental**. The author and publisher do not assume any legal responsibility for such similarities.

Religious & Philosophical References: This book includes references to various religious scriptures, verses (dohas), and philosophical teachings for **educational and informational purposes** only. The intent is to provide wisdom and guidance to the readers. The author holds the highest respect for all religions, castes, and beliefs; there is absolutely no intention to offend, disrespect, or hurt the sentiments of any individual, group, or community.

Limitation of Liability: The information provided in this book is based on the author's research and personal experiences. It is intended for self-help and motivational purposes. While every effort has been made to ensure accuracy, the author shall not be held liable for any loss or damage arising from the use of the information contained herein. Any perceived offense is deeply regretted and unintentional.

Jurisdiction & Legal Actions: By reading this book, the reader agrees that the author shall not be subject to any **legal proceedings** or defamation claims based on the content of this work. Any disputes arising shall be subject to the exclusive jurisdiction of the courts in **Prayagraj, Uttar Pradesh, India**.

CONTENTS (विषय-सूची)

INTRODUCTION: MY STORY (मेरी कहानी)

क्या आप भी अपनी काबिलियत के बोझ तले दबे हुए हैं? अक्सर हम जानते हैं कि हमें क्या करना चाहिए, लेकिन हम वही करते हैं जो हमें आसान लगता है। यह किताब किसी लाइब्रेरी में बैठकर लिखे गए सूखे सिद्धांतों का संकलन नहीं है। यह मेरे अपने जीवन के उन उतार-चढ़ावों, कड़वी गलतियों और रातों की बेचेनी का निचोड़ है, जिनसे लड़कर मैंने 'जागना' सीखा। मैंने अपने आसपास के लोगों को देखा—कुछ को शिखर छूते हुए और कुछ को अपनी ही आदतों के जाल में फंसकर असफल होते हुए। मैंने इन गलतियों को गहराई से महसूस किया जो लोग बार-बार दोहराते हैं और फिर किस्मत को दोष देते हैं।

इस किताब का एक-एक शब्द मेरे निजी अनुभवों की भट्टी में तपकर निकला है। मैंने अपनी और दूसरों की असफलताओं से जो सीखा, वही रास्ता आज मैं आपके सामने रख रहा हूँ। हो सकता है कि इस किताब में दी गई कहानियाँ और किरदार काल्पनिक हों, लेकिन उनके पीछे छिपी भावनाएँ और अनुभव १००% असली हैं। ये वही कड़वे सच हैं जिनका सामना मैंने खुद किया और जिनसे सीखकर मैं असफलता के अंधेरे से निकलकर सफलता की रोशनी की तरफ बढ़ सका। अगर आप भी अपनी उन गलतियों को सुधारना चाहते हैं, जिन्हें आप जानकर भी अनसुना कर देते हैं... तो आइए, मेरे साथ इस सफ़र पर चलिए। यह जागने का समय है— ***Wake Up*: *Now or Never*.**

जैसे-जैसे आप इस किताब के पन्नों को पलटेंगे, आप खुद को एक ऐसे रूपांतरण (*Transformation*) के केंद्र में पाएंगे जहाँ पुराने 'कल' का जाल हमेशा के लिए कट जाएगा। हम साथ मिलकर समझेंगे कि कैसे स्मार्टफोन और सोशल मीडिया का यह अदृश्य मायाजाल हमें अपनी ही दुनिया में गुलाम बना रहा है और कैसे अपनी एकाग्रता (*Focus*) को वापस छीनकर उसे एक 'सुपरपावर' में बदला जा सकता है। आप महसूस करेंगे कि समय रेत की तरह हाथ से नहीं फिसल रहा, बल्कि वह एक ऐसी शक्ति बन गया है जिसे आप अपनी मर्ज़ी से मोड़ सकते हैं। हम उस मानसिक कारागार के दरवाज़े खोलेंगे जहाँ अति-चिंता और बीते कल का पछतावा आपको रोके हुए है।

यह सफ़र आपको सिर्फ अनुशासन या हैबिट्स ही नहीं सिखाएगा, बल्कि आपके भीतर उस ओज और ऊर्जा को जगाएगा जिसे अक्सर हम आधुनिक सुख-सुविधाओं की भेंट चढ़ा देते हैं। हम अमीर दिखने और असलियत में अमीर होने के बुनियादी फर्क को समझेंगे और करियर के उस रणनीतिक संतुलन को खोजेंगे जहाँ आपका पैशन और हकीकत एक-दूसरे से हाथ मिला सकें। आप सीखेंगे कि कैसे एक प्रभावशाली व्यक्तित्व का निर्माण किया जाता है—कैसे दुनिया से बात की जाती है, कैसे लोगों के दिलों में अपनी जगह बनाई जाती है और बिना किसी कड़वाहट के

नेतृत्व (*Leadership*) कैसे किया जाता है। अंत में, यह किताब आपको एक ऐसे मुकाम पर खड़ा कर देगी जहाँ आपकी पुरानी बुरी आदतें पीछे छूट चुकी होंगी और आप एक वैश्विक शिष्टाचार (*Global Etiquette*) से लैस, एक आधुनिक और प्रभावशाली 'वर्जन' के रूप में दुनिया के सामने होंगे........|

कल का जाल (The “Tomorrow” Trap)

रात के 11 बज रहे थे। एक छोटा सा घर, जिसके ठीक सामने वाले खंभे पर मरकरी लाइट जल रही थी। उस घर के एक छोटे से कमरे के अंदर, स्टडी टेबल पर रखा। लैम्प किसी जलती हुई उम्मीद की तरह चमक रहा था। लैम्प की पीली रोशनी फ़िज़िक्स की किताब के पन्नों पर पड़ रही थी, लेकिन अमन की आँखें फ़िज़िक्स की किताब के पन्नों के बीच मानो जम सी गई थीं, और उसका दिमाग बॉम्बे के उन हरे-भरे आईआईटी कैंपस की गलियों में दौड़ रहा था। वह मानो सपनों की एक अलग ही दुनिया में खोया हुआ था।

कुछ महीनों बाद उसके सामने जिंदगी की सबसे बड़ी चुनौती थी—*IIT-JEE* की परीक्षा। वह अपनी आँखों को बंद करता, तो उसे आईआईटी के किसी सुनहरे कैंपस में खुद को चलते हुए महसूस होता। उसके सामने रखी किताब बस इस इंतज़ार में थी कि कब अमन इन कोरे सपनों से बाहर निकले और उसे हकीकत में बदलने की मेहनत शुरू करे।

अब अमन के कमरे का दरवाजा धीरे से खुलता है। उस आवाज़ से अमन के सपनों का महल अचानक टूट जाता है और वह अपनी कल्पनाओं की दुनिया से बाहर आता है। उसकी माँ ‘लक्ष्मी’, हाथ में गरम दूध का गिलास लेकर खड़ी थीं। उनकी आँखों में अमन के भविष्य को लेकर एक अजीब सी उम्मीद और थकान दोनों थी।

अमन ने दूध का गिलास मेज पर रखा। माँ ने ममता भरे हाथों से अमन के सिर को सहलाया और धीमे स्वर में कहा—“दूध पीकर समय पर सो जाना बेटा, अपनी सेहत का भी ध्यान रखना।” अमन ने माँ की आँखों में झाँककर आत्मविश्वास के साथ कहा—“बस ये दो चैप्टर पूरे करके ही सोऊँगा माँ, आप चिंता मत करो।” माँ मुस्कुराईं और कमरे से बाहर चली गईं।

अमन ने मन ही मन एक लोहे जैसा संकल्प लिया—“आज ये दो चैप्टर खत्म करके ही दम लूँगा!” लेकिन नियति को कुछ और ही मंजूर था। ठीक उसी पल, उसके मोबाइल की ‘टिंग’ ने

कमरे के सन्नाटे को चीर दिया। वह मोबाइल की नीली रोशनी मानो किसी शिकारी की आँखों की तरह अमन को अपनी तरफ खींच रही थी।

अमन का दिमाग उससे फिर झूठ बोला— "हो सकता है कोचिंग ग्रुप में कोई जरूरी नोट्स आए हों।" लेकिन जैसे ही उसने काँपते हाथों से फोन उठाया, वहाँ कोई नोट्स नहीं, बल्कि इंस्टाग्राम की एक रील का लिंक था। अमन ने सोचा, "सिर्फ 30 सेकंड की ही तो बात है..."

वह 30 सेकंड का 'झूठ' कब 2 घंटे के 'जहर' में बदल गया उसे पता भी नहीं चला। अचानक अमन की आँखों में एक तीखी जलन हुई। उसने चौंककर सामने रखे आईने में देखा— उसकी आँखें किसी अपराधी की तरह लाल हो चुकी थीं। जब उसने घड़ी की तरफ देखा, तो उसके पैरों तले जमीन खिसक गई। रात के 1 बज चुके थे और फिज़िक्स की किताब का एक पन्ना भी नहीं पलटा गया था।

"कल की मीठी लोरी" (The Sweet Lullaby of "Tomorrow")

अमन ने आईने से नज़र हटा ली। वह खाली दिमाग और भारी दिल के साथ अपनी मेज पर वापस बैठता है और पढ़ने की कोशिश करता है, मगर मानो उसके दिमाग की नसों की एक कड़ी उसे वापस उन रील्स के फ्लैशबैक में ले जा रही होती है और अमन के मन को एक अलग सा एहसास दिलाती है। वह फ़िज़िक्स की किताब मानो अमन का मजाक उड़ा रही हो।

अमन के मन में एक चीख उठी, "मैंने ये क्या कर दिया? काश... काश मैंने वो दो घंटे पढ़ लिए होते, तो आज का टारगेट पूरा हो जाता। मैं इतना कमजोर कैसे हो सकता हूँ?"

लेकिन तभी उसके दिमाग ने अपना सबसे खतरनाक हथियार निकाला— '*Self-Forgiveness with a condition*' (शर्त के साथ माफी)।

अमन ने एक लंबी सांस ली और खुद को दिलासा दिया, "कोई बात नहीं अमन। जो हो गया सो हो गया। बीती ताहि बिसार दे, आगे की सुध ले। आज का दिन खराब गया, पर कल...

कल सब बदल जाएगा। कल सोमवार भी है और एक नई तारीख भी। कल सुबह ठीक 4 बजे उठूँगा। उठते ही पहले योग करूँगा, फिर वर्कआउट और एक हेल्दी नाश्ता। उसके बाद सूरज ढलने से पहले ये दो चैप्टर और अगले तीन चैप्टर, यानी कुल पाँच चैप्टर खत्म करके ही दम लूँगा।"

जैसे-जैसे वह ये सुनहरे सपने बुन रहा था, उसके सीने का बोझ कम होने लगा। उसने एक नई कोरी शीट निकाली और बड़े-बड़े अक्षरों में एक '*New Time Table*' लिखना शुरू किया:

4:00 *AM - Wake Up*

4:30 *AM - Yoga/Exercise*

5:30 *AM - Heavy Study Session…*

वह टाइम टेबल नहीं, बल्कि अपनी नाकामियों को ढकने वाला एक पर्दा था। उस कागज को दीवार पर चिपकाते ही अमन को एक अजब सा सुकून महसूस हुआ। उसे लगा जैसे उसने आधी जंग तो जीत ली है। वह उसी सुकून के नशे में बिस्तर पर लेट गया और अपनी आँखों में '**कल**' के सुनहरे सपने लेकर सो गया। उसे अहसास भी नहीं था कि वह एक बार फिर '*The* ***Tomorrow Trap*'** **(कल के जाल)** में फँस चुका है।

"मोह सकल ब्याधिन्ह कर मूला।

तिन्ह ते पुनि उपजहिं बहु सूला।।"

(गोस्वामी तुलसीदास: श्रीरामचरितमानस, उत्तरकाण्ड)

अर्थ: तुलसीदास जी कहते हैं कि 'मोह' (अज्ञानता या खुद को धोखा देना) ही सभी मानसिक बीमारियों की जड़ है। और इसी मोह से 'शूल' यानी बहुत सारे दुःख पैदा होते हैं।

अमन को अपनी नींद और अपने मोबाइल से 'मोह' हो गया है। उसे लग रहा है कि वह आराम कर रहा है, लेकिन असल में वह अपने भविष्य के लिए 'शूल' (काँटे) बो रहा है।

सोमवार की सुबह: संकल्प की हार (*Monday Morning: The Death of Resolve*) सुबह के ठीक 4 बजे। मेज पर रखे फोन का अलार्म एक चीख की तरह गूँज उठा। अमन ने नींद के भारीपन में आँखें मूंदकर हाथ बढ़ाया। उसके दिमाग ने तुरंत एक नया तर्क (आर्ग्युमेंट) पेश किया— "अमन, रात को सोते-सोते 2 बज गए थे। अगर अभी उठ गया तो दिन भर सिर भारी रहेगा, पढ़ाई वैसे भी नहीं होगी। नींद भी तो जरूरी है, शरीर मशीन थोड़ी है?"

यह '*Biological Justification*' (जैविक सफाई) थी। अमन ने '*Snooze*' बटन दबाया और चादर तान ली। उधर रसोई में उसकी माँ लक्ष्मी ने सोचा—"मेरा बेटा रात भर पढ़ा है, थक गया होगा, उसे सोने देती हूँ।" माँ की ममता अनजाने में अमन के आलस की ढाल बन गई।

जब अमन की आँख खुली, तो दीवार घड़ी पर 10:00 बज रहे थे। कमरे में धूप फैल चुकी थी। जागते ही उसके सीने में एक 'हल्का सा पछतावा' (माइनर रिग्रेट) उठा, लेकिन उसके '*Amygdala*' (दिमाग का वह हिस्सा जो भावनाओं को कंट्रोल करता है) ने तुरंत उसे शांत कर दिया— "कोई बात नहीं, रात की कसर सुबह की नींद ने पूरी कर दी। अब तरोताजा होकर पढ़ाई करेंगे।"

नहाने, नाश्ता करने और 'पढ़ाई का माहौल' बनाने में दोपहर का 1:00 बज गया। मेज पर बैठते ही अमन ने समय देखा, उसका पूरा जोश ठंडा पड़ गया।

उसने खुद से कहा— **"यार,** आज का आधा दिन तो वैसे ही निकल गया। अब शुरू करूँगा तो फ्लो नहीं बनेगा। आज का दिन 'वेस्ट' ही मान लेते हैं, थोड़ा बाहर घूमकर माइंड फ्रेश कर लेता हूँ ताकि कल से कोई '*Distraction*' न रहे। आज सही समय पर सो जाऊँगा तो कल सुबह 4 बजे पक्का... एकदम पक्का उठूँगा।"

'कल' की मौत और एक साल का सन्नाटा :

अमन सो रहा था, और उसके साथ-साथ उसकी किस्मत भी। वह सोमवार कभी नहीं आया जैसा अमन ने सोचा था। सोमवार, मंगलवार में बदला, और मंगलवार 'अगले हफ्ते' में।

जब हफ्ता बीत गया, तो अमन ने खुद को तसल्ली दी— "कोई बात नहीं, महीने की पहली तारीख से एक नई शुरुआत करेंगे।" लेकिन पहली तारीख आई और चली गई, मोबाइल की रील्स और 'कल' के झूठे वादों के बीच। फिर साल का अंत आया, तो उसने सोचा— "यह साल तो खराब हो गया, अब नए साल से इतिहास लिख दूँगा।" धीरे-धीरे कैलेंडर के पन्ने पलटते रहे, लेकिन अमन की किस्मत का पन्ना वहीं रुका रहा।

आखिरकार, वह तारीख आ गई जिससे अमन भाग रहा था। आज *IIT-JEE* का पेपर था। अमन परीक्षा हॉल में बैठा था, सामने प्रश्न-पत्र रखा था। उसने पहली लाइन पढ़ी, फिर दूसरी... उसे ऐसा लगा जैसे उसके दिमाग का स्विच किसी ने बंद कर दिया था। उसे याद आ रहा था वह मैसेज जिसके चक्कर में उसने पूरी रात बर्बाद की थी।

अमन की आँखों के सामने धुंध छा गई। उसके पास अब 'कल' नहीं बचा था। 'आज' था, और वह खाली हाथ खड़ा था। उसने अपनी जिंदगी का सबसे कीमती साल एक 'झूठे वादे' की भेंट चढ़ा दिया था।

एक दूसरी दुनिया :

उसी शहर की एक दूसरी गली में, एक और कमरा था जहाँ रात के 11:30 बज रहे थे। यह कमरा था 'आर्यन' का। हालात बिल्कुल अमन जैसे ही थे— सामने फ़िज़िक्स की खुली किताब, कुछ दिनों बाद वही आईआईटी की परीक्षा और सुनहरे सपने।

अचानक सन्नाटे को चीरते हुए आर्यन के फोन की स्क्रीन भी चमकी। एक नोटिफिकेशन! उसके किसी दोस्त ने एक 'वायरल रील' भेजी थी। आर्यन का हाथ अनजाने में फोन की तरफ बढ़ा। उसके दिमाग में भी उसी 'डोपामाइन' ने दस्तक दी, जिसने अमन को बर्बाद किया था।

लेकिन यहाँ कहानी बदल गई।

जैसे ही आर्यन की उंगलियों ने ठंडे स्मार्टफोन को छुआ, उसके दिमाग में एक 'अलार्म' बजा। उसने फोन उठाया, लेकिन उसे अनलॉक नहीं किया। उसने स्क्रीन पर चमकते उस नोटिफिकेशन को देखा और खुद से एक कड़वा सवाल पूछा—"क्या यह रील मुझे आईआईटी के गेट तक ले जाएगी?"

जवाब **'नहीं'** था।

आर्यन ने एक गहरी सांस ली। उसने फोन का पावर बटन दबाया और उसे स्विच ऑफ कर दिया। उसने उस 'ब्लैक मिरर' (फोन) को अपनी पहुँच से दूर, अलमारी के सबसे ऊपर वाले खाने में रख दिया। उसने अपने मन की उस आवाज़ को अनसुना कर दिया जो कह रही थी—"बस 5 मिनट देख ले, माइंड फ्रेश हो जाएगा।"

आर्यन वापस अपनी मेज पर बैठा। उसकी आँखों में भी जलन थी, थकान उसे भी हो रही थी। लेकिन उसने 'कल' का इंतज़ार नहीं किया। उसने अपनी किताब का पन्ना पलटा और खुद से कहा—"सिर्फ एक न्यूमेरिकल और (*Just one more numerical*)।"

जब अमन 'कल' के झूठे सुकून में सो रहा था, आर्यन 'आज' की कड़वी मेहनत में जाग रहा था। वह रात 1 बजे तक पढ़ा। जब वह सोने गया, तो उसके पास 'कल' के लिए कोई बड़ा टाइम-टेबल नहीं था, लेकिन उसके दिल में एक 'सच्चा सुकून' था कि उसने आज के दिन को जीत लिया है। आर्यन ने कोई भी बड़ा और झूठा वादा खुद से नहीं किया था, उसने सिर्फ आज पर ध्यान दिया। उसने अगले दिन का इंतज़ार नहीं किया।

आर्यन अपनी आईआईटी की परीक्षा में बैठा और उसने जब प्रश्न-पत्र को देखा तो उसके चेहरे पर एक हल्की और चमकती हुई मुस्कान थी, मानो कि उसे प्रश्न-पत्र नहीं बल्कि अपनी सफलता की चाबी मिल गई हो। और आखिरकार हुआ वही, आर्यन आईआईटी की परीक्षा में अव्वल आया। उसके पिता के पसीने की महक अब खुशबू में बदल गई थी। उसकी माँ की तपस्या का फल आर्यन को मिल चुका था और पूरा परिवार उस दिन खुशी से झूम उठा।

"सोचिए! अगर आप इनकी जगह होते, तो क्या बनना पसंद करते? वह 'अमन' जिसने अपने भविष्य और अपने माता-पिता के सपनों के साथ खिलवाड़ किया? या फिर वह आर्यन, जिसने मेहनत और आत्म-संयम के साथ अपने उज्ज्वल भविष्य की रचना की?

आप अपनी आँखें बंद करें और यह सवाल खुद से पूछें— 'क्या मैं आज जो कर रहा हूँ, वह सही है या नहीं?'"

आपके दिमाग की साजिश और 'कल' का मनोविज्ञान (*The Brain's Deception & The Science of 'Tomorrow'*)

अमन और आर्यन की कहानी पढ़कर शायद आपको लगा होगा कि अमन एक 'बुरा' लड़का है और आर्यन 'महान'। लेकिन सच यह है कि दोनों के पास एक जैसा दिमाग था। फर्क सिर्फ इतना था कि एक अपने दिमाग का गुलाम बन गया था और दूसरे ने उसका मालिक बनना चुना।

क्या अमन इस दलदल से बाहर निकल सकता था? क्या कामयाबी का यह हुनर सिर्फ कुछ 'खास' लोगों में होता है या यह हम सबके अंदर छिपा है? वह 'राज' क्या है जो एक इंसान को विजेता बनाता है और दूसरे को पछतावे की आग में झोंक देता है?

क्या इस 'कल' के जाल से सच में निकला जा सकता है, या जो इसमें एक बार फँस गया, वह हमेशा के लिए खो जाता है? आइए, इस मानसिक युद्ध के 'बैकग्राउंड' को समझते हैं जो आपकी नसों में दौड़ रहा है।

सफलता कोई 'जादू' नहीं, बल्कि 'ब्रेन-रीवायरिंग' है (*Success is Not Magic, it's Brain Rewiring*)

दोस्तों, सबसे पहली बात जो आपको समझनी होगी वह यह है कि— कामयाबी कोई 'ऊपर वाले की देन' या सिर्फ 'किस्मत का खेल' नहीं है। अमन और आर्यन के बीच जो फर्क था, वह उनके चरित्र का नहीं, बल्कि उनके दिमाग के 'न्यूरल पाथवेज' का था। हमारा दिमाग एक

प्लास्टिक की तरह है— इसे आप जैसा चाहें वैसा आकार दे सकते हैं। इसे विज्ञान की भाषा में '*Neuroplasticity*' कहते हैं।

अमन की गलती: उसने अपने दिमाग को 'आलस' और 'सस्ते मनोरंजन' की ट्रेनिंग दी थी। हर बार वह रील देखता, उसका दिमाग एक कदम और गुलाम बनता गया।

आर्यन का राज: उसने जानबूझकर अपने दिमाग को 'मेहनत' और 'फोकस' के लिए ट्रेन किया। उसने अपने दिमाग की वायरिंग बदल दी थी।

तो जवाब यह है— हाँ! इस जाल से निकला जा सकता है। यह हुनर सबमें है, बस शर्त यह है कि आपको अपने दिमाग के 'कंट्रोल रूम' में घुसना होगा। जो एक बार इसमें फँस जाता है, वह हमेशा के लिए नहीं खोता, बल्कि वह बस अपना रास्ता भूल जाता है। अगले कुछ पन्नों में हम उसी रास्ते का जीपीएस तैयार करेंगे।

डोपामाइन: खुशी का नहीं, 'लालच' का केमिकल (*The Dopamine Hijack*)

ज्यादातर लोग सोचते हैं कि *Dopamine* तब निकलता है जब हमें 'मज़ा' आता है। लेकिन विज्ञान कहता है कि *Dopamine* 'मज़े' से ज्यादा 'उम्मीद' (*Anticipation*) का केमिकल है।

अमन का ट्रिगर: जब अमन के फोन की लाइट जली, तो उसके दिमाग के एक खास हिस्से (*VTA - Ventral Tegmental Area*) ने *Dopamine* का एक तगड़ा झटका दिया। इस झटके ने अमन को यकीन दिलाया कि—"इस नोटिफिकेशन के पीछे कुछ बहुत जरूरी या मजेदार है।"

***The Cheap Dopamine Trap*:** सोशल मीडिया की 'रील' और 'शॉर्ट्स' को इसी तरह बनाया गया है कि वे आपके दिमाग को 'सस्ते डोपामाइन' का आदी बना दें। यह बिल्कुल वैसा ही नशा है जैसा ड्रग्स या जुए का होता है। जब आप रील देखते हैं, तो आपका दिमाग मेहनत (पढ़ाई) से मिलने वाले '*Long-Term Reward*' को भूलकर '*Instant Reward*' के पीछे भागने लगता है।

***Global Fact*:** सिलिकॉन वैली के इंजीनियर्स ने ऐप्स को '*Slot Machine*' की तरह डिज़ाइन किया है। हर स्क्रॉल एक जुआ है, और आपका दिमाग इसमें हार रहा है।

प्रीफ्रंटल कॉर्टेक्स बनाम लिम्बिक सिस्टम (*The War inside Your Head*):

आपके सिर के अंदर हर वक्त एक युद्ध चल रहा है।

लिम्बिक सिस्टम (*The Monkey Brain*): यह दिमाग का वह पुराना हिस्सा है जो सिर्फ आराम और मज़ा चाहता है। अमन का लिम्बिक सिस्टम चीख रहा था—"सो जाओ! रील देखो! कल करेंगे!"

प्रीफ्रंटल कॉर्टेक्स: यह आपके माथे के ठीक पीछे होता है। इसका काम है—फैसले लेना, प्लानिंग करना और भविष्य देखना। आर्यन ने इसी हिस्से का इस्तेमाल किया।

दिक्कत कहाँ है?

जब आप तनाव में होते हैं, तो आपका '*CEO Brain*' कमजोर पड़ जाता है और 'मंकी ब्रेन' हावी हो जाता है। अमन परीक्षा के तनाव से डरा हुआ था, इसलिए उसके मंकी ब्रेन ने उसे 'नींद' और 'मोबाइल' का लालच देकर 'बचा लिया'। इसी को मनोविज्ञान में '*Procrastination*' (टालमटोल) कहते हैं। यह आलस नहीं, बल्कि '*Stress Management*' का एक गलत तरीका है।

'कल' का मायाजाल : न्यूरोलॉजिकल झूठ (*The Neural Lie of 'Tomorrow'*)

जब अमन ने सोचा कि "कल सुबह 4 बजे उठकर 10 घंटे पढ़ूँगा", तो उसे बहुत सुकून मिला। जानते हैं क्यों? साइंटिफिक रिसर्च बताती है कि जब हम 'भविष्य के खुद' के बारे में सोचते हैं, तो हमारा दिमाग उसे एक 'अजनबी' (*Stranger*) की तरह देखता है।

अमन ने सारा बोझ 'कल वाले अमन' पर डाल दिया।

उसे लगा कि कल वाला अमन कोई सुपरमैन होगा जिसके पास बहुत सारी ताकत होगी।

The Error**:** उसे आज के 'अपराधबोध' से मुक्ति मिल गई, लेकिन कल सुबह जब उठा, तो वह वही 'पुराना अमन' था—थका हुआ और बिना इच्छाशक्ति वाला।

मेहनत का खौफ: हमारा मन कामचोर क्यों है?

चलिए, विज्ञान की भारी-भरकम बातों को थोड़ी देर के लिए किनारे रखते हैं और उस 'सच्चाई' पर बात करते हैं जो आपके और मेरे कमरे के अंदर होती है। हम पढ़ाई से क्यों भागते हैं? क्या इसलिए कि हमें समझ नहीं आता? नहीं। हम इसलिए भागते हैं क्योंकि 'पढ़ाई' बोरिंग है और 'मेहनत' में दर्द है। जिसे कड़वी दवा (पढ़ाई) पसंद नहीं, उसे बस टॉफी (मोबाइल) चाहिए। हमारा मन उस छोटे बच्चे की तरह है।

मन की चालाकी (The Mind's Trick):

जब आप किताब खोलते हैं, तो अचानक आपका मन आपको याद दिलाता है—"अरे! प्यास लगी है, ठंडा पानी पी लेते हैं" या "यार, वह मैसेज चेक करना भूल गया, बस 10 सेकंड लगेंगे।" यह आलस नहीं है, यह आपके मन की 'एग्जिट स्ट्रैटिजी' (*Exit Strategy*) है। आपका मन 'मेहनत' वाले ज़ोन से निकलकर 'आराम' वाले ज़ोन में भागना चाहता है।

कभी-कभी आपने भी नोटिस किया होगा, जब आप पढ़ने बैठते हैं तो आप टाइम देखते हैं। उदाहरण ले लिया जाए, जब 9:30 बज रहे होते हैं तो आप सोचते हैं कि चलो आधा घंटा कुछ

और देख लेते हैं, 10:00 बजे से पढ़ेंगे। देखते ही देखते 10:00 बज जाते हैं, मगर आप मोबाइल में ही व्यस्त रहते हैं। फिर कुछ समय बाद यही प्रक्रिया रिपीट हो जाती है।

इसका कारण है आपके ब्रेन का अलर्ट न होना, वह कम्फर्ट ज़ोन से निकलने ही नहीं देता है आपको और आप इस ट्रैप में फँसते चले जाते हैं। हमारा मन जानता है हम गलत कर रहे हैं, मगर हम उसे समझा नहीं पाते हैं।

अब सवाल है— इस ट्रैप को तोड़ें कैसे? (*The Tactical Solutions*)

दोस्तों, अपने दिमाग को समझाने के लिए आपको 'ज्ञान' की नहीं, 'रणनीति' (*Strategy*) की जरूरत है। यहाँ मैं आपको वो तरीके बता रहा हूँ जो ग्राउंड लेवल पर आपकी जिंदगी बदल देंगे:

1. द 10-सेकंड रूल (*The0-Second Rule of Resistance*) जब भी आपका मन कहे कि—"बस 5 मिनट रील देख लेता हूँ", तो आपको खुद को रोकना नहीं है (क्योंकि रोकने से मन और विद्रोही हो जाता है)। आपको बस 10 सेकंड का गैप पैदा करना है।

> **क्या करें:** जैसे ही हाथ फोन की तरफ बढ़े, मन में 1 से 10 तक गिनती गिनें। इन 10 सेकंड में आपका 'लॉजिकल ब्रेन' जाग जाएगा और वह आपको याद दिला देगा कि आप 'अमन' बनने के रास्ते पर हैं। यह छोटा सा गैप ही आपकी आजादी है।

2. अपना 'ट्रिगर पॉइंट' बदलें (*Change Your Trigger*) आपका दिमाग 'ट्रिगर्स' पर काम करता है। मेज पर पड़ा फोन एक ट्रिगर है 'मजे' के लिए। खुली हुई किताब ट्रिगर है 'मेहनत' के लिए।

समाधान: अपनी पढ़ने वाली मेज पर सिर्फ वही चीज़ रखें जो पढ़ाई से जुड़ी हो। फोन को चार्जिंग पर दूसरे कमरे में लगा दें। जब तक फोन आपकी पहुँच में रहेगा, आप हारते रहेंगे। दूरी ही सबसे बड़ा अनुशासन है।

3. **'इग्नोर' कैसे करें? (*The Ghosting Strategy*):** मोबाइल को इग्नोर करने की कोशिश मत कीजिए, उसे 'रिप्लेस' (बदलें) कीजिए। जब मन कहे 'मोबाइल', तो अपने हाथ में एक पेन या पानी का गिलास उठा लें। अपने हाथ को कुछ और काम दे दें। जब शरीर हिलने लगता है, तो मन का आलस टूटने लगता है।

दिमाग की रिवायरिंग: पढ़ाई को 'नशा' कैसे बनाएं? (*The Science of Focus*) :

दोस्तों, आपका दिमाग आलसी नहीं है, वह बस '*Efficient*' (कुशल) है। वह वही काम करना चाहता है जिसमें उसे 'इनाम' (*Reward*) मिले। अगर आपको पढ़ाई बोझ लगती है, तो इसका मतलब है कि आपके दिमाग के 'न्यूरॉन्स' (*Neurons*) गलत दिशा में फायर हो रहे हैं। आइए, इसे ठीक करने के 3 वैज्ञानिक तरीके समझते हैं:

***A*. प्रीफ्रंटल कॉर्टेक्स को '*CEO*' बनाइये (*The Executive Control*) :** हमारे दिमाग का अगला हिस्सा जिसे *Prefrontal Cortex* (*PFC*) कहते हैं, वह तर्क और अनुशासन का मालिक है। जब आप मोबाइल देखते हैं, तो यह हिस्सा सो जाता है।

वैज्ञानिक समाधान: '5-सेकंड रूल' (*The 5-Second Rule*)। जैसे ही पढ़ाई का विचार आए, उल्टी गिनती गिनें: 5-4-3-2-1 और अपनी कुर्सी पर बैठ जाएँ। यह 5 सेकंड का 'शॉक' आपके सोए हुए *PFC* को जगा देता है और भावनाओं (मन) के ऊपर तर्क (काम) की जीत होती है।

***B*. 'फ्लो स्टेट' में प्रवेश करना (*Entering the Flow State*)** दुनिया के महान वैज्ञानिक और एथलीट एक ऐसी मानसिक स्थिति में काम करते हैं जिसे '*Flow*' कहते हैं। यहाँ समय का पता नहीं चलता और काम मज़ा देने लगता है।

'चुनौती और कौशल' (*Challenge vs Skill*) का संतुलन। अगर आप बहुत कठिन टॉपिक उठाएंगे, तो दिमाग डर जाएगा। अगर बहुत आसान उठाएंगे, तो बोर हो जाएगा।

हमेशा उस टॉपिक से शुरू करें जो थोड़ा चुनौतीपूर्ण हो लेकिन मुमकिन हो। जैसे ही आप पहला सवाल हल करेंगे, दिमाग में '*Endorphins*' निकलेंगे, जो आपको अगला सवाल करने का 'नशा' देंगे।

***C.* पोमोडोरो और 'डोपामाइन स्नैक्स' (*Pomodoro & Reward Blending*)** दिमाग को लंबे समय तक एक ही चीज़ पर लगाने से 'थकान' (*Mental Fatigue*) होती है।

25 मिनट पढ़ाई + 5 मिनट का '*Healthy Reward*' (जैसे गाना सुनना या टहलना, लेकिन मोबाइल नहीं)।

यह 5 मिनट का ब्रेक आपके दिमाग के '*Adenosine*' (थकान पैदा करने वाला केमिकल) को साफ करता है और अगले 25 मिनट के लिए आपके फोकस को '*Reset*' कर देता है।

6. मन को शांत करने का 'न्यूरोलॉजिकल' तरीका (*Calming the Amygdala*) जब आप पढ़ाई को लेकर तनाव में होते हैं, तो आपके दिमाग का '*Amygdala*' (डर का केंद्र) एक्टिव हो जाता है। यही वह हिस्सा है जो आपको किताब बंद करके भागने पर मजबूर करता है।

तुरंत समाधान (*The 4-7-8 Breathing*):. 4 सेकंड तक नाक से गहरी सांस लें। 2. 7 सेकंड तक सांस रोकें। 3. 8 सेकंड तक धीरे-धीरे मुँह से सांस छोड़ें।

यह प्रक्रिया आपकी '*Vagus Nerve*' को सिग्नल भेजती है कि "सब ठीक है"। इससे आपका तनाव कम होता है और 'अमन' वाला डर खत्म होकर 'आर्यन' वाला आत्मविश्वास जाग जाता है।

अपना ब्रेन मोड चेक करें :

अध्याय 1 का अंतिम संदेश: 'एक समझौता' (*The Final Contract*)

दोस्त, आपने देख लिया कि अमन कैसे हारा और आर्यन कैसे जीता। आपने यह भी समझ लिया कि आपका दिमाग आपको धोखा कैसे देता है। अब खेल आपके हाथ में है।

यहाँ नीचे अपनी उंगली रखकर खुद से एक वादा कीजिए:

"मैं आज से अपने 'मन' का गुलाम नहीं, बल्कि अपने 'लक्ष्य' का सिपाही बनूँगा। मैं अपनी गलतियों को पहचान चुका हूँ और अब मैं उन्हें सुधारने के लिए तैयार हूँ।"

शुरुआत करिए आज से: यदि आप जीवन में आर्यन की तरह सफल होना चाहते हैं, तो इसकी शुरुआत आज से, अभी से, और इसी वक्त से करिए। याद रखिए, अभी समय बीता नहीं है, और आने वाले समय का निर्माण केवल और केवल आपको ही करना है।

द डिजिटल ट्रैप : सोशल मीडिया का मायाजाल
(The Digital Trap: The Illusion of Social Media)

क्या आपने कभी गौर किया है कि आपके फोन का 'स्क्रॉल' बटन कभी खत्म क्यों नहीं होता? क्योंकि इस स्क्रीन के पीछे दुनिया के सबसे महंगे 'इंजीनियर्स' और 'एल्गोरिदम' यह सुनिश्चित कर रहे हैं कि आपकी आँखें कभी इस कांच के टुकड़े से हटें ही नहीं। दोस्त, यह कोई इत्तेफाक नहीं है कि आपकी जेब में रखा वह छोटा सा कांच का टुकड़ा (*Smartphone*) असल में दुनिया का सबसे खतरनाक 'शिकारी' है। इस अध्याय में हम उस पर्दे को हटाएंगे जिसके पीछे दुनिया की सबसे बड़ी टेक कंपनियाँ आपके ध्यान (*Attention*) की नीलामी कर रही हैं।

1. जब औजार 'हथियार' बन जाता है: मन का छल (*When The Tool Becomes a Weapon*)

"देखा जाए तो स्मार्टफोन महज एक औजार है। यह बिल्कुल एक बिजली के तार की तरह है—अगर सही से इस्तेमाल हो तो घर रोशन कर दे, और अगर गलत तरीके से छुओ तो जान ले ले। लेकिन क्या आपने कभी सोचा है कि जब आप फोन उठाते हैं, तो आपका हाथ अपने आप *Instagram* या *Facebook* के आइकन पर ही क्यों जाता है?

क्यों आप 'कैलकुलेटर' या 'नोट्स' वाले ऐप में 2 घंटे नहीं बिताते?

यहाँ से शुरू होता है असली खेल। फोन खुद आपको बर्बाद नहीं करता, बल्कि फोन के अंदर छिपे वे 'डिजिटल पिशाच' (*Social Media Apps*) आपको बर्बाद करते हैं। स्मार्टफोन तो बस एक जरिया है, असली जाल तो उन ऐप्स ने बिछाया है जिन्हें हम 'सोशल' होने के लिए इस्तेमाल करते हैं। आज का युवा मोबाइल का नुकसान नहीं झेल रहा, वह उस 'मायाजाल' का शिकार है जिसे दुनिया के सबसे शातिर दिमागों ने सिर्फ आपके 'कीमती समय' को चोरी करने के लिए बनाया है।"

आज के दौर में हम एक ऐसी दुनिया में जी रहे हैं जहाँ स्मार्टफोन के बिना ज़िंदगी की कल्पना करना मुश्किल है। यह एक 'वरदान' है क्योंकि आज एक छोटा सा बच्चा भी गूगल से वो ज्ञान पा सकता है जो पहले सिर्फ बड़े पुस्तकालयों में मिलता था। लेकिन यही वरदान 'अभिशाप' तब बन जाता है जब आप फोन को इस्तेमाल नहीं करते, बल्कि फोन आपको 'इस्तेमाल' करने लगता है।

क्या आप फोन के मालिक हैं या उसके बंधक (*Hostage*)? अगर आप बिना किसी वजह के हर 5 मिनट में फोन चेक कर रहे हैं, तो यकीन मानिए, आप आज़ाद नहीं हैं। आप उस डिजिटल पिशाच के चक्रव्यूह में फँस चुके हैं जो आपकी एकाग्रता की बलि चढ़ा रहा है।

क्यों हम फोन के गुलाम बन जाते हैं? शायद आपको लगता होगा कि आप अपनी मर्ज़ी से फोन उठाते हैं, लेकिन सच यह है कि आपकी उंगलियों को आपका दिमाग नहीं, बल्कि आपके दिमाग के अंदर छिपे हुए 'केमिकल सिग्नल्स' चला रहे हैं। जब आप अपनी स्क्रीन पर वह 'लाल रंग' (*Notification*) देखते हैं या इंस्टाग्राम का आइकन दबाते हैं, तो आपके दिमाग में डोपामाइन (*Dopamine*) का एक नन्हा सा विस्फोट होता है।

यह वही केमिकल है जो किसी जुआरी को जुए की मेज पर बैठाए रखता है। इसे विज्ञान की भाषा में '*Variable Reward*' (अनिश्चित इनाम) कहते हैं। आपको नहीं पता कि अगले 'स्क्रॉल' पर आपको क्या दिखेगा—हो सकता है कोई मज़ेदार रील हो, या किसी का 'लाइक'। इसी 'शायद' के चक्कर में आपका दिमाग आपको घंटों तक स्क्रीन से चिपकाए रखता है।

"आपने गौर किया होगा कि जब हम सुबह सोकर उठते हैं, तो हमारा हाथ सबसे पहले फोन ढूँढता है। हम उठकर कुछ ऐसा नहीं करते जो हमारे शरीर या मस्तिष्क (*Brain*) के लिए अच्छा हो, बल्कि हम सुबह-सवेरे ही उस सोशल मीडिया के मायाजाल में इस कदर फँस जाते हैं कि हमें कुछ और सूझता ही नहीं। ऐसा लगता है मानो उस मोबाइल के अंदर कोई ऐसी जादुई ऊर्जा (*Energy*) हो जो हमें अपनी ओर खींच रही हो।

अक्सर आप रात को यह सोचकर सोते हैं कि कल सुबह उठकर मोबाइल नहीं छूऊंगा, लेकिन सुबह होते ही आपका दिमाग आपके साथ 'गेम' खेलने लगता है। वह आपसे बड़ी चतुराई से कहता है— 'चलो सोशल मीडिया नहीं चलाएंगे, लेकिन जानकारी वाले वीडियो तो देख ही सकते हैं जिनसे नॉलेज मिलेगी, इससे समय बर्बाद नहीं होगा।' और यहीं से खेल शुरू होता है। हम जानकारी वाले वीडियो देखना शुरू तो करते हैं, मगर धीरे-धीरे हम उस सोशल मीडिया की तरफ खिंचने लगते हैं। फिर हमारा मन कहता है— 'इंस्टाग्राम पर भी तो अच्छी जानकारी वाली वीडियो मिल ही जाएगी'; और देखते ही देखते वह जानकारी वाली वीडियो कब समय बर्बाद करने वाली और गलत वीडियो में बदल जाती है, हमें पता भी नहीं चलता।

आप में से अक्सर कई लोग ऐसे होंगे जिन्होंने इंस्टाग्राम, फेसबुक या यूट्यूब पर स्टडी चैनल्स और जानकारी देने वाले चैनल्स जॉइन किए होंगे। मगर असल बात तो यह है कि आपने उन चैनल्स को सिर्फ इसलिए जॉइन किया है कि अगर कोई आपका फोन चेक करे, तो उसे लगे कि आप सही लोगों को फॉलो करते हैं।

यहाँ मैं आपको बता दूँ कि इसमें आपकी गलती नहीं है। जब आप उन स्टडी चैनल्स को फॉलो कर रहे होते हैं, तो उस समय आपका मकसद सिर्फ पढ़ाई करना ही होता है, मगर समस्या तब आती है जब आप मार्ग से भटक जाते हैं। जैसे ही स्क्रीन पर कुछ 'न्यू' (*New*) दिखता है, तुरंत ब्रेन कहता है—“चलो इसे देखते हैं”; और वहीं से आप भटककर दूसरी राह पर चल देते हैं। आपको पता है कि यह समय की बर्बादी है, मगर उस समय ऐसा महसूस होता है जैसे सोशल मीडिया के किसी जेलर ने आपको बेड़ियों से बाँधकर जेल में डाल दिया हो और आप उससे लड़ भी नहीं पा रहे।

अपने मन से पूछिए कि आपने जिन ढेरों एजुकेशन चैनल्स को फॉलो किया है, उन्हें आप दिन में कितनी बार खोलकर देखते हैं? खुद से यह सवाल पूछिए कि जब किसी स्टडी चैनल का

नोटिफिकेशन आता है, तो क्या आप उसे यह सोचकर टाल नहीं देते कि—"यह तो पढ़ाई वाला वीडियो है, इसे आराम से शांति से देखूँगा जब खाली होऊँगा या घर पर होऊँगा"?

लेकिन याद रखिये, वह 'खाली समय' और वह 'दिन' कभी नहीं आ पाता। यह सवाल खुद से पूछिए कि कैसे सोशल मीडिया ने आपको खुद से ही झूठ बोलना सिखा दिया है।

क्या आपने कभी गौर किया है कि आप जिस चीज़ के बारे में सिर्फ सोचते हैं या किसी दोस्त से बात करते हैं, अचानक वही चीज़ आपके फेसबुक या इंस्टाग्राम पर विज्ञापनों (*Ads*) या वीडियो के रूप में नाचने लगती है? यह कोई इत्तेफाक नहीं है और न ही यह कोई जादू है। यह है दुनिया के सबसे शक्तिशाली *Artificial Intelligence* (*AI*) एल्गोरिदम का खेल।

इन सोशल मीडिया कंपनियों के पास हज़ारों ऐसे इंजीनियर्स हैं जिनका एकमात्र काम यह सुनिश्चित करना है कि आपकी आँखों की पुतलियाँ उस स्क्रीन से हटने न पाएँ। जब आप किसी रील को 5 सेकंड से ज़्यादा देखते हैं या किसी पोस्ट को 'लाइक' करते हैं, तो एल्गोरिदम आपके व्यक्तित्व का एक 'डिजिटल पुतला' तैयार कर लेता है। उसे पता चल जाता है कि आपको कब गुस्सा आता है, आपको क्या देखकर मज़ा आता है और आपको किस तरह की वीडियो दिखाकर घंटों तक बाँधा जा सकता है।

विज्ञान की भाषा में कहें तो, ये ऐप्स आपके दिमाग के 'रिवॉर्ड सिस्टम' (*Reward System*) के साथ खिलवाड़ करते हैं। हर 'लाइक', हर 'कमेंट' और हर 'नई रील' आपके दिमाग में डोपामाइन (*Dopamine*) का एक छोटा सा इंजेक्शन लगाती है।

यह बिल्कुल वैसा ही है जैसे एक चूहे को बार-बार लीवर दबाने पर खाना मिलता है। धीरे-धीरे आपका दिमाग इस 'सस्ते मज़े' का आदी हो जाता है। यही कारण है कि जब आप पढ़ाई करने बैठते हैं, तो आपको बोरियत महसूस होती है—क्योंकि किताब आपको वह 'तुरंत वाला मज़ा' (*Instant Gratification*) नहीं दे पाती जो एक 15 सेकंड की रील दे देती है।

आपने अक्सर यह नोटिस किया होगा कि कभी आप अपने किसी दोस्त या फैमिली मेंबर से बात कर रहे होते हैं कि—"मुझे एक अच्छा सा स्मार्ट फोन लेना है"—और आपने उसके बारे में न तो कभी गूगल पर सर्च किया, न ही किसी ई-कॉमर्स साइट पर जाकर देखा। लेकिन हैरानी तब होती है जब कुछ ही देर बाद आपके सोशल मीडिया पर उसी फोन के विज्ञापन (*Ads*), उससे जुड़ी रील्स और बेहतरीन फीचर्स वाले मॉडल्स दिखने लगते हैं। यहाँ तक कि ऑनलाइन वेबसाइट्स के डिस्काउंट लिंक और आपके पास की मोबाइल शॉप का एड्रेस और नाम भी आपकी स्क्रीन पर तैरने लगता है।

दोस्त, यह कोई इत्तेफाक (*Coincidence*) नहीं है। इसके पीछे एक बहुत बड़ा ई-सिस्टम (*E-system*) काम करता है जिसे हम 'इंटरनेट ट्रैप' कहते हैं। आप जानते ही हैं कि यह कड़वा सच है कि इंटरनेट आपका 'डेटा' सेल (*Sell*) करता है। 'आप सुरक्षित हैं'—यह आज के समय में सिर्फ एक झूठ बनकर रह गया है। सच तो यह है कि आप कहीं भी सुरक्षित नहीं हैं; आपको सुबह से शाम तक, 24 घंटे और सातों दिन सोशल मीडिया और मोबाइल ट्रैक कर रहा है।

यह कैसे मुमकिन है? इसके पीछे का 'काला सच' (*The Science Behind It*)

जब आप कोई भी ऐप (जैसे फेसबुक या इंस्टाग्राम) डाउनलोड करते हैं, तो वह आपसे माइक्रोफोन का एक्सेस माँगता है। बैकग्राउंड में ये ऐप्स आपकी बातों के 'की-वर्ड्स' (*Keywords*) को सुनते हैं। जैसे ही आप 'स्मार्टफोन', 'जूते' या 'वेकेशन' जैसे शब्द बोलते हैं, एल्गोरिदम सक्रिय हो जाता है।

***Acoustic Fingerprinting* (ध्वनि पहचान):** यह तकनीक आपके आस-पास की आवाज़ों और आपकी बातचीत के पैटर्न को पहचान कर उसे 'डेटा' में बदल देती है।

***Data Brokering* (डेटा का व्यापार):** आपकी लोकेशन, आपकी बातचीत और आपकी पसंद को 'डेटा ब्रोकर्स' को बेचा जाता है, जो विज्ञापनदाताओं को बताते हैं कि आपको इस वक्त किस चीज़ की ज़रूरत है।

यह तकनीक इतनी एडवांस हो चुकी है कि इसे आपकी निजी ज़िंदगी में एक 'डिजिटल जासूस' की तरह तैनात कर दिया गया है।"

सिलिकॉन वैली का एक बहुत पुराना और खौफनाक जुमला है— "*If you are not paying for the product, you ARE the product.*" (अगर आप किसी चीज़ के लिए पैसे नहीं दे रहे हैं, तो असल में आप खुद ही वह प्रोडक्ट हैं जिसे बेचा जा रहा है)।

दोस्त, कभी ठंडे दिमाग से सोचिए कि फेसबुक, इंस्टाग्राम, यूट्यूब और स्नैपचैट जैसी अरबों डॉलर की कंपनियाँ आपको अपनी सेवाएँ 'फ्री' में क्यों दे रही हैं? क्या वे समाज सेवा कर रही हैं? बिल्कुल नहीं।

इन कंपनियों का असली 'कच्चा माल' (*Raw Material*) आप हैं। आप कोई ग्राहक नहीं हैं, बल्कि आप एक 'इनकम सोर्स' (*Income Source*) हैं। आपकी हर एक सेकंड की 'अटेंशन' या एकाग्रता की नीलामी हो रही है।

जब आप स्क्रीन पर 10 मिनट बिताते हैं, तो वह कंपनी उन 10 मिनटों को विज्ञापनदाताओं (*Advertisers*) को बेच देती है। उन्हें इस बात से कोई फर्क नहीं पड़ता कि उन 10 मिनटों में आपने अपनी पढ़ाई का कितना नुकसान किया। उन्हें बस इस बात से मतलब है कि आपकी आँखें उनकी स्क्रीन पर टिकी रहें।

आप अनजाने में एक ऐसी 'डिजिटल फैक्ट्री' में मज़दूरी कर रहे हैं जहाँ आपको पैसे नहीं मिलते, बल्कि आप अपना 'समय' और 'भविष्य' दांव पर लगाकर उन कंपनियों के मालिकों को और अमीर बना रहे हैं। आपकी पसंद, आपके डर, आपकी इच्छाएँ—सब कुछ डेटा के रूप में इकट्ठा किया जा रहा है।

एल्गोरिदम को पता है कि आपको कब अकेलापन महसूस होता है, और ठीक उसी समय वह आपको एक ऐसी रील दिखाएगा जो आपको उस अकेलेपन से भागने का 'सस्ता रास्ता' दे दे। यह एक मानसिक गुलामी है। फर्क सिर्फ इतना है कि पुराने ज़माने में गुलामों के पैरों में बेड़ियाँ होती थीं, और आज हमारे हाथों में 'स्मार्टफोन' है। आप जितनी बार 'स्क्रॉल' करते हैं, उतनी बार आप उन कंपनियों की तिजोरी में एक सिक्का डालते हैं और अपने सपनों की तिजोरी से एक घंटा निकाल लेते हैं।

क्या आपने कभी सोचा है कि जब आप इंस्टाग्राम या फेसबुक को ऊपर से नीचे खींचते हैं (*Pull to Refresh*), तो वह एक-दो सेकंड का समय क्यों लेता है? वह तुरंत लोड क्यों नहीं होता?

दोस्त, वह एक-दो सेकंड की 'बफरिंग' असल में आपका मनोरंजन करने के लिए नहीं, बल्कि आपके दिमाग में सस्पेंस (*Suspense*) पैदा करने के लिए रखी गई है। यह बिल्कुल वैसा ही है जैसे कैसीनो में जुआ खेलने वाली 'स्लॉट मशीन' का हैंडल खींचने के बाद चकरी घूमती है और आप सांस रोककर इंतज़ार करते हैं कि— 'क्या इस बार जैकपॉट लगेगा?'

सोशल मीडिया ऐप्स भी इसी मनोविज्ञान पर काम करते हैं। हर बार जब आप 'रिफ्रेश' करते हैं या अगली रील 'स्क्रॉल' करते हैं, तो आपके दिमाग में एक अनजाना सवाल होता है— 'अगली वाली रील मज़ेदार होगी क्या?' कभी कोई उबाऊ वीडियो आता है, तो कभी अचानक आपकी पसंद का कोई मज़ेदार डांस या कॉमेडी।

इसी 'अनिश्चितता' के कारण आपका दिमाग पागलों की तरह स्क्रॉल करता रहता है। इसे विज्ञान में '*Variable Reward Schedule*' कहते हैं। यह दुनिया का सबसे खतरनाक नशा है क्योंकि इसमें आपको पता ही नहीं चलता कि आप कब हारने वाले हैं। आप बस 'अगली रील' के चक्कर में अपनी ज़िंदगी के कीमती घंटों को उस डिजिटल स्लॉट मशीन में गँवा देते हैं और आपको अहसास तक नहीं होता कि आप अपना 'भविष्य' हार रहे हैं।"

आपको यह अनुभव कभी न कभी ज़रूर हुआ होगा कि जब आप सोने जा रहे होते हैं और रील्स देख-देखकर थक चुके होते हैं, तभी अचानक इंस्टाग्राम या यूट्यूब आपको कुछ ऐसा कंटेंट दिखा देता है जिससे आपकी नींद उड़ जाती है। दरअसल, इसके पीछे एक बहुत बड़ा कारण है। सोशल मीडिया आपको निरंतर ट्रैक (*Track*) कर रहा है। उसे अच्छी तरह पता है कि अब आप सोने की तैयारी में हैं और ठीक उसी समय वह आपको कुछ ऐसा 'ट्रिगर' (*Trigger*) वीडियो या रील दिखाएगा जो आपकी लाइफ से गहराई से जुड़ा हो या जिसमें आपकी गहरी रुचि हो। वह आपको वह चीज़ ज़रूर दिखाएगा जिसे देखकर आप रुक जाएँ।

ऐसा क्यों होता है? क्योंकि वह आपको देख रहा है, आपको समझ रहा है। हमारे प्राचीन साहित्य, हिंदू धर्मग्रंथों, इस्लाम के कुरान, ईसाइयों की बाइबिल और यहूदियों के ग्रंथों—सभी धर्मों में एक बात साझा की गई है कि ऊपर वाला सब कुछ देख रहा है। लेकिन आज के डिजिटल युग में हम यह भी कह सकते हैं कि सोशल मीडिया, मोबाइल और ये बड़ी कंपनियाँ भी आपकी हर गतिविधि पर नज़र रख रही हैं।

वे आपके 'ट्रिगर पॉइंट्स' को समय-समय पर टटोलते रहते हैं ताकि आप उन्हें छोड़कर सो न जाएँ। उनका एकमात्र उद्देश्य यही है कि आप सोएँ नहीं, बल्कि दो घंटे और सोशल मीडिया पर बिताएं, क्योंकि आपकी 'नींद' का त्याग ही उनकी 'आमदनी' (*Income*) है।

कल्पना कीजिए कि आप एक बहुत ही गहरी और ज़रूरी पढ़ाई कर रहे हैं। आपका दिमाग पूरी तरह से उस विषय में डूबा हुआ है। तभी अचानक आपके बगल में रखे फोन में एक 'टिंग' की आवाज़ होती है।

आपका मन कहता है—“अरे, बस एक सेकंड लगेगा देख लेने में कि किसका मैसेज है।” आप फोन उठाते हैं, नोटिफिकेशन देखते हैं, और वापस पढ़ाई में लग जाते हैं। आपको लगता है कि आपने सिर्फ 5 सेकंड गँवाए हैं। लेकिन दोस्त, विज्ञान कहता है कि आपने 23 मिनट और 15 सेकंड गँवा दिए हैं।

कैलिफोर्निया यूनिवर्सिटी की एक रिसर्च (***University of California, Irvine***) के अनुसार, जब आपका ध्यान किसी गहरे काम से एक बार भटक जाता है, तो आपके मस्तिष्क को वापस उसी '*Deep Work*' (गहन एकाग्रता) वाली स्थिति में पहुँचने के लिए औसतन **23 मिनट 15 सेकंड** का समय लगता है। इसका मतलब यह है कि अगर दिन भर में आपके फोन ने सिर्फ 5 बार आपका ध्यान भटकाया, तो आपने अनजाने में अपने दिन के 2 घंटे सिर्फ उस 'फोकस' को वापस पाने में बर्बाद कर दिए जो आपने पहले ही हासिल कर लिया था।

जब आप एक नोटिफिकेशन देखकर वापस पढ़ाई पर आते हैं, तो आपका पूरा दिमाग पढ़ाई पर नहीं होता। आपके दिमाग का एक हिस्सा अभी भी उस 'मैसेज' या 'नोटिफिकेशन' के बारे में सोच रहा होता है। इसे वैज्ञानिक '***Attention Residue***' कहते हैं।

आप किताब तो पढ़ रहे होते हैं, लेकिन आपके दिमाग के पीछे वह मैसेज घूम रहा होता है। परिणाम? आप जो पढ़ते हैं, वह आपको याद नहीं रहता और आप खुद को 'कमज़ोर' समझने लगते हैं। सच तो यह है कि आपकी याददाश्त कमज़ोर नहीं है, आपकी एकाग्रता का कत्ल उन 'नोटिफिकेशन्स' ने किया है।

क्या आपने कभी गौर किया है कि जैसे ही आप बिस्तर पर सोने के लिए लेटते हैं और 'बस 5 मिनट' के लिए फोन उठाते हैं, तो अचानक आपकी नींद कहीं गायब हो जाती है? ऐसा लगता है मानो आपकी आँखों में किसी ने 'कैफीन' घोल दिया हो। दोस्त, यह कोई इत्तेफाक नहीं है, यह आपके शरीर के साथ होने वाली एक जैविक और मानसिक डकैती है।

आपके स्मार्टफोन की स्क्रीन से एक खास तरह की 'नीली रोशनी' (***Blue Light***) निकलती है। प्रकृति में यह रोशनी सिर्फ सूरज की किरणों में होती है। जब आप रात के अंधेरे में फोन चलाते हैं, तो यह रोशनी आपकी आँखों के रास्ते सीधे आपके दिमाग को सिग्नल भेजती है कि—"अभी दोपहर हो रही है, जागते रहो!"

नतीजतन, आपका दिमाग मेलाटोनिन (***Melatonin***) नाम के उस हार्मोन को बनाना बंद कर देता है जो आपको सुकून की नींद सुलाता है। आप बिस्तर पर लेटे तो होते हैं, लेकिन आपका दिमाग 'हाई अलर्ट' पर होता है। आप अपनी नींद खो नहीं रहे, बल्कि आपका फोन आपकी आँखों के रास्ते आपकी नींद की चोरी कर रहा है।

नींद उड़ने के बाद शुरू होता है असली खेल— 'अनंत स्क्रॉलिंग' (***Infinite Scrolling***)। इंस्टाग्राम और यूट्यूब की ये 15 से 30 सेकंड की रील्स असल में एक 'डिजिटल ड्रग' की तरह काम करती हैं। हर रील आपके दिमाग में डोपामाइन (***Dopamine***) का एक छोटा सा 'इंजेक्शन' लगाती है। **30 सेकंड का जादू:** आपका दिमाग 10 मिनट की वीडियो देखने में आलस करता है, लेकिन उसे लगता है कि 'सिर्फ 30 सेकंड' की रील देखने में क्या हर्ज है? और यही 'सिर्फ 30 सेकंड' करते-करते आप कब 300 रील्स देख जाते हैं और रात के 2 बज जाते हैं, आपको पता भी नहीं चलता।

यह बिल्कुल वैसा ही है जैसे किसी नशेड़ी को थोड़ी-थोड़ी देर में नशे की पुड़िया दी जाए। जब तक आप फोन नहीं रखते, आपका दिमाग उस 'सस्ते मज़े' की तलाश में भागता रहता है। परिणाम? अगले दिन आप भारी सिर, जलती हुई आँखों और चिड़चिड़ेपन के साथ उठते हैं। आपकी पूरी ऊर्जा उस 30 सेकंड के नशे ने चूस ली होती है।

क्या आपने कभी गौर किया है कि जैसे ही आप इंस्टाग्राम या फेसबुक खोलते हैं, अचानक आपको अपनी ज़िंदगी 'फीकी' और दूसरों की 'चमकदार' लगने लगती है? आपको दिखता है कि कोई शानदार वेकेशन मना रहा है, किसी ने नई कार खरीदी है, तो कोई जिम में अपनी परफेक्ट बॉडी दिखा रहा है। दोस्त, यहीं से शुरू होती है 'तुलना की वह आग' जो धीरे-धीरे आपके आत्मविश्वास (***Self-confidence***) को जलाकर राख कर देती है।

सोशल मीडिया का सबसे बड़ा झूठ यह है कि यहाँ हर कोई सिर्फ अपनी '***Highlight Reel***' (चुनिंदा और सबसे अच्छे पल) दिखाता है। आप दूसरों के उस 'फिल्टर' वाले चेहरे और

मुस्कुराहट की तुलना अपने '***Behind the Scenes***' (पर्दे के पीछे की मेहनत, पसीना और संघर्ष) से कर रहे हैं। आप उनका 'सक्सेस' देख रहे हैं, लेकिन उसके पीछे की 'असफलता' और 'अकेलापन' कोई पोस्ट नहीं करता। आप दूसरों के खाने की फोटो देखकर दुखी होते हैं, यह भूलकर कि उस फोटो को खींचने के चक्कर में उन्होंने अपना खाना ठंडा कर लिया होगा।

सोशल मीडिया ने हमें एक ऐसी रेस में खड़ा कर दिया है जिसका कोई फिनिशिंग पॉइंट (*End*) नहीं है। यहाँ हर कोई अमीर 'दिखना' चाहता है, भले ही उसकी जेब खाली हो। लोग 'खुश' दिखने के लिए फोटो डालते हैं, जबकि असल में वे अंदर से टूटे हुए होते हैं।

जब आप दूसरों की इस 'बनावटी ज़िंदगी' को देखते हैं, तो आपके दिमाग में एक ही ख्याल आता है—"मैं पीछे छूट रहा हूँ।" इसे विज्ञान की भाषा में ***FOMO* (*Fear Of Missing Out*)** कहते हैं। इसी डर के कारण आप अपनी असली काबिलियत को भूलकर दूसरों की नकल करने लगते हैं और अपनी शांति खो देते हैं।

क्या आपने कभी महसूस किया है कि अगर आप एक दिन सोशल मीडिया न चलाएं, तो आपको लगता है कि आप दुनिया से कट गए हैं? आपको डर लगता है कि कहीं कोई बड़ा ट्रेंड, कोई नई खबर या आपके दोस्तों की कोई मज़ेदार एक्टिविटी आपसे छूट न जाए। दोस्त, इसे ही *FOMO* कहते हैं—यानी 'पीछे छूट जाने का डर'।

यही वह डर है जो इंसान को अपनी असलियत छुपाने और 'झूठा' बनने पर मजबूर कर देता है।

एक डिजिटल भ्रम की दास्ताँ: अश्वनी का अधूरा सच

इसे मैं आपको मिर्ज़ापुर जिले के एक छोटे से गाँव के लड़के अश्वनी की कहानी से समझाता हूँ। अश्वनी एक प्रतिभाशाली लड़का था, लेकिन वह इसी '*FOMO*' के दलदल में ऐसा फँसा कि उसका करियर और भविष्य, सब कुछ चंद 'लाइक्स' की भेंट चढ़ गए।

अश्वनी हर रोज़ सोशल मीडिया पर वीडियो डालता है—कहीं घूमते हुए, तो कहीं पैसे खर्च करते हुए। उसके दोस्तों को उसे देखकर लगता है कि अश्वनी की ज़िंदगी कितनी आलीशान है, जबकि हकीकत यह है कि उसके घर में एक रुपये की भी नियमित आय (***Income***) नहीं है। पिता बीमार हैं, दो जवान बहनों की शादी की चिंता है और माँ का स्वास्थ्य भी ठीक नहीं रहता।

अश्वनी अपने दादा और नानी की 'पेंशन' के पैसों का उपयोग सिर्फ घूमने और मज़े लेने में कर रहा है। वह अपने करियर पर ध्यान देने के बजाय इस भ्रम में खो गया है कि सोशल मीडिया पर 'फेमस' होना ही असली कामयाबी है। यह उसकी अपनी गलती से ज़्यादा उस '*FOMO*' और 'सब्सक्राइबर्स' की भूख का नतीजा है, जो उसे यह यकीन दिलाती है कि अगर वह दिखावा नहीं करेगा, तो वह दुनिया की नज़र में 'ज़ीरो' बन जाएगा।

क्या आपने कभी गौर किया है कि जब आप कोई फोटो या रील पोस्ट करते हैं, तो आपका हाथ बार-बार फोन की तरफ क्यों जाता है? आप हर 2 मिनट में चेक करते हैं कि—"कितने लाइक्स आए?", "किसने कमेंट किया?" दोस्त, यह सिर्फ एक 'नोटिफिकेशन' नहीं है, यह आपके मानसिक स्वास्थ्य (***Mental Health***) के साथ खेला जा रहा एक बहुत बड़ा खेल है। इसे समझने के लिए हमें 'अटेंशन इकोनॉमी' के उस काले सच को जानना होगा, जहाँ आपकी एकाग्रता को एक 'करेंसी' की तरह बेचा जा रहा है।

आज की दुनिया में सबसे कीमती चीज़ 'सोना' या 'तेल' नहीं है, बल्कि 'आपका ध्यान' (***Your Attention***) है। फेसबुक, इंस्टाग्राम और यूट्यूब जैसी बड़ी कंपनियाँ आपकी हर एक सेकंड की एकाग्रता की नीलामी करती हैं। आप अश्वनी की रील देख रहे होते हैं, लेकिन पर्दे के पीछे विज्ञापनदाता (***Advertisers***) उन कंपनियों को करोड़ों रुपये दे रहे होते हैं ताकि वे आपकी आँखों के सामने अपना विज्ञापन ला सकें।

उन्हें इस बात से कोई फर्क नहीं पड़ता कि आपका करियर बर्बाद हो रहा है या आपके घर के हालात क्या हैं। उन्हें बस यह चाहिए कि आप ऐप बंद न करें। आप उनके लिए एक 'यूज़र' नहीं, बल्कि एक 'बिकाऊ माल' हैं।

एल्गोरिदम को पता है कि इंसान स्वभाव से प्रशंसा का भूखा होता है। इसलिए उन्होंने '*Like*' और '*Comment*' के बटनों को इस तरह डिज़ाइन किया है कि वे आपके दिमाग में डोपामाइन (***Dopamine***) का एक नन्हा सा 'शॉट' लगाते हैं। जब आपको 'लाइक' मिलता है, तो आपको अपनी 'वैल्यू' (***Value***) महसूस होती है। और जब 'लाइक' कम आते हैं, तो आप खुद को कमज़ोर और असफल समझने लगते हैं। यह 'मानसिक गुलामी' का वह स्तर है जहाँ आपकी खुशी अब आपके हाथ में नहीं, बल्कि उन 'अदृश्य लोगों' के हाथ में है जो आपकी स्क्रीन के उस पार बैठे हैं। आपने अनजाने में अपनी मानसिक शांति की चाबी उन कंपनियों को दे दी है, जो सिर्फ आपकी 'अटेंशन' से अपनी तिजोरियाँ भर रही हैं। आपका मानसिक स्वास्थ्य उनके बिजनेस मॉडल की एक 'बलि' (***Sacrifice***) बन चुका है।

आपने अक्सर यह नोटिस किया होगा कि जब आप 1-2 घंटे लगातार सोशल मीडिया और रील्स देख लेते हैं, तो उसके बाद आपका सिर और मस्तिष्क (***Brain***) बहुत भारी सा महसूस करने लगता है। कभी गौर किया है कि ऐसा क्यों होता है?

फोन रखने के बाद आपका मन भारी हो जाता है, आप चिड़चिड़े हो जाते हैं और कभी-कभी तो यह आपको धीरे-धीरे डिप्रेशन की तरफ धकेलने लगता है। जानते हैं इसके पीछे का असली कारण क्या है? दोस्त, इसे ही वैज्ञानिक भाषा में '***Brain Fog***' (ब्रेन फॉग) कहते हैं—एक ऐसी मानसिक धुंध जो आपके सोचने-समझने की शक्ति को कुचल देती है।

हमारा दिमाग एक निश्चित सीमा तक ही जानकारी को प्रोसेस (***Process***) कर सकता है। लेकिन जब आप सोशल मीडिया पर हर 15 सेकंड में एक नई रील देखते हैं, तो आपका दिमाग 'शॉर्ट सर्किट' होने लगता है। एक रील में आप किसी की कॉमेडी देखकर हँसते हैं, अगली रील में

किसी की मौत की खबर देखकर दुखी हो जाते हैं, और तीसरी रील में कोई डांस देखकर उत्तेजित हो जाते हैं।

यह 'इमोशनल रोलरकोस्टर' आपके न्यूरॉन्स को बुरी तरह थका देता है। इतनी सारी विपरीत (***Opposite***) भावनाओं को एक साथ झेलने के कारण आपका दिमाग 'जाम' हो जाता है।

इस मानसिक भारीपन का सबसे बुरा असर यह होता है कि आपकी 'गहन सोच' (***Deep Thinking***) खत्म हो जाती है। आप सिर्फ एक 'कंज्यूमर' (उपभोक्ता) बनकर रह जाते हैं, कुछ नया सोचने या करने की हिम्मत आपमें नहीं बचती।

जब दिमाग पर यह धुंध छा जाती है, तो आप सही और गलत के बीच का फर्क भूल जाते हैं। अश्वनी की तरह, जब दिमाग भारी होता है, तो इंसान को अपना 'करियर' बोझ लगने लगता है और सोशल मीडिया की वह नकली चमक ही 'असली दुनिया' लगने लगती है। यही वह रास्ता है जो आपको धीरे-धीरे गहरे डिप्रेशन और अकेलेपन की ओर ले जाता है।

निष्कर्ष: डिजिटल चक्रव्यूह से आज़ादी का ब्लूप्रिंट (*The Blueprint to Digital Freedom*)

अब तक आपने इस 'डिजिटल पिशाच' के हर रूप को देख लिया है। आपने समझ लिया कि कैसे आपकी नींद, आपका पैसा, आपकी एकाग्रता और यहाँ तक कि अश्वनी जैसे युवाओं का भविष्य इस जाल में होम हो रहा है। लेकिन सवाल यह है कि— 'अब क्या?' क्या हम फोन फेंक दें? क्या हम दुनिया से कट जाएँ? बिल्कुल नहीं। हमें तकनीक को छोड़ना नहीं है, बल्कि तकनीक का 'मालिक' बनना है। चलिए, मैं आपको 5-6 ऐसे सटीक और 'ग्राउंड लेवल' के तरीके बताता हूँ जिनसे आप खुद को और अपने परिवार को इस दलदल से निकाल सकते हैं।

1. नोटिफिकेशन्स का गला घोंट दें (*Kill the Notifications*): सबसे पहला और सबसे असरदार तरीका है— अपने फोन के '90%' नोटिफिकेशन्स को हमेशा के लिए बंद कर दें।

टेक्निकल तरीका: सेटिंग्स में जाइए और व्हाट्सएप, इंस्टाग्राम, फेसबुक और यूट्यूब के नोटिफिकेशन्स 'ऑफ' कर दीजिये। सिर्फ कॉल और ज़रूरी मैसेज को छोड़कर बाकी सब कुछ बंद। जब फोन 'टिंग' नहीं करेगा, तो आपका दिमाग बार-बार उस 'स्लॉट मशीन' को चेक करने नहीं भागेगा। याद रखिये, आपकी एकाग्रता की कीमत किसी की रील या मैसेज से कहीं ज़्यादा है।

2. ग्रेस्केल मोड का जादू (*The Grayscale Hack*): सोशल मीडिया कंपनियाँ चटकीले रंगों (लाल, नीला, पीला) का इस्तेमाल करती हैं ताकि आपका दिमाग उत्तेजित (***Excite***) रहे। अपने फोन की सेटिंग्स में '*Accessibility*' में जाकर '***Grayscale Mode***' ऑन कर दें। इससे आपका पूरा फोन 'ब्लैक एंड व्हाइट' हो जाएगा। जैसे ही रंग गायब होंगे, रील्स और फोटो आपको फीकी लगने लगेंगी। आपका दिमाग उस 'डोपामाइन' की तलाश बंद कर देगा और आप खुद ही फोन रख देंगे क्योंकि वह अब 'मज़ेदार' नहीं रहा।

3. डिजिटल व्रत (*Digital Fasting*): जैसे हम शरीर की शुद्धि के लिए व्रत रखते हैं, वैसे ही दिमाग के लिए 'डिजिटल व्रत' ज़रूरी है। सोने से 1 घंटा पहले और जागने के 1 घंटा बाद फोन को हाथ न लगाएं। घर में एक नियम बनाएं कि 'डिनर टेबल' पर किसी का फोन नहीं होगा। अपने फोन को रात में दूसरे कमरे में चार्ज पर लगाएं। अगर आप बेड पर फोन लेकर जाएंगे, तो नीली रोशनी आपकी नींद की डकैती ज़रूर करेगी।

4. स्क्रीन टाइम का आईना (*The Mirror of Screen Time*): अक्सर हमें लगता है कि हम कम फोन चला रहे हैं, लेकिन हकीकत कुछ और होती है। अपने फोन में '***Digital Wellbeing***' देखें। जब आप देखेंगे कि आपने दिन के 6 घंटे सिर्फ 'स्क्रॉल' करने में बिताए हैं, तो वह 'गिल्ट' (पछतावा) ही आपकी दवा बनेगा। उस समय को अपनी डायरी में लिखें और सोचें कि इन 6 घंटों में आप अपने करियर के लिए क्या कर सकते थे।

5. पारिवारिक 'रियल-वर्ल्ड' बॉन्डिंग (*Family Engagement*): यह लड़ाई सिर्फ आपकी नहीं है। अगर आपका परिवार भी इसी जाल में है, तो उन्हें 'डांटिए' नहीं, बल्कि 'व्यस्त' कीजिये। घर में शाम को 'टॉक टाइम' फिक्स कीजिये जहाँ बिना किसी स्क्रीन के सब साथ बैठें। बच्चों को फोन देने के बजाय उन्हें मैदान में खेलने भेजें। अश्वनी जैसे युवाओं को अपनी 'पेंशन' के पैसों की कीमत समझाना ज़रूरी है; उन्हें घर की ज़िम्मेदारियों में शामिल कीजिये ताकि उन्हें 'रियल वर्ल्ड' का अहसास हो।

6. पसीना बहाएं, डोपामाइन कमाएं (*Physical Activity*): अगर आप चाहते हैं कि सोशल मीडिया का वह 'सस्ता नशा' आपके दिमाग से उतरे, तो आपको अपने शरीर से पसीना बहाना होगा। जब आप वर्कआउट करते हैं, दौड़ते हैं या जिम जाते हैं, तो आपका दिमाग '***Endorphins***' (एंडोर्फिन) और 'सेरोटोनिन' रिलीज़ करता है। यह वह असली खुशी है जो फोन की स्क्रीन कभी नहीं दे सकती। अगर आप बहुत उदास महसूस कर रहे हैं, तो सिर्फ 10 मिनट के लिए तेज़ पैदल चलिए या पुश-अप्स मारिए। आप देखेंगे कि आपका 'ब्रेन फॉग' (मानसिक धुंध) छंटने लगा है।

7. प्रोफेशनल मदद (*Seek Professional Help*): हर चीज़ आप खुद ठीक नहीं कर सकते। अगर आपको लगता है कि, आप फोन न होने पर हिंसक (***Violent***) हो जाते हैं। आपको पूरी रात नींद नहीं आती और आप लगातार रोना या अकेलापन महसूस करते हैं। आप अपनी पढ़ाई या नौकरी पूरी तरह छोड़ चुके हैं।

तो समझ जाइये कि यह सिर्फ एक आदत नहीं, बल्कि '***Internet Addiction Disorder***' बन चुका है। ऐसे में किसी मनोचिकित्सक (***Psychiatrist***) से मिलने में कोई शर्म नहीं है। जैसे बुखार आने पर डॉक्टर के पास जाते हैं, वैसे ही मानसिक शांति के लिए प्रोफेशनल मदद लेना समझदारी है, कमज़ोरी नहीं।

8. असली इंसानों से जुड़ें (*Real Connections*): अश्वनी ने सोशल मीडिया के 'फॉलोअर्स' के चक्कर में अपने बीमार माता-पिता और बहनों के साथ वक्त बिताना छोड़ दिया। आज ही अपने किसी पुराने दोस्त को फोन मिलाइये (व्हाट्सएप मैसेज नहीं, कॉल)। अपनी माँ के पास जाकर बैठिये और उनकी बातें सुनिए। जब आप असली इंसानों की आँखों में आँखें डालकर बात करते हैं, तो आपका दिमाग उस 'डिजिटल भूख' को भूल जाता है। याद रखिये, 30 सेकंड की रील आपको मनोरंजन दे सकती है, लेकिन एक सच्चा दोस्त आपको 'सुकून' देता है।

दोस्त, अगर आप वाकई इस दलदल से निकलना चाहते हैं, तो आपको एक ऐसी आदत डालनी होगी जो सुनने में बहुत सरल है, लेकिन करने में सबसे कठिन— 'अकेले बैठना'।

मन को सहना सीखें (*Tame Your Mind*): आज की सबसे बड़ी समस्या यह है कि हम खुद के साथ 5 मिनट भी नहीं बैठ सकते। जैसे ही खाली वक्त मिलता है, हमारा हाथ फोन की तरफ लपकता है। दिन भर में कम से कम 30 मिनट ऐसे निकालिए जिसमें न आपके पास फोन हो, न कोई किताब, न कोई संगीत और न ही कोई इंसान। बस आप और आपका 'मौन'। शुरुआत में आपका मन भागेगा, आपको बेचैनी होगी, पुराने विचार डराएंगे। लेकिन आपको अपने 'मन को सहना' होगा। जब आप इस बेचैनी को पार कर लेंगे, तब आपको उस असली 'शांति' का अनुभव होगा जिसे सोशल मीडिया ने आपसे छीन लिया था।

शारीरिक श्रम: कम से कम 30 मिनट अपने शरीर को थकाइये। जब शरीर थकता है, तो मन शांत होता है। योग और प्राणायाम आपके उस 'फोकस' को वापस लाएंगे जिसे रील्स ने टुकड़ों में बाँट दिया है।

किताबें पढ़ें: रोज़ाना कम से कम 30 मिनट एक 'भौतिक पुस्तक' (***Physical Book***) ज़रूर पढ़ें। किताब पढ़ना आपके दिमाग की 'मसल्स' को मज़बूत करता है और आपकी कल्पना शक्ति को बढ़ाता है।

गुलाम नहीं, राजा बनिए (*Be the King, Not the Slave*)

यह सफर थोड़ा कठिन है, लेकिन याद रखिये— 'आदत' ही इंसान को बनाती या बिगाड़ती है। शुरुआत छोटे से करें: पहले दिन ही 30 मिनट नहीं हो पाएगा, इसे छोटे-छोटे हिस्सों (5-10 मिनट) से शुरू कीजिये और धीरे-धीरे समय बढ़ाइए।

अगर आपने सिर्फ 3 महीने इस नियम का पालन कर लिया, तो मैं वादा करता हूँ कि आपकी पूरी दुनिया बदल जाएगी। आप अपने फोन के 'गुलाम' बनकर नहीं, बल्कि अपनी ज़िंदगी के 'राजा' बनकर जिएंगे। आप इस चक्रव्यूह से निकल चुके होंगे और आपका भविष्य आपकी मुट्ठी में होगा।

दोस्त, अब तक हमने इस 'डिजिटल पिशाच' के उन चेहरों को देखा जिन्होंने हमारी रातों की नींद और दिनों का सुकून छीन लिया है। लेकिन क्या यह केवल एक व्यक्तिगत समस्या है? क्या यह सिर्फ आपकी या अश्वनी की कहानी है? नहीं। यह एक वैश्विक संकट है जिसे दुनिया के सबसे बड़े बुद्धिजीवियों और संस्थानों ने प्रमाणित किया है। चलिए, मैं आपको उन साक्ष्यों के पास ले चलता हूँ जो इस डिजिटल धुंध को चीर कर सच दिखाएंगे।

प्रयोगशालाओं से निकला सच

दुनिया के प्रतिष्ठित विश्वविद्यालयों ने दशकों तक इस 'डिजिटल नशे' का विश्लेषण किया है। उनके शोध के परिणाम किसी चेतावनी से कम नहीं हैं:

स्टैनफोर्ड की 'डोपामाइन लैब': डॉ. लेम्बके का शोध बताता है कि हमारा मस्तिष्क 'आनंद' और 'पीड़ा' को एक ही तराज़ू पर तौलता है। जब हम सोशल मीडिया से लगातार 'सस्ता आनंद' लेते हैं, तो हमारा दिमाग संतुलन बनाने के लिए 'पीड़ा' का स्तर बढ़ा देता है। यही कारण है कि घंटों रील देखने के बाद आप अकारण उदासी और खालीपन महसूस करते हैं। **समाधान:** डॉ. लेम्बके '30 दिनों के डोपामाइन फास्ट' की सलाह देती हैं ताकि आपका मस्तिष्क पुनः संतुलित (***Reset***) हो सके।

ऑक्सफोर्ड यूनिवर्सिटी: यहाँ के शोधकर्ताओं ने पाया कि 'पैसिव ब्राउजिंग' (केवल दूसरों की लाइफ को देखते रहना) सीधे तौर पर अवसाद (***Depression***) को जन्म देती है। **समाधान:** उन्होंने सुझाव दिया कि स्क्रीन का उपयोग केवल 'सार्थक जुड़ाव' के लिए करें, न कि दूसरों की ज़िंदगी में 'झाँकने' के लिए।

यूनिवर्सिटी ऑफ पेन्सिलवेनिया: एक ऐतिहासिक प्रयोग में शोधकर्ताओं ने पाया कि जो छात्र सोशल मीडिया का उपयोग प्रतिदिन केवल 30 मिनट तक सीमित रखते हैं, उनके अकेलेपन और चिंता के स्तर में चमत्कारी सुधार आता है। यह '30 मिनट का नियम' आपकी मानसिक आज़ादी की पहली सीढ़ी है।

भारत की स्थिति: एक डरावनी तस्वीर

भारत सरकार और प्रमुख समाचार पत्रों (जैसे ***Times of India*** और ***The Hindu***) की रिपोर्टें एक चिंताजनक तस्वीर पेश करती हैं। ये आंकड़े चीख-चीख कर कह रहे हैं कि हम एक 'डिजिटल महामारी' की ओर बढ़ रहे हैं:

आर्थिक सर्वेक्षण 2024: भारत सरकार के हालिया आर्थिक सर्वेक्षण में 'डिजिटल एडिक्शन' को राष्ट्र की उत्पादकता के लिए सबसे बड़ा खतरा घोषित किया गया है। वर्ष 2024 में भारतीयों ने स्मार्टफोन पर **1.1 लाख करोड़ घंटे** गँवाए। यह वह समय था जो भारत के निर्माण में लग सकता था।

NCRB* रिपोर्ट**: नेशनल क्राइम रिकॉर्ड्स ब्यूरो (*NCRB*) के आंकड़े बताते हैं कि 15 से 29 वर्ष के युवाओं की मृत्यु का प्रमुख कारण 'आत्महत्या' बन रहा है। डिजिटल तुलना (Comparison***) और साइबर बुलिंग के कारण बढ़ते तनाव ने हज़ारों युवाओं को संकट के मुहाने पर खड़ा कर दिया है।

***ASER* रिपोर्ट**: इस रिपोर्ट के अनुसार, 14-16 वर्ष के 76% बच्चे फोन का उपयोग केवल मनोरंजन के लिए कर रहे हैं। हम एक ऐसी पीढ़ी तैयार कर रहे हैं जो 'स्क्रॉल' तो कर सकती है, लेकिन 'सोच' नहीं सकती।

डिजिटल सर्जरी: गहरे और सटीक उपाय

अब समय है 'नोटिफिकेशन ऑफ' करने जैसी छोटी पट्टियों को हटाकर गहरी सर्जरी करने का। ये उपाय कठिन हैं, लेकिन सटीक हैं:

एप्लिकेशन ब्लॉकर (*The Hard Reset*): अपने फोन में '*Digital Detox*' जैसे ऐप्स का उपयोग करें जो निर्धारित समय के बाद आपके फोन को एक 'पत्थर' बना दें। अपना पासवर्ड किसी भरोसेमंद व्यक्ति को दें। जब तक आप खुद को तकनीक के सामने 'मजबूर' नहीं करेंगे, तब तक आप स्वतंत्र नहीं होंगे।

ग्रे-स्केल मोड (*The Visual Reset*): अपने फोन को 'ब्लैक एंड व्हाइट' (***Grayscale***) मोड पर डाल दें। रंगों का जादू खत्म होते ही रील और फोटो आपके दिमाग को उत्तेजित करना बंद कर देंगी। फोन 'बोरिंग' लगेगा, और यही आपकी जीत होगी।

बोरियत का स्वागत (*Embrace Boredom*): बोरियत से भागें नहीं, उसे अपनाएं। फोन उठाने के बजाय हाथ में एक 'भौतिक पुस्तक' (***Physical Book***) लें या डायरी लिखें। जब आप अपने हाथों से कुछ 'स्पर्श' करते हैं, तो दिमाग की सुप्त शक्तियां जागृत होती हैं।

डिजिटल हेल्थ वॉर्निंग: सोशल मीडिया कंपनियों के 'एडिक्टिव एल्गोरिदम' की सरकारी जांच होनी चाहिए। जैसे शराब और सिगरेट पर 'चेतावनी' होती है, वैसे ही हर 30 मिनट के स्क्रॉल के बाद स्क्रीन पर एक 'अनिवार्य ब्रेक' आना चाहिए।

डिजिटल लिटरेसी: कक्षा 6 से ही 'डोपामाइन' और 'एल्गोरिदम' के विज्ञान को पाठ्यक्रम का हिस्सा बनाया जाए ताकि हमारे बच्चे 'प्रोडक्ट' बनने से बच सकें।

दोस्त, अश्वनी की कहानी और ऑक्सफोर्ड की रिसर्च हमें एक ही मोड़ पर खड़ा करती हैं— चुनाव आपका है। आप उस खरबों डॉलर की मशीन का 'ईंधन' बनना चाहते हैं या अपनी ज़िंदगी के 'पायलट'? आज़ादी का रास्ता अनुशासन (***Discipline***) की गलियों से होकर गुजरता है। आज इस अध्याय के अंत में, अपनी आँखों को स्क्रीन से हटाइए और अपने आसपास के लोगों को देखिए। वे 'लाइक' नहीं माँग रहे, वे आपका 'वक्त' और 'प्रेम' माँग रहे हैं। चलिए, इस डिजिटल पिंजरे को तोड़कर खुली हवा में सांस लेते हैं।

क्या आप मेरे साथ इस प्रतिज्ञा के लिए तैयार हैं? अगर आप तैयार हैं तो मैं आपको वह रोडमैप देने जा रहा हूँ जिससे आप इस ट्रैप से निकल सकते हैं।

21 दिनों का 'सिस्टम'

डिजिटल गुलामी की इन जंजीरों को एक झटके में नहीं तोड़ा जा सकता, इन्हें धीरे-धीरे काटना पड़ता है। अगर आप आज ही अपना फोन स्विच ऑफ करके फेंक देंगे, तो कल सुबह की 'तड़प' आपको फिर से उसी दलदल में खींच लेगी। बदलाव के लिए हमें किसी क्रांतिकारी जज्बे की नहीं, बल्कि एक छोटे और सटीक 'सिस्टम' की ज़रूरत है।

अपनी आज़ादी के इस सफर को आप 21 दिनों के एक मानसिक अभ्यास की तरह देख सकते हैं। पहले चार दिन आपको फोन कम करने की कोशिश भी नहीं करनी है; आपको बस एक 'खामोश गवाह' बनना है। हर रात सोने से पहले अपनी डायरी में उस जादुई स्क्रीन पर बिताए गए घंटों को ईमानदारी से दर्ज कीजिये। जब आप अपनी आँखों से देखेंगे कि आपने अपने जीवन का 25 प्रतिशत हिस्सा सिर्फ 'स्क्रॉल' करने में गँवा दिया है, तो वह आत्मग्लानि ही आपके अंदर बदलाव की पहली चिंगारी सुलगाएगी।

अगले कुछ दिनों में आपको अपने 'डिजिटल घर' की सफाई करनी होगी। उन सभी ऐप्स को अपने जीवन से बेदखल कर दीजिये जिनकी आपको वाकई ज़रूरत नहीं है, और जो बच जाएँ, उनके 'नोटिफिकेशन' की आवाज़ हमेशा के लिए खामोश कर दें। याद रखिये, "न रहेगा बाँस, न बजेगी बाँसुरी।" जब फोन की स्क्रीन बार-बार जलेगी नहीं, तो आपका मस्तिष्क उस 'इनाम' की तलाश में बार-बार फोन की तरफ नहीं लपकेगा।

जैसे-जैसे आप इस सफर के दूसरे हफ्ते में पहुँचेंगे, आपको एक अजीब सी बेचैनी महसूस होगी। यह वह समय है जब आपको 'बोरियत' से दोस्ती करनी है। अपने फोन को 'ब्लैक एंड व्हाइट' मोड पर डाल दीजिये। जैसे ही रंगों का जादू गायब होगा, वे इंस्टाग्राम रील्स और रंगीन फोटो आपको बेजान लगने लगेंगी। इन दिनों में फोन उठाने के बजाय बस 10 मिनट 'मौन' बैठने का साहस जुटाइए। जब आप इस खालीपन को सहना सीख जाएंगे, तभी आप अपनी खोई हुई एकाग्रता की पहली सीढ़ी चढ़ेंगे।

तीसरे हफ्ते तक आते-आते आपको अपनी भौतिक दुनिया और इस आभासी दुनिया के बीच एक दीवार खड़ी करनी होगी। अपने घर में कुछ ऐसे 'पवित्र स्थान' तय कीजिये—जैसे आपकी डिनर टेबल या आपका बिस्तर—जहाँ फोन का प्रवेश वर्जित हो। सोने से एक घंटा पहले अपने फोन को दूसरे कमरे में अकेला छोड़ दीजिये। इस खाली समय को भरने के लिए किसी पुरानी किताब का सहारा लीजिगे या अपने शरीर को पसीने से थकाइए। दिमाग को खाली नहीं छोड़ा जा सकता; अगर आप इसे कोई अच्छी आदत नहीं देंगे, तो यह वापस उसी डिजिटल कचरे की तरफ भागेगा।

इक्कीसवें दिन जब आप पीछे मुड़कर देखेंगे, तो आप पाएंगे कि आप अब उस 'अश्वनी' जैसे नहीं रहे जो नोटिफिकेशन के इशारों पर नाचता था। अब आप फोन के गुलाम नहीं, बल्कि उसके मास्टर बन चुके हैं। आपने उस डिजिटल पिंजरे को तोड़ दिया है जिसे बड़ी-बड़ी कंपनियों ने आपकी आँखों के लिए बनाया था।

लेकिन यहाँ एक और बड़ा सवाल खड़ा होता है— जब आप इस डिजिटल शोर को खामोश कर देंगे, तो उस खाली समय में क्या करेंगे? आखिर क्या है वह 'सीक्रेट कोड' जिसे दुनिया के सबसे सफल लोग अपनी 'एकाग्रता' कहते हैं? अगले अध्याय में, हम उस पर्दे को हटाएंगे जो आपकी असल काबिलियत के बीच खड़ा है। हम सीखेंगे कि कैसे अपने दिमाग को एक 'लेज़र बीम' की तरह इस्तेमाल करना है।

"मन के हारे हार है, मन के जीते जीत।

कहे कबीर हरी पाइए, मन ही की परतीत।।"

एकाग्रता का पुनर्जन्म
(The Rebirth of Focus)

साल 1996 की एक ठंडी सुबह थी। सिएटल के एक साधारण से ऑफिस में दुनिया के दो सबसे अमीर और प्रभावशाली इंसान एक मेज पर आमने-सामने बैठे थे— **बिल गेट्स** और **वारेन बफेट**।

बिल गेट्स के पिता ने उन दोनों को एक कोरा कागज दिया और एक छोटा सा काम सौंपा। उन्होंने कहा, "आप दोनों अपनी सफलता का सबसे बड़ा राज सिर्फ एक शब्द में लिखिए।" बिना एक-दूसरे की तरफ देखे, बिना एक पल की देरी किए, उन दोनों दिग्गजों ने कागज पर बिल्कुल एक जैसा शब्द लिखा। वह शब्द 'मेहनत' नहीं था। वह 'किस्मत' या 'बुद्धि' भी नहीं था। उस कागज पर बड़े अक्षरों में लिखा था: ***"FOCUS"*** **(एकाग्रता)**।

सफलता की मुद्रा (***Currency***) पैसा नहीं, आपकी एकाग्रता है।

आज के दौर में, जब हम एक ऐसे युग में जी रहे हैं जहाँ जानकारी का सैलाब है, वहाँ 'फोकस' करना एक स्किल नहीं, बल्कि एक 'महाशक्ति' बन चुका है। लेकिन विडंबना देखिये, जिस स्मार्टफोन को हमारी उत्पादकता बढ़ाने के लिए बनाया गया था, वही आज हमारी एकाग्रता का सबसे बड़ा डकैत बन चुका है। हम एक ऐसी दुनिया में हैं जहाँ हर ऐप, हर नोटिफिकेशन और हर रील आपकी आँखों को चुराने के लिए खरबों डॉलर के एल्गोरिदम का इस्तेमाल कर रही है। आप फोन नहीं चला रहे, बल्कि फोन आपको चला रहा है।

तुलना का जाल और बिखरी हुई किरणें

कल्पना कीजिये कि आपके पास एक लेज़र लाइट है। अगर आप उसकी रोशनी को पूरे कमरे में फैला दें, तो वह बस एक मंद उजाला देगी। लेकिन अगर आप उसी रोशनी को एक बारीक बिंदु पर केंद्रित कर दें, तो वह स्टील की चादर को भी काट सकती है।

हमारा मस्तिष्क भी इसी लेज़र की तरह है। जब हम अपना ध्यान सोशल मीडिया की तुलना, करियर की चिंता और स्मार्टफोन के शोर में बिखेर देते हैं, तो हम बस 'गर्म' होते हैं, 'जलते' नहीं हैं। हम थक जाते हैं, लेकिन परिणाम (***Results***) शून्य रहते हैं।

अश्वनी जैसे हज़ारों युवा आज इसी बिखराव का शिकार हैं। वे दिन भर 'व्यस्त' (***Busy***) तो रहते हैं, लेकिन वे 'उत्पादक' (***Productive***) नहीं हैं। वे घंटों तक फोन पर रील्स देखते हुए यह सोचते हैं कि वे दुनिया से 'जुड़' रहे हैं, जबकि असलियत में वे अपनी खुद की क्षमताओं से 'कट' रहे हैं।

व्यस्त होना और उत्पादक होना, दो अलग-अलग ध्रुव हैं।

अगर आप स्मार्टफोन से करियर बनाना चाहते हैं, पैसा कमाना चाहते हैं और अपनी पहचान बनाना चाहते हैं, तो आपको सबसे पहले अपनी उस 'मानसिक ऊर्जा' को वापस समेटना होगा जिसे आपने अनजाने में रील के अंतहीन कुएं में गिरा दिया है। एकाग्रता का पुनर्जन्म तब नहीं होता जब आप फोन फेंक देते हैं, बल्कि तब होता है जब आप फोन को अपना 'मालिक' नहीं, बल्कि अपना सबसे धारदार 'औज़ार' बना लेते हैं।

अक्सर लोग मुझसे पूछते हैं— 'स्मार्टफोन से करियर कैसे बनता है? क्या यह सिर्फ रील बनाने और वायरल होने का खेल है?'

सच तो यह है कि स्मार्टफोन आज के दौर का सबसे शक्तिशाली '***Distribution Tool***' (डिस्ट्रीब्यूशन टूल) है। यह एक ऐसा मंच है जहाँ बैठकर प्रयागराज का एक युवा न्यूयॉर्क के क्लाइंट के लिए काम कर सकता है, या अपनी स्किल्स को पूरी दुनिया को बेच सकता है। लेकिन

यहाँ एक बहुत बारीक अंतर है जिसे समझना ज़रूरी है। दुनिया में दो तरह के लोग स्मार्टफोन चला रहे हैं:

कंज्यूमर (*Consumer*): जो सुबह से शाम तक दूसरों का बनाया हुआ कंटेंट देखते हैं और अपना 'डोपामाइन' खर्च करते हैं।
क्रिएटर (*Creator*): जो फोन का इस्तेमाल कुछ सीखने, कुछ बनाने या अपनी सर्विस देने के लिए करते हैं।

क्रिएटर और कंज्यूमर के बीच की दूरी सिर्फ एक 'फैसले' की है।

करियर और पैसा स्मार्टफोन के अंदर नहीं, बल्कि आपकी उस 'एकाग्रता' के पीछे छुपा है जिसका उपयोग आप इस डिवाइस पर करते हैं। यदि आप दिन के 4 घंटे कोडिंग सीखने, ग्राफ़िक डिज़ाइनिंग, लेखन या किसी डिजिटल स्किल में लगाते हैं, तो वही फोन आपकी 'एटीएम मशीन' बन जाता है। लेकिन यदि वही 4 घंटे आप दूसरों की लाइफस्टाइल देखकर खुद को कमतर महसूस करने में बिताते हैं, तो वह फोन आपकी 'कब्र' खोद रहा है।

एकाग्रता का पुनर्जन्म तब होता है जब आप 'डिजिटल कचरे' से अपनी उंगलियाँ हटाकर उन्हें अपनी '***Creativity***' (सृजनात्मकता) पर चलाना शुरू करते हैं। बिल गेट्स और वारेन बफेट ने जिस 'फोकस' की बात की थी, वह कोई जादुई शक्ति नहीं थी। वह बस हर उस चीज़ को 'ना' कहने की हिम्मत थी, जो उनके लक्ष्य के रास्ते में आ रही थी।

एकाग्रता (***Focus***) कोई ऐसी चीज़ नहीं है जिसे आप बाज़ार से खरीद सकें; यह एक '***Mental Muscle***' (मानसिक मांसपेशी) है। जैसे जिम में भारी वजन उठाने से पहले आपको हल्की डंबल से शुरुआत करनी पड़ती है, वैसे ही गहरे काम (***Deep Work***) की शुरुआत भी छोटे संकल्पों से होती है।

अक्सर युवा शिकायत करते हैं— 'मेरा मन पढ़ाई में नहीं लगता' या 'मैं काम तो करना चाहता हूँ, पर फोन का नोटिफिकेशन मुझे खींच लेता है।' इसका वैज्ञानिक कारण बहुत सरल है। हमारा दिमाग हमेशा 'सबसे कम प्रतिरोध' (***Least Resistance***) वाला रास्ता चुनता है। एक कठिन किताब पढ़ने या कोडिंग का कोई जटिल लॉजिक समझने में दिमाग को मेहनत करनी पड़ती है, जबकि एक 15 सेकंड की रील देखने में उसे 'मुफ्त का मज़ा' मिलता है। आपका दिमाग आलसी नहीं है, वह बस 'सस्ते मज़े' का शिकार है।

करियर बनाने और पैसा कमाने का असली राज स्मार्टफोन के किसी 'सीक्रेट ऐप' में नहीं है। वह आपकी उस क्षमता में है जिसे 'अखंड एकाग्रता' कहा जाता है। दुनिया के सबसे सफल फ्रीलांसर, कोडर और डिजिटल आंत्रप्रेन्योर (***Entrepreneurs***) एक ही नियम का पालन करते हैं: वे अपने काम के समय को '***Sacred***' (पवित्र) मानते हैं।

जब वे अपने फोन का उपयोग कुछ 'बनाने' (***Create***) के लिए करते हैं, तो वे दुनिया के लिए 'गायब' हो जाते हैं। वे उस 1 प्रतिशत क्लब का हिस्सा हैं जो जानते हैं कि अगर वे 90 मिनट तक बिना किसी रुकावट के अपने काम में डूब सकें, तो वे एक औसत इंसान के पूरे दिन के काम को मात दे सकते हैं।

एकाग्रता का अर्थशास्त्र: आपकी 'अटेंशन' ही आपकी असली दौलत है

आज की इस '***Attention Economy***' (अटेंशन इकोनॉमी) में, आपकी एकाग्रता ही वह मुद्रा (***Currency***) है जिससे आप अपना भविष्य खरीदते हैं।

सोचिए, जब आप एक रील को 'लाइक' करते हैं, तो आप उसे अपनी ज़िंदगी के कुछ सेकंड मुफ्त में दान कर रहे होते हैं। लेकिन जब आप उसी फोन का उपयोग किसी '***High-Income Skill***' (हाई-इनकम स्किल) को सीखने में करते हैं—जैसे डेटा एनालिटिक्स, वीडियो एडिटिंग या डिजिटल मार्केटिंग—तो आप अपने समय का 'निवेश' (***Investment***) कर रहे होते हैं।

पैसे स्मार्टफोन के पीछे नहीं छिपे हैं, वे आपकी उस 'एकाग्रता की तीव्रता' (***Intensity of Focus***) के पीछे छिपे हैं। एक साधारण वीडियो एडिटर दिन के 500 रुपये कमाता है क्योंकि वह भटकाव के साथ काम करता है। लेकिन एक 'प्रोफेशनल' एडिटर उसी काम के 50,000 रुपये लेता है क्योंकि उसके पास वह 'लेज़र-शार्प' फोकस है जो हर बारीक फ्रेम को देख सकता है।

गुणवत्ता (*Quality*) हमेशा एकाग्रता की कोख से जन्म लेती है।

यदि आप चाहते हैं कि आपका स्मार्टफोन आपकी बर्बादी का कारण नहीं, बल्कि आपकी 'सफलता की सीढ़ी' बने, तो आपको अपनी एकाग्रता का 'पुनर्जन्म' करना होगा। आपको यह समझना होगा कि हर वह नोटिफिकेशन जो आपके काम के बीच में आता है, वह सिर्फ एक आवाज़ नहीं है—वह आपके करियर की तिजोरी से होने वाली एक 'डकैती' है।

दो रास्ते: एक ही समय, दो अलग भविष्य

साल 2020 की वह गर्म दोपहर, जब पूरे भारत की सड़कों पर सन्नाटा पसर गया था। लॉकडाउन ने करोड़ों लोगों को उनके घरों की चारदीवारी में कैद कर दिया था। समय जैसे थम गया था, लेकिन दो युवाओं— आदित्य और कृष्ण के लिए, यह थमा हुआ समय उनके भविष्य के निर्माण की सबसे बड़ी प्रयोगशाला बनने वाला था।

दोनों के पास एक जैसी 24 घंटे की मोहलत थी और दोनों के हाथ में एक जैसा स्मार्टफोन था। लेकिन फर्क उनके 'डिवाइस' में नहीं, बल्कि उनकी 'एकाग्रता की दिशा' में था।

कृष्ण, जो एक निम्न-मध्यम वर्गीय परिवार की तंगहाली के बीच पला-बढ़ा था, जानता था कि उसके पास गँवाने के लिए समय नहीं है। जब उसके दोस्त ऑनलाइन गेम्स के शोर में डूबे थे, कृष्ण अपने पुराने फोन की स्क्रीन पर शेयर मार्केट के ग्राफ और वीडियो एडिटिंग के बारीक टूल्स को समझने में अपनी रातों की नींद झोंक रहा था। उसके लिए वह छोटा सा फोन कोई मनोरंजन का साधन नहीं, बल्कि उसकी गरीबी की बेड़ियाँ काटने वाला एक 'हथियार' था। उसने अपनी एकाग्रता को एक 'लेज़र' की तरह एक ही बिंदु पर केंद्रित कर दिया था— स्किल (*Skill*)।

दूसरी ओर आदित्य था, जिसके पास संपन्नता का कवच था। उसे लगा कि यह खाली समय एक 'छुट्टी' है। उसने अपनी एकाग्रता को हज़ारों दिशाओं में बिखेर दिया— कभी घंटों ऑनलाइन चैटिंग, कभी अंतहीन गेमिंग, तो कभी सोशल मीडिया की दुनिया में खुद को खो देना। आदित्य को पता ही नहीं चला कि कब उसके अंगूठे 'स्क्रॉल' करते-करते उसके भविष्य की नींव खोखली कर रहे थे।

समय सबको बराबर मिलता है, लेकिन परिणाम आपकी 'एकाग्रता की तीव्रता' तय करती है।

जैसे ही लॉकडाउन की धुंध छँटी और दुनिया फिर से पटरी पर लौटी, एक खौफनाक सच सामने आया। कृष्ण, जो कभी एक साधारण लड़का था, अब अपनी सीखी हुई स्किल्स के दम पर कामयाबी की सीढ़ियाँ चढ़ रहा था। उसकी एकाग्रता ने उसे एक 'हाई-इनकम स्किल' का मास्टर बना दिया था। वह न केवल पैसा कमा रहा था, बल्कि उसके चेहरे पर वह आत्मविश्वास था जो केवल 'अनुशासन' से आता है।

वहीँ आदित्य, आज एक चौराहे पर खड़ा था। उसने न केवल अपना कीमती समय गँवाया, बल्कि गेमिंग के जुनून में अपने माता-पिता की गाढ़ी कमाई भी स्वाहा कर दी थी। उसके पास न कोई हुनर था, न कोई दिशा। उसका मन आज भी एक डाल से दूसरी डाल पर फदकने वाले पक्षी की तरह था, जो 10 मिनट भी किसी एक किताब या काम पर टिक नहीं सकता था।

आदित्य की बर्बादी का कारण उसका 'कम भाग्यशाली' होना नहीं था, बल्कि उसकी 'बिखरी हुई एकाग्रता' थी।

निष्कर्ष: क्या आदित्य अभी भी लौट सकता है?

दोस्त, आदित्य की कहानी आज के करोड़ों युवाओं की कहानी है। लेकिन यहाँ एक उम्मीद की किरण है। आदित्य आज भी बर्बाद नहीं हुआ है, बशर्ते वह एक कठोर फैसला ले। उसे

कृष्ण की तरह अपनी एकाग्रता के 'चरम' को छूना होगा। उसे यह समझना होगा कि दुनिया का सबसे बड़ा निवेश (*Investment*) शेयर बाजार में नहीं, बल्कि अपने मन को एकाग्र करने में है।

कृष्ण और आदित्य के बीच का अंतर केवल एक 'चॉइस' (*Choice*) का था। एक ने फोन को अपनी 'एटीएम मशीन' बनाया, तो दूसरे ने इसे अपनी 'बर्बादी का वारंट'।

एकाग्रता कोई जन्मजात प्रतिभा नहीं है, यह एक अभ्यास है जिसे 'अभी' (*Now*) से शुरू किया जा सकता है।

दोस्त, सोचिए कि जब आप किसी ज़रूरी काम को करने बैठते हैं, तो अचानक आपका हाथ फोन की तरफ क्यों लपकता है? यह कोई इत्तेफाक नहीं है। सिलिकॉन वैली की बड़ी-बड़ी टेक कंपनियाँ अरबों डॉलर खर्च कर रही हैं ताकि आपकी एकाग्रता को आपसे चुराया जा सके। वे जानते हैं कि अगर वे आपको 'व्यस्त' (*Busy*) रख सकें, तो वे आपको 'बेच' (*Sell*) सकते हैं।

एकाग्रता का पुनर्जन्म तभी संभव है जब आप यह समझें कि आपका ध्यान (*Attention*) एक सीमित संसाधन है। यह आपके बैंक बैलेंस की तरह है। हर बार जब आप एक नोटिफिकेशन चेक करते हैं, तो आप अपनी मानसिक दौलत का एक हिस्सा खर्च कर रहे होते हैं।

कृष्ण की सफलता का राज यह नहीं था कि वह बहुत तेज़ था; उसका राज यह था कि उसने अपनी एकाग्रता के 'बजट' को बहुत संभलकर खर्च किया। जब वह वीडियो एडिटिंग सीख रहा था, तो दुनिया की कोई भी 'ट्रेंडिंग रील' उसे विचलित नहीं कर सकती थी। वहीं आदित्य, अपनी मानसिक दौलत को छोटे-छोटे सिक्कों (लाइक और कमेंट्स) में हर मिनट लुटा रहा था।

मानसिक घर्षण: शुरुआत की मुश्किल. जेम्स क्लियर कहते हैं कि किसी भी अच्छी आदत को शुरू करना मुश्किल होता है क्योंकि उसमें **'घर्षण' (*Friction*)** होता है। एकाग्रता के साथ भी यही नियम लागू होता है।

जब आप कोई नया स्किल सीखने बैठते हैं, तो शुरुआती 10 से 15 मिनट आपका दिमाग विद्रोह (*Rebel*) करता है। वह उबासी लेता है, वह आपको याद दिलाता है कि 'शायद कोई ज़रूरी

मैसेज आया होगा', वह आपको बेचैन करता है। वैज्ञानिक भाषा में इसे 'लिम्बिक फ्रिक्शन' कहते हैं।

ज्यादातर लोग इसी 10 मिनट के पड़ाव पर हार मान लेते हैं। वे फोन उठा लेते हैं और उनकी एकाग्रता का जो 'फ्लो' (*Flow*) बनने वाला था, वह ताश के पत्तों की तरह ढह जाता है।

कृष्ण ने उस प्रतिरोध को सहना सीख लिया था। उसे पता था कि एक बार जब वह उस 10 मिनट की बाधा को पार कर लेगा, तो उसका दिमाग एक ऐसी अवस्था में पहुँच जाएगा जहाँ समय और थकान का अहसास खत्म हो जाता है। इसे ही 'फ्लो स्टेट' कहते हैं—जहाँ काम बोझ नहीं, बल्कि एक आनंद बन जाता है। आदित्य कभी इस अवस्था तक पहुँच ही नहीं पाया, क्योंकि वह हर 2 मिनट में अपनी एकाग्रता की डोर काट देता था।

एकग्रता का संचय: 1% का जादुई नियम. सोचिए, अगर आप दिन में सिर्फ 1 घंटा पूरी शिद्दत से, बिना फोन के, किसी एक स्किल पर काम करते हैं। साल के अंत में आपके पास 365 घंटे का अनुभव होगा। यह 365 घंटे आपको अपनी फील्ड के टॉप 5% लोगों में खड़ा कर देंगे।

एकाग्रता का पुनर्जन्म कोई रातों-रात होने वाला चमत्कार नहीं है। यह 'कंपाउंडिंग' (चक्रवृद्धि ब्याज) का खेल है। पहले दिन आपको लगेगा कि कुछ नहीं बदला। दूसरे दिन भी परिणाम शून्य दिखेंगे। लेकिन धीरे-धीरे, आपकी यह एकाग्रता एक ऐसी गति पकड़ लेगी कि आप वह काम घंटों में करने लगेंगे जिसे दूसरे हफ्तों में नहीं कर पाते।

पैसे और करियर का सीधा संबंध आपकी 'डेप्थ' (गहराई) से है। आज की दुनिया 'सतही' (*Shallow*) लोगों से भरी पड़ी है। जो लोग गहराई में उतरना जानते हैं, बाज़ार उन्हीं को करोड़ों रुपये देने के लिए तैयार खड़ा है।

जेम्स क्लियर का एक बहुत ही प्रसिद्ध सिद्धांत है— ***"Motivation is overvalued. Environment matters more."*** **(प्रेरणा को ज़रूरत से ज़्यादा तवज्जो दी जाती है, जबकि वातावरण कहीं अधिक महत्वपूर्ण है)।**

अश्वनी और आदित्य की विफलता का एक बड़ा कारण यह था कि वे अपनी 'इच्छाशक्ति' (*Willpower*) के भरोसे एकाग्र होना चाहते थे। वे फोन को अपने ठीक सामने रखकर यह सोचते थे कि वे उसे नहीं छुएंगे। लेकिन मानव मस्तिष्क इस तरह काम नहीं करता। आपकी एकाग्रता आपकी इच्छाशक्ति से नहीं, बल्कि आपके 'आस-पास के संकेतों' (*Cues*) से तय होती है।

एकाग्रता का पुनर्जन्म करने का सबसे बड़ा दुश्मन 'शुरुआत का डर' है। जब हम किसी बड़े प्रोजेक्ट या कठिन स्किल (जैसे कोडिंग या पैसा कमाने के नए तरीके) के बारे में सोचते हैं, तो हमारा दिमाग उसे एक 'पहाड़' की तरह देखता है। परिणाम? हम फोन उठा लेते हैं ताकि उस डर से बच सकें।

अपने आप से कहिये— "मैं यह काम पूरा नहीं करूँगा, मैं बस 10 मिनट के लिए इसे शुरू करूँगा।" इन 10 मिनटों में आपको दुनिया से पूरी तरह कट जाना है। यह 10 मिनट आपके दिमाग के लिए 'वार्म-अप' की तरह हैं। एक बार जब आप इस छोटे से पड़ाव को पार कर लेते हैं, तो आपका मस्तिष्क उस 'लिम्बिक फ्रिक्शन' (शुरुआती झिझक) को तोड़ देता है। 10 मिनट बाद, आप पाएंगे कि आप अब उस काम को छोड़ना नहीं चाहते।

स्मार्टफोन: एक 'नौकर' या एक 'मालिक'?

करियर और पैसा कमाने के सफर में स्मार्टफोन को एक 'मालिक' की जगह एक 'नौकर' की तरह इस्तेमाल करना सीखिए।

आपकी एकाग्रता इस बात पर निर्भर नहीं करती है कि आप फोन से कितनी दूर भागते हैं, बल्कि इस पर निर्भर करती है कि आप फोन के भीतर अपनी सीमाओं (*Boundaries*) को कैसे

तय करते हैं। स्मार्टफोन आज की दुनिया का सबसे बड़ा पुस्तकालय है, लेकिन इसमें घुसते ही हज़ारों शोर मचाते हुए सेल्समैन आपको अपनी ओर खींचने लगते हैं।

कृष्ण ने फोन को त्यागने के बजाय उसे अपनी 'डिजिटल प्रयोगशाला' बना लिया था। उसने समझ लिया था कि इंटरनेट पर दो तरह की गलियाँ हैं— एक गली 'मनोरंजन' (*Entertainment*) की ओर जाती है, जहाँ आपका समय और पैसा दोनों चोरी हो जाते हैं। दूसरी गली 'सक्षमता' (*Skill*) की ओर जाती है, जहाँ आपकी एकाग्रता ही आपकी पूंजी है।

जब आप फोन पर कोई स्किल सीख रहे होते हैं—चाहे वह कोडिंग हो, एडिटिंग हो या शेयर मार्केट का विश्लेषण—तो आपकी सबसे बड़ी चुनौती 'एल्गोरिदम' से लड़ना है। यूट्यूब का काम आपको सिखाना नहीं है, उसका काम आपको प्लेटफॉर्म पर रोके रखना है। जैसे ही आप एक काम की वीडियो देखते हैं, साइड में चार और 'मज़ेदार' वीडियो नाचने लगती हैं। यहीं पर आपकी 'डिजिटल इच्छाशक्ति' की परीक्षा होती है।

एकाग्रता का 'फिल्टर'

एकाग्रता का पुनर्जन्म करने के लिए आपको फोन उठाने से पहले खुद से एक सवाल पूछना होगा— "मैं इस स्क्रीन को क्यों खोल रहा हूँ?" बिना किसी मकसद के फोन उठाना वैसा ही है जैसे बिना किसी पते के बस में चढ़ जाना। आप कहीं पहुँचेंगे नहीं, बस चक्कर काटते रहेंगे। कृष्ण के पास एक 'मकसद' था। जब वह फोन उठाता था, तो उसका दिमाग पहले से ही उस एक 'मोती' (*Skill*) को ढूँढने के लिए तैयार होता था। वह उस कचरे को देख ही नहीं पाता था जिसे आदित्य घंटों निहारता रहता था।

आदित्य की समस्या यह नहीं थी कि वह फोन चलाता था। उसकी समस्या यह थी कि वह 'अनजाने' (*Unconscious*) में फोन चला रहा था। वह रील के बहाव में एक सूखे पत्ते की तरह बह रहा था, जबकि कृष्ण एक गोताखोर की तरह गहराई में उतरकर अपनी स्किल के मोती निकाल रहा था।

डिजिटल एकाग्रता का 'ब्लैक-बॉक्स' सिस्टम (*The Black-Box System*)

जेम्स क्लियर कहते हैं कि सफल लोग अपनी आदतों को 'ऑटोपायलट' पर डाल देते हैं। आप भी अपनी डिजिटल एकाग्रता के लिए एक 'ब्लैक-बॉक्स' बना सकते हैं।

जब आप फोन पर कुछ सीख रहे हों, तो उसे एक 'मिशन' की तरह देखें। अपने फोन की सेटिंग्स में जाकर '*Focus Mode*' को चालू करना या उन ऐप्स को हाइड (*Hide*) कर देना जो आपको 'स्किल' से हटाकर 'मज़े' की ओर ले जाते हैं, कोई छोटी बात नहीं है। यह आपकी अपनी एकाग्रता के प्रति 'ईमानदारी' है।

स्मार्टफोन से करियर और पैसा बनाना कोई जादू नहीं है। यह केवल इस बात का परिणाम है कि आपने उस स्क्रीन पर बिताए गए 100 घंटों में से कितने घंटे 'सीखने' में लगाए और कितने 'देखने' में। 'देखने' वाला हमेशा ग्राहक (*Consumer*) बना रहता है, और 'सीखने' वाला कल का मालिक (*Creator*) बनता है।

बदलाव कभी भी किसी बड़े धमाके से नहीं आता, वह उन छोटी-मोटी आदतों के संचय (*Accumulation*) से आता है जिन्हें हम अक्सर नज़रअंदाज़ कर देते हैं। जेम्स क्लियर अपनी किताब में जिस '1 प्रतिशत सुधार' की बात करते हैं, वह डिजिटल दुनिया में आपकी उंगलियों के सूक्ष्म फेसलों से शुरू होता है।

अश्वनी और कृष्ण के बीच सबसे बड़ा अंतर उनके 'इरादों' में नहीं, बल्कि उनके द्वारा बनाए गए छोटे-छोटे 'डिजिटल अवरोधों' (*Digital Barriers*) में था। एकाग्रता का पुनर्जन्म करने के लिए आपको अपनी इच्छाशक्ति पर निर्भर रहने के बजाय अपनी आदतों को 'डिजाइन' करना होगा।

कल्पना कीजिये, आप यूट्यूब पर एक बहुत ज़रूरी स्किल सीखने बैठे हैं। जैसे ही वीडियो शुरू होती है, नीचे के सुझावों (*Recommendations*) में एक चटपटी रील या विवादित खबर

नाचने लगती है। आपका दिमाग एक पल के लिए डगमगाता है और आप उस जाल में गिर जाते हैं। कृष्ण ने यहाँ एक बहुत ही छोटा लेकिन 'मास्टर-स्ट्रोक' बदलाव किया था— 'फुल स्क्रीन मोड'। जैसे ही आप वीडियो को बड़ा (*Full Screen*) करते हैं, दुनिया के बाकी सारे भटकाव आँखों से ओझल हो जाते हैं। अब आपके और उस ज्ञान के बीच कोई 'सजेशन' नहीं है। यह एक छोटा सा 'फिजिकल एक्शन' आपकी एकाग्रता को 50 प्रतिशत तक बढा देता है।

यही नियम डाउनलोडिंग पर भी लागू होता है। यदि आप वाकई किसी कठिन विषय को समझना चाहते हैं, तो उसे 'स्ट्रीम' करने के बजाय 'डाउनलोड' करके देखिये। जब इंटरनेट बंद होता है, तो नोटिफिकेशन का शोर भी मर जाता है। आप उस वीडियो के साथ अकेले होते हैं, और यही वह 'अकेलापन' है जहाँ प्रतिभा (*Genius*) जन्म लेती है।

एकाग्रता का एक और दुश्मन है— 'निर्णय का आलस'। हमारा दिमाग बहुत चालाक है; अगर आप फोन उठाने के बाद यह सोचने लगेंगे कि 'आज क्या पढ़ना है', तो वह आपको तुरंत इंस्टाग्राम के अंधेरे कुएँ में ले जाएगा। एकाग्रता का पुनर्जन्म करने का 'गोल्डन रूल' है— 20 सेकंड का नियम। जब आप पढ़ने बैठें, तो आपके हाथ उस टॉपिक पर 20 सेकंड के भीतर पहुँच जाने चाहिए। यदि आप 20 सेकंड से ज़्यादा देर तक स्क्रीन को बस घूरते रहे, तो आपका मन भटक जाएगा। आपको 'त्वरित फैसला' (*Instant Decision*) लेने की आदत डालनी होगी। जैसे ही आप मेज पर बैठें, 10 सेकंड के भीतर आपकी उंगली उस 'प्ले' बटन पर होनी चाहिए।

हमारी आदतें हमारे 'स्थान' (*Location*) से जुड़ी होती हैं। यदि आप बिस्तर पर लेटकर फोन से कुछ सीखना चाहते हैं, तो आपका दिमाग आपको 'सोने' या 'मज़े' करने का संकेत देगा क्योंकि बिस्तर उसी काम के लिए है। एकाग्रता के लिए आपको एक 'पवित्र स्थान' चाहिए। एक साधारण कुर्सी और टेबल, जहाँ की रोशनी सीधी आपके काम पर पड़े और जहाँ शांति का वास हो। जैसे ही आप उस कुर्सी पर बैठते हैं, आपका शरीर समझ जाता है कि अब 'काम का समय' शुरू हो चुका है।

लेकिन, एकाग्रता कोई ऐसी मशीन नहीं है जो अंतहीन चलती रहे। जब आपका दिमाग थकने लगे और शब्द आँखों के सामने नाचने लगें, तो सबसे बड़ी गलती जो युवा करते हैं, वह है— 'ब्रेक' के नाम पर फोन उठाना। यह ब्रेक नहीं, बल्कि दिमाग पर एक और बोझ है।

सच्चा ब्रेक वह है जो बिना मोबाइल के लिया जाए। बस 5 मिनट के लिए खुली हवा में लंबी सांस लीजिये, खिड़की से बाहर देखिये या अपनी आँखों को आराम दीजिये। इस 5 मिनट के खालीपन में आपका दिमाग उस जानकारी को 'प्रोसेस' करता है जो आपने अभी सीखी है। जब आप वापस लौटें, तो फिर से वही 'त्वरित फैसला' लीजिये कि अगले 30 मिनट में आपको फोन के किस कोने में अपनी स्किल को तराशना है।

एकाग्रता का पुनर्जन्म इन छोटे-छोटे पलों का जोड़ है। फुल स्क्रीन मोड, नोटिफिकेशन की बंदी, कुर्सी-मेज का अनुशासन और फोन रहित ब्रेक—ये बातें सुनने में बहुत छोटी लगती हैं, लेकिन यही वे 'एटॉमिक' बदलाव हैं जो एक आम इंसान को कृष्ण की तरह 'असाधारण' बना देते हैं।

बोरियत की जादुई शक्ति: जब दिमाग हार मानने लगे

अक्सर लोग समझते हैं कि एकाग्रता का मतलब है— **'हमेशा मोटिवेटेड रहना'**। लेकिन सच इसके बिल्कुल उलट है। महानता की राह में सबसे बड़ा रोड़ा कोई मुश्किल काम नहीं, बल्कि उस काम से होने वाली 'बोरियत' है। जब आप स्मार्टफोन पर कोई नई स्किल सीख रहे होते हैं, तो पहले 15-20 मिनट बहुत रोमांचक होते हैं। लेकिन जैसे ही चीजें थोड़ी जटिल होने लगती हैं, दिमाग थकने लगता है और वह आपसे कहता है— "छोड़ो यार, बोरियत हो रही है, चलो एक रील देख लेते हैं।"

यही वह क्षण है जहाँ 'कृष्ण' और 'आदित्य' के रास्ते अलग हो जाते हैं। आदित्य उस बोरियत से डरकर मनोरंजन की शरण में चला गया, जबकि कृष्ण ने उस बोरियत के साथ बैठना सीख लिया था।

सफलता का रास्ता रोमांच से नहीं, बल्कि उबाऊ दोहराव (*Boring Repetition*) से होकर गुजरता है।

बोरियत असल में आपके दिमाग की एक 'मांसपेशी' की कसरत है। जब आप बोर होते हैं और फिर भी फोन नहीं उठाते, तो आप अपने न्यूरॉन्स को यह सिखा रहे होते हैं कि 'बगैर किसी ईनाम के भी टिका कैसे रहा जाता है'। यदि आप चाहते हैं कि आप घंटों तक एक ही कोडिंग स्क्रीन या एडिटिंग टाइमलाइन पर टिके रहें, तो आपको अपने दिमाग को 'बोरियत की आदत' डालनी होगी।

जितनी गहरी आपकी बोरियत को सहने की क्षमता होगी, उतनी ही ऊँची आपकी सफलता की इमारत होगी। आज का युवा इसलिए असफल है क्योंकि वह एक सेकंड की बोरियत भी बर्दाश्त नहीं कर सकता; उसे हर पल एक नया 'झटका' (*Dopamine Shot*) चाहिए। लेकिन याद रखिये, जो इंसान खाली बैठकर खुद के विचारों के साथ नहीं रह सकता, वह कभी दुनिया को बदलने वाले विचार पैदा नहीं कर सकता।

एकाग्रता का पुनर्जन्म तब होता है जब आप यह समझ लेते हैं कि बोरियत कोई दुश्मन नहीं, बल्कि आपके दिमाग का 'वार्म-अप' है। जब मन ऊबने लगे, तो समझ जाइये कि आप उस गहराई के करीब हैं जहाँ से असली परिणाम निकलने वाले हैं।

एकाग्रता पर विजय: अपनी आदतों का रूपांतरण

अब सवाल उठता है कि इस बिखरे हुए मन पर विजय कैसे पाई जाए? कैसे उन आदतों को सुधारा जाए जो वर्षों से हमारे दिमाग में जड़ जमा चुकी हैं? इसका जवाब किसी चमत्कार में नहीं, बल्कि आपके 'डेली सिस्टम' में छुपा है।

अगर आप अपनी आदतों को सुधारना चाहते हैं, तो उन्हें 'दिखने' में आसान और 'करने' में सुखद बनाना होगा। स्मार्टफोन को अपनी स्किल का जरिया बनाने के लिए आपको उसे अपनी

आँखों के सामने से नहीं, बल्कि अपनी आदतों के 'केंद्र' से हटाना होगा। एकाग्रता पर जीत का मतलब है— विकल्पों को खत्म करना।

जब आपके पास फोन पर केवल 'सीखने' का विकल्प बचेगा और मनोरंजन का रास्ता कठिन हो जाएगा, तो आपका मन अपने आप एकाग्र होने लगेगा। आदतों का सुधार किसी युद्ध की तरह नहीं, बल्कि एक 'मिट्टी के बर्तन' को आकार देने जैसा है— धीरे-धीरे, शांति से और हर दिन एक छोटे सुधार के साथ।

आदतें बदली नहीं जातीं, उन्हें 'रिप्लेस' (प्रतिस्थापित) किया जाता है।

स्मार्टफोन पर स्किल सीखते समय अपनी आदतों को एक धागे की तरह पिरोइये। एक छोटा सा नियम बनाइये— "जब तक मैं 30 मिनट का एक लेक्चर पूरा नहीं करूँगा, मैं फोन की होम-स्क्रीन पर वापस नहीं जाऊँगा।" यह छोटी सी जीत आपके दिमाग में जीत का एक ऐसा पैटर्न बना देगी कि धीरे-धीरे 30 मिनट, 3 घंटे में बदल जाएंगे। यही वह रास्ता है जहाँ से आपकी एकाग्रता का पुनर्जन्म होगा और आप उस '*Wake Up*' मोड में आ जाएंगे जहाँ सफलता आपका इंतज़ार कर रही है।

ध्यान: आपकी अंतिम मुद्रा (*Focus: Your Ultimate Currency*)

दुनिया में दो तरह के लोग हैं: वे जो ध्यान देते हैं और वे जिनका ध्यान चुराया जाता है। आज के इस डिजिटल बाज़ार में, आपका पैसा बाद में लूटा जाता है, पहले आपकी 'एकाग्रता' की डकैती होती है। यदि आप अपनी स्क्रीन पर अंगूठा चला रहे हैं और आपको पता नहीं है कि पिछले 10 मिनट कहाँ गए, तो समझ जाइये कि आपने अपने भविष्य की पूंजी को कौड़ियों के भाव बेच दिया है।

एकाग्रता का पुनर्जन्म किसी चमत्कारिक जड़ी-बूटी से नहीं, बल्कि 'निर्मम चुनाव' (*Ruthless Choice*) से होता है।

अक्सर हम सोचते हैं कि हम 'मल्टीटास्किंग' कर रहे हैं—एक तरफ कोडिंग सीख रहे हैं और दूसरी तरफ व्हाट्सएप के जवाब दे रहे हैं। लेकिन विज्ञान कहता है कि यह 'मल्टीटास्किंग' नहीं,

बल्कि 'अटेंशन रेजिड्यू' (*Attention Residue*) है। जब आप एक काम से दूसरे काम पर कूदते हैं, तो आपके दिमाग का एक हिस्सा पिछले काम में ही अटका रह जाता है। नतीजा? आप न तो अच्छे से सीख पाते हैं और न ही अच्छे से आराम कर पाते हैं। आप बस एक 'मानसिक थकान' के घेरे में फंसे रहते हैं। स्मार्टफोन पर स्किल सीखने का सबसे बड़ा राज यह नहीं है कि आप कितना 'ज़्यादा' पढ़ते हैं, बल्कि यह है कि आप कितनी 'गहराई' (*Depth*) में उतरते हैं। एक औसत इंसान,10-10 फुट के 100 कुएँ खोदता है और एक फीट भी पानी नहीं पाता। लेकिन एक विजेता एक ही जगह पर टिक कर 100 फीट गहरा गड्ढा खोदता है और मीठा पानी निकाल लेता है।

अपनी आदतों को सुधारने के लिए आपको 'आर्टिफिशियल रेजिस्टेंस' (कृत्रिम रुकावट) पैदा करनी होगी। यदि आपको फोन पर कुछ सीखना है, तो बाकी सारी दुनिया के लिए खुद को 'मृत' (*Dead*) घोषित कर दीजिये। अपने फोन की सेटिंग को अपना 'दुश्मन' नहीं, अपना 'दरबान' बनाइये। जब आप किसी स्किल में डूबते हैं, तो वह समय आपके और आपके भविष्य के बीच की एक 'पवित्र संधि' है। उसे किसी नोटिफिकेशन के लिए न तोड़ें।

बोरियत, थकान और भटकाव—ये तीनों उस गेट के गार्ड हैं जिसके पीछे आपकी सफलता और आपका पैसा छुपा है। ज़्यादातर लोग इन गार्ड्स से डरकर लौट जाते हैं। लेकिन जो 'आदित्य' की मानसिकता को छोड़कर 'कृष्ण' की एकाग्रता को अपना लेते हैं, उनके लिए स्मार्टफोन सिर्फ एक कांच का टुकड़ा नहीं रह जाता; वह एक ऐसी जादुई खिड़की बन जाता है जहाँ से वे पूरी दुनिया पर राज कर सकते हैं।

जिस दिन आप अपनी उंगलियों को रील से हटाकर अपनी 'किस्मत' लिखने वाली कीबोर्ड की कुंजियों पर टिका देंगे, उसी दिन आपका पुनर्जन्म हो जाएगा। याद रखिये, दुनिया आपको आपकी 'व्यस्तता' के लिए नहीं, बल्कि आपके 'परिणामों' के लिए याद रखेगी। और महान परिणाम केवल और केवल अखंड एकाग्रता की कोख से जन्म लेते हैं।

अब समय आ गया है जागने का। यह '*Wake Up*' मोड का वह पड़ाव है जहाँ आप अपनी बिखरी हुई किरणों को समेट कर एक 'लेज़र' बनाने वाले हैं। या तो अभी अपनी एकाग्रता को संभाल लीजिये, वरना यह दुनिया आपको एक 'यूज़र' बनाकर कूड़ेदान में फेंक देगी।

रेत की फिसलन: कशमकश और पछतावा
(The Slipping Sands: Struggle and Regret)

जौनपुर की उन तंग गलियों में फागुन की धूप अपनी पूरी रंगत पर थी। होली की मस्ती और रंगों का शोर अभी थमा ही था कि एक पुरानी कोठरी के अंधेरे कोने में रोहित अपनी पुरानी किताबों के ढेर से धूल झाड़ रहा था। अचानक, उसके हाथ एक ऐसी डायरी लगी जिस पर जमी गर्द वक्त की परतों जैसी मोटी थी। रोहित ने अपने सूखे होंठों पर एक कड़वी और तीखी मुस्कान बिखेरी और कांपते हाथों से उस डायरी का पहला पन्ना पलटा।

उस डायरी का हर सफ़ा बीते पाँच सालों की एक ऐसी पटकथा थी, जिसका शीर्षक सिर्फ़ एक ही शब्द था— 'काश'।

पाँच साल पहले के उस पहले पन्ने पर रोहित ने बड़े जोश के साथ अपनी पढ़ाई का टाइम-टेबल बनाया था। लेकिन चंद हफ्तों बाद ही वह रास्ता भटक गया। फिर एक साल बीता, और रोहित के मन में एक ज़हरीला विचार पैदा हुआ— "अगर मैंने पिछले साल ही मन लगाकर पढ़ लिया होता, तो आज मेरा चयन *SSC* में पक्का था।" इस एक विचार ने उसे आज का काम करने के बजाय, बीते हुए कल के मातम में डुबो दिया। उसने पूरा दिन यह सोचने में गँवा दिया कि उसने क्या खोया है।

अजीब विडंबना थी; रोहित ने उस पछतावे से बचने के लिए कुछ मोटिवेशनल वीडियो देखे, भारी-भरकम किताबों का अंबार लगाया और एक 'स्ट्रॉन्ग' टाइम-टेबल बनाकर मेज पर जम गया। नतीजा? फिर वही दो महीने की मेहनत और फिर वही भटकाव।

पछतावा एक ऐसा चक्रव्यूह है जिसमें आप जितना पीछे मुड़कर देखते हैं, आप आज की ज़मीन पर उतना ही लड़खड़ाते हैं।

सालों साल यही सिलसिला चलता रहा। रोहित हर बार जागता, अपनी पुरानी गलतियों पर आंसू बहाता, खुद को कोसता और फिर उसी जोश के साथ एक नई शुरुआत करता जो कुछ ही दिनों में दम तोड़ देती। वह अनजाने में 'पढ़ने' की आदत नहीं, बल्कि 'पछताने' की आदत डाल चुका था। आज जब उसने वह डायरी देखी, तो उसे वही पुराना अहसास फिर से हुआ—वही सीने में जलन, वही दिमाग में शोर और वही 'काश' की अंतहीन चीख।

रोहित की यह कहानी सिर्फ़ जौनपुर की उस कोठरी तक सीमित नहीं है। यह आज की उस पूरी युवा पीढ़ी का आईना है जो 'परफेक्शन' (पूर्णता) के इंतज़ार में अपनी ज़िंदगी के सबसे कीमती साल मलबे में तब्दील कर रही है। आप खुद से पूछिए, अपने भीतर झाँक कर देखिये—क्या आपने कभी रोहित की तरह व्यवहार नहीं किया? क्या आपने कभी किसी काम को बड़े शोर के साथ शुरू किया और फिर उसे बीच में छोड़कर महीनों तक सिर्फ़ इस बात का गम नहीं मनाया कि आपने उसे क्यों छोड़ा?

हमारा मस्तिष्क एक बहुत ही चालाक मशीन है। वह हमें यह यकीन दिला देता है कि 'कल' का पछतावा करना 'आज' की मेहनत करने से ज़्यादा आसान है। हम उस गलती को बार-बार दोहराते हैं और हर बार एक नए पछतावे की उम्मीद करते हैं। रोहित अगर चाहता तो उस डायरी को बंद करके, बिना पीछे मुड़े एक कदम आगे बढ़ा सकता था। लेकिन उसने अपनी सफलता की डोर को अतीत के खूंटे से इतना कसकर बांध दिया था कि वह जितना आगे बढ़ने की कोशिश करता, उसका पिछला 'रिग्रेट' उसे उतनी ही तेज़ी से पीछे खींच लेता।

सफलता का मूल मंत्र यही है कि आप अपने अतीत के 'पोस्टमॉर्टम' (*Post-mortem*) में अपनी ऊर्जा बर्बाद करना बंद करें। आप जहाँ खड़े हैं, वहीं से रास्ता शुरू होता है। यदि आप आज भी पुराने 'काश' के साथ सो रहे हैं, तो आप आने वाले कल के लिए एक और भयानक पछतावे की तैयारी कर रहे हैं।

कल्पना कीजिए कि आपके हाथ में एक जादुई घड़ी है जिसकी सुइयां कभी पीछे नहीं मुड़ सकतीं। वह एक ही दिशा में चलती है—आगे। लेकिन विडंबना देखिए, आज की युवा पीढ़ी उस घड़ी को हाथ में लेकर बस उसे टिक-टिक करते देख रही है। वे एक ऐसे भ्रम में जी रहे हैं जैसे उनके पास समय का कोई असीमित भंडार हो। वे अपनी उस उम्र को, जिसमें उन्हें दुनिया जीतने के लिए हुनर (*Skills*) सीखना था, **'टाइम पास'** के नाम पर कूड़ेदान में फेंक रहे हैं।

हमारा समाज एक ऐसी अजीब बीमारी से जूझ रहा है जहाँ हम **'फुर्सत'** को अपनी शान समझने लगे हैं। लेकिन हकीकत यह है कि समय कोई ऐसी चाभी नहीं है जिसे आप अपनी मर्जी से घुमा सकें। यह एक ऐसा तीर है जो कमान से छूट चुका है। जिस पल आप यह सोच रहे हैं कि "चलो थोड़ा समय और काट लेते हैं", ठीक उसी पल समय आपको काट रहा होता है।

समय का सबसे क्रूर सच यह है कि यह मुफ़्त है, लेकिन यह अनमोल है। आप इसे खरीद नहीं सकते, लेकिन आप इसे खर्च कर सकते हैं।

जब यह रेत मुट्ठी से फिसल जाती है, तब पीछे सिर्फ एक ही चीज़ बचती है— 'पछतावा'। पछतावा कोई ऐसी भावना नहीं है जो अचानक आती है; यह उन हजारों छोटे-छोटे फैसलों का नतीजा है जिन्हें हमने "कल" पर टाल दिया था।

अक्सर जब कोई युवा कुछ नया शुरू करने की सोचता है, तो उसका मन उसे अतीत के एक अंधेरे कमरे में ले जाता है। वह सोचने लगता है, "दो साल पहले मैंने यह काम शुरू किया था, काश! मैं उस समय नहीं रुकता तो आज मैं कहाँ होता।" यह 'काश' एक ज़ंजीर की तरह है जो आपके पैरों को आज की जमीन से उखाड़ देती है। हम उस एक महीने की मेहनत को याद करके दुखी होते हैं जो हमने दो साल पहले बीच में छोड़ दी थी। लेकिन सबसे बड़ा मज़ाक यह है कि हम आज भी वही गलती दोहरा रहे हैं। हम आज भी शुरू करने से डर रहे हैं, और यकीन मानिए, दो साल बाद हम आज के लिए भी यही कहेंगे— "काश! उस दिन शुरू कर लिया होता।"

यह एक अंतहीन दुष्चक्र है। हम एक 'भ्रम' (*Illusion*) में जीते हैं कि अब बहुत देर हो चुकी है। हमारा दिमाग हमें यकीन दिला देता है कि जो मौका निकल गया, वह आखिरी था। और इसी डर के मारे हम 'आज' को भी उसी पुराने पछतावे की बलि चढ़ा देते हैं।

दुनिया में दो तरह के लोग हैं। पहले वे, जो हर कुछ महीनों में एक नया जोश पालते हैं, कुछ दिन हाथ-पाँव मारते हैं और फिर शोर मचाकर शांत हो जाते हैं। और दूसरे वे महज 0.01 प्रतिशत लोग, जिन्हें दुनिया 'सफल' कहती है। इन लोगों में कोई सुपरपावर नहीं होती। इनमें बस एक ऐसी ज़िद होती है जिसे 'निरंतरता' (*Consistency*) कहते हैं।

जब बाकी लोग इस 'कशमकश' में उलझे होते हैं कि "अब शुरू करूँ या नहीं", ये 0.01 प्रतिशत लोग चुपचाप अपना काम कर रहे होते हैं। वे जानते हैं कि बीते हुए कल को बदला नहीं जा सकता, लेकिन आज को 'कल का पछतावा' बनने से रोका जा सकता है। वे उस 'दो साल पहले' के मलबे को रोने के बजाय, 'आज' की पहली ईंट रखने में विश्वास रखते हैं।

आज का युवा भीड़ का हिस्सा इसलिए है क्योंकि वह **'शुरुआत'** का मास्टर है, लेकिन **'अंजाम'** का नहीं। वह हर महीने एक नया रास्ता खोजता है, लेकिन किसी भी रास्ते पर अंत तक नहीं चलता। उसे लगता है कि रास्ता गलत है, जबकि हकीकत में उसकी 'चाल' में निरंतरता की कमी होती है। हम रिश्तों को इसलिए गँवा देते हैं क्योंकि हमें लगता है कि सुधारने का समय निकल गया। हम बिजनेस इसलिए शुरू नहीं करते क्योंकि हमें लगता है कि बाज़ार अब भर चुका है।

लेकिन याद रखिये, सबसे अच्छा समय **'दो साल पहले'** था, और दूसरा सबसे अच्छा समय **'अभी'** है। अगर आप आज भी इस कशमकश में खड़े रहे, तो आप सिर्फ़ अपनी उम्र नहीं बढ़ा रहे, बल्कि आप अपने आने वाले कल के लिए एक और 'पछतावे' की पटकथा लिख रहे हैं।

रोहित जैसे युवा यह नहीं समझते कि समय की बर्बादी सिर्फ़ घंटों का नुकसान नहीं है, बल्कि यह आपकी 'संभावनाओं की हत्या' है। जब आप यह सोचते हैं कि "दो साल पहले शुरू किया होता तो अच्छा था", तो आप असल में अपने आज के 'साहस' का गला घोंट रहे होते हैं।

पछतावा एक ऐसी दलदल है जिसमें आप जितना हाथ-पाँव मारेंगे, उतना ही नीचे धँसते जाएंगे। हमारा मन हमें अतीत की उन गलियों में घुमाता रहता है जहाँ सिर्फ़ अंधेरा है। हम यह भूल जाते हैं कि समय कोई ऐसी चाभी नहीं है जिसे पीछे घुमाया जा सके। यह एक ऐसा सफर है जहाँ 'रिटर्न टिकट' जैसा कोई शब्द मौजूद नहीं है।

असली चुनौती उस 'काश' से बाहर निकलने की है। 0.01 प्रतिशत लोग वे नहीं हैं जिन्होंने कभी गलतियाँ नहीं कीं, बल्कि वे हैं जिन्होंने अपनी गलतियों के मलबे पर खड़े होकर एक नया रास्ता बनाने की हिम्मत की। वे जानते हैं कि 'आज' ही वह एकमात्र औजार है जिससे वे अपने 'कल' के पछतावे को धो सकते हैं।

यदि आप आज भी इसी कशमकश में खड़े हैं कि "अब बहुत देर हो चुकी है", तो याद रखिये— वक्त के पास आपके आँसुओं के लिए कोई जगह नहीं है। वह चलता रहेगा, और आप सिर्फ़ किनारे पर खड़े होकर अपनी नाकामियों का हिसाब लगाते रह जाएंगे।

समय की शक्ति

क्या समय में वाकई इतनी ताकत है कि वह एक इंसान को राख से उठाकर अर्श पर बैठा दे? इसका जवाब हाँ भी है और नहीं भी। समय अपने आप में कुछ नहीं है; यह एक खाली बर्तन की तरह है, जिसे आप अपनी मेहनत की बूंदों से भरते हैं। लेकिन याद रखिये, यदि आप समय का गला घोंट रहे हैं, तो समय आपको बहुत ही खामोशी से और बेरहमी से बर्बाद कर देगा।

आजकल इंटरनेट के शोर में हर दूसरा इंसान आपसे यह कह रहा है— "बस एक साल लगा दो, ज़िंदगी बदल जाएगी।" मैं आपको इस 'एक साल वाले भ्रम' से बाहर निकालना चाहता हूँ और उस सच का बोध करवाना चाहता हूँ जो सफलता के शिखर पर बैठे लोग जानते हैं, पर बताते नहीं।

किसी भी क्षेत्र में महारत (*Mastery*) हासिल करना कोई एक साल का 'क्रैश कोर्स' नहीं है। यह एक तपस्या है। यदि आप वाकई अपनी दुनिया बदलना चाहते हैं, तो खुद को एक ऐसी आग में झोंकने के लिए तैयार रहिये जो कम से कम पाँच साल तक जलती रहे।

एक साल में आप केवल 'सीखते' हैं, लेकिन पाँच साल में आप उस क्षेत्र के 'पर्याय' बन जाते हैं।

दुनिया में जो लोग आज आपको सफल दिख रहे हैं, उन्होंने अपनी ज़िंदगी के पाँच साल उस एक काम को दिए हैं जहाँ लोग हफ्तों में हार मान लेते हैं। जब आप किसी काम को लगातार पाँच साल देते हैं, तो समय आपको उस काम का फल ब्याज समेत लौटाता है। इन पाँच सालों में आप सिर्फ़ पैसा या शोहरत नहीं कमाते, बल्कि आप एक ऐसी 'मानसिक शक्ति' और 'अनुभव' हासिल करते हैं जिसे कोई आपसे छीन नहीं सकता।

आज की युवा पीढ़ी 'इंस्टेंट कॉफी' के दौर में जी रही है। उन्हें हर चीज़ तुरंत चाहिए—सफलता, पैसा और पहचान। लेकिन याद रखिये, जो इमारत जितनी ऊँची बनानी होती है, उसकी नींव उतनी ही गहरी और वक्त लेकर खोदी जाती है। यदि आप हर दो महीने में अपना रास्ता बदल रहे हैं, तो आप पाँच साल बाद भी वहीं खड़े होंगे जहाँ से आपने शुरुआत की थी।

पाँच साल का यह संकल्प कोई सज़ा नहीं है; यह एक 'निश्चित गारंटी' है। जब आप अपनी ऊर्जा, अपना पसीना और अपनी रातें किसी एक लक्ष्य को पाँच साल तक समर्पित कर देते हैं, तो कुदरत का कानून बदल जाता है। आप उस भीड़ से हज़ारों मील आगे निकल चुके होते हैं जो अभी भी 'एक साल वाले शॉर्टकट' की तलाश में भटक रही है।

अक्सर जब हम आज के दौर के दिग्गजों को देखते हैं, तो हमें उनकी चमक-धमक वाली 'सफलता' दिखाई देती है, लेकिन हम उस 'अंधेरे समय' को नहीं देख पाते जो उन्होंने एकांत में खपाया है। हम एक ऐसी दुनिया में रह रहे हैं जहाँ लोग 'रातों-रात' कामयाब होना चाहते हैं, लेकिन

इतिहास गवाह है कि रातों-रात मिली सफलता की उम्र भी उतनी ही छोटी होती है। असली इमारत खड़ी करने में वक्त लगता है।

बिल गेट्स ने जब अपनी पहली सॉफ्टवेयर कंपनी शुरू की थी, तो वह बुरी तरह फ्लॉप हुई थी। लेकिन उन्होंने हार नहीं मानी। माइक्रोसॉफ्ट को दुनिया की सबसे बड़ी कंपनी बनाने के लिए उन्होंने 11 साल तक अपनी रातों की नींद और आराम का त्याग किया। **जेफ बेजोस** ने **अमेज़न** को एक छोटे से गैरेज से शुरू किया था। पहले 3 साल तक उनकी कंपनी घाटे में थी, और अगले 10 सालों तक वे बस संघर्ष करते रहे। आज वह दुनिया के सबसे अमीर इंसान हैं, लेकिन यह कोई 2 दिन का चमत्कार नहीं था।

आज के दौर के डिजिटल सितारों को ही देख लीजिए। **राज शमानी** या **शरुख खान** जैसे सफल नामों को देखकर हमें लगता है कि इन्होंने बस एक वीडियो बनाया और वायरल हो गए। लेकिन हकीकत यह है कि इस मुकाम तक पहुँचने के लिए उन्होंने हज़ारों घंटों का कच्चा काम किया है, हज़ारों बार कैमरे के सामने खुद को सुधारा है और कई सालों तक बिना किसी पहचान के काम किया है।

इन लोगों में और जौनपुर की उस कोठरी में बैठे 'रोहित' में सिर्फ़ एक ही अंतर था। रोहित को जब मोटिवेशन मिलता था, तो वह 2 दिन पहाड़ तोड़ता था और तीसरे दिन सो जाता था। लेकिन इन दिग्गजों ने 'मोटिवेशन' के बजाय 'सिस्टम' को चुना। उन्होंने यह नहीं सोचा कि "कल से शुरू करेंगे," उन्होंने जिस पल फैसला लिया, उसी पल से काम करना शुरू कर दिया।

मैं आपको कोई मोटिवेशन नहीं देना चाहता, क्योंकि मोटिवेशन एक 'नशे' की तरह है। यह 2-4 हफ़्तों तक आपके खून में रहेगा और फिर आपको फिर से वही 'पुराना रोहित' बनाकर छोड़ देगा। मैं आपको कड़वे सच का बोध कराना चाहता हूँ। सच्चाई यह है कि आपको अपने जीवन की छोटी-छोटी आदतों को बदलना होगा।

रोहित को भी बहुत मोटिवेशन मिला था, वह भी जोश से भरता था, लेकिन वह 'चल' नहीं पाया क्योंकि उसके पास कोई मज़बूत रास्ता नहीं था।

सफलता आपसे आपका 'वर्तमान' मांगती है ताकि वह आपको आपका 'भविष्य' दे सके। यदि आप आज भी इस इंतज़ार में हैं कि जब पूरा जोश आएगा तब शुरू करेंगे, तो आप फिर से उसी पुराने चक्रव्यूह में फँस रहे हैं। सफलता की सीढ़ी पर पहला कदम आज ही रखना होगा, और उसे हर दिन बिना रुके चढ़ना होगा।

वक्त की किश्तें: पछतावे से प्रभुत्व तक

आप जिस कुर्सी पर इस वक्त बैठे हैं, वह महज़ एक फर्नीचर नहीं है, वह एक 'टाइम मशीन' है। आपके हाथ में मौजूद यह किताब और आपकी आँखों के सामने गुज़रता यह पल, वह आखिरी मौका है जिसे आप 'अभी' कह सकते हैं। सच्चाई यह है कि हममें से हर कोई अपनी पीठ पर 'काश' का एक भारी थैला लादे चल रहा है। हम उस मलबे को ढो रहे हैं जिसे सालों पहले पीछे छूट जाना चाहिए था। आप अक्सर खुद से कहते हैं कि "अगर दो साल पहले वह काम शुरू कर दिया होता, तो आज नज़ारा कुछ और होता।" लेकिन क्या आपने गौर किया है कि यह विचार आपको आगे बढ़ने की शक्ति नहीं देता, बल्कि आपकी बची-कुची ऊर्जा को भी सोख लेता है?

मनोविज्ञान कहता है कि हम 'बीते हुए समय' के प्रति इतने वफादार हो जाते हैं कि हम 'आने वाले समय' के साथ गद्दारी करने लगते हैं। हम अपनी पुरानी गलतियों का 'पोस्टमॉर्टम' करने में इतने व्यस्त हैं कि हमें यह दिखाई ही नहीं देता कि हमारा 'आज' भी उसी रास्ते पर दम तोड़ रहा है। यदि आप वाकई उस चक्रव्यूह से निकलना चाहते हैं, तो आपको 'शून्य आधारित सोच' (*Zero-Based Thinking*) अपनानी होगी। इसका मतलब है—यह भूल जाइये कि आपने पीछे क्या खोया; बस यह देखिये कि अगर आज आप शून्य से शुरू करते हैं, तो आपके पास सबसे बड़ा हथियार क्या है? वह हथियार है— आपका वर्तमान चुनाव।

सफलता की पहली सीढ़ी 'समय का प्रबंधन' नहीं, बल्कि 'प्राथमिकताओं का क्रूर चुनाव' है। आपको उन कामों की एक फेहरिस्त बनानी होगी जिन्हें अब आप 'नहीं' करेंगे। इसे 'नॉट-टू-डू लिस्ट' कहिये। जिस पल आप बेकार की चर्चाओं, बिना मकसद की स्क्रॉलिंग और पुराने पछतावे को अपनी ज़िंदगी से बेदखल कर देते हैं, आपके पास अचानक समय का एक बड़ा भंडार खुल जाता है।

आधुनिक युग में, स्मार्ट वर्क का मतलब केवल कड़ी मेहनत करना नहीं है, बल्कि 'टेक्नोलॉजी को अपना गुलाम' बनाना है। जहाँ दुनिया एआई (*AI*) और आधुनिक टूल्स का इस्तेमाल मनोरंजन के लिए कर रही है, वहाँ आपको इनका उपयोग अपनी उत्पादकता को दस गुना बढ़ाने के लिए करना चाहिए। जटिल रिसर्च, डेटा एनालिसिस या सीखने की प्रक्रिया को एआई के जरिए आसान बनाइये ताकि आपका 'मानवीय दिमाग' केवल 'क्रिएटिविटी' और 'रणनीति' पर काम कर सके।

महारत हासिल करने का '5 साल का नियम' एक सार्वभौमिक सत्य है। किसी भी क्षेत्र में शिखर पर पहुँचने के लिए आपको कम से कम 1,825 दिनों की निरंतर आहुति देनी होगी। यह कोई मोटिवेशन नहीं है, यह गणित है। जब आप किसी एक कौशल (*Skill*) को लगातार पाँच साल देते हैं, तो 'कंपाउंडिंग' का जादू शुरू होता है। शुरुआती दो साल में आपको लगेगा कि कुछ नहीं बदल रहा, लेकिन तीसरे साल के बाद आपकी तरक्की की रफ्तार ऐसी होगी कि दुनिया उसे 'किस्मत' कहेगी।

अपनी दिनचर्या में छोटे और 'एटॉमिक' बदलावों को जगह दीजिये। सुबह का पहला घंटा 'बौद्धिक निवेश' के लिए सुरक्षित रखिये। जब आप सुबह उठते हैं, तो आपका दिमाग एक कोरे कागज़ जैसा होता है; उस पर दुनिया का कचरा भरने के बजाय अपनी '5 साल वाली योजना' की पहली लाइन लिखिये। मेज पर बैठते ही '10-सेकंड का एक्शन' लीजिये। जैसे ही काम का विचार आए, बिना

सोचे उसे शुरू कर दीजिये, क्योंकि विचार और क्रिया के बीच का फासला जितना कम होगा, आपकी सफलता की संभावना उतनी ही ज़्यादा होगी।

याद रखिये, जौनपुर की कोठरी हो या न्यूयॉर्क का दफ्तर, समय की कीमत हर जगह एक ही है। जो इंसान अपने 'आज' की कीमत पहचान लेता है, उसे कभी 'कल' के पछतावे की ज़रूरत नहीं पड़ती। अपनी आदतों को इस तरह डिजाइन कीजिये कि वे आपके लक्ष्य की ओर खुद-ब-खुद बढ़ें। आपकी मेहनत, आपकी तकनीक और आपका धैर्य मिलकर एक ऐसी त्रिवेणी बनाएंगे जहाँ सफलता का मिलना कोई संयोग नहीं, बल्कि एक वैज्ञानिक अनिवार्यता बन जाएगा।

अक्सर हम सफलता को बाहर खोजते हैं, जबकि उसकी बुनियाद आपके अपने शरीर और मस्तिष्क के तालमेल से शुरू होती है। अगर आपका शरीर साथ नहीं दे रहा, तो दुनिया की सबसे बड़ी योजना भी धरी की धरी रह जाएगी। बदलाव का पहला 'एटॉमिक' कदम बहुत छोटा है— अपने शरीर को प्रतिदिन 15 मिनट देना। यह 15 मिनट की कसरत आपके रक्त संचार को ही नहीं बढ़ाती, बल्कि आपके भीतर उस अनुशासन के बीज बोती है जो आगे चलकर वटवृक्ष बनेगा। जब आप सुबह पसीना बहाते हैं, तो आप अपने मस्तिष्क को एक संदेश भेजते हैं कि "आज का नियंत्रण मेरे हाथ में है।

शुरुआत में किसी भी नई स्किल या हुनर को पहाड़ जैसा न समझें। यदि आप आज से कोडिंग, वीडियो एडिटिंग या कोई भी आधुनिक कला सीखना शुरू कर रहे हैं, तो खुद पर 10 घंटे का बोझ न लादें। केवल 2-3 घंटे पूरी शिद्दत से दें। जेम्स क्लियर का नियम है कि 'शुरू करना' उसे 'जारी रखने' से ज़्यादा महत्वपूर्ण है। जैसे-जैसे आपकी रुचि बढ़ेगी, यह समय अपने आप बढ़ता जाएगा। लेकिन यहां वह '5 साल का जादुई नियम' फिर से आता है— यदि आप लगातार 5 साल तक किसी एक काम को प्रतिदिन 6-7 घंटे देते हैं, तो कुदरत का कानून आपको उस क्षेत्र का बेताज बादशाह बना देगा। इन पाँच सालों में आप सिर्फ़ पैसा नहीं कमाएंगे, बल्कि आप अपने भीतर एक ऐसी 'अनोखी ऊर्जा' और 'शक्ति' महसूस करेंगे जिसे आत्मविश्वास (*Confidence*) कहते हैं। जब

आप समाज में बैठेंगे, तो आपके शब्दों में वह वज़न होगा जो केवल वर्षों के अभ्यास (*Practice*) से आता है। दुनिया जिसे 'किस्मत' कहेगी, वह असल में आपके उन हज़ारों घंटों का निचोड़ होगा जो आपने एकांत में खपाए हैं।

आज के इस डिजिटल शोर में, एक बहुत ही दुर्लभ आदत है— किताबें पढ़ना। यदि आप प्रतिदिन मात्र 30 मिनट किसी अच्छी पुस्तक को देते हैं, तो आप अनजाने में ही विश्व की 40 करोड़ की उस आबादी से अलग खड़े हो जाते हैं जो सिर्फ़ सतही जानकारी (*Reels/Shorts*) में जी रही है। किताब पढ़ना किसी दूसरे के जीवन भर के अनुभव को चंद घंटों में अपना बना लेना है। यह आदत आपके सोचने के ढंग को बदल देगी, आपके शब्दों को धार देगी और आपको एक ऐसी मानसिक गहराई देगी जो किसी डिग्री से नहीं मिल सकती।

कभी यह न सोचें कि "इस स्किल का मेरी ज़िंदगी में क्या काम है?" आज से कुछ साल पहले लोग एक्टिंग, कॉमेडी या डांसिंग सीखने वालों का मज़ाक उड़ाते थे। लेकिन आज तकनीक और सोशल मीडिया ने उन 'मज़ाक' बनने वाली स्किल्स को करोड़ों के साम्राज्य में बदल दिया है। कोई भी सीखा हुआ हुनर कभी बेकार नहीं जाता; समय उसे सही मौके पर आपके काम आने वाले 'हथियार' में तब्दील कर देता है। स्किल एक दिन में नहीं आती, यह समय की किश्तों में आती है।

इस निरंतरता और अभ्यास के महत्व को सदियों पहले रहीम दास जी ने एक दोहे में बड़ी खूबसूरती से पिरोया था:

जिस तरह एक कोमल रस्सी बार-बार आने-जाने से कठोर पत्थर पर भी अपना निशान छोड़ देती है, उसी तरह निरंतर अभ्यास एक साधारण बुद्धि वाले इंसान को भी विद्वान और सफल बना देता है। आपकी मेहनत और आपका दिया गया समय वह 'रस्सी' है, और यह कठिन दुनिया वह 'पत्थर'—लगातार प्रहार करते रहिये, निशान पड़ना तय है।

परिवर्तन की शुरुआत किसी बड़े संकल्प से नहीं, बल्कि एक स्पष्ट योजना से होती है। अक्सर हम कहते हैं कि "मैं कल से मेहनत करूँगा," लेकिन यह एक खोखला वादा है। इसकी

जगह आपको निश्चित समय और स्थान चुनना होगा। उदाहरण के लिए, "मैं सुबह 8 बजे अपने कमरे की मेज पर बैठकर एक घंटा नई स्किल सीखूँगा।" जब आप समय और जगह तय कर देते हैं, तो आपका दिमाग बहाने बनाना छोड़ देता है। इसी के साथ जुड़ा है पुरानी आदत से नई आदत को जोड़ना। जैसे ही आप सुबह की पहली चाय पिएं, तुरंत 15 मिनट अपनी पसंदीदा किताब पढ़ना शुरू कर दें। चाय का स्वाद आपके दिमाग के लिए एक सिग्नल बन जाएगा कि अब पढ़ने का समय है।

सफलता का एक गुप्त मंत्र है अपने वातावरण को डिजाइन करना। अगर आप चाहते हैं कि कोई अच्छी आदत आपके जीवन का हिस्सा बने, तो उसके संकेतों (*Cues*) को अपनी आँखों के सामने बड़ा और साफ़ रखें। यदि आप गिटार सीखना चाहते हैं, तो उसे अलमारी के अंदर नहीं, बल्कि अपने बिस्तर के बगल में रखें। आपका वातावरण आपकी इच्छाशक्ति से ज़्यादा ताकतवर होता है। इसके विपरीत, यदि कोई बुरी आदत आपको पीछे खींच रही है, तो उसके बीच घर्षण (*Friction*) बढ़ा दीजिये। अगर फोन आपका समय बर्बाद करता है, तो उसे दूसरे कमरे में चार्ज पर लगाइये। वह चंद कदमों की दूरी ही आपको भटकाव से बचा लेगी।

एक बहुत ही गहरा सिद्धांत है— 2-मिनट का नियम। किसी भी बड़े और डरावने काम को इतना छोटा कर दीजिये कि उसे करने में सिर्फ 2 मिनट लगें। "1 घंटा जिम जाना" कठिन लग सकता है, लेकिन "सिर्फ जिम के जूते पहनना" बहुत आसान है। एक बार जब आप जूते पहन लेते हैं, तो आपका शरीर अपने आप आगे बढ़ने लगता है। याद रखिये, किसी भी आदत को 'बेहतर' बनाने से पहले उसे 'स्थापित' करना ज़रूरी है। जब आप अपनी पहचान को बदल लेते हैं, तो बदलाव आसान हो जाता है। यह मत कहिये कि "मैं सफल होना चाहता हूँ," बल्कि खुद से कहिये कि "मैं एक मेहनती इंसान हूँ।" जब आप खुद को एक नई पहचान देते हैं, तो आपकी आदतें उस पहचान को सच करने में जुट जाती हैं।

अपनी आदतों को सुखद बनाने के लिए प्रलोभन का साथ लें। जिस काम को आपको 'करना ही है' (जैसे कठिन पढ़ाई), उसे उस काम के साथ जोड़ दें जिसे आप 'करना चाहते हैं' (जैसे मनपसंद संगीत सुनना)। इससे आपका मस्तिष्क कठिन कार्य को ईनाम के साथ जोड़कर देखने लगता है। साथ ही, अपनी प्रगति को ट्रैक करना कभी न भूलें। एक कैलेंडर पर हर उस दिन निशान लगाइये जब आपने अपना काम पूरा किया हो। वह लाल निशान की लंबी लाइन आपको हार मानने से रोकेगी क्योंकि आप उस 'चेन' को टूटते हुए नहीं देखना चाहेंगे। और अगर किसी दिन गलती से चेन टूट जाए, तो 'दो बार न चूकने' का नियम अपनाइये। एक दिन की चूक एक दुर्घटना है, लेकिन दो दिन की चूक एक नई बुरी आदत का निमंत्रण है।

सामाजिक माहौल का सही चुनाव आपकी सफलता की रफ्तार को दस गुना बढ़ा सकता है। ऐसे समूह और दोस्तों के बीच बैठिये जहाँ आपकी 'चाही गई आदत' ही वहाँ का 'सामान्य व्यवहार' हो। अगर आप पढ़ने वालों के बीच रहेंगे, तो पढ़ना आपको बोझ नहीं लगेगा। इसके अलावा, काम पूरा होने के बाद खुद को तुरंत ईनाम देना सीखें। चूँकि हमारा दिमाग भविष्य के बड़े इनामों को नहीं समझता, इसलिए एक घंटे की मेहनत के बाद एक कप अच्छी कॉफ़ी या 5 मिनट की ताज़ी हवा आपके मस्तिष्क के 'डोपामाइन' को सही दिशा में मोड़ देगी।

महारत हासिल करने के लिए दोहराव (*Repetition*) को अपना देवता मान लें। 100 बार एक साधारण अभ्यास करना, एक बार 'परफेक्ट' काम करने की योजना बनाने से लाख गुना बेहतर है। योजना बनाना केवल 'मोशन' है, लेकिन असल में काम करना ही 'एक्शन' है। अपने दिन का एक पवित्र समय (*Sacred Time*) सुरक्षित रखिये, जहाँ कोई भी बाहरी शोर या फोन का नोटिफिकेशन आपको छू न सके। यह समय आपके और आपके 5 साल के लक्ष्य के बीच का एक एकांत संवाद है।

अंत में, हर हफ्ते अपनी आदतों की समीक्षा करें। देखिये कि आपने कहाँ समय का निवेश किया और कहाँ उसे लुटाया। याद रखिये, बर्फ का पिघलना अचानक नहीं होता; डिग्री से 31

डिग्री तक की गई मेहनत बाहर नहीं दिखती, लेकिन वह 'जमा' हो रही होती है। जैसे ही तापमान 32 डिग्री पहुँचता है, बदलाव दिखने लगता है। आपकी हर छोटी कोशिश, हर 15 मिनट का अभ्यास उस 32 डिग्री की ओर बढ़ता हुआ एक कदम है।

अपनी आदतों को आसान, आकर्षक और स्पष्ट बनाइये। जब आप जटिल रास्तों के बजाय छोटे और सरल बदलावों पर ध्यान देते हैं, तो सफलता कोई मंजिल नहीं, बल्कि आपकी जीवनशैली का एक स्वाभाविक हिस्सा बन जाती है। आज का छोटा सा सुधार ही कल के उस महान साम्राज्य की पहली ईंट है जिसे आप खड़ा करना चाहते हैं।

काल-चेतना: अस्तित्वगत समय का विखंडन और पुनर्संयोजन (*Temporal Consciousness*: *Deconstruction and Reintegration of Existential Time*)

समय केवल बीतता नहीं है, समय आपको 'बनाता' या 'मिटाता' है। जिस क्षण आप यह समझ लेते हैं कि आपकी सांसों की गिनती सीमित है, उसी क्षण से आपके जीवन का वास्तविक अर्थ शुरू होता है। अक्सर हम 'टाइम मैनेजमेंट' शब्द का उपयोग करते हैं, जो अपने आप में एक तकनीकी धोखा है। आप समय को प्रबंधित नहीं कर सकते; आप केवल स्वयं को समय के सापेक्ष 'संरेखित' (*Align*) कर सकते हैं।

सफलता के उच्चतम शिखर पर पहुँचने के लिए सबसे अनिवार्य शर्त है— वातावरण का कीमियाकरण (*Alchemization of Environment*)। जब आप सीखने या किसी हुनर को निखारने बैठते हैं, तो आपका स्थान आपकी मानसिक अवस्था को नियंत्रित करता है। एक बंद अंधेरे कमरे के बजाय, ऐसे स्थान का चुनाव करें जहाँ प्राकृतिक प्रकाश (*Natural Light*) प्रचुर मात्रा में हो। सूर्य का प्रकाश न केवल आपकी आँखों को ऊर्जा देता है, बल्कि आपके मस्तिष्क के सेरोटोनिन (*Serotonin*) स्तर को बढ़ाता है, जिससे एकाग्रता का स्तर दस गुना बढ़ जाता है। अध्ययन के लिए 'इंडोर' (भीतरी) स्थान शांत होना चाहिए, लेकिन यदि आप जटिल समस्याओं का समाधान ढूंढ रहे हैं, तो 'आउटडोर' (बाहरी) प्राकृतिक परिवेश आपके विचारों को पंख देता है।

बैठने की मुद्रा में कभी समझौता न करें; मेरुदंड (*Spine*) को सीधा रखकर कुर्सी पर बैठना केवल एक शारीरिक क्रिया नहीं है, यह ऊर्जा के प्रवाह को मस्तिष्क की ओर निर्देशित करने का एक वैज्ञानिक तरीका है। जब आप रीढ़ सीधी रखते हैं, तो आपका मस्तिष्क सतर्क (*Alert*) मोड में रहता है, जबकि आरामदायक स्थिति में बैठने से दिमाग 'विश्राम' मोड में चला जाता है, जिससे गहराई से सीखना (*Deep Learning*) असंभव हो जाता है।

एक क्रांतिकारी आदत जो आपको दुनिया की 99% आबादी से अलग कर देगी, वह है—पुस्तकों के 'मेटा-डेटा' को पढ़ना। किसी भी पुस्तक को शुरू करने से पहले, उसके कॉपीराइट पेज, लेखक के समर्पण और सबसे महत्वपूर्ण, उसके 'विषय-सूची' (*Table of Contents*) को कम से कम 15 मिनट दें। यह केवल जानकारी नहीं है, यह उस पुस्तक का मानचित्र (*Map*) है। विषय-सूची को पढ़कर यह निर्णय लें कि कौन सा अध्याय आपके '5 साल के लक्ष्य' के लिए सबसे महत्वपूर्ण है। पूरी किताब पढ़ना ज़रूरी नहीं है, बल्कि उस किताब के सबसे महत्वपूर्ण 20% हिस्से को पहचानना और उसे आत्मसात करना ही बुद्धिमानी है। पढ़ते समय अपने हाथ में पेन को इस तरह थामें कि वह आपकी उंगलियों और मस्तिष्क के बीच एक सेतु (*Bridge*) का काम करे। जब आप किसी गहरे विचार में डूबें, तो पेन को कागज पर एक निश्चित कोण (45 डिग्री) पर स्थिर रखें—यह शारीरिक स्थिरता आपके मानसिक भटकाव को रोकती है।

सीखने की प्रक्रिया में संगीत का उपयोग एक दोधारी तलवार की तरह है। यदि आप कुछ नया और जटिल सीख रहे हैं, तो शब्दों वाले गानों (चाहे वे हिंदी हों या अंग्रेजी) से बचें, क्योंकि वे आपके भाषा केंद्र (*Language Center*) में हस्तक्षेप करते हैं। इसके बजाय, बाइन्यूरल बीट्स (*Binaural Beats*) या 'लो-फाई' (*Lo-fi*) धुनों का उपयोग करें जिनमें केवल धीमी लय हो। यह आपके मस्तिष्क को 'अल्फा' तरंगों की स्थिति में ले जाता है, जहाँ सूचनाओं को ग्रहण करना बहुत आसान हो जाता है।

अपने भीतर एक 'अदृश्य गुरु' (*Invisible Mentor*) का निर्माण करें। आपको किसी के 'जैसा' नहीं बनना है, बल्कि किसी महान व्यक्तित्व की कार्यक्षमता को अपनी प्रेरणा बनाना है। जब आप किसी कठिन निर्णय के सामने हों, तो सोचें— "अगर दुनिया का सबसे अनुशासित व्यक्ति मेरी जगह होता, तो वह इस क्षण में क्या चुनाव करता?" यह अभ्यास आपको अपनी सीमित सोच से बाहर निकालकर एक वृहद दृष्टिकोण देता है। लेकिन याद रहे, अंतिम उद्देश्य स्वयं का एक बेहतर संस्करण (*Version* 2.0) बनना है, न कि किसी की नकल।

जब आप कोई नई कला या कौशल सीखें, तो स्वयं से 'सॉक्रेटीस प्रश्न' (*Socratic Questioning*) पूछें। "मैं यह क्यों सीख रहा हूँ?", "यह मेरे दीर्घकालिक लक्ष्य में कैसे फिट बैठता है?", "इसका सबसे कठिन हिस्सा क्या है और मैं उसे कैसे सरल बना सकता हूँ?" जब आप स्वयं से प्रश्न करते हैं, तो आपका मन एक पैसिव रिसीवर (*Passive Receiver*) के बजाय एक एक्टिव क्रिएटर (*Active Creator*) बन जाता है। किसी भी विषय को पढ़ते समय '20-मिनट का तीव्र ब्लॉक' (*Deep Block*) तय करें। मेज पर बैठते ही खुद को आदेश दें कि अगले 20 मिनट तक ब्रह्मांड की कोई भी शक्ति आपको इस स्थान से नहीं हिला सकती। यह 'शून्य विक्षेपण' (*Zero Distraction*) की स्थिति ही वह प्रयोगशाला है जहाँ महानता का जन्म होता है।

पैसा कमाना और समय बचाना एक ही सिक्के के दो पहलू हैं। यदि आप अपना एक घंटा किसी ऐसे काम में लगा रहे हैं जिसे कोई दूसरा बहुत कम कीमत में कर सकता है, तो आप अमीर नहीं बन रहे, बल्कि आप अपने समय को सस्ते में बेच रहे हैं। अपनी ऊर्जा को केवल उन कार्यों पर केंद्रित करें जो 'अप्रतिस्थापन' (*Irreplaceable*) हों। ऐसी स्किल्स सीखें जो भविष्य की अर्थव्यवस्था की रीढ़ हों—जैसे डेटा का विश्लेषण, जटिल समस्या समाधान, या मानवीय जज्बातों को तकनीक से जोड़ना। यह मत सोचें कि आज की मेहनत कब रंग लाएगी; बस यह सुनिश्चित करें कि आपका हर मिनट आपके आने वाले 5 साल के 'स्वर्ण युग' की नींव रख रहा है।

समय को अपना मित्र बनाने का अर्थ है— वर्तमान क्षण का पूर्ण स्वामित्व (*Full Ownership of Now*)। जब आप लिखें, तो केवल लिखें; जब आप पढ़ें, तो केवल पढ़ें। अपनी चेतना को खंडित न होने दें। जब आपकी एकाग्रता एक लेजर की तरह किसी एक बिंदु पर केंद्रित होती है, तो आप समय के प्रवाह को धीमा कर सकते हैं। यही वह स्थिति है जिसे महान एथलीट और विचारक 'फ्लो' (*Flow*) कहते हैं। इस स्थिति में आप 1 घंटे में उतना काम कर सकते हैं जितना एक औसत व्यक्ति एक सप्ताह में करता है। अपनी आदतों को इस कदर अनुशासित करें कि आपका शरीर और मन स्वतः ही उस दिशा में मुड़ जाए जहाँ आपकी नियति आपका इंतज़ार कर रही है।

संज्ञानात्मक संरेखण: मानसिक ऊर्जा और समय का 'सिंक्रनाइज़ेशन' (*Cognitive Alignment*: *Synchronization of Mental Energy and Time*)

समय का वास्तविक मूल्य आपकी 'घड़ी' में नहीं, बल्कि आपकी 'न्यूरोनल कैपेसिटी' (*Neuronal Capacity*) में छुपा है। यदि आप अपनी ऊर्जा के शिखर पर (*Peak Energy*) छोटे-मोटे ईमेल या सोशल मीडिया के जवाब दे रहे हैं, तो आप अपनी बौद्धिक पूंजी का दिवालिया निकाल रहे हैं। हर इंसान के पास दिन में केवल 3 से 4 घंटे ऐसे होते हैं जहाँ उसका मस्तिष्क 'हाई-परफॉरमेंस' मोड में होता है। इसे 'डीप वर्क विंडो' कहिये। इस खिड़की के दौरान, आपका एकमात्र उद्देश्य होना चाहिए— 'एकाकी एकाग्रता'। इस समय के दौरान आपका फोन न केवल साइलेंट होना चाहिए, बल्कि वह आपकी दृष्टि से ओझल (*Out of Sight*) होना चाहिए। विज्ञान कहता है कि स्मार्टफोन का केवल आपकी मेज पर रखा होना ही आपकी आईक्यू (*IQ*) को 10 अंक तक कम कर देता है, क्योंकि आपका मस्तिष्क उसे 'न छूने' में अपनी ऊर्जा बर्बाद कर रहा होता है।

इस 'डीप वर्क' की अवस्था में पहुँचने के लिए 'रिचुअल बिल्डिंग' (*Ritual Building*) का सहारा लीजिये। काम शुरू करने से ठीक पहले एक छोटा सा अनुष्ठान करें—जैसे एक गिलास पानी पीना, एक गहरी सांस लेना या अपनी मेज को व्यवस्थित करना। यह आपके अवचेतन मन के लिए

एक 'स्विच' की तरह काम करता है, जो उसे बताता है कि अब 'गहन चिन्तन' का समय शुरू हो चुका है। जब आप इस अवस्था में होते हैं, तो समय का बोध समाप्त हो जाता है और आप 'फ्लो' में चले जाते हैं। यही वह जगह है जहाँ 10 साल का काम 1 साल में पूरा करने की क्षमता विकसित होती है।

80/20 का क्रूर क्रियान्वयन: विखंडन से प्रभुत्व तक

विश्व का एक अटल नियम है— आपके 80 प्रतिशत परिणाम आपके मात्र 20 प्रतिशत प्रयासों से आते हैं। बाकी 80 प्रतिशत प्रयास केवल 'शोर' (*Noise*) हैं। एक सफल और एक असफल इंसान के बीच का सबसे बड़ा तकनीकी अंतर यह है कि सफल व्यक्ति उस 'महत्वपूर्ण 20%' को पहचानने में अपनी पूरी ताकत लगा देता है। अपनी दिनचर्या का विश्लेषण करें और उन कार्यों को 'रेड ज़ोन' में डाल दें जो आपको थकाते तो हैं पर आपके 5 साल के लक्ष्य में एक इंच की भी बढ़ोतरी नहीं करते।

निर्णय की थकान (*Decision Fatigue*) से बचने के लिए अपनी सुबह को 'ऑटोपायलट' पर डाल दें। मार्क जुकरबर्ग या स्टीव जॉब्स जैसे लोग एक ही तरह के कपड़े इसलिए पहनते थे ताकि उन्हें सुबह यह निर्णय न लेना पड़े। आपकी मानसिक ऊर्जा एक सीमित बैटरी की तरह है; इसे तुच्छ निर्णयों पर खर्च न करें। जो निर्णय आप रात को ले सकते हैं (जैसे कल क्या पहनना है, क्या खाना है, क्या पढ़ना है), उन्हें रात को ही 'लॉक' कर दें। सुबह की पहली किरण के साथ आपकी ऊर्जा केवल आपके 'मुख्य प्रहार' (*Primary Strike*) पर होनी चाहिए।

समय का 'लिंकेज' और भविष्य का 'सिम्युलेशन'

भविष्य के उस पछतावे से बचने का सबसे सटीक तरीका है— 'प्री-मॉर्टम' (*Pre-mortem*) करना। कल्पना कीजिये कि आज से 5 साल बीत चुके हैं और आप बुरी तरह असफल हो चुके हैं। अब खुद से पूछिए— "मैं असफल क्यों हुआ?" आपको तुरंत उन आदतों और समय की चोरियों के नाम मिल जाएंगे जो आज आप कर रहे हैं। यह अभ्यास आपके मस्तिष्क में एक 'भय' पैदा

करेगा, लेकिन यह भय 'सकारात्मक' होगा। यह आपको आज की रेत को फिसलने से रोकने के लिए मजबूर कर देगा।

पढ़ते या सीखते समय 'एक्टिव रिकॉल' (*Active Recall*) तकनीक का प्रयोग करें। किसी भी पन्ने को पढ़ने के बाद उसे तुरंत बंद करें और खुद से पूछें— "मैंने अभी क्या समझा?" यदि आप उसे सरल शब्दों में नहीं समझा सकते, तो इसका मतलब है कि आपने समय 'निवेश' नहीं किया, बल्कि 'बर्बाद' किया है। किसी भी जानकारी को केवल आँखों के सामने से गुज़ारना 'पढ़ना' नहीं है; उसे अपने मस्तिष्क के न्यूरॉन्स में जकड़ना ही वास्तविक अधिगम (*Learning*) है।

डिजिटल विरक्ति और एकांत का संचयन

इंटरनेट एक ऐसा समंदर है जहाँ या तो आप जहाज़ के कैप्टन हैं या फिर डूबे हुए मलबे का हिस्सा। 'डिजिटल मिनिमलिज्म' का पालन करें। अपने स्मार्टफोन को एक 'उपकरण' (*Tool*) की तरह देखें, न कि अपने 'अस्तित्व' के हिस्से के रूप में। सप्ताह में एक दिन 'डिजिटल उपवास' (*Digital Fasting*) रखें। जब आप तकनीक के शोर से पूरी तरह कट जाते हैं, तभी आपके भीतर के वास्तविक विचार और नवाचार (*Innovation*) बाहर आते हैं। एकांत वह कार्यशाला है जहाँ आत्मा अपने भविष्य के औजार तैयार करती है। जो इंसान अकेले बैठकर शून्य को निहारने की क्षमता रखता है, वही इंसान भीड़ में खड़े होकर नेतृत्व करने की योग्यता पाता है।

अपनी 'किस्मत' को दोष देना बंद करें। किस्मत महज़ उन अवसरों का नाम है जिन्हें पकड़ने के लिए आपकी 'तैयारी' और 'समय का निवेश' पहले से खड़ा हो। यदि आप आज अपनी 'समय की किश्तों' का भुगतान ईमानदारी से कर रहे हैं, तो आने वाला कल आपको उस आज़ादी का 'ब्याज' देगा जिसकी कल्पना 99% लोग केवल अपने सपनों में करते हैं।

अस्तित्वगत रूपांतरण के सात सोपान (*The Seven Stages of Existential Transformation*)

समय पर विजय पाना कोई बाहरी युद्ध नहीं है, यह स्वयं के विरुद्ध एक क्रमिक क्रांति है। जो व्यक्ति इस 'रेत की फिसलन' को रोकना चाहता है, उसे सात मानसिक अवस्थाओं से गुज़रना होता है। यह कोई निर्देश नहीं है, यह उस विकास की प्रक्रिया है जिसे हर सफल व्यक्तित्व ने अनजाने में ही सही, जिया है।

पहली अवस्था है— स्वयं की बर्बादी का तटस्थ अवलोकन (*Neutral Observation*)। जब तक एक मनुष्य अपनी आँखों में आँखें डालकर अपनी समय की चोरी को नहीं देखता, तब तक वह सुधार की पात्रता हासिल नहीं करता। अपनी ऊर्जा के 'लीकेज' को पहचानना ही जागृति का पहला लक्षण है। इसके तुरंत बाद आती है 'अनिवार्य विरक्ति' (*The State of Essentialism*)। इसका अर्थ है उन सभी बाहरी शोर और सूचनाओं के अंबार से खुद को काट लेना जो आपके भीतर की मौलिकता को मार रहे हैं। डिजिटल युग में, 'नहीं' कहना केवल एक शब्द नहीं, बल्कि अपनी आत्मा की सुरक्षा का कवच है।

रूपांतरण की तीसरी सीढ़ी है— 'गहन विसर्जन' (*Deep Immersion*)। एक ऐसा समय खंड बनाना जहाँ संसार का कोई भी विक्षेपण (*Distraction*) आपको स्पर्श न कर सके। यह वह स्थान है जहाँ एक साधारण मस्तिष्क 'फ्लो' (*Flow*) की स्थिति में प्रवेश करता है। इसी के साथ जुड़ा है 'महत्वपूर्ण अल्प' (*The Vital Few*) का चुनाव। ब्रह्मांड का नियम है कि आपकी विशाल सफलता आपके द्वारा किये गए उन चंद महत्वपूर्ण कार्यों का परिणाम होती है जिन्हें आपने पूरी स्पष्टता के साथ चुना था। बाकी सब केवल माया है, जो आपको व्यस्त रखती है पर सार्थक नहीं बनाती।

पाँचवाँ सोपान है— 'वातावरण का शुद्धिकरण'। आपका बैठने का ढंग, आपके कमरे की रोशनी और आपके आस-पास का सन्नाटा—ये सब आपकी चेतना को आकार देते हैं। एक सीधा मेरुदंड और एक व्यवस्थित मेज केवल अनुशासन नहीं, बल्कि उच्च बौद्धिक ऊर्जा के प्रवाह के लिए तैयार किया गया एक मार्ग है। इसके बाद आती है 'अतीत का विसर्जन' (*The Dissolution of Past*)। जो बीत गया वह अब आपके अस्तित्व का हिस्सा नहीं है। यदि आप पुराने पछतावे की राख को सहलाते रहेंगे, तो आज की चिंगारी कभी आग नहीं बन पाएगी।

अंतिम और सबसे महत्वपूर्ण सोपान है— 'सिस्टम का प्रभुत्व' (*Dominance of System*)। एक विजेता वह नहीं है जिसके पास बड़े लक्ष्य हैं, बल्कि वह है जिसके पास एक अटूट 'सिस्टम' है। जब आपकी आदतें आपकी पहचान (*Identity*) बन जाती हैं, तो आपको मेहनत नहीं करनी पड़ती; आपका अस्तित्व ही सफलता की दिशा में बढ़ने लगता है। जो इन सात अवस्थाओं को पार कर लेता है, वह समय का गुलाम नहीं, उसका स्वामी बन जाता है।

सारांश (*Summary*)

** समय का स्वामित्व: वक्त बीतता नहीं, वक्त खर्च होता है। अपनी 'समय की तिजोरी' का ऑडिट (Audit) करना ही सफलता की पहली सीढ़ी है।*

** पछतावे का विसर्जन: 'काश' एक मानसिक ज़ंजीर है। अतीत के मलबे को ढोना बंद करें; आज की पहली ईंट ही कल के पछतावे का एकमात्र इलाज है।*

** 80/20 का क्रूर नियम: अपनी ऊर्जा को उन 20% कार्यों पर झोंक दें जो आपके 80% परिणाम लाते हैं। बाकी सब केवल शोर (Noise) है।*

** 5-वर्षीय तपस्या: शॉर्टकट का मोह त्यागें। किसी भी क्षेत्र में पूर्ण प्रभुत्व (Mastery) हासिल करने के लिए 1,825 दिनों की निरंतर आहुति अनिवार्य है।*

** वातावरण और चेतना: सीधी रीढ़ और प्राकृतिक प्रकाश केवल शारीरिक मुद्रा नहीं, बल्कि उच्च बौद्धिक ऊर्जा (Deep Work) के द्वार हैं।*

** स्मार्ट वर्क और तकनीक: AI और आधुनिक औजारों को अपना 'सारथी' बनाएं। जो समय तकनीक बचाती है, उसे अपनी 'क्रिएटिविटी' में निवेश करें।*

** पहचान का रूपांतरण: आप अपनी आदतों के स्तर पर गिरते हैं, लक्ष्यों के स्तर पर नहीं। अपनी आदतों को अपनी 'पहचान' (Identity) बना लीजिये।*

संज्ञानात्मक कारागार: अति-चिंतन और मन की बेड़ियाँ (The Cognitive Prison: Overthinking and The Shackles of Mind)

मानव सभ्यता का सबसे बड़ा विरोधाभास यह है कि हमने ब्रह्मांड की दूरियों को तो नाप लिया, लेकिन अपने मस्तिष्क के भीतर के छह इंच के फासले को तय नहीं कर पाए। जिसे हम 'अति-चिंतन' (*Overthinking*) कहते हैं, वह केवल विचारों का अधिक होना नहीं है; वह चेतना की एक ऐसी अवस्था है जहाँ मनुष्य अपने ही बनाए हुए 'भ्रम' को अपना 'भाग्य' मान बैठता है। आज का युवा देह से कम और अपने ही मस्तिष्क के भीतर चल रहे कोलाहल से ज़्यादा थक रहा है। यह थकान किसी शारीरिक श्रम की नहीं, बल्कि उन 'मानसिक युद्धों' की है जो कभी लड़े ही नहीं गए, पर कल्पनाओं में सौ बार हार दिए गए।

विचार एक बहती हुई नदी की तरह होने चाहिए थे, लेकिन हमने उन्हें एक 'ठहरे हुए तालाब' में बदल दिया है जहाँ सड़ांध और काई जम चुकी है। जब आप अतीत के किसी अपमान, किसी टूटे हुए वादे या भविष्य की अनिश्चितता के बारे में बार-बार सोचते हैं, तो आप अनजाने में अपने मस्तिष्क की 'न्यूरो-प्लास्टिसिटी' को नकारात्मक रूप से प्रोग्राम कर रहे होते हैं। आपका मस्तिष्क यह नहीं जानता कि वह घटना पाँच साल पुरानी है; उसे लगता है कि वह आज, इसी क्षण घट रही है। इस प्रक्रिया में आपका 'एमिग्डाला'—जो अस्तित्व की रक्षा का केंद्र है—लगातार तनाव के हार्मोन (कोर्टिसोल) छोड़ता रहता है, जिससे आपका पूरा शरीर एक 'अदृश्य युद्ध' की स्थिति में रहता है।

हम अक्सर कहते हैं कि "मैं सोच रहा हूँ," लेकिन कड़वा सच यह है कि "विचार आपको सोच रहे हैं।" आप एक ऐसे 'संज्ञानात्मक कारागार' (*Cognitive Prison*) में बंद हैं जहाँ सलाखें लोहे की नहीं, बल्कि आपके अपने तर्क और कुतर्कों की हैं। डिप्रेशन या अवसाद कोई बाहरी हमला नहीं है; यह उस ऊर्जा का अंतर्मुखी हो जाना है जो सृजन के लिए बनी थी। जब मनुष्य

अपनी ऊर्जा को बाहर किसी लक्ष्य या कर्म में प्रवाहित नहीं कर पाता, तो वह ऊर्जा 'अंदर' की ओर मुड़ जाती है और स्वयं के ही अस्तित्व को भस्म करने लगती है।

प्राचीन प्रज्ञा और आधुनिक विज्ञान दोनों एक ही बिंदु पर आकर मिलते हैं— 'अति-विचार' ही समस्त दुखों की जड़ है। जिस क्षण आप किसी विचार को 'पकड़' लेते हैं, वह आपका मालिक बन जाता है। लेकिन जिस क्षण आप उसे केवल एक 'लहर' की तरह देखते हैं, वह अपनी शक्ति खो देता है। परिवार का दबाव, समाज की अपेक्षाएं और स्वयं से की गई अनगिनत शिकायतें—ये सब केवल 'बाहरी शोर' हैं। असली समस्या यह है कि आपने इस शोर को ही अपना 'संगीत' मान लिया है।

इस अध्याय में हम उस 'अंधेरी कोठरी' के दरवाज़े खोलेंगे जहाँ आपने अपनी खुशियों को गिरवी रख दिया है। हम यह समझेंगे कि कैसे 'क्रोध' और 'प्रतिशोध' की भावनाएं आपके न्यूरॉन्स के बीच के संपर्कों को ज़हरीला बना देती हैं। हम उन छह शाश्वत सत्यों (*Six Eternal Truths*) की यात्रा करेंगे जो सदियों से मानवता को इस मानसिक नर्क से निकालने का काम कर रहे हैं। यहाँ हम किसी धर्म या संप्रदाय की बात नहीं करेंगे, बल्कि हम उस 'शुद्ध चेतना' की बात करेंगे जो आपके विचारों के शोर के पीछे कहीं खामोश खड़ी है।

अस्तित्व का विभ्रम: दृष्टा और दृश्य का अंतहीन संघर्ष

मनुष्य के जीवन में अवसाद और अति-चिंतन की शुरुआत उस क्षण होती है, जब वह यह भूल जाता है कि वह 'कौन' है और उसका 'उपकरण' क्या है। इसे समझने के लिए कल्पना कीजिए कि आप एक सिनेमा हॉल में फिल्म देख रहे हैं। पर्दे पर नायक रो रहा है, वह हार रहा है, वह गहरे अस्तित्वगत संकट में है। आप सीट पर बैठे हुए इतने भावुक हो जाते हैं कि आपकी आँखों में आँसू आ जाते हैं। आप भूल जाते हैं कि आप पर्दे का हिस्सा नहीं हैं, आप केवल उसे 'देखने वाले' हैं। जीवन का सबसे सरल और महान सत्य यही है— आप 'द्रष्टा' (देखने वाले) हैं और यह मन, शरीर

और विचार केवल 'दृश्य' (जो देखा जा रहा है) हैं। अति-चिंतन तब जन्म लेता है जब हम मन की हर लहर को अपनी आत्मा की लहर मान लेते हैं। जब मन में एक उदास विचार आता है, तो आप यह नहीं कहते कि "एक उदास विचार आ रहा है," बल्कि आप कहते हैं कि "मैं उदास हूँ।" यहीं से सारी मानसिक गुलामी शुरू होती है। आपने अनजाने में खुद को उस विचार के साथ 'नत्थी' कर लिया है। विचार केवल एक रासायनिक ऊर्जा है, एक तंत्रिका संबंधी संकेत है, जो आता है और चला जाता है। लेकिन जैसे ही आप उसे 'मैं' कहते हैं, आप उस विचार के कारागार में कैद हो जाते हैं।

हमारे भीतर का अंधेरा असल में स्वयं की सत्ता और मानसिक प्रपंच के बीच के घालमेल का नतीजा है। यह शरीर और यह मन एक जैविक यंत्र की तरह है जिसमें पिछले कई वर्षों का अनुभव और यादें जमा हैं। यह यंत्र अपने स्वभाव के अनुसार प्रतिक्रिया देगा ही; यह कभी डरेगा, कभी क्रोधित होगा, और कभी थकेगा। लेकिन समस्या तब विकराल होती है जब आप उस यंत्र की थकान को अपनी थकान मान लेते हैं। जिस दिन आप यह समझ लेंगे कि आप वह 'अनंत आकाश' हैं जिसमें विचार 'बादलों' की तरह तैर रहे हैं, उस दिन अति-चिंतन अपनी शक्ति खो देगा। आकाश कभी बादलों से गंदा नहीं होता, चाहे बादल कितने भी काले क्यों न हों। उसी तरह, आपकी मूल चेतना कभी किसी 'अवसाद' से मलिन नहीं होती, बशर्ते आप उससे एक सूक्ष्म दूरी बना सकें।

यह सारा मानसिक खेल तीन मूलभूत अवस्थाओं का एक नाच मात्र है। कभी आपके भीतर सृजन का उत्साह होगा, कभी भागने की बेचैनी, और कभी जड़ता या गहरा अंधकार। ये केवल मन के मौसम हैं। जैसे आप बाहर के मौसम को नहीं बदल सकते, बस उसके अनुसार खुद को ढाल लेते हैं, वैसे ही मन के इन बदलते रंगों को केवल 'देखना' सीखना होगा। जिसे लोग डिप्रेशन कहते हैं, वह और कुछ नहीं, बल्कि चेतना पर 'जड़ता' का हावी हो जाना है। जब सक्रियता खो जाती है और

भीतर का प्रकाश धुंधला पड़ जाता है, तब आप एक मानसिक गुफा में घिर जाते हैं। लेकिन याद रखिए, वह गुफा 'आप' नहीं हैं, वह केवल आपकी यात्रा का एक कठिन पड़ाव है।

अति-चिंतन का असली समाधान 'सोचना बंद करना' नहीं है, बल्कि 'तटस्थता की कला' को विकसित करना है। जब आप एक दर्शक बन जाते हैं, तो आपके विचार आपसे अपनी ऊर्जा माँगना बंद कर देते हैं। विचार तभी तक जीवित रहता है जब तक आप उसे अपना 'ध्यान' और अपनी 'पहचान' का ईंधन देते हैं। जिस पल आप मुड़कर अपने ही विचारों को एक अजनबी की तरह देखने लगते हैं, उसी पल आपकी बेड़ियाँ चटकने लगती हैं। यह कोई रहस्यमयी क्रिया नहीं है, यह शुद्ध मानसिक इंजीनियरिंग है। यह अपने 'स्व' को उस 'मशीन' से अलग करने की प्रक्रिया है जिसे आप अब तक अपना वजूद समझते आए थे।

अक्सर यह भ्रम पैदा होता है कि यदि हम सोचना बंद कर देंगे, तो हमारा अस्तित्व ही समाप्त हो जाएगा। हम अपने विचारों को इतनी मजबूती से पकड़ लेते हैं जैसे वे डूबते हुए इंसान के लिए तिनका हों। लेकिन वास्तविकता इसके ठीक उलट है। विचार आपके वजूद का हिस्सा नहीं, बल्कि आपके मस्तिष्क की एक 'सर्विस' (*Service*) मात्र हैं।

इसे एक आधुनिक उदाहरण से समझिये। आपके हाथ में मौजूद स्मार्टफोन एक अद्भुत यंत्र है। इसमें हज़ारों ऐप्स हैं, लगातार नोटिफिकेशन्स आ रहे हैं, स्क्रीन पर रंग-बिरंगी तस्वीरें बदल रही हैं। यदि फोन का सॉफ्टवेयर 'हैंग' हो जाए और स्क्रीन पर एक ही डरावनी तस्वीर अटक जाए, तो क्या आप यह मान लेंगे कि वह फोन अब बेकार हो चुका है? या आप यह मान लेंगे कि वह 'तस्वीर' ही फोन का असली वजूद है? बिल्कुल नहीं। आप जानते हैं कि वह एक 'प्रोसेसिंग एरर' है। अति-चिंतन और अवसाद भी आपके मस्तिष्क के सॉफ्टवेयर में अटका हुआ वही 'बग' (*Bug*) है। समस्या तब खड़ी होती है जब आप उस अटकी हुई 'तस्वीर' (विचार) को ही अपनी पूरी हकीकत मान बैठते हैं।

एक और सजीव उदाहरण देखिये। कल्पना कीजिये कि आप एक व्यस्त चौराहे पर खड़े हैं। गाड़ियाँ आ रही हैं, हॉर्न बज रहे हैं, भीड़ का शोर है। यह चौराहा आपका 'मन' है और ये गाड़ियाँ

आपके 'विचार' हैं। जब तक आप फुटपाथ पर खड़े होकर इन खिलाड़ियों और गाड़ियों को देख रहे हैं, आप सुरक्षित हैं। लेकिन जैसे ही आप सड़क के बीच में कूदकर हर आती-जाती गाड़ी को रोकने की कोशिश करते हैं, आप दुर्घटना का शिकार हो जाते हैं। अति-चिंतन यही है—हर गुज़रते हुए विचार के सामने खड़े हो जाना और उसे मोड़ने या रोकने की कोशिश करना। आप जितना ज़्यादा विचारों से लड़ते हैं, वे उतने ही हिंसक होकर आप पर हमला करते हैं।

अवसाद (*Depression*) की स्थिति में इंसान एक ऐसी अंधेरी सुरंग में खड़ा होता है जहाँ उसे लगता है कि प्रकाश कभी था ही नहीं। यहाँ 'न्यूरो-प्लास्टिसिटी' का एक बहुत ही गहरा खेल काम करता है। आपका मस्तिष्क उन रास्तों को मज़बूत कर देता है जिन पर आप बार-बार चलते हैं। यदि आप पिछले कई महीनों से 'पछतावे' या 'अक्षमता' की पगडंडी पर चल रहे हैं, तो आपके न्यूरॉन्स ने वहाँ एक 'हाइवे' बना दिया है। अब आपका मन चाहकर भी दूसरी दिशा में नहीं मुड़ पा रहा। यह कोई चरित्र की कमज़ोरी नहीं है, यह आपके मस्तिष्क की 'वायरिंग' का एक ढांचा बन चुका है।

यहाँ से निकलने का रास्ता किसी 'चमत्कार' में नहीं, बल्कि 'दूरी के विज्ञान' में छुपा है। जब आप अपनी भावनाओं को एक लेबल देना शुरू करते हैं, तो उनकी शक्ति आधी रह जाती है। "मैं दुखी हूँ" कहने के बजाय, जब आप होशपूर्वक कहते हैं कि "मेरे भीतर उदासी की एक लहर उठ रही है," तो आप खुद को उस लहर से अलग कर लेते हैं। यह एक इंच का फासला ही वह 'डार्क स्पॉट' है जहाँ से प्रकाश की पहली किरण प्रवेश करती है। आप उस सुरंग के मालिक हैं, उस सुरंग का हिस्सा नहीं।

एक दार्शनिक अंतर्दृष्टि कहती है कि संसार में कोई भी घटना 'बुरी' या 'अच्छी' नहीं होती; वह केवल 'होती' है। हमारा मन उस पर रंग चढ़ाता है। एक अधूरा वादा या समाज का दबाव केवल शब्द और ध्वनियाँ हैं, लेकिन आपका अति-चिंतन उन्हें 'ज़हर' में बदल देता है। आप अपने ही

द्वारा रचित एक ऐसी 'वर्चुअल रियलिटी' (*Virtual Reality*) में जी रहे हैं, जिसका वास्तविक जगत से कोई संबंध नहीं है। इस विभ्रम को तोड़ना ही मुक्ति का एकमात्र मार्ग है।

चेतना का विसर्जन: मानसिक कोलाहल से मौन की गहराई तक

अति-चिंतन और अवसाद की जड़ में एक ही बुनियादी भूल है— 'नियंत्रण का मोह'। हम जीवन को अपनी मुट्ठी में भींच लेना चाहते हैं, हम चाहते हैं कि हर घटना हमारे तर्क के सांचे में फिट बैठे। लेकिन जीवन एक बहती हुई नदी है, और दुख तब शुरू होता है जब हम उस बहते हुए पानी पर अपनी 'पकड़' बनाने की कोशिश करते हैं।

इसे समझने के लिए 20 साल के उस छात्र की स्थिति देखिये, जो पूरी रात छत की कंक्रीट को निहारते हुए यह सोच रहा है कि अगर वह सफल नहीं हुआ तो समाज क्या कहेगा? उसके लिए उसका भविष्य एक 'पहाड़' बन चुका है जो उसे कुचलने वाला है। वहीं दूसरी ओर, 60 साल का वह सफल उद्योगपति है जिसने सब कुछ हासिल कर लिया है, लेकिन अब उसे यह 'डर' खाए जा रहा है कि जो उसने कमाया है, वह कहीं छिन न जाए। इन दोनों स्थितियों में समस्या 'बाहर' नहीं है। समस्या उस 'चित्त की वृत्तियों' में है, जो एक पागल घोड़े की तरह भाग रही हैं।

योग की सबसे गहरी अंतर्दृष्टि यही है कि आपके मन में उठने वाले विचार 'लहरें' हैं। यदि आप एक शांत झील में पत्थर फेंकेंगे, तो लहरें उठेंगी ही। लेकिन क्या आप उन लहरों को हाथ से दबाकर शांत कर सकते हैं? नहीं। आप उन्हें जितना दबाएंगे, वे उतनी ही नई लहरें पैदा करेंगी। मन का स्वभाव ही सोचना है। अति-चिंतन से लड़ना ऐसा ही है जैसे आग को बुझाने के लिए उसमें पेट्रोल डालना। समाधान 'लड़ने' में नहीं, बल्कि 'ठहरने' में है। जब आप विचारों के साथ बहना बंद कर देते हैं और केवल किनारे पर बैठकर उन्हें 'गुज़रता हुआ' देखते हैं, तो वे अपनी शक्ति खो देते हैं। जैसे ही आप 'प्रतिरोध' छोड़ते हैं, लहरें अपने आप शांत होकर झील के तल में विलीन हो जाती हैं।

आज के दौर में हम 'एकल सत्य' के शिकार हो चुके हैं। हम सोचते हैं कि अगर मेरी योजना सफल नहीं हुई, तो मेरा जीवन समाप्त है। यहीं पर 'दृष्टिकोण का लचीलापन' काम आता है। जिसे आप 'असफलता' कह रहे हैं, वह दूसरे नजरिये से 'अनुभव' हो सकता है। अति-चिंतन तब पैदा होता है जब हमारा मन एक 'ज़िद्दी बच्चे' की तरह व्यवहार करता है, जो सिर्फ़ एक ही खिलौना चाहता है। वास्तविकता यह है कि सत्य अनंत है। एक ही घटना के हज़ारों अर्थ हो सकते हैं। जब आप अपने मन को यह ट्रेनिंग देते हैं कि "यह भी हो सकता है और वह भी," तो आपके दिमाग की नसें ढीली पड़ने लगती हैं। संकीर्णता ही डिप्रेशन है, और फैलाव ही मुक्ति है।

एक बहुत ही सूक्ष्म बात समझिये। जिसे आप अपना 'दुख' कह रहे हैं, वह अक्सर आपकी अपनी 'अधूरेपन की भावना' है। हमने समाज में एक ऐसा 'सफलता का मापदंड' सेट कर दिया है कि 20 साल का युवा अपनी तुलना सोशल मीडिया पर दिखने वाले झूठे चमक-धमक से करने लगता है। वह खुद को 'कम' महसूस करता है। यह 'कमी' का अहसास ही अति-चिंतन का ईंधन है। लेकिन अगर आप गहराई से देखें, तो आप 'शून्य' की तरह पूर्ण हैं। जैसे शून्य में कुछ भी जोड़ो या घटाओ, वह शून्य ही रहता है, वैसे ही आपकी मूल चेतना में कोई असफलता या सफलता कुछ जोड़ या घटा नहीं सकती। आप उस समंदर की तरह हैं, जिसकी सतह पर तूफान है, लेकिन गहराई में अनंत शांति है।

अक्सर हमें लगता है कि हमें अपनी समस्याओं का 'समाधान' ढूँढना है। लेकिन कड़वा सच यह है कि समस्या का कोई समाधान नहीं होता, समस्या का केवल 'विसर्जन' होता है। जब आप समस्या को 'महत्व' देना बंद कर देते हैं, तो वह अपने आप फीकी पड़ने लगती है। 60 साल का वह व्यक्ति जो अपनी उपलब्धियों को अपनी पहचान मान चुका है, वह असल में अपनी ही 'छवि' का कैदी है। उसे डर है कि अगर उसकी पहचान (*Identity*) चली गई, तो वह कुछ नहीं रहेगा। लेकिन यही वह 'शून्यता' है जहाँ से असली स्वतंत्रता शुरू होती है। जब आपके पास खोने के लिए 'कुछ नहीं' होता, तभी आप 'सब कुछ' पाने के अधिकारी होते हैं।

आज के 'स्मार्ट वर्क' और 'तेज़ रफ़्तार' वाले युग में, 'अकर्म' (*Non-action*) की कला को सीखना सबसे बड़ा हुनर है। अकर्म का मतलब हाथ पर हाथ रखकर बैठना नहीं है, बल्कि काम करते हुए भी भीतर से 'अलिप्त' रहना है। जैसे कमल का पत्ता कीचड़ और पानी में रहकर भी उनसे गीला नहीं होता, वैसे ही आपको अपनी जिम्मेदारियों और लक्ष्यों के बीच रहकर भी उनसे अछूता रहना सीखना होगा। अति-चिंतन तब होता है जब आप अपने काम के 'परिणाम' को अपने अस्तित्व की 'कीमत' (*Self-worth*) बना लेते हैं।

अवसाद (*Depression*) की स्थिति में आपका मन एक ऐसी अंधेरी कोठरी बन जाता है जहाँ आपने खुद को ही बाहर से ताला लगा लिया है। आप दीवारों को पीट रहे हैं, चिल्ला रहे हैं, पर कोई सुनने वाला नहीं है। यहाँ 'साक्षी' बनने का अर्थ है—उस ताले की चाभी को पहचानना। चाभी यह अहसास है कि वह दीवारें आपकी 'सोच' ने बनाई हैं। जिस पल आप यह मान लेते हैं कि "यह विचार मेरा नहीं है, यह केवल एक न्यूरोलॉजिकल पैटर्न है," उसी पल उस कोठरी की दीवारें ढहने लगती हैं। आप उस कोठरी के बाहर खड़ा वह आकाश हैं जिसे कैद करना असंभव है।

लेखक के तौर पर मेरा अनुभव कहता है कि जितने भी महान कार्य दुनिया में हुए हैं, वे 'तनाव' से नहीं, बल्कि 'परम विश्राम' की अवस्था से उपजे हैं। जब आप रिलैक्स होते हैं, तब आपका मस्तिष्क सबसे ज़्यादा क्रिएटिव होता है। अति-चिंतन आपकी रचनात्मकता का गला घोंट देता है। इसलिए, चाहे आप 20 साल के संघर्षरत छात्र हों या 60 साल के थके हुए बुज़ुर्ग, जीवन का अर्थ 'पहुँचने' में नहीं, बल्कि 'होने' (*Being*) में है। जो 'है', उसे स्वीकार कर लेना ही समस्त मानसिक रोगों की अचूक औषधि है। स्वीकार्यता (*Acceptance*) कोई हार नहीं है, बल्कि यह उस 'परम सत्य' के साथ एक हो जाना है जिसे हम अब तक नकार रहे थे।

एक बहुत ही सूक्ष्म और कड़वा सच यह है कि जिसे हम अपनी 'बुद्धिमत्ता' समझते हैं, वह अक्सर हमारी 'बीमारी' बन चुकी होती है। आधुनिक मनुष्य एक ऐसे 'संज्ञानात्मक दुष्चक्र' (*Cognitive Loop*) में फँस गया है, जहाँ उसका मस्तिष्क किसी पुराने रिकॉर्डर की तरह एक ही दुखद धुन को बार-बार बजा रहा है। आप सोच नहीं रहे हैं, बल्कि आप विचारों के एक 'ऑटोमैटिक सिस्टम' के शिकार हो चुके हैं। यह ठीक वैसा ही है जैसे आप एक कार चला रहे हों जिसका स्टीयरिंग लॉक हो चुका है और वह एक ही खाई की तरफ बढ़ रही है।

इसे एक बिल्कुल नए और जीवंत परिप्रेक्ष्य से समझिये। आज से तीन-चार सदियों पहले का वह किसान, जिसकी पूरी दुनिया उसके खेत और आसमान के बादलों तक सीमित थी, वह भी उसी 'अंधेरी सुरंग' का अनुभव करता था जिसे आज का एक सफल कॉर्पोरेट लीडर महसूस कर रहा है। उस किसान के लिए 'अति-चिंतन' उसकी फसल के नष्ट होने का डर था, और आज के प्रोफेशनल के लिए यह उसके सामाजिक रुतबे या बैंक बैलेंस के गिरने का भय है। 300 साल पहले भी 'उदासी' वही थी, और आज भी वही है। समस्या 'हालात' नहीं हैं, समस्या वह 'मानसिक जुड़ाव' (*Attachment*) है जो हमने अपनी पहचान और बाहरी उपलब्धियों के बीच बना लिया है।

आप अपने मस्तिष्क के भीतर एक ऐसी 'सिनेमैटिक रील' चला रहे हैं जहाँ आप खुद ही निर्माता हैं, खुद ही अभिनेता और खुद ही पीड़ित। जब आप किसी पुराने अपमान या भविष्य की अनिश्चितता को याद करते हैं, तो आपका पूरा शरीर उसी रासायनिक प्रक्रिया (*Biochemical Process*) से गुज़रता है जैसे वह घटना अभी घट रही हो। यह आपके वजूद का एक बड़ा 'डिज़ाइन फ्लॉ' (*Design Flaw*) है कि आपका दिमाग 'कल्पना' और 'हकीकत' के बीच अंतर नहीं कर पाता। परिणामस्वरूप, आप हर रोज़ अपनी ही कल्पनाओं के हाथों हज़ारों बार मरते हैं।

"हम असलियत में कम, और अपनी आशंकाओं में ज़्यादा दुखी होते हैं।" आज की इस 'हाइपर-कनेक्टेड' दुनिया में हमने 'एकांत' को पूरी तरह खो दिया है। पुराने समय में जब आदि-

मानव या शुरुआती सभ्यताओं के लोग गुफाओं या जंगलों में बैठते थे, तो उनके पास 'मौन' का एक प्राकृतिक कवच था। आज हमने उस कवच को 'डिजिटल शोर' से छेद दिया है। सूचनाओं का यह 'अजीर्ण' हमारे मानसिक स्वास्थ्य को सड़ा रहा है। आप जितनी ज़्यादा सूचनाएं इकट्ठा कर रहे हैं, आपका मस्तिष्क उतना ही ज़्यादा 'क्लटर' (*Clutter*) जमा कर रहा है। अवसाद (*Depression*) और कुछ नहीं, बल्कि आपके मस्तिष्क का वह 'इमरजेंसी शटडाउन' है जहाँ वह इस असीमित भार को सहने से इनकार कर देता है।

निकलने का रास्ता किसी बाहरी 'प्रेरणा' में नहीं, बल्कि 'तटस्थ अवलोकन' में है। जब आप एक भीड़भाड़ वाले स्टेशन पर खड़े होते हैं, तो गाड़ियाँ आती हैं और चली जाती हैं। आप हर गाड़ी में चढ़ने की कोशिश नहीं करते। लेकिन अपने मन के स्टेशन पर आप हर गुज़रते हुए विचार (गाड़ी) को पकड़ने की कोशिश करते हैं और उसके साथ कहीं दूर निकल जाते हैं। अति-चिंतन का अंत तब होता है जब आप प्लेटफॉर्म पर खामोशी से खड़े होना सीख जाते हैं। आप विचार नहीं हैं, आप वह 'स्पेस' हैं जहाँ विचार पैदा होते हैं और मर जाते हैं।

किसी पुराने वादे का बोझ, परिवार का अनकहा दबाव या अतीत की कोई टीस—ये सब केवल आपके 'मेंटल हार्डवेयर' पर जमा हुई धूल हैं। जैसे एक धूल भरी खिड़की से बाहर का नज़ारा धुंधला दिखता है, वैसे ही इन विचारों के कारण आपको अपना असली स्वरूप दिखाई नहीं दे रहा। जिस क्षण आप इन विचारों से अपनी पहचान (*Identity*) को अलग कर लेते हैं, उसी क्षण वह 'कारागार' ढह जाता है। आप उस सुरंग के मालिक हैं, उस सुरंग का हिस्सा नहीं।

चेतना का ठहराव: शोर के बीच शांति का अन्वेषण

इंसानी दिमाग की सबसे बड़ी विडंबना यह है कि वह 'सब कुछ' नियंत्रित करना चाहता है। हम कल की धूप, परसों की बारिश और आने वाले सालों की खुशियों का बीमा आज ही कर लेना चाहते हैं। यही वह 'नियंत्रण का मोह' है जो अति-चिंतन को जन्म देता है। जब हम किसी ऐसी चीज़

को पकड़ने की कोशिश करते हैं जो हमारे हाथ में है ही नहीं, तो हमारे भीतर एक मानसिक खिंचाव पैदा होता है, जिसे हम 'तनाव' कहते हैं।

इसे एक बहुत ही सरल और पुराने सत्य से समझिये। हज़ारों साल पहले रेगिस्तानों के बीच रहने वाले कबीलों और पहाड़ों की गुफाओं में बैठने वाले विचारकों ने एक ही बात कही थी— 'समर्पण' (*Surrender*)। इसका मतलब हार मानना नहीं है, बल्कि यह जान लेना है कि इस ब्रह्मांड का एक अपना 'सिस्टम' है और आप उस सिस्टम का एक छोटा सा हिस्सा हैं। जब आप अपनी सारी चिंताओं का बोझ उस 'परम सत्ता' या 'प्रकृति के कानून' पर छोड़ देते हैं, तो आपका कंधा हल्का हो जाता है। आधुनिक समय में इसे 'ट्रस्ट द प्रोसेस' कहा जाता है। जब आप यह मान लेते हैं कि "मैंने अपना सर्वश्रेष्ठ कर दिया है, अब परिणाम जो भी हो, वह स्वीकार्य है," तो आपके मस्तिष्क का वह हिस्सा शांत हो जाता है जो हर वक्त 'खतरे' (*Fight or Flight*) के मोड में रहता था।

पंजाब की मिट्टी से निकली एक पुरानी और गहरी आवाज़ कहती है कि "चिंता उसकी करो जो अनहोनी हो।" जो विधि का विधान है, जो प्राकृतिक न्याय है, उसे स्वीकार करना ही 'महारत' है। हम अक्सर उन चीजों के लिए रोते हैं जो हमारे बस में नहीं हैं। एक किसान अपनी फसल बो सकता है, पानी दे सकता है, लेकिन वह बारिश को 'हुक्म' नहीं दे सकता। आज का युवा अपनी मेहनत तो कर रहा है, लेकिन वह 'नतीजों' को हुक्म देना चाहता है। यही वह जगह है जहाँ वह टूट जाता है। अति-चिंतन को रोकने का सबसे बड़ा मंत्र है— 'वर्तमान का पूर्ण स्वीकार'।

प्राचीन ग्रंथों की गहराइयों में एक और सूत्र मिलता है, जो कहता है कि "युद्ध मैदान में नहीं, मन में जीता जाता है।" जब आप अपने भीतर 'स्थितप्रज्ञ' (*Balanced*) हो जाते हैं, तो बाहर का तूफान आपको नहीं हिला सकता। इसका एक आधुनिक उदाहरण देखिये। आज के दौर के बड़े एथलीट या स्पोर्ट्समैन जब मैदान पर होते हैं, तो वे अपनी हार या जीत के बारे में नहीं सोच रहे होते;

वे केवल उस 'क्षण' में होते हैं। जैसे ही उनके दिमाग में 'जीतने का दबाव' आता है, उनकी परफॉरमेंस गिर जाती है। डिप्रेशन भी वही 'जीतने का दबाव' है जो आपने खुद पर डाल रखा है।

शांति कोई ऐसी मंज़िल नहीं है जहाँ आपको पहुँचना है;

शांति वह तरीका है जिससे आपको सफर तय करना है।

पश्चिमी देशों के पुराने ज्ञान में एक बहुत ही सुंदर विचार है— 'आज की रोटी'। वे कहते हैं कि "कल की चिंता मत करो, क्योंकि कल अपनी चिंता खुद कर लेगा।" यह ओवरथिंकिंग का सबसे सटीक इलाज है। हम 'कल' के उस दानव से लड़ रहे हैं जो अभी पैदा ही नहीं हुआ है। हम उन समस्याओं के लिए अपनी रातें खराब कर रहे हैं जो शायद कभी आएँगी ही नहीं। यदि आप अपने 'आज' को संभाल लेते हैं, तो 'कल' अपनी रक्षा खुद कर लेगा।

मन की शांति का एक और गुप्त रास्ता है— 'सेवा' और 'निस्वार्थ कर्म'। जब आपका ध्यान खुद की परेशानियों से हटकर दूसरों की मदद पर जाता है, तो आपका 'अहंकार' (*Ego*) छोटा होने लगता है। और याद रखिये, अति-चिंतन केवल उसी का होता है जिसका 'अहंकार' बहुत बड़ा होता है। जब आप यह समझ लेते हैं कि आप इस विशाल ब्रह्मांड की एक छोटी सी लहर हैं, तो आपकी व्यक्तिगत विफलताएं आपको छोटी लगने लगती हैं।

आज के 'डिजिटल युग' में, जहाँ हर कोई अपनी सफलता का ढिंढोरा पीट रहा है, वहाँ 'मौन' और 'ठहराव' को अपनाना ही सबसे बड़ी क्रांति है। वह शांति जिसे हज़ारों साल पहले 'परम सुख' कहा गया था, वह आज भी आपकी पहुँच में है। बस ज़रूरत है अपनी मुट्ठी को थोड़ा ढीला छोड़ने की। जो आपके लिए बना है, वह आप तक पहुँच ही जाएगा; और जो आपके लिए नहीं है, उसे पकड़कर आप केवल अपना हाथ ही जख्मी करेंगे।

मानसिक शॉर्ट-सर्किट: खोपड़ी का 'मैकेनिज्म' और सुधार का देसी जुगाड़

सीधी बात समझिये, ये जो आपका दिमाग है न, ये दुनिया का सबसे बड़ा 'सुपर कंप्यूटर' है। लेकिन दिक्कत ये है कि आपने इसमें 'सॉफ्टवेयर' तो डाल दिया 2026 वाला, और इसका 'हार्डवेयर' अभी

भी पाषाण काल वाला ही है। आपके सिर के भीतर जो ये 'एमिग्डाला' बैठा है, इसका काम था आपको जंगल में शेर से बचाना। अब आज के ज़माने में शेर तो है नहीं, तो इसने क्या किया? इसने आपके 'करियर की चिंता', 'पड़ोसी का ताना' और 'पुराने ब्रेकअप' को ही शेर मान लिया। अब ये दिन-भर आपके शरीर में 'खतरे का सायरन' बजाता रहता है।

FIGURE 1.1: Primal Threat (Caveman vs. Lion)

FIGURE 1.2: Modern Stressor (Man vs. Laptop)

जब आप रात को २ बजे तक छत पंखा देखते हुए सोचते हैं कि "मेरा क्या होगा?", तो आपके दिमाग में एक रसायन गिरता है जिसे कहते हैं 'कोर्टिसोल'। ये तेज़ाब की तरह है भैया! ये धीरे-धीरे आपकी याददाश्त वाले हिस्से (हिप्पोकैम्पस) को जलाकर छोटा कर देता है। इसीलिए आप गौर करियेगा, जो इंसान बहुत ज़्यादा 'ओवरथिंकिंग' करता है, उसकी 'डिसीजन मेकिंग' (फैसला लेने की शक्ति) खत्म हो जाती है। उसे समझ ही नहीं आता कि शर्ट नीली पहननी है या काली। ये कोई बीमारी नहीं है, ये आपके दिमाग का 'फ्यूज उड़ना' है क्योंकि आपने उस पर लोड ज़रूरत से ज़्यादा डाल दिया है।

अब इसका इलाज क्या है? सायकायट्रिस्ट के पास जाएंगे तो वो आपको 'नींद की गोली' थमा देगा, लेकिन वो तो परदे पर पेंट करने जैसा है। असली दीवार तो भीतर से खराब है। समाधान है— 'मानसिक डी-अटैचमेंट'।

इसे एक मिसाल से समझिये। अगर सड़क पर एक्सीडेंट हो जाए और भीड़ जमा हो, तो तमाशा देखने वाला ज्यादा शांत होता है या जिसका एक्सीडेंट हुआ है वो? ज़ाहिर है तमाशा देखने वाला। क्योंकि वो 'साक्षी' है। आपको अपने ही विचारों के लिए 'तमाशा देखने वाला' बनना होगा। जब मन कहे कि "तू तो बर्बाद हो गया", तो उससे कहिये— "अच्छा? ये एक विचार आया है, देखते हैं ये कहाँ तक जाता है।" जैसे ही आप 'मैं बर्बाद हूँ' की जगह 'मुझे एक विचार आ रहा है कि मैं बर्बाद हूँ' कहते हैं, वैसे ही आप उस 'शॉर्ट-सर्किट' से बाहर निकल जाते हैं।

दूसरी बात, ये जो 'डार्क स्पॉट' की बात होती है, ये कुछ नहीं बल्कि आपके दिमाग का वो हिस्सा है जहाँ 'बिजली' (*Energy*) पहुँचनी बंद हो गई है क्योंकि आपने उसे इस्तेमाल ही नहीं किया। आप बस एक ही लूप में घूम रहे हैं। इस 'हाइवे' को तोड़ने का तरीका है— 'शारीरिक झटका'। जब ओवरथिंकिंग बहुत बढ़ जाए, तो किताब बंद करिये और पसीने वाली कसरत करिये। जब शरीर को लगता है कि जान पर बन आई है, तो वो सारा खून दिमाग से खींचकर मांसपेशियों में भेज देता है। आपका एमिग्डाला तुरंत शांत हो जाता है क्योंकि उसे लगता है कि अब भागना या लड़ना असली वाला है, खयाली नहीं।

याद रखिये, डिप्रेशन का मतलब है कि आपकी 'इच्छाशक्ति' की बैटरी डिस्चार्ज हो गई है। इसे चार्ज करने का कोई 'जादू' नहीं है। आपको छोटे-छोटे 'माइक्रो-विन्स' (*Micro-wins*) चाहिए। सुबह उठकर सिर्फ अपना बिस्तर ठीक कर लेना भी आपके दिमाग को एक 'डोपामाइन' का सिग्नल देता है कि "हाँ, मैं कुछ कंट्रोल कर सकता हूँ।" जो इंसान अपनी सुबह की पहली १५ मिनट जीत लेता है, वो पूरे दिन के 'ओवरथिंकिंग' के दानव को हराने की ताकत रखता है।

देखिये भैया, समाधान कोई 'जादू की पुड़िया' नहीं है। आपका दिमाग एक 'मांसपेशी' (*Muscle*) की तरह है। अगर आपने सालों तक इसे 'नकारात्मकता' और 'डर' की जिम में ट्रेन

किया है, तो ये एक दिन में 'सकारात्मक' नहीं होगा। इसे **'न्यूरल रि-इंजीनियरिंग'** कहते हैं। इसका सबसे पहला और अचूक इलाज है— **'विचारों का पृथक्करण' (*Cognitive Defusion*)।**

इसे एक मिसाल से समझिये। अगर आपके चश्मे पर कीचड़ लग जाए, तो क्या आप ये कहते हैं कि "दुनिया गंदी है"? नहीं, आप कहते हैं कि "चश्मा गंदा है।" ओवरथिंकिंग में आप 'चश्मे' (विचार) और 'आँख' (स्वयं) को एक मान लेते हैं। जब मन कहे कि "तू हार जाएगा," तो उसे टोकिये। कहिये— "भाई, ये एक विचार आया है कि मैं हार जाऊँगा, ये मेरी हकीकत नहीं है।" जैसे ही आप 'मैं' और 'विचार' के बीच ये फासला पैदा करते हैं, आपके दिमाग के **'प्री-फ्रंटल कॉर्टेक्स'** को ऑक्सीजन मिलनी शुरू हो जाती है। ये उस एमिग्डाला (डर के केंद्र) पर लगाम कसने का सबसे पहला कदम है।

दूसरा बड़ा इलाज है— **'शारीरिक शॉक' और 'ब्लड फ्लो' का डाइवर्जन।** विज्ञान कहता है कि जब आप एक ही जगह बैठकर घंटों सोचते हैं, तो आपके दिमाग के खास हिस्सों में खून का बहाव रुकने लगता है, जिससे 'डार्क स्पॉट्स' (*Low activity zones*) बनते हैं। इसका सबसे देसी और तार्किक समाधान है— **'इंटेंस फिजिकल मूवमेंट'**। जब ओवरथिंकिंग का दौरा पड़े, तो दार्शनिक मत बनिये, एथलीट बन जाइए। सिर्फ 10 मिनट की तेज़ दौड़ या 20 पुश-अप्स आपके शरीर में 'एंडोर्फिन' (*Endorphin*) छोड़ते हैं। ये शरीर का अपना 'पेन-किलर' है। जब दिल तेज़ी से धड़कता है, तो दिमाग को सिग्नल मिलता है कि अब 'सोचने' का नहीं, 'सर्वाइवल' का समय है। वो पुराने सड़ चुके विचारों के लूप को तोड़ देता है।

तीसरा और सबसे गहरा समाधान है— **'पछतावे और वादों का विसर्जन'**। हमारा आधा डिप्रेशन इस बात का है कि "मैंने उसे वादा किया था, मैं पूरा नहीं कर पाया" या "उसने मेरे साथ ऐसा क्यों किया?" समझिये भैया, आपका दिमाग एक कंप्यूटर की तरह है जिसकी 'रैम' (*RAM*) इन पुरानी फाइलों ने घेर रखी है। जब तक आप इन फाइलों को 'डिलीट' नहीं करेंगे, नया सॉफ्टवेयर नहीं चलेगा। 'क्षमा' (*Forgiveness*) किसी दूसरे पर अहसान नहीं है, ये अपने दिमाग की मेमोरी

खाली करने का तरीका है। जो वादा टूट गया, वो इतिहास है। जो चोट लग गई, वो घाव है। उस घाव को बार-बार कुरेदने से वो ठीक नहीं होगा। उसे 'स्वीकार' (*Acceptance*) की पट्टी बाँधिये और आगे बढ़िये।

चौथा कदम है— **'माइक्रो-शेड्यूलिंग' और 'डोपामाइन फिक्स'**। डिप्रेशन में इंसान को लगता है कि वो पूरी दुनिया का बोझ उठा रहा है। यहाँ 'बड़ा' सोचना बंद करिये। सिर्फ अगले 15 मिनट का लक्ष्य बनाइये। "अगले **15 मिनट** मैं सिर्फ अपनी मेज साफ करूँगा" या "सिर्फ 2 पन्ने पढ़ूँगा।" जब आप ये छोटा सा काम पूरा करते हैं, तो आपके दिमाग को एक छोटा सा 'डोपामाइन का झटका' लगता है। ये उसे बताता है कि "अरे, मैं अभी भी कंट्रोल में हूँ!" ये छोटी-छोटी जीतें (*Micro-wins*) मिलकर आपके आत्मविश्वास की उस बैटरी को चार्ज करती हैं जो 'ओवरथिंकिंग' ने डिस्चार्ज कर दी थी।

पाँचवाँ और अंतिम सूत्र है— **'सामाजिक और प्राकृतिक जुड़ाव'**। हम एक 'डिजिटल गुफा' में बंद हो गए हैं। नीली रोशनी (स्क्रीन) और अकेलेपन ने हमारे सेरोटोनिन (खुशी का हार्मोन) का कत्ल कर दिया है। नंगे पैर घास पर चलना या किसी ऐसे दोस्त से बात करना जो आपकी 'सफलता' से नहीं, बल्कि आपसे प्यार करता हो, आपके तंत्रिका तंत्र (*Nervous system*) को 'रीसेट' कर देता है। जिसे सायकायट्रिस्ट 'थेरेपी' कहते हैं, वो असल में अपनों के बीच 'खुलकर रो लेना' या 'जी भरकर हँस लेना' ही तो है।

याद रखिये, आपकी खोपड़ी कोई कूड़ादान नहीं है जिसमें दुनिया भर का कचरा भरते रहें। अपनी मानसिक शांति को 'प्रीमियम' बनाइये। हर विचार को अंदर आने की इज़ाज़त मत दीजिये। आप अपने दिमाग के 'मालिक' हैं, 'कैदी' नहीं। जब आप इन वैज्ञानिक और तार्किक रास्तों पर चलना शुरू करेंगे, तो वो 'डार्क स्पॉट' रोशनी से भर जाएगा और आप पाएंगे कि जिसे आप 'पहाड़' समझ रहे थे, वो महज़ आपकी कल्पना का एक 'धुंधला सा साया' था।

अध्याय का निष्कर्ष

पृथक्करण का सिद्धांत: आप अपने 'विचार' नहीं हैं, आप वह 'चेतना' हैं जो विचारों को देख रही है। जिस क्षण आप 'मैं उदास हूँ' की जगह 'मैं उदास विचार को देख रहा हूँ' कहना शुरू करते हैं, उसी क्षण मानसिक गुलामी की बेड़ियाँ टूट जाती हैं।

* अस्तित्वगत भ्रम और जड़ता: अति-चिंतन और अवसाद कोई बाहरी हमला नहीं है, बल्कि आपके 'मस्तिष्क के सॉफ्टवेयर' का एक 'प्रोसेसिंग एरर' है। यह एक ऐसी अंधेरी सुरंग है जिसे आपने अपने ही पछतावे और डर की ईंटों से खड़ा किया है।

* न्यूरो-केमिकल संतुलन: आपके भीतर का अंधेरा (*Dark Spot*) असल में सेरोटोनिन और डोपामाइन की कमी है। 'कोर्टिसोल' (तनाव हार्मोन) के तेज़ाब से अपने न्यूरॉन्स को बचाने का एकमात्र तरीका है—वर्तमान में 'ठहरना' और 'साक्षी' भाव में रहना।

* शारीरिक प्रहार (*Physical Shock*): जब मन का कोलाहल बेकाबू हो जाए, तो दार्शनिक तर्क काम नहीं आते। उस समय तीव्र शारीरिक सक्रियता ही आपके रक्त प्रवाह को मस्तिष्क के 'डर वाले हिस्से' से खींचकर 'तर्क वाले हिस्से' की ओर मोड़ सकती है।

* समर्पण की शक्ति (*Surrender*): नियंत्रण का मोह ही तनाव की जननी है। यह स्वीकार कर लेना कि "मैंने अपना सर्वश्रेष्ठ दिया है और अब परिणाम प्रकृति के हाथों में है," आपके मस्तिष्क को वह 'परम विश्राम' देता है जिसकी उसे तलाश है।

* अंतिम सत्य: समय के पास कोई हृदय नहीं है, वह केवल गुज़रता है। लेकिन आपकी चेतना के पास वह शक्ति है कि वह हर गुज़रते हुए पल को 'पछतावे' के बजाय 'अनुभव' और 'पीड़ा' के बजाय 'प्रज्ञा' (*Wisdom*) में बदल सके।

* डिजिटल और सूचनात्मक उपवास: सूचनाओं का 'अजीर्ण' (*Indigestion*) ही आज की सबसे बड़ी बीमारी है। अपने एकांत को सुरक्षित रखिये और अपने मस्तिष्क को 'फालतू डेटा' का कूड़ादान मत बनने दीजिये।

आत्म रक्षा और मानसिक ओज: डिजिटल वासना से सृजन की शक्ति तक

(The Science of Vitality: Reclaiming Ojas from the Trap of Digital Lust)

एक बहुत ही कड़वा और वैज्ञानिक सत्य यह है कि आपके शरीर की सबसे मूल्यवान मुद्रा (*Currency*) आपका 'वीर्य' है। जिसे आधुनिक समाज और कुछ भ्रामक विज्ञापनों ने 'महज एक जैविक गंदगी' (*Biological Waste*) करार दे दिया है, वह असल में आपके मस्तिष्क और शरीर की 'परमाणु ऊर्जा' है। जब आप हस्तमैथुन (*Masturbation*) और पोर्नोग्राफी के अंतहीन चक्र में फँसते हैं, तो आप केवल एक शारीरिक क्रिया नहीं कर रहे होते; आप अपनी आने वाली पाँच सालों की 'बौद्धिक पूँजी' को नाली में बहा रहे होते हैं।

इसे एक 'न्यूरो-बायोलॉजिकल' नजरिये से समझिये। हमारा मस्तिष्क 'डोपामाइन' (*Dopamine*) नाम के रसायन पर चलता है, जो हमें किसी काम को करने की प्रेरणा देता है। जब एक शेर शिकार करता है, या एक छात्र परीक्षा में टॉप करता है, तो उसे डोपामाइन मिलता है। लेकिन 'डिजिटल वासना' (*Digital Lust*) ने एक ऐसा 'शॉर्टकट' बना दिया है जहाँ आप बिना किसी मेहनत के, बिना किसी उपलब्धि के, अपने मस्तिष्क को 'चरम सुख' (*Orgasm*) का नकली सिग्नल दे देते हैं। परिणाम? आपका दिमाग 'सुस्त' और 'अक्षम' हो जाता है। उसे असली दुनिया की चुनौतियाँ फीकी लगने लगती हैं।

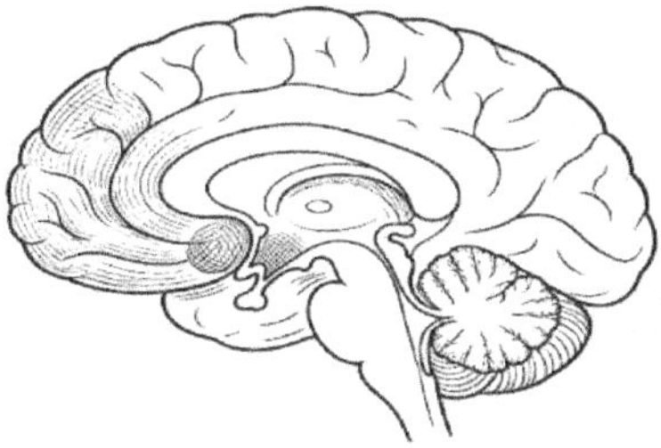

FIGURE 2.1: High Dopamine Sensitivity (Achiever)

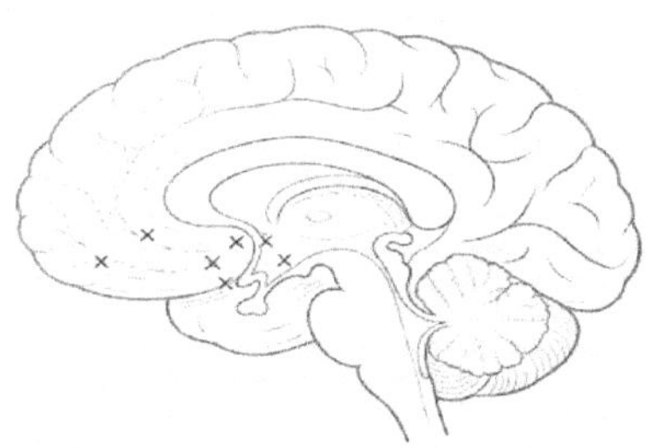

FIGURE 2.2: Desensitized Dopamine Receptors (Addict)

अक्सर युवा पूछते हैं कि "इसमें गलत क्या है?" गलत यह नहीं है कि आपने एक शारीरिक क्रिया की; गलत यह है कि आपने अपने 'नर्वस सिस्टम' को 'नकली इनाम' (*Artificial Reward*) का आदी बना दिया है। जब आप हफ्तों तक इस लत में डूबे रहते हैं, तो आपके मस्तिष्क का 'प्री-फ्रंटल कॉर्टेक्स'—जो आपके अनुशासन और इच्छाशक्ति का केंद्र है—सिकुड़ने लगता है। आप चिड़चिड़े होने लगते हैं, आपकी आँखों के नीचे काले घेरे आने लगते हैं और सबसे भयावह बात यह है कि आपकी 'एकाग्रता' (*Concentration*) का स्तर शून्य हो जाता है। आप किताब खोलते हैं, लेकिन शब्द आपको चिढ़ाते हैं क्योंकि आपका दिमाग उस 'डिजिटल कचरे' की तलाश में है।

जिसे प्राचीन प्रज्ञा 'ओज' कहती थी, वह आधुनिक विज्ञान में 'टेस्टोस्टेरोन' (*Testosterone*) और 'नसों की मज़बूती' का संगम है। जब आप अपनी ऊर्जा को सुरक्षित रखते हैं, तो वह 'ऊर्ध्वगामी' (*Upward*) होने लगती है। वह आपके चेहरे पर चमक, आवाज़ में भारीपन और संकल्प में दृढ़ता लाती है। लेकिन जब आप इसे 'क्षणिक सुख' के लिए लुटा देते हैं, तो आप भीतर से खोखले हो जाते हैं। डिप्रेशन (अध्याय 5) का एक बहुत बड़ा और गुप्त कारण यही 'ऊर्जा का क्षय' है। जब शरीर के पास सृजन के लिए ईंधन ही नहीं बचता, तो मन अपने आप अंधेरे की ओर भागने लगता है।

एक 'आदर्श' की हत्या: समीर, स्मार्टफोन और वह खामोश सुसाइड

देखिये, कहानी शुरू करने से पहले एक बात समझिये। हम अक्सर 'आत्महत्या' को एक क्षणिक फैसला मानते हैं, लेकिन सच यह है कि कोई भी इंसान एक दिन में छत से नहीं कूदता। वह हर रोज़ थोड़ा-थोड़ा मरता है, और जिस दिन उसके भीतर का 'आत्मविश्वास' पूरी तरह राख हो जाता है, उस दिन शरीर तो बस एक रस्म अदायगी करता है।

कल्पना कीजिये, जेठ की वो झुलसा देने वाली दोपहर। प्रयागराज का रेलवे स्टेशन। लू के थपेड़े चल रहे हैं, लेकिन उस भीड़ में एक 21-22 साल का लड़का उतरता है— समीर। एक हाथ में सूटकेस है और दूसरे में राशन की वो बोरी, जिसे उसकी माँ ने शायद इस उम्मीद में भरा होगा कि "मेरा लाल शहर जाकर साहब बनेगा, तो कम से कम रोटी तो घर की खाएगा।"

समीर कोई मामूली लड़का नहीं था। वो अपने जिले का चमकता सितारा था—१२वीं में टॉप, ग्रेजुएशन में गोल्ड मेडल। उसके चेहरे पर वो 'इलाहाबादी अमरूद' जैसी ताज़गी थी और आँखों में वो चमक, जो सिर्फ़ उन लोगों में होती है जिनके पास खोने को कुछ नहीं और पाने को पूरा आसमान होता है। वो कटरा (प्रयागराज का छात्र इलाका) की एक तंग गली में १० बाई १० का कमरा लेता है। वो कमरा नहीं था साहब, वो उसके सपनों की 'प्रयोगशाला' थी। दिन-रात एक कर देना, लक्ष्मीकांत और स्पेक्ट्रम की किताबों के बीच खुद को भुला देना—समीर एक तपस्वी बन चुका था।

लेकिन फिर नियति ने अपना पासा पलटा। कहते हैं न कि "बुरा वक्त आने से पहले बुरा साथ आता है।"

समीर की ज़िंदगी में कुछ ऐसे दोस्त आए जिनके लिए 'मस्ती' का मतलब था गर्ल्स हॉस्टल के सामने चक्कर काटना और 'स्मार्टफोन' की दुनिया में डूबे रहना। धीरे-धीरे समीर का वो 'तप' भंग होने लगा। किताबों की जगह हाथ में उस ५ इंच के 'कांच के टुकड़े' ने ले ली। वो मोबाइल, जो दुनिया से जोड़ने के लिए बना था, समीर को खुद से ही काटने लगा। उसकी माँ गाँव में किसी दूसरे के यहाँ बर्तन माँजते हुए ये सोचती थी कि "मेरा बेटा आईएएस बनेगा," और पिता पसीने से तर-बतर होकर फावड़ा चलाते थे कि "बेटे को पैसे की किल्लत न हो।" उन्हें क्या पता था कि उनका बेटा प्रयागराज की उस तंग कोठरी में एक ऐसे 'पाताल' की ओर बढ़ रहा है जहाँ से वापसी का रास्ता धुंधला होता जा रहा है।

फिर आई वो एक मनहूस रात। मन में एक अजीब सी बेचैनी थी, शायद पढ़ाई न कर पाने का तनाव था। समीर ने फोन उठाया। इंटरनेट की उस अंधी दुनिया में उसने कुछ 'अश्लील' देखा। पहली बार जब उसने 'हस्तमैथुन' (*Masturbation*) किया, तो उसे लगा कि ये तो 'नेचुरल' है, शरीर की मांग है। लेकिन वो ये नहीं समझ पाया कि उसने एक ऐसे 'केमिकल लूप' में पैर रख दिया है जो उसे ज़िंदा निगलने वाला है।

देखिये, प्रकृति ने ये सिस्टम 'प्रजनन' के लिए बनाया था, लेकिन समीर ने उसे 'नशे' में बदल दिया। धीरे-धीरे वो 'नेचुरल प्रोसेस' एक 'मजबूरी' बन गई। दिन में एक बार, फिर दो बार, फिर कई बार। नतीजा? वो चेहरा जो कभी खिलते गुलाब जैसा था, अब सूखे हुए रेगिस्तान जैसा हो गया। आँखों के नीचे काले घेरे (*Dark Circles*), शरीर हड्डियों का ढांचा और सबसे डरावनी चीज़— उसका 'संकल्प' (*Willpower*) टूट गया।

वो मोटिवेशनल वीडियो देखता, खुद से कसम खाता— "आज आखिरी बार!" ७ दिन बीतते, 10 दिन बीतते, और एक रात फिर वही 'डिजिटल शैतान' उसे अपनी गिरफ्त में ले लेता।

एक बार उसने एक महीने तक खुद को रोक कर रखा। उसे लगा कि "जीत गया मैं!" लेकिन एक रात गलती हुई, और उसके दिमाग ने उसे वो 'सबसे बड़ा झूठ' बोला जो हर व्यसनी को बोला जाता

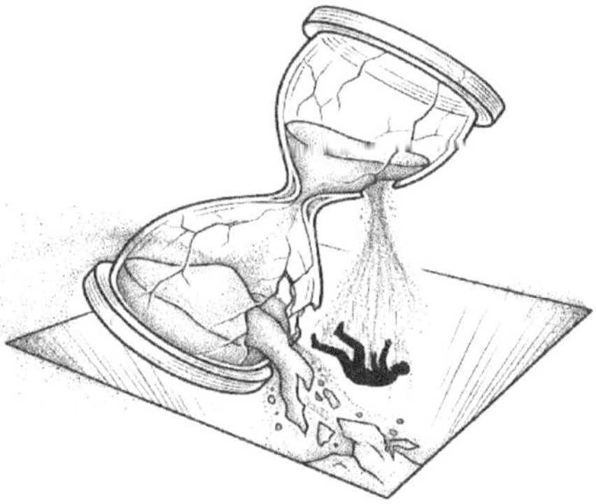

है— "भाई, एक बार तो हो ही गया है, अब आज का दिन तो खराब हो ही गया, चलो आज जी भर के कर लेते हैं, कल से नई शुरुआत करेंगे।"

यही वो 'ट्रैप' है साहब! "आज कर लेते हैं, कल से नहीं करेंगे।" इस 'कल' के चक्कर में 4-5 साल निकल गए। समीर के सारे 'अटेम्प्ट' (*Attempt*) खत्म हो गए। जिस बेटे को 'कलेक्टर' बनकर लौटना था, वो अब एक 'लाश' बन चुका था—मानसिक और आत्मिक रूप से। अपने माता-पिता की उम्मीदों का कत्ल और खुद की ज़िल्लत सहने की ताकत उसमें नहीं बची थी। और एक सुबह, कटरा की उस छत से एक छलांग लगी... और समीर की कहानी खत्म हो गई।

सृजन का बीज: प्रकृति की सबसे बड़ी 'रिश्वत'

सबसे पहले समझिये कि ये ऊर्जा बनी कैसे। अगर हम जीवन के क्रमिक विकास (*Evolution*) को देखें, तो प्रकृति का एक ही 'एकमात्र' उद्देश्य है— जीवन का विस्तार। प्रकृति को आपसे, मुझसे या समीर से कोई व्यक्तिगत लगाव नहीं है; उसे दिलचस्पी है 'इंसानी प्रजाति' को बचाए रखने में। अब

समस्या ये थी कि 'प्रजनन' (*Proproduction*) की प्रक्रिया अपने आप में बड़ी उबाऊ और थका देने वाली थी। तो प्रकृति ने एक बहुत ही 'चालाक' रास्ता निकाला। उसने इस प्रक्रिया के साथ दुनिया का सबसे बड़ा 'सुख' (*Pleasure*) जोड़ दिया।

यह सुख एक तरह की 'रिश्वत' (*Bribe*) थी ताकि जीव अपनी नस्ल को आगे बढ़ाए। लेकिन इंसान के मामले में एक पेच फंस गया। इंसान के पास विकसित 'मस्तिष्क' था। उसने उस 'ऊर्जा' को सिर्फ प्रजनन तक सीमित नहीं रखा, बल्कि उसे 'आनंद' का जरिया बना लिया। यहीं से शुरू होता है— वासना और ओज का द्वंद्व।

सभ्यताओं का नजरिया: 'लक्ष्मण रेखा' की ज़रूरत क्यों पड़ी?

अब सवाल आता है कि दुनिया के तमाम प्राचीन विचारकों और सभ्यताओं ने इस पर इतनी पाबंदियाँ क्यों लगाईं? क्या वो 'एंटी-प्लेजर' थे? नहीं।

दुनिया के अलग-अलग कोनों में उपजे जो छह प्रमुख वैचारिक दृष्टिकोण (दर्शन) हैं, उन्होंने बड़ी गहरी बात कही। उन्होंने इसे 'गंदगी' नहीं माना, बल्कि इसे 'पोटेंशियल एनर्जी' (स्थितिज ऊर्जा) कहा। उनका तर्क ये था कि इंसान के भीतर एक ही ऊर्जा बह रही है। अगर वो नीचे की तरफ बहेगी, तो वो 'वासना' (*Lust*) है और सिर्फ़ संतान पैदा करेगी। लेकिन अगर उसी ऊर्जा को 'चैनललाइज़' (*Channelize*) करके ऊपर की तरफ मोड़ दिया जाए, तो वो 'प्रज्ञा' (*Wisdom*), 'तेज' और 'ओज' बन जाती है।

उन्होंने इसे एक 'बाँध' (*Dam*) की तरह देखा। अगर नदी का पानी अनियंत्रित बह जाए, तो बाढ़ आती है और सब तबाह कर देती है—जैसे समीर की ज़िंदगी तबाह हुई। लेकिन अगर उसी पानी को बाँध बनाकर रोका जाए, तो उससे बिजली पैदा होती है जो पूरे शहर को रोशन कर सकती है। इसलिए सभ्यताओं ने 'अनुशासन' की बात की। उन्होंने कहा कि यह ऊर्जा 'खर्च' करने के लिए नहीं, बल्कि 'रूपांतरित' (*Transform*) करने के लिए है।

तमाम संस्कृतियों ने इसे 'सृष्टि का आधार' माना। उन्होंने इसे पवित्र कहा क्योंकि इसी से जीवन जन्म लेता है। लेकिन साथ ही चेतावनी दी कि जो शक्ति 'जीवन' दे सकती है, वही शक्ति अगर व्यर्थ बहाई जाए, तो 'मृत्यु' के समान खोखलापन भी दे सकती है।

वैज्ञानिक दृष्टिकोण: एक 'न्यूरो-बायोलॉजिकल' नजरिया

अगर हम आज के आधुनिक विज्ञान से पूछें कि "भाई, ये सब क्या है?", तो विज्ञान इसे 'रसायनों का खेल' कहेगा। विज्ञान कहता है कि आपके भीतर एक 'रिवॉर्ड सिस्टम' है। जब भी आप इस ऊर्जा का विसर्जन करते हैं, आपके मस्तिष्क में रसायनों की एक बाढ़ आती है। यह बाढ़ आपको कुछ पलों के लिए 'तनाव मुक्त' कर देती है।

लेकिन यहाँ एक बहुत बड़ा 'धोखा' है जिसे विज्ञान के गहरे शोधों ने अब पकड़ा है। जब ये क्रिया 'प्राकृतिक' होती है, तो शरीर उसे संभाल लेता है। लेकिन जब समीर जैसे युवा 'डिजिटल माध्यमों' (*Pornography*) के ज़रिए इस ऊर्जा को दिन में कई-कई बार जबरदस्ती उत्तेजित करके बाहर निकालते हैं, तो उनके मस्तिष्क का 'रिवॉर्ड सर्किट' जल जाता है।

विज्ञान इसे 'हाइपर-स्टिमुलेशन' कहता है। यानी आप अपने सिस्टम को इतनी ज़्यादा बिजली दे रहे हैं कि तार पिघलने लगे हैं। इसके बाद क्या होता है? इसके बाद वही होता है जो समीर के साथ हुआ— 'डोपामाइन क्रैश'। आपको असली दुनिया की कोई भी चीज़—चाहे वो आईएएस की पढ़ाई हो या माँ का प्यार—मज़ा नहीं देती। आपका दिमाग 'सुन्न' पड़ जाता है।

निष्कर्ष: ऊर्जा का 'मिसमैनेजमेंट' (*Mismanagement*)

तो कुल मिलाकर बात ये है कि ये ऊर्जा 'बुरी' नहीं है। ये तो वो 'ईंधन' है जो आपको महान बना सकता था। समस्या ये हुई कि हमें 'गाड़ी चलाना' तो सिखाया गया, लेकिन 'ईंधन बचाना' नहीं सिखाया गया।

प्राचीन प्रज्ञा कहती थी कि इस ऊर्जा को बचाकर 'मस्तिष्क' तक ले जाओ ताकि तुम्हारी 'मेमोरी' और 'इंटेलेक्ट' (बुद्धि) फौलादी हो जाए। और आधुनिक विज्ञान कहता है कि इस ऊर्जा का गलत इस्तेमाल तुम्हारे 'प्री-फ्रंटल कॉर्टेक्स' (सोचने वाले हिस्से) को अपाहिज बना देगा।

मेडिकल पैराडॉक्स: विज्ञान की 'नॉर्मल' परिभाषा और खोखली होती जवानी का सच

देखिये, जब आप किसी मॉडर्न क्लीनिक में जाते हैं और अपनी इस समस्या को रखते हैं, तो डॉक्टर बड़ी सहजता से कहता है— "इट्स परफेक्टली नॉर्मल।" अब यहाँ एक बहुत गहरा 'पेच' है। इसे एक मिसाल से समझिये। मान लीजिये आपके पास दुनिया का सबसे महंगा स्मार्टफोन है। आप सर्विस सेंटर जाते हैं और कहते हैं कि "भैया, इसकी बैटरी हर घंटे ५% गिर जाती है।" मैकेनिक चेक करता है और कहता है— "डिस्प्ले तो जल रहा है ना? टच तो काम कर रहा है? तो फिर ये 'नॉर्मल' है।"

तकनीकी तौर पर वो सही है। फोन चल रहा है। लेकिन क्या वो ये बता रहा है कि बार-बार चार्ज करने से बैटरी की 'साइकिल लाइफ' खत्म हो रही है? क्या वो ये देख पा रहा है कि फोन का 'प्रोसेसर' अंदर ही अंदर ओवरहीट होकर पिघल रहा है? यही हाल हमारे आज के मेडिकल साइंस का है। वो शरीर को एक 'मशीन' की तरह देखता है और उसके 'सॉफ्टवेयर' (मन) की तबाही को नज़रअंदाज़ कर देता है।

'फिजिकल रिडक्शनिस्म' और वह दूध का अर्क

विज्ञान जिस नजरिये से आपके शरीर को देखता है, उसे हम 'फिजिकल रिडक्शनिस्म' (*Physical Reductionism*) कहते हैं। इसका आसान मतलब ये है कि किसी बड़ी चीज़ को छोटे-छोटे टुकड़ों में बाँटकर देखना। विज्ञान कहता है कि वीर्य क्या है? थोड़ा पानी है, थोड़ा फ्रुक्टोज (चीनी जैसा तत्व) है और कुछ प्रोटीन्स हैं। विज्ञान कहता है कि जैसे आपकी लार (*Saliva*) थूकने के बाद दोबारा बन जाती है, वैसे ही ये तरल पदार्थ भी रिप्लेस हो जाएगा।

लेकिन यहाँ एक बुनियादी 'तार्किक चूक' है। इसे एक उदाहरण से देखिये। एक लीटर दूध है, उसकी कीमत मान लीजिये ६० रुपये है। लेकिन अगर आप उस दूध को घंटों तक आग पर जलाएं, औटाएं और उसका 'खोआ' (अर्क) निकालें, तो उसकी कीमत और उसकी ऊर्जा हज़ारों गुना बढ़ जाती है। हमारा वीर्य शरीर का वही 'मेटाबोलिक अर्क' है। विज्ञान सिर्फ़ उस 'तरल' की केमिकल जांच कर रहा है, वो उस 'ईंधन' (*Life Force*) को नहीं देख पा रहा जो उस अर्क को बनाने में जल चुका है।

'*HPG Axis*' का वो बिगड़ा हुआ संतुलन

अब थोड़ा गहराई में उतरते हैं। हमारे शरीर में एक सिस्टम होता है जिसे वैज्ञानिक भाषा में 'हाइपोथैलेमिक-पिट्यूटरी-गोनाडल एक्सिस' (*HPG Axis*) कहते हैं। अब इसे ऐसे समझिये कि ये आपके घर का 'पावर ग्रिड' है। 'हाइपोथैलेमस' आपके दिमाग का वो हिस्सा है जो आदेश देता है, 'पिट्यूटरी' वो मैनेजर है जो सिग्नल भेजता है, और 'गोनाड्स' वो जनरेटर हैं जहाँ से ऊर्जा निकलती है।

जब कोई युवा समीर की तरह इस लत में पड़ता है, तो वो इस 'पावर ग्रिड' पर ज़रूरत से ज़्यादा लोड डाल देता है। नतीजा क्या होता है? आपके शरीर का 'एंड्रोजन रिसेप्टर' (*Androgen Receptor*) कमज़ोर होने लगता है। इसे ऐसे समझिये कि आपके पास एक बहुत शक्तिशाली रेडियो है, लेकिन उसके 'रिसीवर' (पकड़ने वाला तार) में जंग लग गया है। अब बाहर से कितनी भी अच्छी धुन बजे, रेडियो में सिर्फ़ 'खर-खर' की आवाज़ आएगी। यही वजह है कि लत के शिकार युवा को दुनिया की किसी अच्छी चीज़ में मज़ा नहीं आता। उसका 'रिसीवर' ही खराब हो चुका है।

'प्रोलैक्टिन' का साया और वह बुझा हुआ चिराग

जब भी आप इस ऊर्जा का विसर्जन करते हैं, शरीर में 'प्रोलैक्टिन' (*Prolactin*) नाम के हार्मोन की बाढ़ आ जाती है। प्रकृति ने ये हार्मोन इसलिए बनाया था ताकि 'क्रिया' के बाद शरीर

शांत हो जाए। लेकिन समीर जैसे युवाओं के साथ क्या होता है? वो इसे बार-बार करते हैं, जिससे प्रोलैक्टिन का लेवल हमेशा 'हाई' रहता है।

अब ये प्रोलैक्टिन आपके 'डोपामाइन' (*Dopamine*) का कट्टर दुश्मन है। डोपामाइन वो रसायन है जो आपको सुबह बिस्तर से उठने की हिम्मत देता है, जो आपको आईएएस बनने के लिए प्रेरित करता है। जब प्रोलैक्टिन बढ़ता है, तो डोपामाइन मर जाता है। आप एक ऐसे 'बुझे हुए चिराग' की तरह हो जाते हैं जिसे दुनिया 'डिप्रेस्ड' कहती है। डॉक्टर कहता है "नॉर्मल है," लेकिन आप अंदर से जानते हैं कि आपका 'जोश' नाली में बह चुका है।

'माइलिन शीथ' का शॉर्ट-सर्किट और 'ब्रेन फॉग'

एक और बहुत ही गंभीर शब्द है— 'माइलिन शीथ' (*Myelin Sheath*)। इसे बिलकुल देसी अंदाज़ में समझिये। आपके घर में बिजली के तार हैं, उनके ऊपर प्लास्टिक की कोटिंग (इंसुलेशन) होती है। अगर वो कोटिंग हट जाए, तो क्या होगा? शॉर्ट-सर्किट! हमारे दिमाग की नसों (*Neurons*) के ऊपर भी यही 'माइलिन शीथ' की परत होती है।

जब शरीर अपनी सबसे कीमती ऊर्जा बार-बार खोता है, तो उसे उन प्रोटीन्स और फॉस्फोलिपिड्स की कमी हो जाती है जो इस परत को मज़बूत रखते हैं। नतीजा? आपके दिमाग में 'शॉर्ट-सर्किट' होने लगता है। आप पढ़ते हैं 'इतिहास' और याद आता है 'पड़ोसी का झगड़ा'। इसे वैज्ञानिक 'ब्रेन फॉग' (*Bruin Fog*) कहते हैं। आँखों के सामने धुंधलापन नहीं, बुद्धि के सामने धुंधलापन छा जाता है। समीर के साथ यही हुआ—वो छत से कूदने से पहले ही 'मानसिक रूप से' अपंग हो चुका था।

हाइपर-रिटमुलेशन' का वह डिजिटल नशा

चिकित्सा विज्ञान एक और बात पर खामोश रहता है, वो है— **'हाइपर-स्टिमुलेशन' (*Hyper-stimulation*)**। देखिये, प्रकृति ने हमें बनाया था असली इंसान से जुड़ने के लिए।

लेकिन जब आप 'स्क्रीन' पर कृत्रिम दृश्य देखते हैं, तो आप अपने दिमाग को 'सुपर-नॉर्मल' सिग्नल भेज रहे होते हैं। ये वैसा ही है जैसे किसी छोटे से बच्चे को रोज़ 'कोकीन' पिलाई जाए।

आपका 'प्री-फ्रंटल कॉर्टेक्स' (*Pre-frontal Cortex*)—जो आपके दिमाग का 'चीफ जस्टिस' है, जो सही-गलत का फैसला करता है—वो धीरे-धीरे 'एट्रोफी' (*Atrophy* - सुस्त होना) का शिकार हो जाता है। यानी आपका 'न्यायाधीश' सो गया है, और अब सिर्फ़ 'मुजरिम' (वासना) ही फैसले ले रहा है। इसीलिए आप सुबह कसम खाते हैं और शाम को फिर उसी गर्त में गिर जाते हैं।

निष्कर्ष: वह 'सत्य' जो रिपोर्ट में नहीं आता

तो अंत में बात ये है कि मेडिकल साइंस आपकी 'ब्लड रिपोर्ट' देख सकता है, आपके 'चरित्र की रिपोर्ट' नहीं। वो ये देख सकता है कि शरीर में आयरन कितना है, वो ये नहीं देख सकता कि आपकी आँखों में 'तेज' कितना बचा है।

समीर की कहानी हमें ये सिखाती है कि जब तक हम इस 'न्यूरो-केमिकल' धोखे को नहीं समझेंगे, हम इस चक्रव्यूह से बाहर नहीं निकल पाएंगे। जिसे दुनिया 'नॉर्मल' प्रोसेस कहती है, वो दरअसल एक 'स्लो पॉइज़न' (धीमा जहर) है अगर उसे अनुशासन और ओज के बिना इस्तेमाल किया जाए। याद रखिये, आप एक 'मशीन' नहीं हैं जिसका तेल बदलने से काम चल जाएगा, आप एक 'संभावना' हैं जिसे सुरक्षित रखना आपकी ज़िम्मेदारी है।

बाज़ार का मायाजाल: 'नॉर्मल' होने का वैश्विक भ्रम और सिसकती हकीकत

देखिये, दुनिया का नजरिया इस विषय पर बड़ा 'सेकुलर' और 'लिबरल' होने का ढोंग करता है। अगर आप आज के इंटरनेट कल्चर को देखें, तो वहां एक नैरेटिव (विमर्श) चलाया जाता है कि—"इट्स योर बॉडी, योर चॉइस" (यह आपका शरीर है, आपकी पसंद है)। इसे एक 'नेचुरल

बायोलॉजिकल नीड' (प्राकृतिक जैविक ज़रूरत) बताकर इतना महिमामंडित कर दिया गया है कि अगर कोई युवा 'संयम' या 'ब्रह्मचर्य' की बात करे, तो उसे 'आउटडेटेड' या 'पिछड़ा' मान लिया जाता है।

लेकिन क्या आपने कभी गौर किया है कि ये 'आज़ादी' का नारा देने वाले लोग असल में कौन हैं? इसे एक मिसाल से समझिये।

'कसीनो' (*Casino*) का गणित और आपकी वासना

मान लीजिये आप किसी कसीनो में जाते हैं। वहां खिड़की नहीं होती, वहां घड़ी नहीं होती, और वहां की लाइटें और संगीत आपको एक 'ट्रांस' (*Trance*) में रखते हैं। कसीनो का मालिक आपसे कहता है— "खेलिए, ये आपकी आज़ादी है, जीत गए तो आपके, हार गए तो खेल का हिस्सा।" लेकिन क्या वो मालिक चाहता है कि आप जीतें? बिलकुल नहीं! उसका पूरा 'बिजनेस मॉडल' आपकी हार पर टिका है।

यही हाल आज की 'हाइपर-सेक्शुअलाइज्ड' (*Hyper-sexualized*) मार्केटिंग का है। आज आप जूते का विज्ञापन देखें या कोल्ड ड्रिंक का, उसमें कहीं न कहीं 'वासना' का एक तड़का

लगा होता है। ये दुनिया आपको आज़ाद नहीं कर रही, ये आपको 'कंज्यूमर' (उपभोक्ता) बना रही है। जब आप समीर की तरह इस लत में पड़ते हैं, तो आप सिर्फ़ एक वीडियो नहीं

देख रहे होते, आप अरबों डॉलर की उस इंडस्ट्री के 'गुलाम' बन रहे होते हैं जो आपके 'अकेलेपन' को बेचकर पैसा कमा रही है।

'सोशल वैलिडेशन' और वह खोखली आज़ादी

दुनिया कहती है कि यह 'नेचुरल' है। अब यहाँ एक बहुत बड़ा 'लॉजिकल फालैसी' (तार्किक त्रुटि) है। खाना खाना भी नेचुरल है, लेकिन क्या आप दिन भर खाते रहते हैं? पानी पीना भी नेचुरल है, लेकिन क्या आप ज़रुरत से ज़्यादा पीते हैं? प्रकृति ने हर चीज़ के लिए एक 'होमोस्टैसिस' (*Homeostasis*) यानी संतुलन बनाया है।

लेकिन ये दुनिया चाहती है कि आप उस संतुलन को तोड़ दें। क्यों? क्योंकि एक संतुलित और ओजस्वी युवा सवाल पूछता है, वो क्रांतिकारी होता है, वो 'सिस्टम' को चुनौती देता है। लेकिन एक ऐसा युवा जो अपनी ऊर्जा को कमरे में बंद होकर नाली में बहा रहा है, वो कभी क्रांति नहीं करेगा। वो डरा हुआ होगा, उसका 'सेल्फ-एस्टीम' (*Self-esteem*) यानी आत्म-सम्मान शून्य होगा। वो सिर्फ़ एक 'आज्ञाकारी ग्राहक' बनकर रह जाएगा। दुनिया का नजरिया आपको 'आज़ाद' करने का दावा करता है, लेकिन हकीकत में वो आपके 'प्री-फ्रंटल कॉर्टेक्स' पर जंजीरें डाल रहा है।

सभ्यता का दोगलापन: वासना बनाम चरित्र

देखिये, हमारा समाज बड़ा 'दोगला' (*Double-faced*) है। एक तरफ वो इंटरनेट पर हर तरह की अश्लीलता परोसता है, 'आइटम नंबर्स' को प्रमोट करता है, और दूसरी तरफ वही समाज चाहता है कि युवा 'चरित्रवान' बनें। ये वैसा ही है जैसे आप किसी बच्चे को आग के पास बिठा दें और कहें कि— "देखना, हाथ न जल जाए।"

हकीकत ये है कि जिसे दुनिया 'नेचुरल प्रोसेस' कहती है, वो आज के दौर में 'आर्टिफिशियल स्टिमुलेशन' बन चुका है। आदिमानव के समय में ये ऊर्जा दुर्लभ थी, उसे 'सृजन'

के लिए इस्तेमाल किया जाता था। आज ये 'मुफ़्त' (*Free*) और 'असीमित' (*Unlimited*) उपलब्ध है। जब कोई चीज़ मुफ़्त और असीमित हो जाती है, तो उसकी 'वैल्यू' (*Value*) खत्म हो जाती है। समीर ने अपनी 'अमूल्य ऊर्जा' की वैल्यू सिर्फ़ इसलिए नहीं की क्योंकि उसके फोन पर वो 'अनलिमिटेड' थी।

'न्यूरो-प्लास्टिसिटी' का काला पक्ष

दुनिया कहती है कि इससे कोई फर्क नहीं पड़ता। लेकिन हमारा मस्तिष्क 'न्यूरो-प्लास्टिसिटी' (*Neuroplasticity*) के सिद्धांत पर काम करता है। इसका मतलब है कि आप जो बार-बार करते हैं, आपका दिमाग वैसा ही बन जाता है।

अगर आप रोज़ वासना के दृश्यों को देखते हैं, तो आपके दिमाग में 'डेल्टा-फोसब' (*DeltaFosB*) नाम का एक प्रोटीन जमा होने लगता है। ये प्रोटीन आपके दिमाग में 'लत' के पक्के रास्ते बना देता है। इसके बाद क्या होता है? इसके बाद हकीकत की दुनिया आपको 'उबाऊ' लगने लगती है। आपको किसी असली इंसान से जुड़ने में डर लगने लगता है, जिसे वैज्ञानिक 'सोशल एंग्जायटी' कहते हैं। दुनिया इसे 'शर्मीलापन' कहती है, लेकिन हकीकत में ये आपके मस्तिष्क का वो डैमेज है जो आपने 'स्क्रीन' की वजह से किया है।

तो भाई, सार ये है कि दुनिया आपको कभी सच नहीं बताएगी। 'बाज़ार' कभी नहीं चाहेगा कि आप 'ब्रह्मचारी' या 'अनुशासित' बनें, क्योंकि अनुशासित व्यक्ति बाज़ार का सामान नहीं खरीदता, वो अपनी 'मंज़िल' खरीदता है।

समीर का केस देखिये। उसे लगा कि दुनिया की भीड़ उसके साथ है, उसे लगा कि "सब कर रहे हैं तो मैं भी कर लूँ।" लेकिन जब उसे छत से छलांग लगानी पड़ी, तब वो भीड़ वहां नहीं थी। हकीकत ये है कि इस ऊर्जा का संरक्षण आपकी 'निजी जंग' है। दुनिया आपको 'भोग' की सलाह देगी, लेकिन 'योग' (अनुशासन) आपको खुद चुनना होगा। याद रखिये, जो ऊर्जा आपको 'देवता'

बना सकती थी, उसे 'बाज़ार' ने सिर्फ़ एक 'प्रोडक्ट' बनाकर रख दिया है। अब फैसला आपके हाथ में है— आपको 'प्रोडक्ट' बनना है या 'प्रज्ञा' का प्रतीक।

देखिये, मामला यह है कि आज की मोबाइल टेक्नोलॉजी और सोशल मीडिया ने एक ऐसी 'अदृश्य जेल' तैयार कर दी है, जहाँ कैदी को लगता है कि वह आज़ाद है। यह जो आपके हाथ में स्मार्टफोन है, यह सिर्फ़ एक डिवाइस नहीं है, यह एक 'डोपामाइन पंप' है। सोशल मीडिया के एल्गोरिदम को इस तरह डिज़ाइन किया गया है कि वह आपकी कमज़ोरियों को पहचान ले। आप गौर करियेगा, जैसे ही आप अकेलापन महसूस करते हैं या तनाव में होते हैं, आपका हाथ अपने आप फोन की तरफ जाता है। क्यों? क्योंकि आपके मस्तिष्क को पता है कि वहाँ 'मुफ़्त का आनंद' उपलब्ध है। ये कंपनियाँ हज़ारों मनोवैज्ञानिकों को तनख्वाह देती हैं सिर्फ़ यह जानने के लिए कि आपको उस 'अश्लील कंटेंट' या 'एडल्ट एड्स' की तरफ कैसे धकेला जाए। यह 'डिजिटल किडनैपिंग' है साहब! आप खुद नहीं देख रहे, आपसे 'दिखवाया' जा रहा है।

अब समझिये कि यह शरीर को खोखला कैसे करता है। विज्ञान की भाषा में एक शब्द है— 'वाइटल फ्लुइड ड्रेन'। जब आप इस लत में होते हैं, तो आपका शरीर अपनी पूरी ऊर्जा सिर्फ़ उस एक 'क्षण' के लिए झोंक देता है। जिसे आप 'रिलीज़' कहते हैं, वह असल में आपके 'सेरेब्रोस्पाइनल फ्लूइड' और नर्वस सिस्टम का दिवाला निकलना है। आपकी रीढ़ की हड्डी कमज़ोर होने लगती है, आँखों की पुतलियाँ धँस जाती हैं और चेहरे का जो 'ओज' (*Glow*) है, वह गायब हो जाता है। आप २२ साल की उम्र में 40 साल के थके हुए इंसान लगने लगते हैं। आपकी हड्डियाँ 'कैल्शियम' और 'फास्फोरस' की कमी से खोखली होने लगती हैं क्योंकि शरीर को वो 'अर्क' दोबारा बनाने के लिए आपके ही अंगों से पोषण खींचना पड़ता है। यह 'सेल्फ-कैनिबलिज्म' जैसा है—अपने ही शरीर को खुद खाना।

लेकिन डरिये मत। अगर समीर को सही समय पर 'रास्ता' मिल जाता, तो आज वह ज़िंदा होता। इस नरक से निकलने का रास्ता 'चमत्कार' नहीं, बल्कि 'अनुशासन' है। और याद रखिये, यह 'एक झटके' में नहीं छूटेगा। यह वैसा ही है जैसे आप किसी ढलान पर तेज़ी से नीचे जा रहे हों; उसे रोकने में समय और ताक़त लगेगी।

सबसे पहली टिप जो मैं अपने निजी अनुभव और मनोविज्ञान के आधार पर दे सकता हूँ, वह है— '12 सेकंड का नियम'। देखिये, मानव मस्तिष्क का 'आवेग' (*Impulse*) बहुत क्षणभंगुर होता है। अगर आपके सामने अचानक कोई अश्लील दृश्य आ जाए, कोई एडल्ट ऐड दिख जाए, या सड़क पर कोई ऐसी स्त्री दिखे जिसे देखकर मन भटकने लगे—तो उसे तुरंत हटा दीजिये। विज्ञान कहता है कि अगर आप किसी उत्तेजक चीज़ को १२ सेकंड से ज़्यादा नहीं देखते, तो आपका मस्तिष्क उस 'सेफ ज़ोन' से बाहर नहीं जाता। जैसे ही आप 12 सेकंड की सीमा पार करते हैं, आपके न्यूरॉन्स उस दृश्य को 'पकड़' लेते हैं और फिर शुरू होता है कल्पनाओं का वो तांडव जो आपको मास्टरबेशन तक खींच कर ले जाता है। तो भाई, सीधा हिसाब है—देखते ही नज़र हटा लो, 'डिलीट' कर दो या स्क्रीन ऑफ कर दो।

दूसरी बात, अपनी 'नज़र' और 'नियत' का शुद्धिकरण कीजिये। विकास सर के अंदाज़ में कहें तो, "दृष्टिकोण ही सृष्टि बनाता है।" जब आप किसी स्त्री से बात करें, तो हमेशा उसकी आँखों में देखकर बात करें। आँखें आत्मा का झरोखा होती हैं, वहां गरिमा होती है। और जैसे ही वह स्त्री वहां से चली जाए, अपनी नज़र हटा लीजिये। उसे पीछे से देखना या उसके शरीर के अंगों पर अपनी कल्पनाओं को टिकाना, आपके पतन की पहली सीढ़ी है। हर परायी स्त्री को माँ या बहन की गरिमा से देखना कोई धार्मिक उपदेश नहीं है, यह आपके 'मानसिक स्वास्थ्य' का बीमा है। जब आप सम्मान देना शुरू करते हैं, तो आपकी कामुक ऊर्जा 'श्रद्धा' में बदल जाती है, और श्रद्धा कभी भी आपको खोखला नहीं करती।

तीसरी और सबसे व्यावहारिक बात— 'अकेलेपन का प्रबंधन'। समीर की कहानी में गौर करिये, वह कब भटकता था? जब वह अकेला होता था। अकेलेपन में स्टडी करना बहुत रिस्की है अगर आपका मन वश में नहीं है। कोशिश करिये कि आप 'पब्लिक स्पेस' (लाइब्रेरी या पार्क) में पढ़ें। अपने फोन को रात में कमरे से बाहर चार्ज पर लगाइये। अकेलेपन को 'मैडिटेशन' या 'वर्कआउट' से भर दीजिये। जब आपका शरीर थककर चूर होगा, तो उसे नींद आएगी, वासना नहीं।

अपनी डेली एक्टिविटी नोट करना शुरू करिये। देखिये कि आपके 'ट्रिगर्स' क्या हैं? क्या आप तब ऐसा करते हैं जब आप उदास होते हैं? या तब जब आप बहुत खुश होते हैं? जैसे ही आप अपने पैटर्न को पहचान लेंगे, आप उसके मालिक बन जाएंगे। लोगों से मिलिए-जुलिए, सामाजिक बनिए। 'एडल्ट बातों' का हिस्सा मत बनिए, क्योंकि आप जो बोलेंगे, वही आपके अवचेतन मन में जमा होगा।

यह लड़ाई आपके 'दिमाग' और आपके 'आवेग' के बीच है। यह धीरे-धीरे होगा। अगर कभी 'रिलैप्स' (गलती) हो भी जाए, तो हार मत मानिये। समीर ने गलती नहीं की थी, उसने 'उम्मीद' छोड़ दी थी। एक बार गिरकर फिर खड़े हो जाना ही 'मर्दानगी' है। अपने ब्रेन को धीरे-धीरे रिवायर (*Rewire*) कीजिये। जैसे-जैसे आप 30 दिन, 60 दिन और 90 दिन का सफर तय करेंगे, आपकी नसों में वो 'ओज' वापस लौटने लगेगा। आपकी याददाश्त फौलादी हो जाएगी और आप पाएंगे कि जिस 'सुख' के लिए आप अपनी जान दे रहे थे, वह उस 'शांति' के सामने कुछ भी नहीं है जो 'ब्रह्मचर्य' और 'आत्म-नियंत्रण' से मिलती है।

ऊर्जा के रूपांतरण से महामानव बनने तक का सफर : देखिये, जब हम समीर की कहानी के उस दुखद अंत को देखते हैं, तो मन में एक सवाल आता है कि क्या प्रकृति ने हमें इतना कमज़ोर बनाया है? बिलकुल नहीं। दुनिया के तमाम चिंतनशील लोगों ने, चाहे वो पूरब के हों या पश्चिम के, एक बहुत ही 'क्रांतिकारी' बात कही है। उन्होंने इस शारीरिक ऊर्जा को 'कीचड़' नहीं माना, बल्कि उसे वह 'कच्चा माल' माना जिससे 'सोना' बनाया जा सकता है।

इसे एक उदाहरण से समझिये। आपके घर में जो बिजली आ रही है, वो एक ऊर्जा है। अगर आप उस नंगे तार को छुएंगे, तो वो आपको मार देगी। लेकिन अगर उसी बिजली को एक 'ट्रांसफॉर्मर' के ज़रिये गुज़ारा जाए, तो वो आपके कमरे को रोशन कर देगी, एसी चला देगी और आपके कंप्यूटर को 'सुपर-कंप्यूटर' बना देगी। यही गणित हमारी यौन-ऊर्जा का है। इसे 'दबाना' (*Suppression*) हल नहीं है, इसे 'रूपांतरित' (*Transformation*) करना ही असली मर्दानगी है।

विद्वानों का एक बड़ा वर्ग, जो जीवन को बहुत गहराई से देखता है, वो कहता है कि वासना और प्रार्थना (*Prayer*) में सिर्फ़ एक 'दिशा' का अंतर है। वासना 'नीचे' की ओर बहने वाली ऊर्जा है, जो सिर्फ़ शरीर तक सीमित रहती है। लेकिन जब वही ऊर्जा अनुशासन के बाँध से रुकती है, तो वह 'ऊर्ध्वगामी' (*Upward*) होने लगती है। वह आपके 'मूलाधार' से उठकर आपके 'सहस्रार' (मस्तिष्क के उच्चतम केंद्र) तक पहुँचती है। जब ये ऊर्जा आपके मस्तिष्क को छूती है, तो आपकी 'बुद्धि' में वो चमक आती है जिसे दुनिया 'ओज' कहती है। आप गौर करियेगा, जो लोग लंबे समय तक संयम का पालन करते हैं, उनकी आँखों में एक अलग तरह की स्थिरता होती है, उनकी आवाज़ में एक गूँज होती है और उनके व्यक्तित्व में एक 'चुंबकीय आकर्षण' होता है। ये कोई जादू नहीं है, ये आपकी संचित ऊर्जा का 'रेडिएशन' है।

दुनिया के तमाम धर्मों ने इसे 'पवित्र' क्यों कहा? क्या वो सेक्स के दुश्मन थे? नहीं। वो जानते थे कि एक 'बिखरा हुआ मन' कभी ईश्वर या ऊँचे लक्ष्यों को प्राप्त नहीं कर सकता। उन्होंने इसे 'तप' कहा। तप का मतलब है—खुद को तपाना ताकि आपकी अशुद्धियाँ जल जाएं और आप एक 'कुंदन' की तरह चमकें। आधुनिक विज्ञान भी अब इस बात को स्वीकार कर रहा है कि 'सीमेन रिटेंशन' (*Semen Retention*) से आपके शरीर में 'टेस्टोस्टेरोन' का स्तर प्राकृतिक रूप से बढ़ता है, जो आपकी मांसपेशियों की मज़बूती और आपके 'फोकस' के लिए अनिवार्य है।

अब बात आती है कि इसके फायदे क्या हैं और आप कहाँ से कहाँ पहुँच सकते हैं? देखिये, जब आप अपनी ऊर्जा को सुरक्षित रखते हैं, तो आपकी 'न्यूरो-प्लास्टिसिटी' (मस्तिष्क की बदलने

की क्षमता) अद्भुत हो जाती है। आप जो चीज़ एक घंटे में याद करते थे, वो अब १५ मिनट में होने लगेगी। आपका 'कॉन्फिडेंस' इतना बढ़ जाएगा कि आप हज़ारों की भीड़ के सामने खड़े होकर बिना डरे अपनी बात कह पाएंगे। समीर जैसे युवा अगर इस 'ओज' को बचा लेते, तो उनके लिए यूपीएससी की परीक्षा कोई पहाड़ नहीं रह जाती। क्योंकि जब आपके पास 'ऊर्जा का बैकअप' होता है, तो आपका डर खत्म हो जाता है।

इसे छोड़ने का और इस मार्ग पर चलने का एक बहुत ही व्यावहारिक तरीका है— 'साक्षी भाव'। जब भी मन में कोई विकार आए, तो उससे लड़िये मत। लड़ेंगे तो वो और मज़बूत होगा। बस उसे 'देखिये', जैसे आप सड़क पर चलती हुई किसी कार को देखते हैं। कहिये— "अच्छा, तो ये वासना का विचार आया है, देखते हैं ये कितनी देर रहता है।" जैसे ही आप 'देखने' वाले (*Observer*) बन जाते हैं, उस विचार की शक्ति आधी हो जाती है। इसे 'डिस्कनेक्ट' करना कहते हैं।

अपनी दिनचर्या में छोटे बदलाव लाइए। सुबह की धूप लीजिये, नंगे पैर घास पर चलिए। प्रकृति के करीब रहना आपके 'सेरोटोनिन' को बढ़ाता है, जिससे 'गंदे विचारों' की जगह 'शांति' ले लेती है। जब आप किसी स्त्री को देखते हैं, तो उसे एक 'शरीर' के बजाय एक 'चेतना' के रूप में देखने का अभ्यास कीजिये। जैसे ही आपकी दृष्टि में 'गरिमा' आती है, आपकी ऊर्जा अपने आप ऊपर की ओर मुड़ जाती है। यह 'दृष्टिकोण का परिवर्तन' ही आपको 'पशु' से 'परम' की ओर ले जाता है।

अंत में, यह समझिये कि यह मार्ग थोड़ा कठिन ज़रूर है, लेकिन इसका फल 'अमृत' के समान है। जिसे दुनिया 'त्याग' कहती है, वो असल में 'व्यापार' है—आप एक तुच्छ, क्षणिक सुख को छोड़कर एक शाश्वत, महान शक्ति को प्राप्त कर रहे हैं। आप अपने 'समीर' को छत से गिरने से बचा सकते हैं, अगर आप उसे ये बता दें कि उसके भीतर 'ईश्वर' की ऊर्जा छिपी है। अपनी इस ऊर्जा को व्यर्थ मत बहाइये, इसे अपने सपनों की ईंटें बनाने में लगाइये। जब आप संयम की इस अग्नि से

तपकर बाहर निकलेंगे, तो आप पाएंगे कि आप सिर्फ़ एक 'आईएएस' या 'अधिकारी' नहीं बने हैं, आप एक 'सार्थक मनुष्य' बन चुके हैं जिसे हिलाना दुनिया की किसी भी ताक़त के बस में नहीं है।

सारांश (*Summary*)

इस अध्याय का सार यह है कि मानवीय ऊर्जा कोई साधारण तरल नहीं बल्कि मस्तिष्क और संकल्प की परमाणु शक्ति है जिसे आधुनिक बाज़ार और डिजिटल अश्लीलता ने एक सुनियोजित जाल में फँसा दिया है। विज्ञान जहाँ इसे केवल एक जैविक निकास मानकर अधूरा सच बताता है वहीं गहरा अनुभव यह सिद्ध करता है कि इस ऊर्जा का व्यर्थ क्षय मनुष्य के आत्मविश्वास और निर्णय लेने की क्षमता को जड़ से खोखला कर देता है। समीर जैसे युवाओं की त्रासदी हमें यह चेतावनी देती है कि क्षणिक सुख के पीछे भागना असल में अपने भविष्य का गला घोंटना है।

ईएमआई का जल : अमीर दिखने बनाम अमीर होने का बुनियादी फर्क

(The EMI Trap: The Subtle Difference Between Looking Rich and Being Rich)

देखिये, मामला यह है कि आज के दौर में 'गरीबी' वह नहीं है जो झोपड़ी में रहती है। आज की सबसे खतरनाक गरीबी वह है जो 'आईफोन' (iPhone) लेकर घूमती है और जिसकी किश्तें उसके बैंक बैलेंस को हर महीने लहूलुहान कर देती हैं। इसे एक बहुत बारीक मनोवैज्ञानिक नजरिए से समझिये। आज का बाज़ार आपको 'ग्राहक' नहीं मानता, वह आपको एक 'कर्जदार' (Debtor) बनाना चाहता है।

आज के समय मैं ए -''बाज़ार ने एक बहुत ही मीठा जहर ईजाद किया है— 'बाय नाउ, पे लेटर' (*Buy Now, Pay Later*)।" यानी आज सुख भोग लो और कल अपनी आज़ादी बेच दो।''

इसे एक मिसाल से समझिये। मान लीजिये दो दोस्त हैं—अजय और विजय। अजय की सैलरी 50,000 रुपये है। वह अपनी पहली सैलरी मिलते ही बैंक जाता है और एक चमचमाती कार ईएमआई पर उठा लेता है। अब अजय के पास कार है, वह मोहल्ले में 'अमीर' दिख रहा है। लेकिन

हकीकत यह है कि उसकी सैलरी का 40% हिस्सा बैंक ले जाता है। वह हर सुबह डर के साये में उठता है कि कहीं उसकी नौकरी न चली जाए।

दूसरी तरफ विजय है, जिसकी सैलरी भी उतनी ही है। वह पुरानी बाइक चलाता है, सादा फोन रखता है, लेकिन वह हर महीने 20,000 रुपये 'इन्वेस्ट' (*Invest*) कर रहा है। विजय 'अमीर' दिख नहीं रहा, लेकिन वह 'अमीर' हो रहा है। अजय के पास 'एसेट' (*Asset*) नहीं, सिर्फ़ 'लायबिलिटी' (*Liability*) है। अजय अपनी 'आज़ादी' बेचकर 'दिखावा' खरीद रहा है।

विज्ञान इसे 'स्टेटस एंग्जायटी' (*Status Anxiety*) कहता है। यानी समाज में ऊँचा दिखने की वो बेचैनी जो आपको गलत आर्थिक फैसले लेने पर मजबूर कर देती है। आप वह चीज़ें खरीद रहे हैं जिनकी आपको ज़रूरत नहीं है, उन पैसों से जो आपके पास हैं नहीं, सिर्फ़ उन लोगों को प्रभावित करने के लिए जिन्हें आप पसंद भी नहीं करते। क्या यह पागलपन नहीं है?

कर्ज: आपकी 'क्रिएटिविटी' का हत्यारा

कर्ज सिर्फ़ पैसों का बोझ नहीं है, यह आपकी 'मानसिक स्वतंत्रता' (*Mental Sovereignty*) का कत्ल है। जब आपके सिर पर कर्ज का भूत सवार होता है, तो आपका 'प्री-फ्रंटल कॉर्टेक्स' (सोचने वाला हिस्सा) हमेशा तनाव में रहता है। आप रिस्क नहीं ले सकते, आप अपनी पसंद का काम नहीं कर सकते, आप समीर की तरह अपने सपनों के पीछे नहीं भाग सकते क्योंकि आपको अगले महीने की 5 तारीख को बैंक को जवाब देना है।

अमीर दिखने की चाहत ने आज के युवाओं को 'मॉडर्न स्लेवरी' (आधुनिक गुलामी) में धकेल दिया है। जिसे आप 'लक्ज़री' समझ रहे हैं, वह दरअसल आपके पैरों की बेड़ियाँ हैं। असली अमीरी बैंक बैलेंस में नहीं, बल्कि 'चैन की नींद' और 'अपने वक्त पर खुद के अधिकार' में होती है।

देखिये, मामला यह है कि आज के दौर में इंसान 'गुलाम' जंजीरों से नहीं, बल्कि 'किस्तों' से बनाया जाता है। पुराने ज़माने में साहूकार अंगूठा लगवाता था, आज का बैंक आपकी 'मुस्कुराहट' और 'क्रेडिट कार्ड' के आवेदन पर दस्तखत करवाता है। यह जो चमकती हुई दुनिया आप अपने

चारों तरफ देख रहे हैं—ये बड़े-बड़े मॉल्स, ये बिना ब्याज वाली ईएमआई (*No Cost EMI*), ये 'अभी खरीदें, बाद में चुकाएं' के लुभावने विज्ञापन—ये कोई सुविधा नहीं है, ये एक 'आर्थिक चक्रव्यूह' है जिसमें घुसना तो आसान है, पर बाहर निकलने का रास्ता किसी को नहीं पता।

इसे एक बारीक मनोवैज्ञानिक मिसाल से समझिये। मान लीजिए आपको प्यास लगी है। एक तरीका है कि आप कुएं तक जाएं और पानी पिएं। दूसरा तरीका ये है कि कोई आपके पास आकर कहे, "भाई साहब, कुएं तक क्यों जाते हैं? ये लीजिये ठंडी बोतल, अभी पीजिये, पैसे अगले महीने दे दीजियेगा।" आपको लगा कि कितनी सहूलियत है! लेकिन अगले महीने जब आप पैसे देने गए, तो उसने कहा, "पैसे तो ठीक हैं, लेकिन अब आपको हर महीने मुझसे ही बोतल लेनी पड़ेगी, वरना पिछली बोतल का जुर्माना लगेगा।" बस, यहीं से आपकी 'वित्तीय स्वायत्तता' (*Financial Sovereignty*) का कत्ल शुरू हो जाता है।

शायर ने क्या खूब कहा है:

"अजीब सौदागर है ये वक़्त भी जनाब,

तज़ुर्बे देकर हमारी मासूमियत ले गया।"

यही हाल इस बाज़ार का है। ये आपको 'लक्ज़री' का अनुभव देकर आपकी 'नींद' और 'चैन' छीन लेता है। आज का युवा, जो अभी करियर की दहलीज़ पर खड़ा है, वह अपनी पहली तनख्वाह से 'निवेश' (*Investment*) नहीं ढूंढता, वह 'आईफोन' की किश्त ढूंढता है। वह भूल जाता है कि जिस फोन को वह अपनी जेब में शान से लेकर घूम रहा है, वह असल में उसकी 'छह महीने की आज़ादी' के बराबर है। विज्ञान इसे 'कंज्यूमरिज्म' (*Consumerism*) का नशा कहता है। जब आप कोई नई चीज़ खरीदते हैं, तो आपके दिमाग में 'डोपामाइन' का एक स्पाइक आता है। आपको लगता है कि आप अमीर हो गए हैं। लेकिन हकीकत में, आपने अपनी मेहनत के घंटों को एक ऐसी चीज़ के लिए बेच दिया है जिसकी कीमत अगले साल आधी रह जाएगी।

इसे एक 'केस स्टडी' की तरह देखिये। मान लीजिए एक लड़का है जो शहर आता है। वह देखता है कि उसके ऑफिस के बाकी लोग बड़ी गाड़ियों में आ रहे हैं, महंगे कैफ़े में कॉफी पी रहे हैं। उसके मन में एक 'स्टेटस एंग्जायटी' (*Status Anxiety*) पैदा होती है। उसे लगता है कि अगर उसने ये सब नहीं किया, तो समाज उसे 'अधमरा' या 'नाकाम' समझेगा। वह अपनी औकात से बाहर जाकर कर्ज

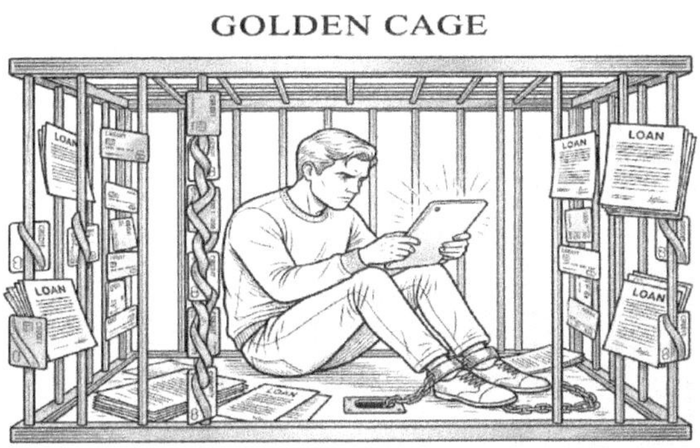

लेता है। अब खेल देखिये—वह नौकरी इसलिए नहीं कर रहा कि उसे काम पसंद है, वह नौकरी इसलिए कर रहा है क्योंकि उसे बैंक की किश्त भरनी है। वह अब एक 'मॉडर्न स्लेव' (आधुनिक गुलाम) बन चुका है। वह अपनी पसंद का स्टार्टअप शुरू नहीं कर सकता, वह नौकरी छोड़कर रिस्क नहीं ले सकता, क्योंकि उसका 'क्रेडिट स्कोर' उसकी गर्दन पकड़े हुए है।

असली अमीरी और 'दिखावे की अमीरी' में जो सबसे बड़ा फर्क है, उसे हम 'एसेट बनाम लायबिलिटी' (*Asset vs Liability*) के तराजू पर तौल सकते हैं। अमीर वह है जिसके पास ऐसी चीज़ें हैं जो उसे सोते समय भी पैसा कमा कर दें (जैसे शेयर, जमीन या बिजनेस)। और 'अमीर दिखने वाला' वह है जिसके पास ऐसी चीज़ें हैं जो उसे सोते समय भी डराती हैं कि कहीं किश्त बाउंस न हो जाए। जिसे दुनिया 'स्टैंडर्ड ऑफ लिविंग' कहती है, वह अक्सर 'स्टैंडर्ड ऑफ शो-ऑफ' होता है।

बाज़ार आपको यह कभी नहीं बताएगा कि 'कम्पाउंडिंग' (*Compounding*) की ताक़त क्या है। अगर आप आज 100 रुपये बचाते हैं, तो वह 20 साल बाद 1000 बन सकते हैं। लेकिन

अगर आप आज 100 रुपये का कर्ज लेते हैं, तो वह 20 साल तक आपकी हड्डियों का गूदा चूसता रहेगा। यह चक्रव्यूह इतना गहरा है कि इसमें 'शिक्षा' भी एक उत्पाद बन गई है। लोग पढ़ाई के लिए कर्ज लेते हैं और फिर उस कर्ज को उतारने के लिए ऐसी नौकरी करते हैं जो उन्हें नफरत देती है।

"थक गया हूँ अपनी ज़िंदगी का बोझ उठाते उठाते,

ए मौत! तू आ जा अब मुझे आज़ाद कराने।"

ये पंक्तियाँ उन लोगों के दिल की आवाज़ हैं जो इस ईएमआई के मक्कड़जाल में ऐसे उलझे हैं कि उन्हें अपनी मौत ही आज़ादी का रास्ता लगती है। समीर की कहानी याद है न? उसने सिर्फ़ इसलिए जान नहीं दी कि उसके पास पैसे नहीं थे, बल्कि इसलिए दी क्योंकि उसके पास 'भविष्य की कोई उम्मीद' नहीं बची थी। कर्ज उम्मीदों का कत्ल कर देता है।

इस चक्रव्यूह से निकलने का सिर्फ़ एक ही रास्ता है— 'वित्तीय साक्षरता' (*Financial Literacy*)। आपको ये समझना होगा कि 'जरूरत' और 'चाहत' के बीच की लकीर कहाँ है। जिस दिन आप ये समझ जाएंगे कि पुराने फोन से भी बात वही होती है जो नए फोन से, और पैदल चलने से जो सेहत बनती है वो जिम की ईएमआई से नहीं बनती, उस दिन आप इस बाज़ार के मालिक बन जाएंगे। बाज़ार को 'ग्राहक' चाहिए, 'इंसान' नहीं। आपको तय करना है कि आपको बाज़ार की एक 'संख्या' (*Data point*) बनकर रहना है या एक 'सचेत अस्तित्व' बनकर जीना है।

देखिये, असल में समस्या ये नहीं है कि हमारे पास पैसा कम है; समस्या ये है कि हमारे पास 'दिखावे' का बजट बहुत ज्यादा है। एक पुराने शायर ने क्या खूब कहा है— "इतनी सी उम्र में इतने तजुर्बे पा लिए, कि अपनों के चेहरों से नकाब हटा लिए।" आज का बाज़ार आपके चेहरे पर वही नकाब सजाना चाहता है। इसे एक मिसाल से समझिये। मान लीजिये दो पड़ोसी हैं—एक है 'रमेश' और दूसरा है 'सुरेश'। रमेश एक पुरानी लेकिन मजबूत साइकिल चलाता है, सादा कुर्ता पहनता है

और शाम को अपने बच्चों के साथ सुकून से पार्क में बैठता है। सुरेश को लगता है कि रमेश 'पिछड़ा' है। सुरेश अपनी औकात से बाहर जाकर 15 लाख की चमचमाती कार 'फाइनेंस' करा लेता है। मोहल्ले में शोर मच जाता है— "वाह! सुरेश तो सेठ हो गया।" अब सुरेश 'अमीर दिख' रहा है, लेकिन हकीकत ये है कि उस कार की सीट पर बैठते ही उसे इंजन की आवाज़ नहीं, अपनी बैंक की 'किश्त' की धड़कन सुनाई देती है। वह कार उसे मंजिल तक नहीं ले जा रही, वह कार उसे 'गुलामी' की ओर ले जा रही है।

यहाँ एक बहुत गहरा पेच है जिसे हम 'स्टेटस एंग्जायटी' (*Status Anxiety*) कहते हैं। आखिर लोग उन चीज़ों पर पैसा क्यों खर्च करते हैं जिनकी उन्हें ज़रूरत नहीं है? इसके पीछे हमारा वो 'आदिम मस्तिष्क' (*Primitive Brain*) है जो चाहता है कि हम कबीले में सबसे ऊँचे दिखें। बाज़ार ने इसी कमजोरी को पकड़ लिया है। विज्ञापन आपको ये नहीं कहते कि "ये फोन अच्छा है," वो आपको ये महसूस कराते हैं कि "अगर ये फोन तुम्हारे हाथ में नहीं है, तो तुम 'कुछ भी' नहीं हो।" आप वह जूता नहीं खरीद रहे जो आपके पैरों को आराम दे, आप वह 'लोगो' (*Logo*) खरीद रहे हैं जो आपकी एड़ी को समाज की नज़रों में ऊँचा कर दे। यह 'अमीरी' नहीं है साहब, यह 'मानसिक दरिद्रता' है।

अमीर होने और अमीर दिखने में ज़मीन-आसमान का फर्क होता है। अमीर होना एक 'अवस्था' है, जबकि अमीर दिखना एक 'प्रदर्शन' है। जो राच में अमीर है, उसे किसी को साबित करने की ज़रूरत नहीं होती। आपने कभी गौर किया है कि दुनिया के सबसे बड़े रईस अक्सर एक साधारण टी-शर्ट और जींस में घूमते हैं? क्योंकि उनका बैंक बैलेंस उनकी गवाही देता है, उनके कपड़े नहीं। लेकिन जो 'अमीर दिखना' चाहता है, उसकी पूरी पूंजी उसकी पीठ पर होती है। वह अपनी 'नेटवर्थ' (*Net worth*) बढ़ाने के बजाय अपनी 'डिस्प्ले वैल्यू' बढ़ाता है। वह भूल जाता है कि 'दिखावा' वह टैक्स है जो एक गरीब आदमी दुनिया को अपनी गरीबी छुपाने के लिए देता है।

एक और बारीकी समझिये। जब आप कर्ज लेकर कोई विलासिता (*Luxury*) की चीज़ खरीदते हैं, तो आप सिर्फ़ पैसा नहीं दे रहे होते, आप अपनी 'इच्छाशक्ति' (*Willpower*) और अपना 'भविष्य' गिरवी रख रहे होते हैं। समीर की कहानी में भी यही तो हुआ था। वह उन 'दिखावटी' दोस्तों की भीड़ में खुद को कमतर महसूस करने लगा था। उसे लगा कि अगर उसके पास वो महंगे गैजेट्स या वो लाइफस्टाइल नहीं है, तो वह 'रेस' से बाहर है। यही वो 'आर्थिक चक्रव्यूह' है जहाँ बाज़ार आपको पहले 'बेचारा' महसूस कराता है, फिर आपको 'कर्ज' देता है और अंत में आपको 'कैदी' बना लेता है।

लोग कहते हैं— "भाई, एक ही तो ज़िंदगी है, ऐश नहीं करेंगे क्या?" अरे भाई, ऐश ज़रूर करो, लेकिन अपने पैसों से, बैंक के अहसानों से नहीं। जब आप अपनी मेहनत की कमाई से कोई चीज़ खरीदते हैं, तो आप उसके 'मालिक' होते हैं। लेकिन जब आप कर्ज से खरीदते हैं, तो वो चीज़ आपकी 'मालिक' बन जाती है। वह आईफोन आपकी जेब में नहीं, आपकी गर्दन पर सवार होता है। अमीर बनना एक लंबी तपस्या है, इसमें 'कम्पाउंडिंग' का धैर्य चाहिए। लेकिन अमीर दिखना एक 'इंस्टेंट नूडल्स' जैसा है—दो मिनट में तैयार, लेकिन सेहत के लिए ज़हर।

हकीकत तो ये है कि जिस दिन आप इस बात की परवाह करना छोड़ देंगे कि "लोग क्या कहेंगे", उस दिन आप दुनिया के सबसे अमीर इंसान बन जाएंगे। आज़ादी का मतलब अपनी पसंद की कार खरीदना नहीं है, आज़ादी का मतलब उस कार को खरीदने की 'मजबूरी' से मुक्त होना है। अगर आप पुराने कपड़ों में भी सिर उठाकर चल सकते हैं, तो यकीन मानिये, आपसे बड़ा 'शहंशाह' कोई नहीं है। बाज़ार आपको 'चीज़ों' का गुलाम बनाना चाहता है, लेकिन आपको अपनी 'सादगी' का सुल्तान बनना है। समीर की रूह आज भी उन गलियों में भटक रही होगी जहाँ उसने अपनी 'असलियत' को 'दिखावे' की भेंट चढ़ा दिया था। आप वो गलती मत करियेगा। अमीर बनिए, अमीर दिखिए मत—क्योंकि जो दिखता है वो बिक जाता है, और जो होता है वो 'इतिहास' रचता है।

इकोनॉमिक ब्लूप्रिंट: ईएमआई के मक्कड़जाल से वित्तीय आज़ादी तक का वैश्विक नक़्शा

देखिये, दुनिया के सबसे बड़े उद्यमी जब अपनी स्पीच देते हैं, तो वो एक बात बहुत साफ़ कहते हैं— "पूँजी (*Capital*) बुरी नहीं होती, लेकिन उसका गलत इस्तेमाल घातक होता है।" सबसे पहले ये समझिये कि ये बड़ी-बड़ी कंपनियाँ, ये अरबों डॉलर के विज्ञापन, आखिर आपको 'ट्रैप' कैसे करते हैं? क्या उन्हें पता है कि आपको क्या चाहिए? जवाब है—हाँ! उन्हें आपसे बेहतर पता है कि आपके दिमाग में इस वक्त क्या चल रहा है। इसे हम 'कंज्यूमर बिहेवियरल डेटा' (*Consumer Behavioral Data*) कहते हैं। जब आप अपने फोन पर कोई चीज़ देखते हैं, तो बैकएंड में हज़ारों एल्गोरिदम ये नोट कर रहे होते हैं कि आपकी 'कमज़ोरी' क्या है। वे जानते हैं कि कब आप अकेलापन महसूस कर रहे हैं, कब आप असुरक्षित (*Insecure*) महसूस कर रहे हैं, और ठीक उसी समय वे आपको एक ऐसा विज्ञापन दिखाते हैं जो आपको 'सम्मान' (*Status*) का लालच देता है।

कंपनियाँ आपको ये नहीं बेचतीं कि "ये कार अच्छी है," वो आपको ये 'अहसास' बेचती हैं कि "इस कार को लेने के बाद तुम समाज में 'सफल' माने जाओगे।" हम 'आवेश' (*Impulse*) में आकर ईएमआई पर चीज़ें क्यों खरीद लेते हैं? इसका वैज्ञानिक कारण है— 'हाइपरबोलिक डिस्काउंटिंग' (*Hyperbolic Discounting*)। हमारा मस्तिष्क आज मिलने वाले 'छोटे सुख' को भविष्य में मिलने वाले 'बड़े रिवॉर्ड' से ज़्यादा अहमियत देता है। जब आप शोरूम में खड़े होते हैं, तो आपका 'इमोशनल ब्रेन' (*Limbic System*) चीखता है— "अभी ले लो, मज़ा आएगा!" और आपका 'लॉजिकल ब्रेन' (*Prefrontal Cortex*) उस शोर में दब जाता है। आप भूल जाते हैं कि आप सिर्फ़ एक फोन नहीं खरीद रहे, आप अपनी 'आने वाली रातों की नींद' और 'अपने वक्त की आज़ादी' का सौदा कर रहे हैं।

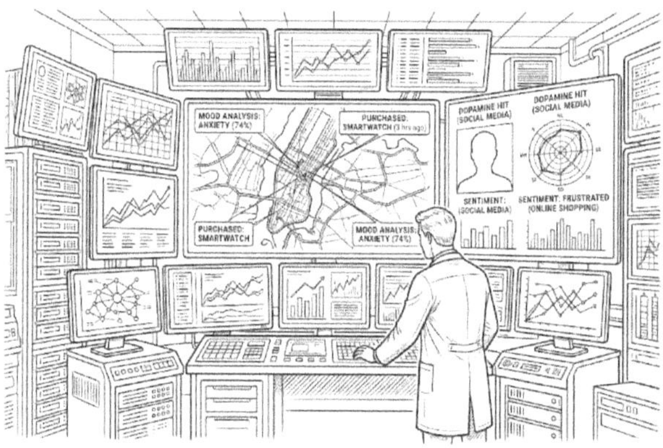

अब एक बहुत बड़ा सवाल— "अगर ईएमआई और लोन इतने ही खराब हैं, तो बिल गेट्स, जेफ बेजोस या बड़े बिजनेसमैन लोन क्यों लेते हैं?" यहाँ एक बहुत ही 'बारीक' और 'प्रोफेशनल' अंतर है जिसे आम जनता नहीं समझ पाती। इसे हम 'गुड डेट' (*Good Debt*) बनाम 'बैड डेट' (*Bad Debt*) कहते हैं। एक अमीर आदमी या एक समझदार बिजनेस मैनेजर लोन तब लेता है जब उस पैसे से वह कोई ऐसी 'संपत्ति' (*Asset*) बना सके जो उसे उस लोन की किश्त से ज़्यादा कमा कर दे। इसे 'लेवरेज' (*Leverage*) कहते हैं। यानी उधार के पैसे से और ज़्यादा पैसा

बनाना। लेकिन आम जनता जिसे 'ईएमआई' कहती है, वह 'कंज्यूमर लोन' है। आप उस चीज़ के लिए कर्ज ले रहे हैं जिसकी कीमत शोरूम से निकलते ही 20% गिर जाती है। अमीर आदमी लोन को 'हथियार' की तरह इस्तेमाल करता है, जबकि आम आदमी उसी लोन को अपने पैरों की 'बेड़ी' बना लेता है।

इसका सटीक समाधान क्या है? बिल गेट्स के शब्दों में कहें तो, "अपने कल को अपने आज के दिखावे के लिए गिरवी मत रखिये।" सबसे पहला कदम है— '72 घंटे का नियम' (72-*Hour Rule*)। जब भी आपका मन कोई बड़ी चीज़ ईएमआई पर लेने का करे, तो खुद को 72 घंटे का समय दीजिये। आप पाएंगे कि 90% मामलों में वह 'आवेश' खत्म हो चुका होगा और आपको अहसास होगा कि आपको उसकी ज़रूरत ही नहीं थी। दूसरा कदम है— 'इमरजेंसी फंड' का निर्माण। लोग ईएमआई के जाल में तब फँसते हैं जब उनके पास बचत नहीं होती। अगर आपके पास छह महीने का खर्चा बैंक में पड़ा है, तो आप कभी भी 'जीरो परसेंट ईएमआई' के झांसे में नहीं आएंगे।

आपको अपनी 'फाइनेंशियल लिटरेसी' बढ़ानी होगी। जेफ बेजोस की तरह 'लॉन्ग टर्म थिंकिंग' (*Long-term Thinking*) रखिये। आज अगर आप उस महंगे फोन को छोड़कर उस पैसे को 'इंडेक्स फंड' या किसी अच्छी स्किल को सीखने में लगाते हैं, तो 5 साल बाद आप उस फोन की कंपनी के 'मालिकों' की कतार में खड़े हो सकते हैं। दिखावा एक ऐसा 'गड्ढा' है जिसे दुनिया की सारी दौलत मिलकर भी नहीं भर सकती। बाज़ार चाहता है कि आप 'गरीब रहें लेकिन अमीर दिखें', लेकिन आपको 'अमीर बनना है चाहे आप साधारण दिखें'।

समीर की रूह को शांति तब मिलेगी जब आप ये समझ जाएंगे कि उसकी छलांग सिर्फ़ एक इमारत से नहीं थी, वह 'कर्ज' और 'दबाव' के उस पहाड़ से थी जो उसने खुद अपने कंधों पर लाद लिया था। समाधान ईएमआई को खत्म करना नहीं, अपनी 'सोच' को अपडेट करना है। जब तक आप ये नहीं समझेंगे कि 'किस्त' आपकी आज़ादी का अपहरण है, तब तक आप बाज़ार के गुलाम

बने रहेंगे। निवेश कीजिये अपनी बुद्धि में, निवेश कीजिये अपनी शांति में। जिस दिन आपका 'पैसा' आपके लिए काम करने लगेगा, उस दिन आपको किसी 'क्रेडिट कार्ड' की ज़रूरत नहीं पड़ेगी। असली सफलता 'महंगी चीज़ें' खरीदने में नहीं, बल्कि 'उन्हें खरीदने की सामर्थ्य होने के बावजूद न खरीदने' के अनुशासन में है।

देखिये, अब हम उस **'आर्थिक दर्शन'** की बात करेंगे जो एक आम आदमी और एक वेल्थ क्रिएटर (*Wealth Creator*) के बीच की सबसे बड़ी दीवार है। "मामला ये नहीं है कि आपके पास कितना पैसा है, मामला ये है कि आप 'उधार के पैसे' को बोझ मानते हैं या उसे एक सीढ़ी (*Ladder*) बना लेते हैं।"

दुनिया में दो तरह के लोग कर्ज लेते हैं। पहले वो, जो 'कंजम्पशन' (*Consumption*) के लिए कर्ज लेते हैं—जैसे कार, फोन या शादी के लिए लोन। इसे हम 'बैड डेट' (*Bad Debt*) कहते हैं। इसमें आप भविष्य की कमाई को आज के दिखावे के लिए जला देते हैं। लेकिन दूसरे वो लोग हैं जो 'लेवरेज' (*Leverage*) के लिए कर्ज लेते हैं। इसे एक मिसाल से समझिये।

मान लीजिये एक व्यक्ति है जो 10 लाख का पर्सनल लोन लेता है ताकि वह एक 'लक्ज़री वेकेशन' पर जा सके। यहाँ वह लोन एक 'लायबिलिटी' है क्योंकि वह उसकी जेब से हर महीने किश्त (*EMI*) निकालेगा और बदले में उसे कुछ नहीं देगा। लेकिन वहीं दूसरा व्यक्ति है, जो वही 10 लाख का लोन लेता है एक ऐसी 'मशीनरी' या 'स्किल' खरीदने के लिए जिससे वह हर महीने 1 लाख रुपये कमा सकता है। यहाँ वह लोन एक 'एसेट' है। क्यों? क्योंकि वह लोन खुद अपनी किश्त भी भर रहा है और उस व्यक्ति की जेब में 'प्रॉफिट' भी डाल रहा है। इसी को कहते हैं— "कर्ज से पैसा बनाना।"

दुनिया के सबसे सफल उद्यमी, चाहे वो जेफ बेजोस हों या एलन मस्क, वो अपनी जेब के पैसे से बिजनेस नहीं बढ़ाते। वो बाज़ार से 'सस्ता कर्ज' उठाते हैं और उसे ऐसी जगह 'इन्वेस्ट' करते हैं जहाँ 'रिटर्न' उस कर्ज के ब्याज से कहीं ज़्यादा हो। इसे तकनीकी भाषा में 'आर्बिट्राज' (*Arbitrage*) कहते हैं। अगर आपको बैंक 9% पर लोन दे रहा है और आप उस पैसे को ऐसी जगह लगा सकते हैं जहाँ से 18% का मुनाफा आए, तो वो बचा हुआ 9% आपकी 'शुद्ध बुद्धिमानी' की कमाई है।

लेकिन सावधान रहिये! यह 'दोधारी तलवार' है। नार्मल पब्लिक यहाँ इसलिए बेवकूफ बनती है क्योंकि वो 'कंज्यूमर लोन' के चक्रव्यूह में फंसी है। कंपनियाँ जानती हैं कि आपको 'इन्वेस्टमेंट' समझाना मुश्किल है, लेकिन 'किश्तों पर सुख' बेचना बहुत आसान है। असली अमीरी का मंत्र ये है— "लोन सिर्फ़ तब लो जब वह लोन आपके लिए और पैसे पैदा करे।" अगर आप दिखावे के लिए लोन ले रहे हैं, तो आप बाज़ार के 'शिकार' हैं। लेकिन अगर आप अपनी 'क्षमता' बढ़ाने के लिए लोन ले रहे हैं, तो आप बाज़ार के 'खिलाड़ी' हैं। अमीर आदमी कर्ज को 'गुलाम'

बनाकर रखता है, जबकि गरीब आदमी खुद कर्ज का 'गुलाम' बन जाता है। अपनी 'फाइनेंशियल इंटेलिजेंस' को इस स्तर पर ले जाइये जहाँ आप समझ सकें कि आपकी जेब से निकलने वाला हर रुपया 'खर्च' है या 'बीज'। जिस दिन आप कर्ज को 'बीज' की तरह बोना सीख जाएंगे, उस दिन आपको अमीर दिखने की ज़रूरत नहीं पड़ेगी, आप सच में अमीर हो जाएंगे।

सारांश (*Summary*)

इस अध्याय का सार यह है कि आज का बाज़ार आपकी ज़रूरतों को नहीं, बल्कि आपकी 'असुरक्षा' और 'दिखावे की भूख' को बेच रहा है। अमीर दिखने और अमीर होने के बीच एक गहरा मनोवैज्ञानिक फासला है, जहाँ एक व्यक्ति अपनी आज़ादी गिरवी रखकर 'किस्तों' पर स्टेटस खरीदता है, जबकि दूसरा अपनी पूँजी को 'एसेट' बनाने में निवेश करता है। ईएमआई का चक्रव्यूह सिर्फ़ पैसों का लेन-देन नहीं है, बल्कि यह आपकी निर्णय लेने की क्षमता और भविष्य की शांति का अपहरण है। असली वित्तीय समझ इस बात में है कि आप कर्ज को अपनी विलासिता का साधन बनाने के बजाय उसे अपनी प्रगति का 'हथियार' बनाना सीखें। अंततः, आज़ादी महंगी चीज़ें खरीदने में नहीं, बल्कि उन्हें खरीदने की सामर्थ्य होने के बावजूद 'दिखावे' के दबाव से मुक्त रहने के अनुशासन में है।

बिजनेस माइंडसेट, जॉब और स्मार्ट वर्क: समय बेचने बनाम सिस्टम बनाने का विज्ञान
(Business Mindset vs Job vs Smart Work: The Science of Selling Time vs Building Systems)

देखिये, मामला यह है कि हमारे समाज में 'मेहनत' को बड़ा महिमामंडित किया गया है। बचपन से सिखाया गया— "खूब मेहनत करो, अच्छी नौकरी मिलेगी।" लेकिन किसी ने यह नहीं बताया कि मेहनत तो गधा भी करता है, पर जंगल का राजा शेर होता है। क्यों? क्योंकि शेर 'सिस्टम' और 'रणनीति' (*Strategy*) पर काम करता है। आज के दौर में अगर आप सिर्फ़ अपने हाथों और पैरों की मेहनत पर भरोसा कर रहे हैं, तो आप 'आधुनिक दासता' (*Modern Slavery*) की ओर बढ़ रहे हैं।

जॉब माइंडसेट: अपनी 'आज़ादी' का किराया वसूलना

इसे एक बारीक मिसाल से समझिये। जॉब (*Job*) करना बुरा नहीं है, लेकिन 'जॉब माइंडसेट' खतरनाक है। जॉब माइंडसेट का मतलब है कि आप अपने दिन के 8-10 घंटे किसी और के सपने को पूरा करने के लिए 'किराये' पर दे रहे हैं। यहाँ आपकी आय (*Income*) आपकी 'उपस्थिति' पर टिकी है। जिस दिन आप काम पर नहीं जाएंगे, उस दिन मीटर रुक जाएगा। यह एक 'लीनियर इनकम' (*Linear Income*) है। इसमें आप कभी भी उस 'आर्थिक चक्रव्यूह' से बाहर नहीं निकल सकते, क्योंकि आपकी कमाई की एक 'सीलिंग' (*Limit*) है—वह है आपका समय। और समय सबके पास सीमित है।

बिजनेस माइंडसेट: 'ईंट' ढोना बनाम 'पाइपलाइन' बिछाना

अब देखिये बिजनेस माइंडसेट क्या है। इसे एक पुरानी कहानी से समझते हैं। दो लोग थे, एक रोज़ बाल्टी से पानी भर कर गाँव लाता था और पैसे कमाता था। दूसरा व्यक्ति शाम को बाल्टी भरता था, लेकिन दिन में एक 'पाइपलाइन' बिछाता था। गाँव वालों ने उसका मज़ाक उड़ाया— "पागल है,

फालतू मेहनत कर रहा है।" लेकिन दो साल बाद, जब पाइपलाइन तैयार हुई, तो उसे पानी भरने की ज़रूरत नहीं पड़ी। वह सो रहा था, तब भी पानी बह रहा था और पैसा आ रहा था।

बिजनेस माइंडसेट का मतलब 'दुकान खोलना' नहीं है। इसका मतलब है 'लीवरेज' (*Leverage*) का इस्तेमाल करना। अमीर आदमी 'लोगों' और 'टेक्नोलॉजी' का इस्तेमाल करके अपने 24 घंटों को 24,000 घंटों में बदल देता है। वह जानता है कि अकेला थक जाएगा, लेकिन एक 'सिस्टम' कभी नहीं थकता।

स्मार्ट वर्क: 'हार्ड वर्क' का परिष्कृत रूप

अक्सर लोग पूछते हैं— "सर, स्मार्ट वर्क क्या है? क्या मेहनत न करना स्मार्ट वर्क है?" बिल्कुल नहीं! स्मार्ट वर्क का मतलब है— 'सही जगह पर सही मात्रा में ताकत लगाना'। मान लीजिये आपको एक दीवार गिरानी है। एक आदमी सिर मारकर दीवार गिराने की कोशिश कर रहा है (हार्ड वर्क), और दूसरा आदमी 'छैनी-हथौड़ी' लेकर उस कमज़ोर ईंट को ढूंढ रहा है जिसे निकालते ही दीवार गिर जाए (स्मार्ट वर्क)।

स्मार्ट वर्क का असली मंत्र है— '80/20 का नियम' (*Pareto Principle*)। आपके 20% काम ही आपके 80% परिणाम तय करते हैं। लेकिन औसत माइंडसेट वाला इंसान उन 80% कामों में उलझा रहता है जिनका परिणाम सिर्फ़ 20% है। वह 'व्यस्त' (*Busy*) तो बहुत है, लेकिन 'उत्पादक' (*Productive*) नहीं

आज की डिजिटल दुनिया में 'स्मार्ट वर्क' का मतलब है— 'स्केलेबिलिटी' (*Scalability*)। अगर आप एक ट्यूशन पढ़ाते हैं, तो आप जॉब माइंडसेट में हैं। लेकिन अगर आप उसी लेक्चर को रिकॉर्ड करके 'कोर्स' बना देते हैं जो हज़ारों लोग एक साथ देख सकें, तो आप 'स्मार्ट वर्क' और 'बिजनेस माइंडसेट' में प्रवेश कर चुके हैं। आपने अपनी मेहनत को 'मल्टीप्लाई' (*Multiply*) कर दिया है।

हकीकत ये है कि अमीर और गरीब के बीच का अंतर 'पैसों' का नहीं, बल्कि उनके 'समय के प्रति नजरिए' का है। गरीब अपना समय बेचकर पैसा कमाता है, और अमीर अपना पैसा खर्च करके दूसरों का समय खरीदता है ताकि वह 'बड़ा सोच' सके। आपको तय करना है कि आपको उम्र भर 'बाल्टी' ढोनी है या आज थोड़ी अतिरिक्त मेहनत करके 'पाइपलाइन' खड़ी करनी है।

देखिये, मामला यह है कि हमारे समाज में 'नौकरी' को एक सुरक्षा कवच (*Safety Net*) की तरह पेश किया जाता है, जबकि हकीकत में यह एक 'सोने का पिंजरा' है।

"पिंजरा सोने का हो या लोहे का, आज़ादी तो छिन ही जाती है।" इसे एक ऐसी कहानी से समझिये जो आज के हर मध्यमवर्गीय घर की दास्तान है। मान लीजिये दो सगे भाई हैं—एक का नाम है 'आर्यन' और दूसरे का 'इशान'। दोनों प्रतिभावान हैं, दोनों ने अच्छी शिक्षा ली है।

आर्यन 'जॉब माइंडसेट' का प्रतिनिधि है। उसे बचपन से सिखाया गया कि "बेटा, एक सुरक्षित सरकारी या कॉर्पोरेट नौकरी पकड़ लो, ज़िंदगी सेट हो जाएगी।" उसने वही किया। वह सुबह 9 बजे ऑफिस जाता है और शाम को 6 बजे थका-हारा घर लौटता है। उसे हर महीने की 1 तारीख को एक निश्चित तनख्वाह मिलती है। आर्यन खुश है क्योंकि उसे लगता है कि वह 'सेफ' है। लेकिन यहाँ एक बहुत बारीक 'तार्किक त्रुटि' (*Logical Fallacy*) है। आर्यन अपना सबसे कीमती एसेट—यानी अपना 'समय'—बेच रहा है। उसकी कमाई की एक सीमा है। अगर वह अपनी आय दोगुनी करना चाहता है, तो उसे अपने काम के घंटे दुगुने करने होंगे, जो कि शारीरिक रूप से असंभव है। वह एक ऐसी रेस में है जहाँ वह जितना तेज़ दौड़ता है, ट्रेडमिल उतनी ही तेज़ घूमने लगती है। इसे हम 'टाइम फॉर मनी ट्रैप' (*Time-for-Money Trap*) कहते हैं।

दूसरी तरफ इशान है, जो 'बिजनेस माइंडसेट' और 'स्मार्ट वर्क' की बारीकियाँ समझता है। उसने शुरुआत में आर्यन से कम कमाया। लोग उसका मज़ाक उड़ाते थे कि "देखो, भाई साहब हवा में महल बना रहे हैं।" इशान ने अपनी ऊर्जा 'हाथ-पैर' चलाने के बजाय 'सिस्टम' बनाने में लगाई। उसने एक ऐसी सेवा या उत्पाद (*Product*) पर काम किया जिसे एक बार बनाने के बाद हज़ारों

लोग इस्तेमाल कर सकें। इसे वैज्ञानिक भाषा में 'स्केलेबिलिटी' (*Scalability*) कहते हैं। इशान ने समझा कि अमीर होने का मतलब ज़्यादा मेहनत करना नहीं है, बल्कि अपनी मेहनत को 'मल्टीप्लाई' (*Multiply*) करना है। इशान सो रहा होता है, तब भी उसका 'सिस्टम' काम कर रहा होता है। वह अपनी उपस्थिति (*Presence*) को अपनी आय (*Income*) से आज़ाद कर चुका है।

यहाँ 'स्मार्ट वर्क' का असली जादू समझिये। स्मार्ट वर्क का मतलब काम से जी चुराना नहीं है, बल्कि '80/20 नियम' को जीवन में उतारना है। आर्यन दिन भर में 100 काम करता है, जिनमें से 80 काम सिर्फ़ 'व्यस्त' दिखने के लिए होते हैं। वहीं इशान सिर्फ़ उन 20% कामों पर फोकस करता है जो उसे 80% परिणाम देते हैं। वह जानता है कि उसे दीवार पर सिर नहीं मारना है, उसे उस 'लीवर' (*Lever*) को ढूंढना है जिससे भारी से भारी पत्थर भी एक झटके में उठ जाए। जिसे दुनिया 'किस्मत' कहती है, वह असल में 'लीवरेज' (*Leverage*) का सही इस्तेमाल है।

अक्सर युवा पूछते हैं कि "सर, रिस्क लेने से डर लगता है।" देखिये, सबसे बड़ा रिस्क तो 'रिस्क न लेना' है। आर्यन को लगता है कि उसकी नौकरी सुरक्षित है, लेकिन जिस दिन कंपनी का मालिक एक 'एल्गोरिदम' या 'एआई' (*AI*) अपडेट करेगा, आर्यन की 20 साल की वफादारी एक सेकंड में शून्य हो जाएगी। जॉब माइंडसेट में आपकी आज़ादी किसी और के मूड पर टिकी होती है। जबकि बिजनेस माइंडसेट में, आप खुद उस 'इंजन' के ड्राइवर होते हैं। स्मार्ट वर्क करने वाला व्यक्ति कभी 'बेरोज़गार' नहीं हो सकता, क्योंकि उसने 'काम करना' नहीं, बल्कि 'वैल्यू क्रिएट करना' (*Value Creation*) सीख लिया है।

असली फर्क 'पैसों' का नहीं, 'सोच' का है। जॉब माइंडसेट वाला व्यक्ति पूछता है— "मुझे महीने के अंत में क्या मिलेगा?" जबकि बिजनेस माइंडसेट वाला पूछता है— "मैं ऐसा क्या बना सकता हूँ जो मेरे बिना भी चलता रहे?" स्मार्ट वर्क वह 'ब्रिज' (पुल) है जो आपको मज़दूरी से मालिक बनने तक ले जाता है। अगर आप आज अपनी कुशलता (*Skill*) को डिजिटल प्लेटफॉर्म या किसी ऑटोमेशन सिस्टम के साथ नहीं जोड़ रहे हैं, तो आप अपनी मेहनत की 'कब्र' खोद रहे

हैं। याद रखिये, दुनिया बदल रही है। पुराने ज़माने में बाहुबल (*Physical Power*) सब कुछ था, फिर बुद्धिबल (*Intellectual Power*) आया, और आज का युग 'सिस्टम पावर' का है। जो सिस्टम बना लेगा, वही राज करेगा। बाकी सब तो सिर्फ़ उस सिस्टम के छोटे-छोटे 'पुर्जे' बनकर रह जाएंगे।

हकीकत तो ये है कि आपको तय करना है कि आपको उम्र भर 'ईंटें' ढोनी हैं या एक ऐसी 'इमारत' खड़ी करनी है जिसका किराया आपकी सात पीढ़ियाँ खा सकें। इशान की तरह शुरुआत में 'अकेलापन' और 'संघर्ष' झेलने की हिम्मत रखिये, क्योंकि जो आज 'स्मार्टली' पसीना बहाएगा, वही कल चैन की नींद सो पाएगा। दिखावे की नौकरी से बेहतर है, गुमनामी का वो संघर्ष जो आपको एक दिन 'आज़ाद' कर दे।

कैरियर का धर्मयुद्ध: सरकारी बनाम प्राइवेट बनाम स्वरोजगार का असली गणित

देखिये, भारत में 'सरकारी नौकरी' (*Government Job*) सिर्फ़ एक रोजगार नहीं है, यह एक 'सामाजिक सुरक्षा' और 'दहेज की गारंटी' का दूसरा नाम बन चुका है। लेकिन इसकी गहराई में उतरें तो यहाँ एक बहुत बड़ा 'अपॉर्च्युनिटी कॉस्ट' (*Opportunity Cost*) छिपा है। मान लीजिये एक युवा अपने जीवन के सबसे ऊर्जावान 5 साल (20 से 25 साल की उम्र) एक ऐसी परीक्षा की तैयारी में लगा देता है जहाँ सफलता की दर 0.1% से भी कम है। अगर वह सफल हो गया, तो उसे 'स्थिरता' (*Stability*) तो मिल जाएगी, लेकिन क्या उसे 'विकास' (*Growth*) मिलेगा? सरकारी नौकरी में आपकी आय और आपकी रफ़्तार आपके टैलेंट से नहीं, बल्कि 'पे-कमीशन' और 'सीनियारिटी' से तय होती है। यहाँ आप एक ऐसे सिस्टम का हिस्सा बन जाते हैं जहाँ 'इनोवेशन' (नवाचार) की जगह 'अनुपालन' (*Compliance*) को ज़्यादा तवज्जो दी जाती है। यह उन लोगों के लिए बेहतरीन है जो जोखिम नहीं लेना चाहते, लेकिन उन लोगों के लिए एक 'मानसिक जेल' है जो आसमान छूना चाहते हैं।

दूसरी ओर 'प्राइवेट नौकरी' (*Private Job*) को अक्सर 'असुरक्षित' माना जाता है, लेकिन यह 'मेरिटोक्रेसी' (*Meritocracy*) का सबसे बड़ा मैदान है। यहाँ आपकी रफ़्तार आपका हुनर तय करता है। प्राइवेट सेक्टर में आप दुनिया की सबसे बड़ी समस्याओं को हल करने वाली टीमों का हिस्सा बनते हैं। यहाँ 'पॉलिटिक्स' ज़रूर है, लेकिन यहाँ 'स्केलेबिलिटी' भी है। एक प्राइवेट कर्मचारी 5 साल में अपनी सैलरी 10 गुना बढ़ा सकता है, जो सरकारी तंत्र में लगभग असंभव है। लेकिन इसका सबसे बड़ा नुकसान है—'बर्नआउट' (*Burnout*)। यहाँ आप अपनी आज़ादी और मानसिक शांति को 'पैकेज' के बदले गिरवी रख देते हैं। यहाँ आप एक 'पुर्ज़ा' हैं, और जिस दिन आपने काम करना बंद किया, मशीन आपको बाहर फेंक देगी।

अब बात करते हैं 'बिजनेस' (*Business*) की। बिजनेस कोई पेशा नहीं है, यह एक 'जीवनशैली' है। लोग पूछते हैं— "क्या बिजनेस के लिए बहुत सारा पैसा चाहिए?" यह सबसे बड़ा भ्रम है। बिजनेस के लिए पैसा नहीं, 'प्रॉब्लम सॉल्विंग माइंडसेट' चाहिए। अगर आपके पास पैसा नहीं है, तो क्या सीधे बिजनेस में कूदना सही है? प्रोफेशनल सलाह यह है कि— 'जॉब' आपके पेट को पालती है, लेकिन 'बिजनेस' आपकी खानदान को पालता है। अगर आपके पास वित्तीय बैकअप नहीं है, तो पहले जॉब करना और उसके साथ 'साइड हसल' (*Side Hustle*) के रूप में बिजनेस शुरू करना सबसे स्मार्ट तरीका है। इसे 'टेस्टिंग फेज' कहते हैं। जब आपका बिजनेस आपकी जॉब से ज़्यादा कमाने लगे, तब आप छलांग लगा सकते हैं।

एक रियल लाइव उदाहरण देखिये। मान लीजिये 'अमित' सरकारी दफ्तर में क्लर्क है, 'सुमित' आईटी कंपनी में इंजीनियर है और 'अंकित' अपना छोटा सा ई-कॉमर्स बिजनेस चलाता है। अमित के पास 'समय' है पर 'पैसा' सिमित है। सुमित के पास 'पैसा' है पर 'समय' और 'स्वास्थ्य' की कमी है। लेकिन अंकित के पास शुरुआत में न पैसा था न समय, पर 5 साल बाद उसके पास एक 'सिस्टम' है। वह आज काम न भी करे, तो उसके बनाए हुए प्लेटफॉर्म से उसे पैसा आता रहेगा।

बिजनेस में जाने का मतलब है— 'शुरुआत के कुछ साल वो करना जो कोई नहीं करना चाहता, ताकि बाकी की ज़िंदगी आप वो कर सकें जो कोई नहीं कर सकता।'

सरकारी नौकरी आपको 'औसत' बना देती है, प्राइवेट नौकरी आपको 'कुशल' (*Skilled*) बना देती है, लेकिन बिजनेस आपको 'स्वतंत्र' बना देता है। अगर आप सुरक्षा चाहते हैं, तो सरकारी दफ्तर जाइये। अगर आप पैसा और कॉर्पोरेट रूतबा चाहते हैं, तो प्राइवेट सेक्टर में पसीना बहाइये। लेकिन अगर आप 'इतिहास' रचना चाहते हैं और हज़ारों लोगों के लिए 'रोजगार' पैदा करना चाहते हैं, तो बिजनेस के काँटों भरे रास्ते को चुनिए।

याद रखिये, जॉब के साथ बिजनेस शुरू करना आज के दौर में 'टेक्नोलॉजी' की वजह से बहुत आसान हो गया है। आप शाम के 2 घंटे अपने 'सपने' को दे सकते हैं। जॉब आपको 'अनुभव' देगी, अनुशासन सिखाएगी और पूँजी (*Capital*) देगी। उस पूँजी को 'दिखावे' (*EMI*) में उड़ाने के बजाय अपने 'विज़न' में लगाइये। क्या सरकारी नौकरी अच्छी है? हाँ, उन लोगों के लिए जिनका विज़न सीमित है। क्या प्राइवेट नौकरी खराब है? नहीं, वह एक बहुत बड़ी पाठशाला है। लेकिन क्या बिजनेस सबसे ऊपर है? बिल्कुल, क्योंकि एक बिजनेसमैन ही वह व्यक्ति है जो अंततः सरकार को 'टैक्स' देता है और प्राइवेट सेक्टर को 'काम' देता है। चुनाव आपका है—आपको 'व्यवस्था' का हिस्सा बनना है या खुद एक 'व्यवस्था' खड़ी करनी है।

सत्ता, सुरक्षा और स्वाधीनता: भारतीय करियर का सबसे बड़ा 'बबुल' और उभरती हकीकत

देखिये, मामला यह है कि हमारे ग्रामीण समाज में 'सरकारी नौकरी' को सिर्फ़ एक रोजगार नहीं, बल्कि एक 'वैधानिक सुरक्षा कवच' (*Institutional Safety Net*) माना जाता है। गाँव का एक पिता जब अपने बेटे को आईएएस बनाने का सपना देखता है, तो वह वास्तव में 'योग्यता' (*Merit*) नहीं, बल्कि 'अधिकार' (*Authority*) ढूंढ रहा होता है। भारत के ग्रामीण परिवेश में सदियों से सत्ता का मतलब 'दबाव' रहा है। इसीलिए, वहां एक सफल बिजनेस मैन जिसके पास

100 करोड़ का टर्नओवर है, उसे उतनी इज़्ज़त नहीं मिलती जितनी एक अदने से सरकारी चपरासी या तहसीलदार को मिलती है। इसका कारण 'पूंजी' नहीं, बल्कि 'प्रोटोकॉल' है। गाँव के आदमी के लिए शक्ति का मतलब वह है जो 'काम रोक सके' या 'काम करवा सके', न कि वह जो 'वैल्यू क्रिएट' कर सके।

अब बात करते हैं उस 'ट्रैप' की जिसे हम यूपीएससी (*UPSC*) या सिविल सेवा कहते हैं। इसे एक 'हाई-रिस्क, लो-रिवॉर्ड' वाले इन्वेस्टमेंट पोर्टफोलियो की तरह समझिये। मान लीजिये आप एक ऐसा बिजनेस शुरू करते हैं जहाँ सफलता की संभावना 0.01% है और असफलता की संभावना 99.9% है। दुनिया का कोई भी समझदार निवेशक अपना पूरा जीवन और पूंजी ऐसी जगह नहीं लगाएगा जहाँ 'एग्जिट प्लान' (*Exit Plan*) न हो। लेकिन भारतीय युवा अपने जीवन के सबसे उत्पादक (*Productive*) साल, यानी 21 से 28 साल की उम्र, एक ऐसी परीक्षा को दे देता है जिसका नतीजा उसकी योग्यता से ज़्यादा उसकी 'किस्मत' और 'उस दिन के मूड' पर निर्भर करता है।

क्या आईएएस या आईपीएस बनना समय की बर्बादी है? तकनीकी रूप से, यदि आप सफल हो जाते हैं, तो आपको वह 'पॉवर' मिलती है जो किसी बिजनेस मैन के पास नहीं होती। एक कलेक्टर के पास एक पूरे जिले का 'एग्जीक्यूटिव कंट्रोल' होता है। वह अस्पताल, स्कूल और पुलिस प्रशासन का सर्वेसर्वा होता है। लेकिन क्या यह पॉवर उतनी ही है जितनी दिखाई जाती है? हकीकत में, एक आईएएस अधिकारी 'पॉलिसी मेकर' से ज़्यादा 'पॉलिसी इम्प्लीमेंटर' होता है। वह राजनेताओं के विज़न और प्रोटोकॉल की जंजीरों में बंधा होता है। उसे हर कदम पर जवाबदेही देनी होती है। जिसे दुनिया 'रुतबा' कहती है, वह असल में एक बहुत ही भारी 'प्रशासनिक बोझ' है। वहीं एक बड़ा बिजनेस मैन अपनी शर्तों पर जीता है। वह ग्लोबल इकोनॉमी को प्रभावित करता है। इलोन मस्क या जेफ बेजोस जैसे लोग सरकारों की नीतियां बदल देते हैं, जबकि एक आईएएस अधिकारी सिर्फ़ उन नीतियों को लागू करता है।

असली त्रासदी वहां शुरू होती है जब एक युवा 5 साल तैयारी करने के बाद असफल होता है। क्या उसकी ज़िंदगी बर्बाद हो गई? आर्थिक और करियर के नज़रिये से देखें तो—हाँ, वह अपने हमउम्र साथियों से 5 साल पीछे हो गया है। उसने वह समय जिसमें उसे 'मार्केट स्किल्स' सीखनी चाहिए थीं, 'किताबी ज्ञान' और 'रटने' में बिता दिया। प्राइवेट सेक्टर में उसे कोई 'एंट्री-लेवल' की नौकरी देने से भी कतराता है क्योंकि उसके पास 'एक्सपीरियंस' नहीं, सिर्फ़ 'अटेम्प्ट्स' (*Attempts*) हैं। समाज उसे 'फेलियर' का टैग दे देता है। यही वह डर है जो गाँव के युवाओं को बिजनेस से दूर भगाता है। गाँव में 'असफलता' को एक सामाजिक कलंक माना जाता है, जबकि बिजनेस की दुनिया में 'असफलता' को एक 'सीख' (*Learning*) माना जाता है।

प्राइवेट जॉब को वैल्यू न मिलने का सबसे बड़ा कारण है—'शॉर्ट-टर्म सिक्योरिटी' की कमी। लोगों को लगता है कि प्राइवेट कंपनी कभी भी निकाल सकती है। लेकिन वो ये नहीं समझते कि 'सेफ्टी' कंपनी में नहीं, आपकी 'स्किल' में होती है। अगर आप दुनिया के टॉप 1% कोडर या मार्केटर हैं, तो दुनिया की कोई भी मंदी आपको भूखा नहीं मार सकती। मल्टीनेशनल कंपनियाँ युवाओं को 'भविष्य' नहीं बेच रहीं, वे उन्हें 'ग्लोबल एक्सपोजर' दे रही हैं। एक गूगल या माइक्रोसॉफ्ट का इंजीनियर जितना प्रभाव दुनिया पर डालता है, उतना शायद 10 जिलों के कलेक्टर मिलकर भी नहीं डाल पाते।

समाधान क्या है? गाँव के युवाओं को यह समझना होगा कि 'सत्ता' से बड़ी 'सृजन' की शक्ति होती है। अगर आपमें टैलेंट है, तो सिर्फ़ यूपीएससी के पीछे भागना 'जुए' जैसा है। पहले अपनी 'मार्केट वैल्यू' बनाइये। एक जॉब पकड़िये, दुनिया देखिये, स्किल्स सीखिए। अगर आपका सपना सेवा करना ही है, तो अपनी आर्थिक स्थिति मज़बूत करने के बाद तैयारी कीजिये। बिना किसी 'बैकअप प्लान' के कुएं में कूदना बहादुरी नहीं, बेवकूफी है।

समाज के डर से बाहर निकलना होगा। समाज आपकी ईएमआई नहीं भरेगा, समाज आपकी तरक्की में पैसा नहीं लगाएगा। जिस दिन आप एक सफल बिजनेस खड़ा कर देंगे, वही

समाज जो आपको 'प्राइवेट जॉब' के लिए ताने देता था, आपके यहाँ नौकरी मांगने आएगा। असली आज़ादी 'सरकारी ठप्पे' में नहीं, बल्कि इस बात में है कि आप सुबह उठकर यह तय कर सकें कि आज आप दुनिया में क्या नया 'वैल्यू' जोड़ेंगे। आईएएस बनना एक शानदार करियर हो सकता है, लेकिन यह 'जीवन का एकमात्र लक्ष्य' बन जाना एक राष्ट्रीय मानसिक बीमारी है। अपनी प्रतिभा को एक परीक्षा के पन्नों तक सीमित मत रखिये, उसे बाज़ार की चुनौतियों में झोंकिये। वहीं से असली 'लीडर' और 'वेल्थ क्रिएटर' निकलेंगे।

संतुलन का महाविज्ञान: व्यवस्था, शक्ति और सृजन के बीच का शाश्वत तालमेल

देखिये, मामला यह है कि समाज एक विशाल 'ऑर्गेनिज्म' (जीव) की तरह है। जैसे शरीर में दिमाग का काम सोचना है, दिल का काम धड़कना है और पैरों का काम चलना है—वैसे ही समाज में हर व्यक्ति की भूमिका अलग होती है। आपका यह डर कि "अगर सब बिजनेस करेंगे तो काम कौन करेगा?" वैसा ही है जैसे यह सोचना कि "अगर शरीर के सारे अंग दिमाग बन जाएं तो खून कौन साफ़ करेगा?"

इसे तकनीकी भाषा में 'डिवीजन ऑफ लेबर' (*Division of Labour*) और 'इकोनॉमिक पिरामिड' कहते हैं। दुनिया की कोई भी व्यवस्था 100% उद्यमियों (*Entrepreneurs*) से नहीं चल सकती। एक सफल बिजनेस को चलाने के लिए भी 'एग्जीक्यूटर्स' (*Executors*) की ज़रूरत होती है, जिन्हें हम कर्मचारी कहते हैं। और एक सुरक्षित समाज के लिए 'रेगुलेटर्स' (*Regulators*) की ज़रूरत होती है, जिन्हें हम सरकार और प्रशासन कहते हैं।

अब समझिये कि लोग कंफ्यूज क्यों हैं। कन्फ्यूजन तब पैदा होता है जब हम 'पॉवर' और 'वैल्यू' के बीच का फर्क भूल जाते हैं। एक पॉलिटिशियन या आईएएस के पास 'पॉवर' (*Power*) होती है क्योंकि वे 'सिस्टम के गेटकीपर' हैं। वे नियम बनाते हैं ताकि समाज में अराजकता न फैले। अगर पुलिस नहीं होगी, तो कानून का डर खत्म हो जाएगा और बिजनेस कभी पनप ही नहीं

पाएगा। सुरक्षा के बिना व्यापार असंभव है। इसलिए प्रशासन 'नींव' है और बिजनेस उस पर खड़ी 'इमारत'। नींव के बिना इमारत नहीं टिकती, और बिना इमारत के नींव का कोई अर्थ नहीं है।

किसान अनाज क्यों उगाता है? क्योंकि वह भी एक तरह का 'एंटरप्रेन्योर' है। वह अपनी ज़मीन और मेहनत को निवेश करता है ताकि वह लाभ (*Profit*) कमा सके और दुनिया का पेट भर सके। अगर सब लोग हाई-टेक बिजनेस करने लगेंगे, तो 'सप्लाई और डिमांड' का नियम सक्रिय हो जाएगा। अनाज की कमी होगी, उसकी कीमतें बढ़ेंगी, और फिर लोग वापस खेती की ओर भागेंगे क्योंकि वहां ज़्यादा पैसा दिखने लगेगा। बाज़ार खुद को संतुलित (*Self-correct*) कर लेता है। इसे एडम स्मिथ ने 'इनविजिबल हैंड' (*Invisible Hand*) कहा था।

अब उस सवाल पर आते हैं कि "बिजनेस मैन के पास समय है, तो वो सरकार क्यों नहीं चलाता?" देखिये, एक सफल बिजनेसमैन का माइंडसेट 'प्रॉफिट और एफिशिएंसी' पर चलता है। लेकिन सरकार चलाना 'सोशल वेलफेयर' (समाज कल्याण) का काम है। सरकार को उन लोगों का भी ख्याल रखना पड़ता है जो मुनाफा नहीं दे सकते—जैसे वृद्ध, गरीब और बीमार। एक बिजनेसमैन अपनी कंपनी से घाटे वाले कर्मचारी को निकाल सकता है, लेकिन एक सरकार अपने 'नागरिक' को देश से बाहर नहीं निकाल सकती। राजनीति और प्रशासन का काम 'ऑर्डर' (*Order*) बनाए रखना है, जबकि बिजनेस का काम 'ग्रोथ' (*Growth*) लाना है। दोनों की स्किल्स अलग हैं।

पुराने समय की कहावत "सब राजा बन जाएंगे तो काम कौन करेगा" आज के दौर में भी सच है। लेकिन यहाँ एक 'प्रोफेशनल' ट्विस्ट है। आज हर कोई राजा (मालिक) नहीं बन सकता क्योंकि हर किसी के भीतर 'रिस्क' लेने की क्षमता नहीं होती। मनोवैज्ञानिक रूप से, समाज का एक बड़ा हिस्सा 'सुरक्षा' (*Security*) को 'स्वतंत्रता' (*Freedom*) से ऊपर रखता है। अधिकांश लोग चाहते हैं कि उन्हें कोई बताए कि क्या करना है और महीने के अंत में उन्हें एक निश्चित सैलरी मिल जाए। यही वह कारण है कि जॉब मार्केट कभी खत्म नहीं होगा। बिजनेस करना एक 'हाई-स्ट्रेस' काम है। हर कोई उस अनिश्चितता को नहीं झेल सकता।

प्राइवेट और सरकारी जॉब 'खराब' नहीं हैं। खराब है वह 'माइंडसेट' जो अपनी क्षमता को पहचान नहीं पाता। अगर आप एक बेहतरीन डॉक्टर, इंजीनियर या पुलिस ऑफिसर हैं, तो आप समाज की उतनी ही बड़ी सेवा कर रहे हैं जितना एक स्टार्टअप फाउंडर। असली बात यह है कि आप अपनी 'भूमिका' (*Role*) में कितने फिट हैं। देश को एक ईमानदार आईएएस की उतनी ही ज़रूरत है जितनी एक इनोवेटिव बिजनेसमैन की। अगर सब बिजनेस करेंगे तो 'टैलेंट' का अकाल पड़ जाएगा। एक अस्पताल को चलाने के लिए मालिक के साथ-साथ दुनिया के बेहतरीन सर्जन्स की भी ज़रूरत है जो 'जॉब' ही करेंगे।

कंफ्यूजन का सबसे बड़ा कारण यह है कि हम 'सफलता' को सिर्फ़ 'पैसे' या 'रुतबे' से तौलते हैं। हकीकत यह है कि समाज एक 'ईकोसिस्टम' है। मधुमक्खी शहद बनाती है, फूल उसे रस देता है, और हवा परागण (*Pollination*) में मदद करती है। कोई छोटा या बड़ा नहीं है।

एक गार्जियन की तरह मैं आपसे यही कहूँगा—दुनिया को 'क्रिएटर्स' भी चाहिए और 'मेंटेनर्स' (*Maintainers*) भी। अगर आप रिस्क ले सकते हैं, कुछ नया बना सकते हैं, तो बिजनेस में आइये। लेकिन अगर आपमें व्यवस्था को संभालने का धैर्य है, न्याय करने की शक्ति है, तो प्रशासन में जाइये। समाज से मत डरिये। समाज कंफ्यूज है क्योंकि वह 'भेड़चाल' में चलता है। कभी उसे आईएएस का भूत चढ़ता है, कभी स्टार्टअप का। आप अपनी 'कोर कॉम्पिटेंसी' (*Core Competency*) पहचानिये।

एक शक्तिशाली राष्ट्र वही है जहाँ का प्रशासन (*IAS/IPS*) पारदर्शी हो, जहाँ की राजनीति (*Politicians*) विज़नरी हो, और जहाँ का व्यापारी (*Businessman*) निडर हो। अगर ये तीनों एक-दूसरे का सम्मान करेंगे, तभी देश चलेगा। अगर सब राजा बनने की रेस में लगेंगे, तो राज्य बिखर जाएगा। लेकिन अगर हर कोई अपना 'धर्म' (अपनी भूमिका) निभाएगा, तो वह समाज 'स्वर्ण युग' की ओर बढ़ेगा। बिजनेस आपको पैसा और आज़ादी दे सकता है, प्रशासन आपको प्रभाव (*Influence*) और सेवा का मौका दे सकता है, और खेती आपको जीवन की जड़ों से जोड़ सकती

है। इनमें से कोई भी रास्ता छोटा नहीं है, बस शर्त यह है कि आप उस रास्ते पर 'एक्सीलेंस' (*Excellence*) के साथ चलें।

समय का जुआ: पूँजी, पद और पिंजरे का अदृश्य गणित

दनिया में दो तरह की मुद्राएं (*Currencies*) चलती हैं। पहली वह जो आपके बैंक अकाउंट में दिखती है, और दूसरी वह जिसे आप हर सेकंड खर्च कर रहे हैं—आपका 'समय'। आधुनिक सभ्यता ने एक बहुत ही चालाकी भरा समझौता किया है: वह आपको 'कागज़ के टुकड़े' (पैसा) देती है और बदले में आपकी 'प्राण-शक्ति' (*Life Force*) खरीद लेती है। जिसे हम 'करियर' कहते हैं, वह अक्सर अपनी आज़ादी का सबसे ऊँचा दाम लगाने की एक नीलामी मात्र है।

इस नीलामी में तीन मुख्य खरीदार खड़े हैं। पहले को हम 'प्रशासनिक ढांचा' (*State*) कहते हैं। यहाँ का सौदा बहुत सीधा है: आप अपनी मौलिकता और अपनी रफ़्तार गिरवी रख दीजिये, बदले में हम आपको 'आजीवन सुरक्षा' और 'सामाजिक रुतबा' देंगे। यह उन लोगों का स्वर्ग है जो अनिश्चितता (*Uncertainty*) से नफरत करते हैं। यहाँ की सफलता का पैमाना 'योगदान' नहीं, बल्कि 'अनुपालन' (*Compliance*) है। आप जितने अच्छे तरीके से पुराने नियमों को दोहरा सकते हैं, आप उतने ही सफल 'पुर्जे' माने जाएंगे। यह एक ऐसा पिंजरा है जिसकी सलाखें सम्मान की बनी हैं, इसलिए कैदी को कभी अपनी कैद का अहसास नहीं होता।

दूसरा खरीदार है 'कॉर्पोरेट मशीन'। यह मशीन बहुत ही निर्मम (*Ruthless*) है। इसे आपकी वफादारी से मतलब नहीं है, इसे आपकी 'दक्षता' (*Efficiency*) से मतलब है। यहाँ आप एक 'किराये के सैनिक' हैं। प्राइवेट सेक्टर आपको वह रफ़्तार देता है जो प्रशासन नहीं दे सकता, लेकिन वह आपसे वह शांति छीन लेता है जो एक इंसान की बुनियादी ज़रूरत है। यहाँ का गणित 'बर्नआउट' पर टिका है। कंपनी आपसे वह सारा रस निचोड़ लेना चाहती है जो आपकी युवावस्था में है, और बदले में आपको एक ऐसा 'पैकेज' देती है जिससे आप उन चीज़ों को खरीद सकें जो आपकी थकावट को कुछ देर के लिए भुला दें। यहाँ सुरक्षा एक भ्रम है; आपकी असली सुरक्षा आपके हाथ में मौजूद 'स्किल' की एक्सपायरी डेट (*Expiry Date*) पर निर्भर करती है।

तीसरा रास्ता है 'सृजन का मार्ग' जिसे दुनिया 'बिजनेस' कहती है। यह रास्ता 'समय के गुणन' (*Multiplication of Time*) पर आधारित है। एक उद्यमी वह नहीं है जो बहुत काम करता है, बल्कि वह है जो एक ऐसा 'इंजन' बनाता है जो उसके बिना भी चलता रहे। बिजनेस माइंडसेट और जॉब माइंडसेट के बीच का सबसे बड़ा अंतर 'रिस्क' नहीं, बल्कि 'ओनरशिप' (*Ownership*) का है। एक कर्मचारी अपनी मेहनत का फल किसी और के बैलेंस शीट में जोड़ता है, जबकि एक उद्यमी अपनी हर हार को भी अपनी 'अनुभव की पूँजी' में जमा करता है। बिजनेस वह उड़ान है जहाँ

BUSINESS (LONG-TERM GROWING)

JOB (ACTIVE CARRYING)

ज़मीन (*Security*) आँखों से ओझल हो जाती है, लेकिन जहाँ क्षितिज (*Potential*) असीमित होता है।

असली चुनौती 'पैसे' कमाने की नहीं है। असली चुनौती यह पहचानने की है कि आपकी 'मानसिक वायरिंग' (*Mental Wiring*) किस दबाव को झेलने के लिए बनी है। समाज अक्सर हमें उस रास्ते पर धकेलता है जहाँ 'भीड़' ज़्यादा है, क्योंकि भीड़ में होना सुरक्षित महसूस कराता है। लेकिन बाज़ार का एक क्रूर नियम है— जहाँ भीड़ सबसे ज़्यादा होती है, वहां 'प्रॉफिट' और 'वैल्यू' सबसे कम होती है। यदि आप वही कर रहे हैं जो हर कोई कर रहा है, तो आपको वही मिलेगा जो सबको मिल रहा है—यानी एक 'औसत' जीवन।

एक प्रभावी 'सिस्टम' खड़ा करने के लिए आपको उस डर को मारना होगा जिसे हम 'असफलता' कहते हैं। रिवर्स साइकोलॉजी यह कहती है कि जो लोग 'सेफ' खेलने की कोशिश करते हैं, वे अंततः सबसे ज़्यादा असुरक्षित (*Vulnerable*) हो जाते हैं क्योंकि वे कभी अपनी 'हड्डियों को मज़बूत' करने वाला जोखिम नहीं उठाते। चाहे आप प्रशासन में हों, कॉर्पोरेट में हों या खुद का रास्ता बना रहे हों—यदि आप उस क्षेत्र के 'इरिप्लेसेबल' (*Irreplaceable*) हिस्से नहीं हैं, तो आप सिर्फ़ एक संख्या हैं।

अंततः, यह चुनाव देश के प्रति आपकी वफादारी या आपके सपनों के बीच का संघर्ष नहीं है। एक समृद्ध राष्ट्र को उन 'गार्डियंस' की भी ज़रूरत है जो नियमों की रक्षा करें, और उन 'एक्सप्लोरर्स' की भी जो नए संसाधनों की खोज करें। कंफ्यूजन तब पैदा होता है जब हम 'गार्डियन' की मानसिकता लेकर 'एक्सप्लोरेशन' करने निकलते हैं, या 'एक्सप्लोरर' की रफ़्तार लेकर 'गार्डियन' की कुर्सी पर बैठ जाते हैं। अपनी 'प्रकृति' को पहचानना ही सफलता का पहला 'एटॉमिक स्टेप' (*Atomic Step*) है। बाक़ी सब तो सिर्फ़ उस चुनाव के बाद आने वाले 'नतीजे' हैं।

सारांश (*Summary*)

इस अध्याय का सार यह है कि करियर का चुनाव केवल आजीविका नहीं, बल्कि अपने 'समय' और 'स्वायत्तता' का एक सचेत सौदा है। प्रशासनिक ढांचा जहाँ सुरक्षा के बदले स्वतंत्रता की बलि मांगता है, वहीं कॉर्पोरेट मशीन दक्षता के नाम पर आपकी ऊर्जा का दोहन करती है। इसके विपरीत, व्यापार समय के गुणन का विज्ञान है, जो शुरुआत में अस्थिरता देकर अंततः आपको व्यवस्था का मालिक बनाता है। समाज का संतुलन इसी में है कि 'रक्षक' (प्रशासन), 'संचालक' (कर्मचारी) और 'सृजक' (उद्यमी) अपनी-अपनी भूमिका को पहचानें। असली जोखिम रिस्क लेना नहीं, बल्कि अपनी मानसिक बनावट के विपरीत किसी 'भेड़चाल' का हिस्सा बनकर एक औसत जीवन में कैद हो जाना है।

करियर चुनाव बनाम पैशन: स्वप्न और यथार्थ का रणनीतिक संतुलन

(Career Choice vs Passion: The Strategic Equilibrium of Dreams and Reality)

सभ्यता के इस मोड़ पर 'पैशन' (*Passion*) शब्द को एक रूमानी जादुई छड़ी की तरह पेश किया जाता है, जैसे कि इसे पकड़ते ही सफलता के द्वार अपने आप खुल जाएंगे। लेकिन एक गहरे विश्लेषण से पता चलता है कि पैशन और करियर के बीच का चुनाव वास्तव में 'रिस्क मैनेजमेंट' (*Risk Management*) और 'टाइमिंग' (*Timing*) का खेल है। अक्सर युवा इस दुविधा में फँसते हैं कि क्या वे अपनी आंतरिक पुकार (*Internal Calling*) को सुनें या उस सुरक्षित डगर पर चलें जो उनके परिवार की वित्तीय रीढ़ को सहारा दे सके।

एक मध्यमवर्गीय परिवार की स्थिति को समझिये। वहाँ माता-पिता का 'पैशन' के प्रति विरोध अक्सर द्वेष से नहीं, बल्कि 'असुरक्षा के बोध' (*Sense of Insecurity*) से उपजा होता है। जिसे युवा 'सपनों की दुश्मनी' कहता है, वह वास्तव में एक पिता का वह अनुभव है जिसने दुनिया की बेरहमी को करीब से देखा है। माता-पिता का डर तार्किक है—उन्हें डर है कि कहीं उनका बच्चा उस 99% की भीड़ में न खो जाए जो 'कला' या 'रुचि' के नाम पर जीवन की बुनियादी ज़रूरतों के

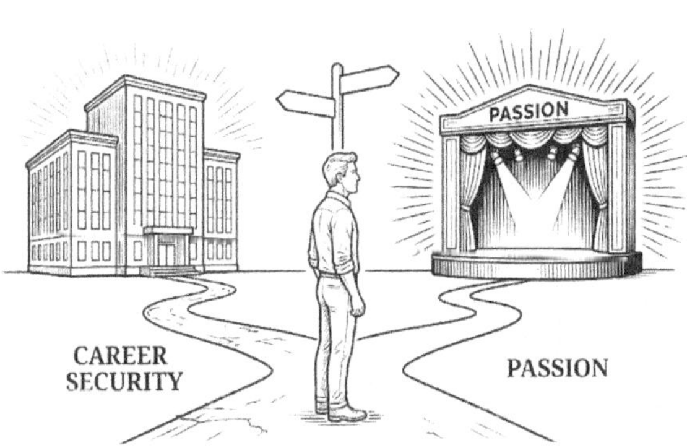

लिए तरसते रह जाते हैं। यह कोई 'ट्रैप' नहीं है, बल्कि एक 'गार्जियनशिप पैराडॉक्स' है; वे आपको सुरक्षित देखना चाहते हैं, जबकि आप स्वतंत्र होना चाहते हैं।

अब सवाल यह है कि क्या पैशन कभी करियर बन सकता है? वैश्विक आंकड़ों और सफल जीवनियों का सूक्ष्म विश्लेषण कहता है कि पैशन को करियर बनाने का सबसे सटीक तरीका 'हाइब्रिड मॉडल' (*Hybrid Model*) है। दुनिया के सबसे बड़े रचनाकारों ने पहले अपनी 'आर्थिक स्वायत्तता' (*Financial Autonomy*) को सुरक्षित किया और फिर अपने पैशन को 'स्केल' (*Scale*) किया। यदि घर के हालात चुनौतीपूर्ण हैं, तो पैशन के पीछे अंधा होकर भागना साहस नहीं, बल्कि एक 'रणनीतिक भूल' (*Strategic Error*) हो सकती है। असली बुद्धिमानी इसमें है कि आप पहले एक ऐसा करियर चुनें जो आपके 'सर्वाइवल' को सुनिश्चित करे, और उस करियर से मिलने वाले 'समय' और 'संसाधन' को अपने पैशन की खाद बनाएं।

समाज का यह दोहरापन भी समझने लायक है। जब कोई युवा संघर्ष कर रहा होता है, तो वही लोग उसका मज़ाक उड़ाते हैं जो उसकी सफलता के बाद सबसे पहले ताली बजाने आते हैं। ऐसा इसलिए नहीं है कि लोग बुरे हैं, बल्कि इसलिए है क्योंकि दुनिया 'प्रूफ ऑफ कॉन्सेप्ट' (*Proof of Concept*) की भाषा समझती है। जब तक आप सफल नहीं हैं, आपका पैशन लोगों को 'ज़िद' या 'आलस' लगता है। जिस दिन वह परिणाम देने लगता है, वह 'विज़न' बन जाता है। लोग आपकी 'प्रक्रिया' से प्रेम नहीं करते, वे आपके 'परिणाम' के प्रशंसक होते हैं।

एक वास्तविक उदाहरण देखिये। एक ऐसा व्यक्ति जिसे संगीत का जुनून है लेकिन घर की स्थिति कमज़ोर है। यदि वह सब कुछ छोड़कर सिर्फ़ रियाज़ करे, तो भूख और पारिवारिक दबाव उसके सुरों को बेसुरा कर देंगे। लेकिन यदि वह दिन में एक 'तकनीकी कौशल' (*Technical Skill*) पर काम करे और शाम को अपने संगीत को डिजिटल प्लेटफॉर्म पर दुनिया के सामने रखे, तो वह एक 'एसेट' तैयार कर रहा है। यहाँ करियर उसके पैशन का 'फाइनेंसर' (*Financier*) बन जाता है। करियर और पैशन को साथ संभालना कोई 'मजबूरी' नहीं, बल्कि एक 'बौद्धिक रणनीति' है। यह

आपको उस 'डेस्पिरेशन' (*Desperation*) से बचाता है जो अक्सर कलाकारों को गलत समझौते करने पर मजबूर कर देती है।

परिवार को समझाने का सबसे अच्छा तरीका 'बहस' नहीं, बल्कि 'प्रगति का डेटा' (*Data of Progress*) दिखाना है। जब माता-पिता देखते हैं कि बच्चा अपनी नौकरी या पढ़ाई के साथ-साथ अपने पैशन में भी छोटे-छोटे 'माइलस्टोन्स' (*Milestones*) हासिल कर रहा है, तो उनका डर धीरे-धीरे 'भरोसे' में बदलने लगता है। पैशन का मतलब करियर को लात मारना नहीं है, बल्कि करियर को एक ऐसी सीढ़ी की तरह इस्तेमाल करना है जो आपको आपके सपनों के क्षितिज तक ले जाए।

अंततः, चुनाव 'यह' या 'वह' का नहीं है। चुनाव इस बात का है कि आप कितने धैर्यवान हैं। यदि आपमें अपने पैशन को 5 से 10 साल तक बिना किसी बड़े रिटर्न के पालने की क्षमता है, और उस दौरान आप अपने पेट पालने की ज़िम्मेदारी खुद उठा सकते हैं, तो आप उस 1% में शामिल होने के हकदार हैं जो अपने पैशन को ही अपना साम्राज्य बनाते हैं। बाकी सब तो सिर्फ़ 'शौक' हैं जिन्हें लोग अक्सर पैशन का नाम देकर अपनी जिम्मेदारियों से भागने का बहाना बना लेते हैं। जो सपनों के लिए अपनी नींद कुर्बान कर सकता है और हकीकत की ज़मीन पर पैर जमाए रख सकता है, वही वास्तव में 'विजेता' कहलाता है।

सभ्यता के इस मोड़ पर अक्सर 'रुचि' (*Interest*) और 'जुनून' (*Passion*) के बीच की लकीर धुंधली हो जाती है। इसे एक बहुत बारीक मनोवैज्ञानिक नजरिए से समझिये। हकीकत यह है कि जिसे हम अपना पैशन समझते हैं, वह अक्सर 'प्रोजेक्शन' (*Projection*) होता है। मान लीजिये कोई व्यक्ति गिटार बजाते हुए किसी रॉकस्टार को देखता है और उसे लगता है कि उसका पैशन संगीत है। लेकिन असल में उसे संगीत से प्यार नहीं है, उसे उस रॉकस्टार को मिलने वाली 'वाहवाही' और 'रुतबे' से प्यार है। पैशन वह नहीं है जो आपको 'चकाचौंध' दिखाए, पैशन वह है जो आपको उस काम की 'थकावट' और 'बोरियत' में भी टिकाए रखे।

इसे एक व्यावहारिक तराज़ू पर तौलकर देखिये। अगर आप किसी काम को तब भी करने के लिए तैयार हैं जब उसे कोई देख न रहा हो, जब उससे कोई पैसा न मिल रहा हो, और जब उसे करने में आपको मानसिक शांति के साथ-साथ एक 'गहरा खिंचाव' (*Deep Pull*) महसूस हो, तब वह पैशन की श्रेणी में आता है। असली पैशन की पहचान 'रेजिस्टेंस' (*Resistance*) से होती है। जब आप अपने काम में आने वाली बाधाओं को 'बोझ' नहीं, बल्कि 'खेल की चुनौती' समझने लगते हैं, तब समझिये कि आपकी वायरिंग उस काम के लिए बनी है।

दुनिया के सबसे सफल लोगों के जीवन का अगर सूक्ष्म विश्लेषण किया जाए, तो एक बात साफ़ निकलकर आती है—उन्होंने पैशन को 'ढूँढा' नहीं, उन्होंने उसे 'पैदा' (*Build*) किया। कैल न्यूपोर्ट जैसे चिंतकों का तर्क है कि पैशन अक्सर 'कुशलता' (*Mastery*) का उप-उत्पाद (*By-product*) होता है। जब आप किसी काम में इतने अच्छे हो जाते हैं कि कोई आपको नज़रअंदाज़ न कर सके, तो उस काम के प्रति आपका प्रेम अपने आप बढ़ जाता है। जिसे हम शुरुआत में पैशन समझते हैं, वह अक्सर एक 'कच्चा विचार' होता है जो अनुभव की भट्टी में तपकर ही 'सोना' बनता है।

एक और बारीकी समझिये जिसे हम 'इकिगाई' (*Ikigai*) के संतुलन से देख सकते हैं। क्या वह काम जिसे आप अपना पैशन कह रहे हैं, उसमें आप कुशल हैं? क्या दुनिया को उसकी ज़रूरत है? और क्या उससे आपकी आजीविका चल सकती है? अगर इन चारों का संगम नहीं हो रहा, तो वह पैशन सिर्फ़ एक 'महंगा शौक' (*Expensive Hobby*) बनकर रह जाएगा। असली पैशन वह है जहाँ आपकी 'क्षमताओं' और बाज़ार की 'ज़रूरतों' का मिलन होता है।

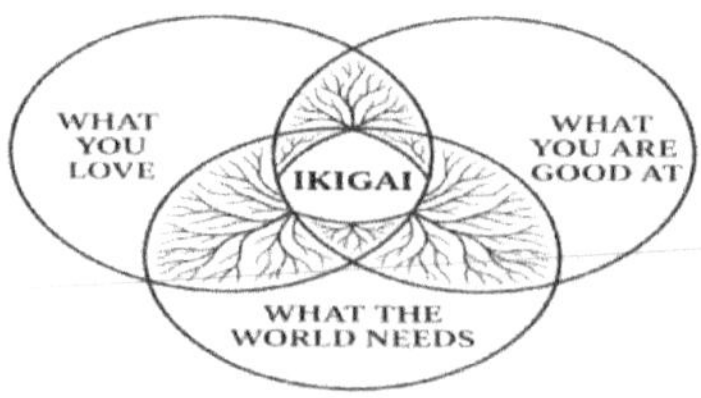

अक्सर युवा इस 'ट्रैप' में फँसते हैं कि वे किसी 'ट्रेंड' को अपना पैशन मान लेते हैं। इसे 'सर्वाइवरशिप बायस' (*Survivorship Bias*) कहते हैं। हम उन 1% लोगों को देखते हैं जिन्होंने अपने पैशन से दुनिया जीत ली, लेकिन हम उन 99% को भूल जाते हैं जो उसी रास्ते पर बिना किसी योजना के निकले और गुमनामी में खो गए। पैशन की सच्चाई यह है कि यह 'आज़ादी' नहीं, बल्कि एक बहुत बड़ा 'अनुशासन' मांगता है। अगर आपका पैशन आपको अनुशासित नहीं बना रहा, तो समझ लीजिये कि आप गलत दिशा में ऊर्जा बर्बाद कर रहे हैं।

अंततः, पैशन की पहचान किसी बाहरी सर्टिफिकेट से नहीं, बल्कि आपके 'इंटरनल रिवॉर्ड सिस्टम' से होती है। यदि उस काम को करने की 'प्रक्रिया' (*Process*) ही आपका इनाम है, तो आप सही रास्ते पर हैं। लेकिन अगर आपकी नज़रे सिर्फ़ 'मंजिल' और 'नाम' पर टिकी हैं, तो वह पैशन नहीं, बल्कि एक 'लालच' है जो आपको किसी भी मोड़ पर तोड़ सकता है। हकीकत की ज़मीन पर पैर रखकर ही सपनों के आसमान को छुआ जा सकता है; वरना बिना जड़ों वाले पेड़ अक्सर तेज़ हवाओं में गिर जाया करते हैं।

स्टीव जॉब्स ने २००५ में स्टेनफोर्ड के मंच से एक बात कही थी जो आज के हर युवा के कान में गूँजती है— "आपका काम आपकी ज़िंदगी का एक बड़ा हिस्सा भरने वाला है, और संतुष्ट होने का एकमात्र तरीका यह है कि आप वह करें जिसे आप 'महान काम' मानते हैं। और महान काम करने का एकमात्र तरीका यह है कि आप जो करते हैं, उससे प्यार करें। अगर आपको अभी तक वह नहीं मिला है, तो तलाश जारी रखिये। रुकिये मत।" यह विचार सुनने में जितना जादुई लगता है, उतना ही गहरा एक सांस्कृतिक और मनोवैज्ञानिक युद्ध अपने पीछे छिपाए हुए है। पश्चिम में, विशेषकर अमेरिका में, 'फॉलो योर पैशन' (*Follow your passion*) एक संक्रामक मंत्र की तरह है। वहां की संस्कृति मानती है कि यदि आप अपने जुनून को करियर बनाएंगे, तो आपको जीवन भर कभी 'काम' नहीं करना पड़ेगा, क्योंकि आपका जुनून ही आपकी ऊर्जा का अटूट स्रोत बन जाएगा। लेकिन क्या यह विचार वैश्विक है? या यह सिर्फ एक 'अमेरिकी लग्जरी' है?

यहाँ एक बहुत बड़ा विरोधाभास (*Paradox*) खड़ा होता है। २०१८ की फिल्म 'क्रेजी रिच एशियन्स' का एक संवाद इस पूरी बहस को पलट देता है— "अपने जुनून के पीछे भागना... कितना

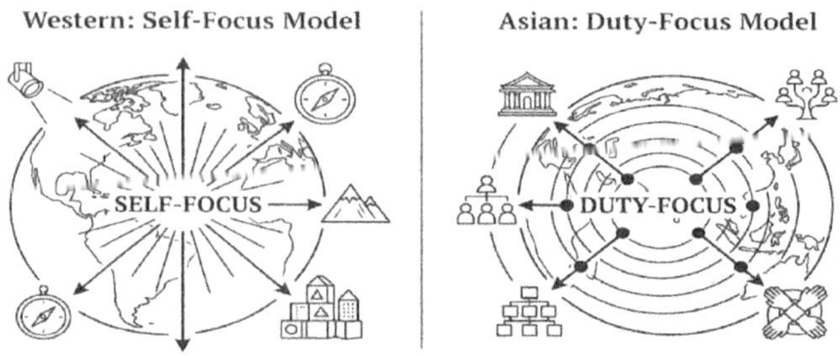

अमेरिकी है!" यह महज़ एक फिल्मी डायलॉग नहीं है, बल्कि एक गहरी 'सांस्कृतिक सच्चाई' है। रिसर्च यह बताती है कि पश्चिमी संस्कृतियों में व्यक्ति को एक 'स्वतंत्र इकाई' (*Independent Self*) के रूप में देखा जाता है। वहां आपकी अपनी पसंद, आपके अपने लक्ष्य और आपकी अपनी आंतरिक खुशी ही आपकी सफलता का पैमाना है। इसीलिए वहां पैशन को 'प्रेरणादायक' (*Motivating*) माना जाता है। वहां के कॉलेजों में, दीक्षांत समारोहों में, और 'डू व्हाट यू लव, द मनी विल फॉलो' जैसी किताबों में यह सिखाया जाता है कि पैशन आपको 'असीमित प्रेरणा' देगा।

लेकिन जैसे ही हम एशियाई या भारतीय संदर्भ में आते हैं, यह गणित बदल जाता है। यहाँ व्यक्ति 'स्वतंत्र' नहीं, बल्कि 'परस्पर निर्भर' (*Interdependent*) है। यहाँ हमारे फैसले हमारी व्यक्तिगत पसंद से नहीं, बल्कि हमारे अपनों की उम्मीदों और 'व्यावहारिकता' (*Pragmatism*) से तय होते हैं। शोध यह कहता है कि एशियाई संस्कृतियों में 'स्वतंत्र इच्छा' (*Independent Self-construals*) कमज़ोर होती हैं, जो पैशन के पीछे भागने के विचार से टकराती हैं। एक एशियाई युवा के लिए पैशन का मतलब सिर्फ 'पसंद' नहीं है, बल्कि अक्सर उसे एक 'समस्या' (*Passions-are-problematic*) के रूप में देखा जाता है। क्यों? क्योंकि पैशन अक्सर उन 'व्यावहारिक

चिंताओं' से टकराता है जिन्हें हमारा समाज प्राथमिकता देता है—जैसे नौकरी की सुरक्षा, अच्छा वेतन और सामाजिक प्रतिष्ठा।

यही कारण है कि एशियाई देशों में विज्ञान, तकनीक, इंजीनियरिंग और गणित (*STEM*) जैसे क्षेत्रों में युवाओं की भीड़ ज़्यादा है, जबकि मानविकी (*Humanities*) और कला में कम। यह कोई संयोग नहीं है; यह एक 'प्रैगमैटिक चॉइस' (*Pragmatic Choice*) है। एशियाई समाज मानता है कि पैशन 'आदर्शवादी' और 'संकुचित' (*Narrow*) हो सकता है, जो भविष्य के बड़े आर्थिक फैसलों के लिए एक कमज़ोर पैमाना है। यहाँ पैशन को अक्सर 'स्वार्थ' समझा जाता है क्योंकि वह रिश्तों के बजाय सिर्फ 'स्व' (*Self*) पर केंद्रित होता है।

इतिहास और मनोविज्ञान का एक प्रसिद्ध प्रयोग (*Iyengar & Lepper*, 1999) इस अंतर को और साफ़ करता है। जब अमेरिकी बच्चों को अपनी पसंद का काम चुनने दिया गया, तो वे सबसे ज़्यादा प्रेरित थे। लेकिन जब एशियाई-अमेरिकी बच्चों को उनकी 'माँ' द्वारा चुना गया काम दिया गया, तो उनका प्रदर्शन और प्रेरणा सबसे ऊँची थी। यह साबित करता है कि हमारी प्रेरणा का स्रोत हमारी 'पसंद' नहीं, बल्कि हमारे 'कर्तव्य' और 'रिश्ते' हो सकते हैं। इसीलिए, जिसे हम अपने माता-पिता की 'दुश्मनी' समझते हैं, वह वास्तव में उनकी 'चिंता' है कि हम उस बाज़ार में हार न जाएं जहाँ 'पैशन' की कोई कीमत नहीं है।

तो क्या स्टीव जॉब्स गलत थे? नहीं, वे एक अलग 'पारिस्थितिकी तंत्र' (*Ecosystem*) की बात कर रहे थे। हकीकत यह है कि पैशन और जीवन की संतुष्टि (*Life Satisfaction*) के बीच का संबंध अमेरिकियों के लिए बहुत मज़बूत है, लेकिन एशियाई लोगों के लिए यह संबंध उतना गहरा नहीं है। इसका मतलब है कि एक एशियाई व्यक्ति बिना पैशन के भी एक सुरक्षित और व्यावहारिक नौकरी में खुश रह सकता है, क्योंकि उसकी खुशी 'व्यक्तिगत जुनून' से ज़्यादा 'पारिवारिक स्थिरता' में टिकी होती है।

असली सच्चाई यह है कि पैशन 'ढूंढा' नहीं जाता, उसे 'विकसित' (*Develop*) किया जाता है। जिसे हम 'फॉलो योर पैशन' कहते हैं, वह अक्सर एक खतरनाक सलाह साबित होती है क्योंकि वह मान लेती है कि हमारे भीतर पहले से ही कोई पैशन मौजूद है। जबकि सच्चाई यह है कि जब आप किसी काम में 'कुशल' (*Competent*) हो जाते हैं, तो वह काम अपने आप आपका पैशन बन जाता है। एक मध्यमवर्गीय युवा के लिए सबसे बेहतरीन रणनीति यह है कि वह पहले अपनी 'सर्वाइवल' और 'व्यावहारिकता' को सुरक्षित करे, और उस सुरक्षा के साये में अपने जुनून को एक 'एसेट' की तरह बढ़ाए। जो लोग मजाक उड़ाते हैं, वे सफल होने के बाद इसलिए साथ आते हैं क्योंकि दुनिया 'कोशिश' की नहीं, 'प्रमाण' (*Proof*) की इज़्ज़त करती है। पैशन को करियर बनाने का रास्ता 'बगावत' से नहीं, बल्कि 'रणनीति' से होकर गुज़रता है। जब आपका पैशन आपको पैसा और इज़्ज़त देने लगे, तो वही माता-पिता जो डरते थे, आपके सबसे बड़े समर्थक बन जाएंगे।

जुनून का मृगतृष्णा: हुनर की भट्टी में तपकर निकलने वाली असली सफलता

समाज में एक बहुत ही खूबसूरत लेकिन खतरनाक झूठ फैलाया गया है— "वही करो जो तुम्हें पसंद है।" सुनने में यह किसी रूहानी संगीत जैसा लगता है, लेकिन हकीकत की ज़मीन पर यह अक्सर एक आत्मघाती रास्ता साबित होता है। इसे एक ऐसी स्थिति से समझिये जहाँ एक व्यक्ति अपने भीतर के किसी 'खास जुनून' को ढूंढने के लिए अपनी वर्तमान नौकरियों को लात मारता रहता है, इस उम्मीद में कि किसी दिन उसे वह 'परफेक्ट' काम मिल जाएगा जो उसे कभी थकाएगा नहीं। लेकिन सच यह है कि जिसे हम 'पैशन' कहते हैं, वह कोई खज़ाना नहीं है जो कहीं गड़ा हुआ है और आपको बस उसे खोदकर निकालना है। यह एक ऐसी फसल है जिसे आपको खुद अपने पसीने से सींचकर उगाना पड़ता है।

अक्सर युवा इस जाल में फँसते हैं कि वे अपनी 'रुचि' को 'जुनून' मान लेते हैं। आप गिटार बजाना पसंद करते हैं, यह आपकी रुचि है। लेकिन उस गिटार को १०-१० घंटे बजाकर अपनी उंगलियों से खून निकालने का साहस रखना और फिर भी न रुकना—यह उस हुनर की शुरुआत है

जिसे दुनिया बाद में 'पैशन' का नाम देती है। दुनिया का सबसे बड़ा छलावा यह है कि सफलता की शुरुआत जुनून से होती है। हकीकत यह है कि सफलता की शुरुआत 'काबलियत' (*Competence*) से होती है। जब आप किसी काम को इतनी शिद्दत और बारीकी से सीख लेते हैं कि उस क्षेत्र में आपका कोई सानी न रहे, तो उस काम के प्रति आपका प्रेम अपने आप पैदा हो जाता है।

एक मध्यमवर्गीय जीवन में सबसे बड़ा जुआ यह है कि आप बिना किसी 'करियर कैपिटल' (*Career Capital*) के अपने सपनों के पीछे भागने लगें। करियर कैपिटल वह अनमोल हुनर है जो आपने बरसों की मेहनत से कमाया है और जिसे कोई आपसे छीन नहीं सकता। जब आपके पास यह पूँजी होती है, तभी बाज़ार आपको 'आज़ादी' और 'सम्मान' की किश्तें लौटाता है। यदि आप आज अपनी नौकरी से नफरत कर रहे हैं, तो इसलिए नहीं कि वह आपका पैशन नहीं है, बल्कि इसलिए क्योंकि आप अभी उस काम में इतने 'महारथी' नहीं हुए हैं कि आप अपनी शर्तों पर उसे चला सकें। जिस दिन आप इतने 'कीमती' (*Valuable*) हो जाएंगे कि दुनिया आपको नज़रअंदाज़ न कर सके, उस दिन आपका काम अपने आप आपका जुनून बन जाएगा।

THE TRANSITION TO MASTERY

यहाँ एक और बारीक पेच है जिसे हम 'कंट्रोल' का जाल कहते हैं। हर कोई चाहता है कि वह अपनी ज़िंदगी का मालिक खुद हो, उसे किसी को जवाब न देना पड़े। लेकिन इस आज़ादी की एक बहुत भारी कीमत होती है। यदि आप बिना किसी मज़बूत हुनर के अपनी आज़ादी मांगेंगे, तो बाज़ार आपको कुचल देगा। असली आज़ादी वह है जिसे आप अपनी 'काबलियत' के दम पर

छीनते हैं। जब आपके पास वह हुनर होता है जिसे बाज़ार ढूंढ रहा है, तब आप सौदेबाजी की मेज पर मज़बूती से बैठते हैं। तब आप यह तय करते हैं कि आप कितना काम करेंगे और कितने पैसे लेंगे। यही वह स्थिति है जहाँ एक आम कर्मचारी एक 'आधुनिक स्वामी' में बदल जाता है।

लोग अक्सर पूछते हैं कि "क्या मेरा पैशन मुझे अमीर बना देगा?" इसका उत्तर पैशन में नहीं, बल्कि 'वैल्यू' (*Value*) में छिपा है। आप जो काम कर रहे हैं, क्या उसके लिए लोग अपनी मेहनत की कमाई देने को तैयार हैं? यदि नहीं, तो वह आपका पैशन नहीं, बल्कि एक 'महंगा शौक' है। एक सफल करियर का निर्माण 'प्यार' से नहीं, बल्कि 'महारत' (*Mastery*) से होता है। जब आप अपने कंफर्ट ज़ोन से बाहर निकलकर हर दिन खुद को रगड़ते हैं, अपनी गलतियों से सीखते हैं और उस काम में 'अपरिहार्य' (*Irreplaceable*) बन जाते हैं, तब जाकर वह 'मैजिक' पैदा होता है जिसे दुनिया सफलता कहती है।

अंततः, पैशन कोई ऐसी चीज़ नहीं है जिसे 'फॉलो' किया जाए, यह वह इनाम है जो आपको 'मेहनत' के बाद मिलता है। स्टीव जॉब्स ने भी शुरुआत में कंप्यूटर को अपना पैशन नहीं बनाया था, उन्होंने बस एक अवसर देखा और उसमें अपनी पूरी जान झोंक दी। बाद में उनकी वही 'महारत' उनका सबसे बड़ा जुनून बन गई। इसलिए, अपनी ऊर्जा 'सही काम' ढूंढने में बर्बाद करने के बजाय, जो काम आपके हाथ में है उसे 'सही तरीके' से करने में लगाइये। इतने काबिल बन जाइये कि बाज़ार की दीवारें आपके हुनर के शोर से कांपने लगें। जब आप 'इग्नोर' (*Ignore*) किये जाने के लायक नहीं बचेंगे, तब पैशन, पैसा और पहचान—तीनों आपके पीछे हाथ बांधकर खड़े होंगे।

अंतिम निर्णय: पैशन का मोह या करियर की मास्टरी?

अगर हम ७०० पन्नों की इस बहस को एक वाक्य में समेटें, तो वह यह है— "अपने पैशन के पीछे मत भागिए, बल्कि अपने हुनर को इतना बड़ा बनाइये कि वह खुद आपका पैशन बन जाए।" समाज ने आपको जो 'पैशन फॉलो' करने की पट्टी पढ़ाई है, वह दरअसल एक 'मानसिक जाल' है। यह जाल आपको यह यकीन दिलाता है कि कहीं बाहर कोई 'परफेक्ट जॉब' आपका इंतज़ार कर

रही है। हकीकत यह है कि 'परफेक्ट जॉब' जैसी कोई चीज़ पहले दिन अस्तित्व में नहीं होती। वह एक इनाम (*Reward*) है, जो आपको सालों की तपस्या और मज़बूत हुनर (*Career Capital*) के बाद मिलता है।

1. करियर को ही पैशन बनाना क्यों सबसे बेस्ट है?

जब आप किसी काम को चुनते हैं और उसमें अपनी पूरी जान झोंक देते हैं, तो एक समय बाद आप उस क्षेत्र के 'इरिप्लेसेबल' (*Irreplaceable*) यानी अनिवार्य हिस्सा बन जाते हैं। जैसे-जैसे आपकी काबलियत बढ़ती है, आपको तीन चीज़ें मिलती हैं: आज़ादी (*Autonomy*), सम्मान और प्रभाव। मनोविज्ञान कहता है कि इंसान को अपने काम से प्यार तब नहीं होता जब वह उसका शौक हो, बल्कि तब होता है जब वह उस काम में 'मास्टर' बन जाता है। इसलिए, पैशन ढूंढने के चक्कर में करियर मत बदलिए, बल्कि जो करियर आपके हाथ में है, उसमें इतने माहिर बन जाइये कि दुनिया आपको नज़रअंदाज़ न कर सके।

2. पैशन के साथ करियर का 'हाइब्रिड मॉडल' (*The Safety Strategy*):

अगर आपका कोई ऐसा पैशन है जो आपको वाकई सुकून देता है (जैसे लिखना, गाना या पेंटिंग), तो उसे सीधा करियर बनाने का जोखिम उठाना अक्सर 'वित्तीय आत्महत्या' जैसा होता है। सही रास्ता यह है कि पहले एक मज़बूत 'आर्थिक करियर' खड़ा कीजिये जो आपके बिल भर सके और आपके परिवार को सुरक्षा दे सके। जब आपका करियर आपको वह 'फ्रीडम' दे दे, तब अपने पैशन को उसके साथ जोड़िये। पैशन को 'भूखा' मत रखिये, उसे अपने करियर की कमाई से सींचिये।

3. परिवार और हकीकत का सामंजस्य:

माता-पिता कभी आपके सपनों के दुश्मन नहीं होते, वे बस आपके 'असुरक्षित भविष्य' के दुश्मन होते हैं। जब आप 'पैशन' के नाम पर हवा में महल बनाते हैं, तो वे डरते हैं। लेकिन जब आप 'करियर' के नाम पर ज़मीन मज़बूत करते हैं और उसके साथ अपने सपनों को भी जिंदा रखते हैं, तो उनका भरोसा बढ़ता है। याद रखिये, दुनिया आपके 'जुनून' को तब तक स्वीकार नहीं करेगी जब तक आप सफल नहीं हो जाते। सफलता के बाद आपका 'पागलपन' भी लोगों को 'विज़न' लगने लगता है।

निष्कर्ष

सबसे सुरक्षित और सफल रास्ता यह है कि करियर को अपनी प्राथमिकता बनाइये और मास्टरी (*Mastery*) को अपना मज़हब। जब आप अपने काम में इतने अच्छे हो जाएंगे कि कोई आपकी जगह न ले सके, तो उस काम को करने में जो 'नशा' और 'संतुष्टि' मिलेगी, वही असली पैशन है।

पैशन वह 'शुरुआती चिंगारी' नहीं है जिससे आग लगती है, पैशन वह 'तपिश' है जो मज़बूत लकड़ियों (*Hard Work*) के जलने के बाद पैदा होती है। इसलिए, पैशन की तलाश बंद कीजिये और 'काबिल' बनने की प्रक्रिया शुरू कीजिये। जिस दिन आप 'अनमोल' बन जाएंगे, आज़ादी और जुनून आपके कदम चूमेंगे।

सारांश (*Summary*)

इस अध्याय का निचोड़ यह है कि जिसे दुनिया 'पैशन' (जुनून) कहती है, वह कोई पहले से बना-बनाया खजाना नहीं है जिसे आपको ढूंढना है, बल्कि यह वह 'ईनाम' है जो बरसों की मेहनत और महारत के बाद मिलता है। 'अपना जुनून ढूंढो' जैसी सलाह असल में एक भटकाव है, क्योंकि महान करियर की बुनियाद जुनून पर नहीं, बल्कि 'दुर्लभ और कीमती हुनर' (Career Capital) पर टिकी होती है।

असली सफलता का रास्ता 'क्राफ्ट्समैन माइंडसेट' (Craftsman Mindset) अपनाने में है—यानी यह सोचना बंद करना कि "दुनिया मुझे क्या दे सकती है" और इस पर ध्यान लगाना कि "मैं दुनिया को इतना कीमती क्या दे सकता हूँ कि लोग मुझे नज़रअंदाज़ न कर सकें।" जब आप अपने काम में इतने माहिर हो जाते हैं कि कोई आपकी जगह न ले सके, तो काम में मिलने वाली आज़ादी, सम्मान और प्रभाव ही उस काम को आपका सबसे बड़ा जुनून बना देते हैं। अंततः, अपने जुनून के पीछे भागने के बजाय, अपने हुनर को इतना ऊँचा कीजिये कि जुनून खुद आपके पीछे चला आए।

इंटरनेट, सोशल मीडिया और बच्चों का भविष्य: समय से पहले 'एडल्ट' होता बचपन

(Internet, Social Media, and the Future of Children: The Precarious Rise of Premature Adulthood)

आज से बीस साल पहले तक, 'बचपन' एक सुरक्षित चारदीवारी के भीतर पलता था। उस दौर में एक बच्चे के लिए दुनिया का मतलब था—मिट्टी के खिलौने, गली के दोस्त और दादा-दादी की कहानियाँ। लेकिन आज, वह चारदीवारी ढह चुकी है। स्मार्टफोन के रूप में हर बच्चे की जेब में एक ऐसी 'खिड़की' खुल गई है, जो सीधे उस अंधेरी दुनिया में ले जाती है जहाँ उम्र की कोई पाबंदी नहीं है। हम जिस संकट के दौर में जी रहे हैं, उसे समाज वैज्ञानिक 'मासूमियत का डिजिटल कत्ल' कह रहे हैं। समस्या यह नहीं है कि बच्चे इंटरनेट चला रहे हैं, समस्या यह है कि इंटरनेट बच्चों को चला रहा है। वह दिमाग जो अभी पूरी तरह विकसित भी नहीं हुआ, उसे वह सब कुछ परोसा जा रहा है जिसे समझने की परिपक्वता (*Maturity*) आने में दशकों लगते हैं। परिणाम हमारे सामने है: शरीर से बच्चे, लेकिन मानसिक रूप से समय से पहले 'एडल्ट' (*Adult*) होते जा रहे किशोर, जिनका भविष्य एक नीली स्क्रीन की रोशनी में धुंधला पड़ता जा रहा है।

इस डिजिटल त्रासदी को समझने के लिए हमें उस 'ब्रेन-हाइजैकिंग' (*Brain Hijacking*) को देखना होगा, जो आज हर दूसरे घर की कहानी बन चुकी है।, इसे हम एक कहानी से समझते है।

इंदौर का वह नौ साल का बालक, आयुष, जिसका भविष्य उज्ज्वल हो सकता था, वह अपनी शिक्षा की आड़ में पिता से तकनीक की मांग करता है। एक पिता, जो अपने बच्चे को आधुनिक युग की प्रतिस्पर्द्धा में पीछे नहीं देखना चाहता, उसे स्मार्टफोन लाकर दे देता है। यहीं से शुरू होता है 'डिजिटल डिमेंशिया' और 'हाइपर-एग्रेशन' का वह चक्रव्यूह, जिससे निकलना नामुमकिन था। जो बच्चा कभी खिलौनों से खेलता था, वह अब उन दृश्यों और अनुभवों का

हिस्सा बन गया जिनके लिए उसका कच्चा मस्तिष्क (*Pre-frontal Cortex*) तैयार ही नहीं था। वह २२ साल की परिपक्वता वाली बातें ९ साल की उम्र में 'कंज्यूम' करने लगा। धीरे-धीरे उसके स्वभाव में 'इम्पल्स कंट्रोल डिसऑर्डर' घर कर गया। मोबाइल की नीली रोशनी ने उसके भीतर के धैर्य को जला दिया और गेमिंग के हिंसक दृश्यों ने उसकी संवेदनाओं को पत्थर बना दिया।

वह दोपहर, जब उसकी माँ ने महज़ भोजन करने के लिए उससे वह जादुई उपकरण छीना, तो आयुष के भीतर का वह 'डिजिटल दानव' जाग उठा। एक नौ साल के बच्चे ने आवेश में आकर अपनी जननी के सिर पर वार कर दिया और दो घंटे तक जब उसकी माँ तड़पकर दम तोड़ रही थी, वह बच्चा बगल में बैठकर निर्जीव स्क्रीन पर गेम खेल रहा था। यह घटना साबित करती है कि स्मार्टफोन अब महज़ एक संचार का साधन नहीं, बल्कि एक 'न्यूरोलॉजिकल ड्रग' बन चुका है, जो बच्चों के भीतर की सहानुभूति और मानवीय संवेदनाओं को पूरी तरह नष्ट कर रहा है।

ज़रा पीछे मुड़कर अपने बचपन को याद कीजिये। हमारे पास तकनीक नहीं थी, लेकिन हमारे पास 'मैदान' थे, 'धूल' थी और 'धैर्य' था। आज के बच्चों का संज्ञानात्मक विकास (*Cognitive Development*) जैसे एक जगह ठहर सा गया है। शोध के चौंकाने वाले आंकड़े बताते हैं कि २ से ३ साल के बच्चे औसतन २.५ से ३ घंटे प्रतिदिन मोबाइल पर बिता रहे हैं। यह वह उम्र है जब उनके मस्तिष्क के न्यूरॉन्स को बाहरी दुनिया से जुड़ना चाहिए था, लेकिन वे एक संकीर्ण स्क्रीन में कैद होकर रह गए हैं। और इसके लिए सबसे बड़े ज़िम्मेदार हम स्वयं हैं। आज के माता-पिता अपनी 'आलस' और 'सुविधा' के लिए बच्चे को मोबाइल थमा देते हैं ताकि वे बिना नखरे के खाना खा लें या उन्हें सोने दें। हम अपने बच्चों को उस 'डिजिटल भट्टी' में झोंक रहे हैं जहाँ से उनकी वापसी नामुमकिन है। क्या आपको वाकई लगता है कि स्क्रीन देखते हुए निगला गया निवाला बच्चे को पोषण देगा? नहीं, वह उसे केवल एक 'आज्ञाकारी रोबोट' बना रहा है।

तकनीक से दूरी समाधान नहीं है, लेकिन 'अंधाधुंध पहुँच' (*Unrestricted Access*) विनाशकारी है। यदि आप अपने बच्चे को तकनीक देना ही चाहते हैं, तो उसे मोबाइल के बजाय

कंप्यूटर या लैपटॉप दीजिये जिसे घर के किसी खुले स्थान पर रखा जा सके। जहाँ आप उसकी गतिविधियों, उसके शोध और उसके संपर्कों पर एक 'पेरेंटल वॉच' रख सकें। स्मार्टफोन एक निजी सुरंग है जहाँ बच्चा कब खो जाता है, आपको पता भी नहीं चलता।

लेकिन इस त्रासदी में केवल माता-पिता ही अपराधी नहीं हैं। इसके पीछे वह 'अंधेरी दुनिया' और वे विशालकाय टेक कंपनियाँ हैं जिन्होंने अपने मुनाफे के लिए हमारे बच्चों के मस्तिष्क को 'डोपामाइन लूप' में कैद कर लिया है। इन कंपनियों के पीछे बैठे मनोवैज्ञानिक और इंजीनियर रात-दिन इसी बात पर शोध करते हैं कि एक बच्चे की एकाग्रता को कैसे 'हाइजैक' किया जाए। वे जानते हैं कि एक बार अगर बचपन को इस लत की आदत पड़ गई, तो उनका व्यापार पीढ़ियों तक सुरक्षित रहेगा

अटेंशन इकोनॉमी

तकनीक की इस अंधी दौड़ में जो सबसे बड़ा खेल खेला जा रहा है, उसे विशेषज्ञ 'अटेंशन इकोनॉमी' (*Attention Economy*) कहते हैं। बड़ी-बड़ी टेक कंपनियाँ—चाहे वो सोशल मीडिया प्लेटफॉर्म्स हों या ऑनलाइन गेमिंग जाइंट्स—सभ्यता के इतिहास के सबसे बड़े 'माइंड-कंट्रोल' प्रयोग का हिस्सा हैं। इनका व्यापार इस बात पर नहीं टिका है कि वे आपको क्या बेच रहे हैं, बल्कि इस पर टिका है कि वे आपका कितना 'समय' चुरा सकते हैं। जब एक नौ साल का बच्चा स्मार्टफोन उठाता है, तो वह केवल एक गैजेट के साथ नहीं खेल रहा होता, बल्कि वह दुनिया के सबसे बेहतरीन मनोवैज्ञानिकों, डेटा वैज्ञानिकों और न्यूरो-इंजीनियर्स की फौज के खिलाफ खड़ा होता है, जिनका एकमात्र लक्ष्य उस बच्चे को स्क्रीन से चिपकाए रखना है।

इस खेल की शुरुआत होती है एक जादुई रसायन से, जिसे मेडिकल साइंस में 'डोपामाइन' (*Dopamine*) कहा जाता है। इसे अक्सर 'खुशी का हार्मोन' समझा जाता है, लेकिन असल में यह 'इंतज़ार और चाहत' (*Anticipation and Desire*) का न्यूरोट्रांसमीटर है। जब बच्चा फोन पर एक 'रील' स्वाइप करता है या गेम में एक लेवल पार करता है, तो उसके दिमाग के 'रिवॉर्ड सिस्टम' (*Reward System*) में डोपामाइन का एक तेज़ विस्फोट होता है। यह ठीक वैसा ही है जैसे किसी जुआरी को जीत की उम्मीद में मिलने वाला झटका। टेक कंपनियाँ इसे 'वैरिएबल रिवॉर्ड शेड्यूल' (*Variable Reward Schedule*) कहती हैं। इसका मतलब है कि आपको नहीं पता कि अगले स्वाइप पर क्या मिलेगा—हो सकता है कि एक मजेदार वीडियो मिले या एक नया नोटिफिकेशन।

SCREEN LIGHT INFLUENCE

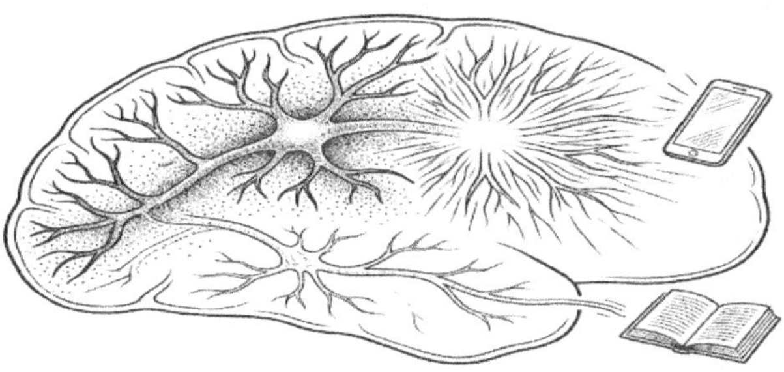

PHYSICAL BOOK PATH

यही 'अनिश्चितता' बच्चे के दिमाग को उस स्क्रीन का गुलाम बना देती है।

अब सवाल यह है कि मोबाइल में ऐसा क्या है जो किताबों में नहीं मिलता? किताबें 'धीमे इनाम' (*Delayed Gratification*) का सिद्धांत अपनाती हैं। एक किताब पढ़ने के लिए धैर्य चाहिए, कल्पना शक्ति चाहिए और लंबे समय तक एकाग्र रहना पड़ता है। लेकिन बच्चे का कच्चा दिमाग, जिसका 'प्री-फ्रंटल कॉर्टेक्स' (मस्तिष्क का वह हिस्सा जो भावनाओं पर नियंत्रण और भविष्य की सोच रखता है) अभी पूरी तरह विकसित नहीं हुआ है, वह इस 'धीमी मेहनत' के बजाय

'इन्स्टेंट ग्रैटिफिकेशन' (*Instant Gratification*) को चुनता है। टेक कंपनियों ने अपने ऐप्स को 'स्किन्स' (*Skins*) और 'लूथ बॉक्स' (*Loot Boxes*) जैसे आकर्षक रंगों और ध्वनियों से ऐसा सजाया है कि बच्चे का दिमाग उसे 'शिकार' या 'खोज' समझकर उसमें उलझ जाता है। एक बच्चा जब किताब पढ़ता है, तो उसका दिमाग शांत होता है; लेकिन जब वह गेम खेलता है, तो उसका दिमाग 'हाइपर-एराउजल' (*Hyper-arousal*) की स्थिति में होता है—यही वह स्थिति है जहाँ उसे होश नहीं रहता कि बाहर की दुनिया में क्या हो रहा है।

इन कंपनियों का वर्क सिस्टम किसी डार्क लैब की तरह काम करता है। वे 'एबी टेस्टिंग' (*A/B Testing*) का इस्तेमाल करते हैं। वे हर दिन लाखों बच्चों पर यह टेस्ट करते हैं कि किस रंग के बटन पर बच्चा ज़्यादा क्लिक कर रहा है, या किस तरह की आवाज़ उसे दोबारा ऐप पर खींच लाती है। इसे 'परसुएसिव डिज़ाइन' (*Persuasive Design*) कहा जाता है। उदाहरण के तौर पर, स्नैपचैट का 'स्ट्रीक्स' (*Streaks*) फीचर देखिये। यह बच्चों के भीतर 'फोमो' (*FOMO - Fear of Missing Out*) पैदा करता है। अगर बच्चा एक दिन ऐप नहीं खोलेगा, तो उसका 'स्कोर' टूट जाएगा। एक छोटे बच्चे के लिए यह स्कोर उसकी सामाजिक प्रतिष्ठा और पहचान बन जाता है। वह

डर के मारे ऐप पर लौटता है। टेक कंपनियाँ बच्चों की इसी 'सामाजिक असुरक्षा' का व्यापार करती हैं।

मेडिकल साइंस में इसे 'न्यूरोप्लास्टिसिटी' (*Neuroplasticity*) के नज़रिए से देखें तो यह और भी डरावना है। बच्चे का दिमाग मोम की तरह नरम होता है, वह जो देखता है, वैसा ही ढल जाता है। जब वह लगातार तेज़ संगीत, बदलती लाइटें और हिंसक गेम्स देखता है, तो उसके दिमाग के न्यूरॉन्स 'शॉर्ट-सर्किट' होने लगते हैं। उसकी 'अटेंशन स्पैन' (एकाग्र रहने की क्षमता) घटकर चंद सेकंड की रह जाती है। यही कारण है कि आज के बच्चों को क्लास में टीचर की बात बोरिंग लगती है, क्योंकि टीचर का चेहरा 'रील' की तरह हर १५ सेकंड में बदलता नहीं है। इंदौर के आयुष जैसे बच्चे इसी 'हाइपर-स्टिम्युलेशन' (अत्यधिक उत्तेजना) के शिकार होते हैं। जब मोबाइल छीना जाता है, तो उनके दिमाग में अचानक डोपामाइन की भारी कमी हो जाती है, जो शारीरिक और मानसिक रूप से 'विड्रॉल सिम्पटम्स' (नशे की कमी के लक्षण) पैदा करती है। इसी गुस्से में वे हिंसा पर उतारू हो जाते हैं।

ये कंपनियाँ जानती हैं कि अगर उन्होंने बचपन में ही उपभोक्ता (*Customer*) बना लिया, तो वह पूरी उम्र उनका गुलाम रहेगा। वे बच्चों के 'अवचेतन मन' (*Subconscious Mind*) में अपनी पैठ बनाती हैं। गेम्स में जो 'इन-ऐप परचेज़' होते हैं, वे बच्चों को 'वर्चुअल ओनरशिप' का लालच देते हैं। बच्चा असल दुनिया में साइकिल चलाने के बजाय गेम में महंगी कारें खरीदने के सपने देखने लगता है। यह 'डिजिटल डिमेंशिया' की स्थिति है, जहाँ बच्चा अपना नाम, अपना पता और अपनी भावनाएँ तक भूलकर एक कृत्रिम दुनिया का हिस्सा बन जाता है। हकीकत यह है कि इन कंपनियों के मालिकों ने खुद अपने बच्चों को स्मार्टफोन और टैबलेट से दूर रखा है, क्योंकि वे जानते हैं कि वे क्या ज़हर बेच रहे हैं। वे जानते हैं कि उन्होंने एक ऐसा 'डिजिटल कोकीन' बना दिया है जो बिना किसी धुएँ के हमारे भविष्य की जड़ों को राख कर रहा है।

इस डिजिटल मायाजाल की गहराई को समझने के लिए हमें उस 'अदृश्य युद्ध' को देखना होगा जो एक बच्चे के मस्तिष्क के भीतर चौबीसों घंटे चल रहा है। टेक कंपनियाँ केवल सॉफ्टवेयर नहीं बनातीं, वे 'बिहेवियरल इंजीनियरिंग' (*Behavioral Engineering*) का उपयोग करती हैं, जिसे सरल भाषा में 'इंसानी व्यवहार को हैक करना' कहा जा सकता है।

जब एक बच्चा स्क्रीन के सामने बैठता है, तो उसके मस्तिष्क का एक हिस्सा जिसे 'वेंट्रल स्ट्रिएटम' (*Ventral Striatum*) कहते हैं, अत्यधिक सक्रिय हो जाता है। यह मस्तिष्क का वह केंद्र है जो हमें 'इनाम' और 'मजे' का अहसास कराता है। वैज्ञानिकों ने पाया है कि सोशल मीडिया ऐप्स का 'लाइक' बटन या किसी गेम में मिलने वाला 'रिवॉर्ड' ठीक उसी तरह काम करता है जैसे किसी वयस्क के लिए जुए की जीत। इसे 'पॉजिटिव इंटरमिटेंट रिइन्फोर्समेंट' (*Positive Intermittent Reinforcement*) कहा जाता है। इसका मतलब है कि बच्चा हर बार फोन इसलिए उठाता है क्योंकि उसका दिमाग इस उम्मीद में रहता है कि "शायद इस बार कुछ और मज़ेदार मिले।" यह अनिश्चितता उसे एक 'लूप' में फँसा देती है, जहाँ से निकलना उसके स्वयं के नियंत्रण में नहीं रहता।

किताबों और मोबाइल के बीच की असली जंग 'कॉग्निटिव लोड' (*Cognitive Load*) की है। एक किताब पढ़ते समय मस्तिष्क को खुद अपनी इमेजिनेशन (कल्पना) बनानी पड़ती है, जिसे 'डीप प्रोसेसिंग' कहते हैं। इसके विपरीत, वीडियो और गेम्स 'पैसिव प्रोसेसिंग' कराते हैं, जहाँ सब कुछ पहले से बना-बनाया और चमक-धमक के साथ परोसा जाता है। जब कोई बच्चा लगातार 'शॉर्ट-फॉर्म कंटेंट' (जैसे रील्स या टिकटॉक) देखता है, तो उसके मस्तिष्क का 'अटेंशन स्पैन' (एकाग्रता का समय) टूटने लगता है। मेडिकल साइंस में इसे 'एक्वायर्ड अटेंशन डेफिसिट' कहा जा सकता है। यानी, बच्चा जन्म से एकाग्रता की कमी के साथ पैदा नहीं हुआ था, बल्कि तकनीक ने उसके दिमाग के न्यूरॉन्स को इस तरह 'रीवायर' (*Rewire*) कर दिया है कि वह अब ३० सेकंड से ज़्यादा किसी एक चीज़ पर ध्यान नहीं दे पाता।

इसे एक और उदाहरण से समझिये। मान लीजिये एक बच्चा किसी युद्ध वाले गेम (*War Game*) में उलझा है। उस समय उसका शरीर 'फाइट ऑर फ्लाइट' (*Fight or Flight*) मोड में होता है। उसके एड्रिनल ग्लैंड्स से 'कोर्टिसोल' (तनाव का हार्मोन) और 'एड्रिनलीन' का स्राव होता है। एक ९-१० साल के बच्चे का शरीर इस रासायनिक तनाव को झेलने के लिए नहीं बना है। जब वह गेम बंद करता है, तो उसका दिमाग अचानक एक 'लो' (*Low*) महसूस करता है। यही वह समय है जब वह चिड़चिड़ा, गुस्सैल और हिंसक हो जाता है। वह इंदौर वाली घटना इसी 'केमिकल क्रैश' का नतीजा थी। जब माँ ने फोन छीना, तो उस बच्चे के दिमाग में डोपामाइन का स्तर अचानक गिर गया, जिससे उसे वही दर्द महसूस हुआ जो एक नशेड़ी को नशा न मिलने पर होता है।

टेक कंपनियाँ इस खेल को और गहरा करने के लिए 'स्लीपर एल्गोरिदम' का उपयोग करती हैं। वे बच्चे के 'चेहरे के भावों' और 'आँखों की पुतलियों की हलचल' तक को ट्रैक कर सकती हैं (आई-ट्रैकिंग तकनीक)। अगर बच्चा किसी खास तरह के विज्ञापन या हिंसा पर रुकता है, तो एल्गोरिदम उसे वही चीज़ बार-बार दिखाता है। यह 'इको चैम्बर' (*Echo Chamber*) बच्चे के लिए एक कृत्रिम सत्य बना देता है। वह बच्चा जिसे अभी दुनिया की विविधता देखनी थी, वह एक संकीर्ण और हिंसक डिजिटल सुरंग में कैद हो जाता है।

सबसे डरावनी बात यह है कि यह डिजिटल लत बच्चों के 'ग्रे मैटर' (*Gray Matter*) को प्रभावित कर रही है। एमआरआई स्कैन में देखा गया है कि जो बच्चे अत्यधिक स्क्रीन का उपयोग करते हैं, उनके दिमाग का वह हिस्सा जो भाषा, तर्क और सहानुभूति (*Empathy*) को नियंत्रित करता है, वह धीरे-धीरे पतला होने लगता है। इसे 'डिजिटल डिमेंशिया' कहा जाता है। बच्चा शब्द तो बोलता है, लेकिन उनके पीछे के जज्बातों को महसूस नहीं कर पाता। वह अपनी माँ को रोते हुए देख सकता है, लेकिन उसके दिमाग का वह हिस्सा जो उस दर्द को समझना चाहिए, वह 'शून्य' हो चुका होता है।

यह कंपनियाँ अपने दफ्तरों में 'अटेंशन लैब्स' चलाती हैं जहाँ यह शोध किया जाता है कि कैसे इंसानी कमज़ोरियों का इस्तेमाल कर उन्हें स्क्रीन का गुलाम बनाया जाए। वे जानते हैं कि बच्चों में 'सामाजिक स्वीकृति' (*Social Validation*) की भूख सबसे ज़्यादा होती है। इसलिए वे 'लाइक', 'शेयर' और 'कमेंट्स' के जरिए बच्चों को एक ऐसी आभासी पहचान (*Virtual Identity*) में उलझा देते हैं, जहाँ बच्चा अपनी असली ज़िंदगी की तुलना इंटरनेट की 'फिल्टर की हुई दुनिया' से करने लगता है। यही वह मोड़ है जहाँ से अवसाद (*Depression*) और आत्महत्या जैसे विचार एक कोमल बचपन में घर कर लेते हैं। हम वास्तव में एक ऐसी पीढ़ी तैयार कर रहे हैं जो सूचनाओं से तो भरी है, लेकिन विवेक और संवेदनाओं से पूरी तरह खाली है।

डेटा माइनिंग

तकनीक की दुनिया में एक कहावत है— "अगर आप उत्पाद के लिए पैसे नहीं दे रहे हैं, तो आप खुद एक उत्पाद हैं।" लेकिन बच्चों के मामले में यह बात और भी भयावह हो जाती है। सोशल मीडिया कंपनियाँ और उनके प्लेटफॉर्म्स महज़ मनोरंजन के साधन नहीं हैं, बल्कि वे 'डेटा एक्सट्रैक्शन मशीन' हैं। जब एक बच्चा स्क्रीन पर उँगली चलाता है, तो वह अनजाने में अपनी पसंद, नापसंद, डर, और अपनी पूरी मनोवैज्ञानिक प्रोफाइल (*Psychological Profile*) उन सर्वरों को सौंप रहा होता है। इसी डेटा के समंदर में तैरते हैं वे 'डिजिटल शिकारी' और हैकर्स, जो बच्चे के अवचेतन मन (*Subconscious Mind*) का नक्शा तैयार कर लेते हैं। ये अपराधी जानते हैं कि एक बारह साल के बच्चे का अकेलापन कहाँ है और उसकी कल्पनाओं का राजकुमार या राजकुमारी कैसी दिखती है।

THE STRINGS OF DIGITAL CONTROL

इसे समझने के लिए हमें बारह वर्षीय 'खुशी' की उस रूह कंपा देने वाली कहानी को देखना होगा, जो आज के हर उस घर की चेतावनी है जहाँ बच्चा 'प्राइवेसी' के नाम पर कमरे बंद करके स्मार्टफोन चलाता है। खुशी के लिए उसका फोन दुनिया से जुड़ने का जरिया था, लेकिन एक अज्ञात देश (जैसे न्यूजीलैंड) में बैठे एक २५ वर्षीय शातिर अपराधी के लिए खुशी महज़ एक 'टारगेट' थी। उस शिकारी ने हैकिंग और 'सोशल इंजीनियरिंग' (*Social Engineering*) के जरिए खुशी का पूरा डेटा पहले ही हासिल कर लिया था। उसे पता था कि खुशी को किस तरह के चेहरे पसंद हैं, उसे क्या सुनना अच्छा लगता है और वह दिन के किस वक्त सबसे ज़्यादा अकेली और भावनात्मक रूप से कमज़ोर होती है।

उस अपराधी ने अपनी प्रोफाइल पिक्चर और बातें ठीक वैसी ही रखीं जैसी खुशी की कल्पनाओं में बसी थीं। इसे मनोविज्ञान में 'ग्रूमिंग' (*Grooming*) कहा जाता है। हफ़्तों तक उसने खुशी का विश्वास जीता, उसे यह अहसास कराया कि दुनिया में वही एक इंसान है जो उसे समझता है। एक मासूम बच्ची, जो अपने परिवार के बीच बैठकर भी डिजिटल रूप से मीलों दूर थी, उस जाल में फँसती चली गई। वह मोड़ तब आया जब उस शिकारी ने 'लाइव वीडियो कॉल' का प्रस्ताव रखा। प्यार और विश्वास के झांसे में आकर, खुशी ने वही किया जो उस २५ साल के आदमी ने कहा। उसे अंदाजा भी नहीं था कि उस स्क्रीन के पीछे एक 'रिकॉर्डिंग सॉफ्टवेयर' चल रहा था जो उसकी मासूमियत को एक 'हथियार' में बदल रहा था।

जैसे ही कॉल कटा, खुशी की दुनिया ढह गई। उसके फोन पर एक संदेश चमका— "5000 डॉलर भेजो, वरना तुम्हारी यह रिकॉर्डिंग तुम्हारे पिता और तुम्हारे स्कूल के दोस्तों तक पहुँच जाएगी।" यह 'सेक्सटोर्शन' (*Sextortion*) का वह काला अध्याय है जहाँ बच्चा बुरी तरह टूट जाता है। खुशी के पास न पैसे थे और न ही यह बताने का साहस कि उसने क्या किया है। वह डर के उस अंधेरे मुकाम पर पहुँच गई जहाँ से उसे सिर्फ़ अपनी जान देना ही एकमात्र रास्ता दिखा। यह उस तकनीक का सबसे डरावना चेहरा है जहाँ हैकर्स और टेक कंपनियों का डेटा मिलकर एक बच्चे के जीवन को 'नीलाम' कर देते हैं।

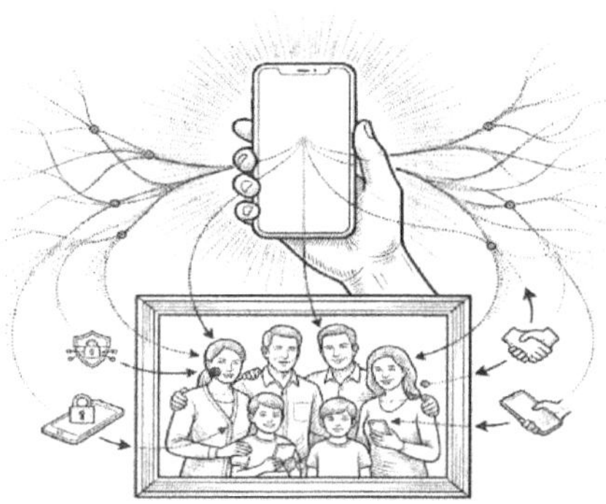

THE CORD OF DOMESTIC COMPROMISE

हैकर्स का ग्राउंड वर्क किसी जासूसी संस्था से कम नहीं होता। वे 'डेटा ब्रोकर्स' से उन बच्चों की लिस्ट खरीदते हैं जो सोशल मीडिया पर सबसे ज़्यादा सक्रिय हैं। वे बच्चे के 'जियो-लोकेशन' को ट्रैक करते हैं ताकि उन्हें पता रहे कि बच्चा इस वक्त स्कूल में है, पार्क में है या घर पर अकेला है। टेक कंपनियाँ अपने 'प्राइवेसी फीचर्स' का दावा तो करती हैं, लेकिन उनके एल्गोरिदम इस तरह डिज़ाइन किए गए हैं कि वे बच्चे की 'कमज़ोरियों' को पकड़ लेते हैं और उसे उन्हीं लोगों या विज्ञापनों की तरफ धकेलते हैं जो उसे नुकसान पहुँचा सकते हैं। यह एक 'सिम्बायोटिक

रिलेशनशिप' (सहजीवी संबंध) है—कंपनी को यूजर का समय चाहिए और अपराधी को यूजर का डेटा।

इस डरावनी हकीकत से बचने का एकमात्र रास्ता 'तकनीकी पाबंदी' नहीं, बल्कि 'संवादात्मक सुरक्षा' (*Communicative Security*) है। माता-पिता को अपने बच्चों के लिए 'पुलिस' नहीं, बल्कि एक ऐसा 'सुरक्षित कोना' (*Safe Haven*) बनना होगा जहाँ बच्चा डरे बिना अपनी गलतियाँ बता सके। अगर आपके और आपके बच्चे के बीच संवाद की दीवार ऊँची है, तो यकीन मानिये, वह बच्चा उस दीवार के बाहर इंटरनेट के उन भेड़ियों का आसान शिकार बन जाएगा जो महज़ एक क्लिक की दूरी पर इंतज़ार कर रहे हैं। तकनीक ज़रूरी है, लेकिन उस तकनीक के पीछे छिपे उन 'डार्क मेंबर्स' को पहचानने के लिए बच्चे को संस्कार और सतर्कता की ढाल देना आज के दौर की सबसे बड़ी ज़रूरत है।

इस डिजिटल कुरुक्षेत्र में जहाँ हर बच्चा एक अदृश्य दुश्मन के साथ युद्ध में है, माता-पिता की भूमिका अब केवल 'संरक्षक' की नहीं, बल्कि एक 'साइबर-रणनीतिकार' की होनी चाहिए। आधुनिक मनोविज्ञान और डिजिटल सुरक्षा के विशेषज्ञ मानते हैं कि तकनीक पर पाबंदी लगाना उतना प्रभावी नहीं है जितना कि तकनीक के साथ एक 'स्वस्थ संबंध' (*Healthy Relationship*) विकसित करना। इसे हम 'डिजिटल पेरेंटिंग' के उन अनकहे सिद्धांतों से समझ सकते हैं जो एक बच्चे के भविष्य को बिखरने से बचा सकते हैं।

सबसे पहला और अनिवार्य सिद्धांत है— 'तकनीकी पारदर्शिता' (*Technical Transparency*)। स्मार्टफोन एक निजी गुफा है, और बच्चों को निजी गुफा की नहीं, बल्कि एक खुले मैदान की ज़रूरत होती है। घर के भीतर एक 'नो-फोन ज़ोन' (*No-Phone Zone*) और 'नो-फोन टाइम' का कड़ाई से पालन होना चाहिए। अध्ययन बताते हैं कि जो बच्चे रात के समय अपने बिस्तर पर मोबाइल ले जाते हैं, उनमें अवसाद और एंग्जायटी का स्तर उन बच्चों से ४०% अधिक होता है जो रात को फोन बाहर छोड़कर सोते हैं। माता-पिता को चाहिए कि वे मोबाइल को

'व्यक्तिगत संपत्ति' के बजाय एक 'साझा संसाधन' (*Shared Resource*) के रूप में पेश करें। बच्चे को पता होना चाहिए कि उसके द्वारा की गई हर गतिविधि एक 'डिजिटल फुटप्रिंट' छोड़ रही है जिसे कभी मिटाया नहीं जा सकता।

दूसरा सिद्धांत 'डिजिटल लिटरेसी बनाम डिजिटल रिस्ट्रिक्शन' का है। केवल ऐप्स को ब्लॉक करना समाधान नहीं है, क्योंकि हैकर्स और अपराधी हमेशा नया रास्ता ढूंढ लेते हैं। असली सुरक्षा बच्चे को 'डिजिटल प्रीडेटर्स' (शिकारियों) की पहचान कराना है। उसे यह समझाना होगा कि इंटरनेट पर दिखने वाला हर चेहरा सच नहीं होता और 'एनोनिमिटी' (गुमनामी) अपराधियों का सबसे बड़ा हथियार है। खुशी जैसी घटनाओं से बचने के लिए बच्चे के भीतर 'क्रिटिकल थिंकिंग' विकसित करना ज़रूरी है। उसे सिखाया जाना चाहिए कि "अगर इंटरनेट पर कोई चीज़ मुफ्त मिल रही है, तो उत्पाद वह नहीं, बल्कि तुम खुद हो।" उसे 'प्राइवेसी सेटिंग्स' से ज़्यादा 'प्राइवेसी की अहमियत' समझानी होगी।

तीसरा और सबसे महत्वपूर्ण बिंदु है— 'इमोशनल एंकरिंग' (*Emotional Anchoring*)। एक बच्चा अजनबियों की ओर तब झुकता है जब उसे अपने घर के भीतर संवाद की कमी महसूस होती है। टेक कंपनियाँ बच्चों की 'अकेलेपन की भूख' का फायदा उठाती हैं। यदि आप अपने बच्चे के लिए एक ऐसे 'दोस्त' हैं जिससे वह अपनी सबसे बड़ी गलती भी साझा कर सकता है, तो वह 'सेक्सटोर्शन' जैसे जालों का शिकार कभी नहीं बनेगा। डिजिटल दुनिया की लत को कम करने का एकमात्र तरीका 'एनालॉग दुनिया' (*Physical World*) को और अधिक रोमांचक बनाना है। खेल, संगीत, पेंटिंग या कोई भी शारीरिक गतिविधि दिमाग में वह प्राकृतिक डोपामाइन पैदा करती है जो मोबाइल के कृत्रिम डोपामाइन से कहीं अधिक स्थायी और स्वास्थ्यवर्धक है।

अंततः, माता-पिता को खुद का 'डिजिटल ऑडिट' करना होगा। बच्चा वह नहीं करता जो आप उसे 'कहते' हैं, बच्चा वह करता है जो वह आपको 'करते हुए देखता' है। यदि एक पिता खुद

डाइनिंग टेबल पर नोटिफिकेशन चेक कर रहा है, तो वह बच्चे को एकाग्रता का पाठ कभी नहीं पढ़ा सकता। तकनीक एक बहुत अच्छा नौकर है, लेकिन एक बहुत ही क्रूर मालिक। हमें अपने बच्चों को 'तकनीक का इस्तेमाल करना' सिखाना है, 'तकनीक द्वारा इस्तेमाल होना' नहीं। यह लड़ाई महज़ एक ऐप या गेम के खिलाफ नहीं है, यह उस पीढ़ी को बचाने की लड़ाई है जो सूचनाओं के समंदर में तो है, लेकिन जिसे किनारे तक पहुँचने का रास्ता नहीं पता।

सभ्यता के इस मोड़ पर हम जिस सबसे बड़े बायोलॉजिकल क्राइसिस (*Biological Crisis*) से गुजर रहे हैं, उसे मेडिकल साइंस की भाषा में 'प्रिकॉशियस प्यूबर्टी' कहा जाता है। हाल ही में हुई न्यूरोलॉजिकल रिसर्च, जिसमें डॉ. रॉबर्ट लस्टिग जैसे विशेषज्ञों ने हिस्सा लिया, यह साबित करती है कि स्मार्टफोन से निकलने वाली नीली रोशनी और डिजिटल स्टिमुलेशन हमारे बच्चों के प्राकृतिक विकास को समय से पहले धक्का दे रहे हैं। लड़कियों में जो मासिक धर्म पहले 14 साल की उम्र में शुरू होता था, वह अब 10 या 11 साल में ही देखा जा रहा है। वहीं लड़कों में 12 साल की उम्र में ही वो हार्मोनल बदलाव हो रहे हैं जो पहले 18 साल में हुआ करते थे। यह महज़ एक शारीरिक बदलाव नहीं है, यह एक 'इमरजेंसी' है, क्योंकि शरीर तो बड़ा हो रहा है लेकिन उसे संभालने वाला मस्तिष्क अभी भी एक नासमझ बच्चे का है।

इसका सबसे पहला और घातक असर 1. डोपामाइन रेजिस्टेंस के रूप में सामने आता है। जब कोई बच्चा लगातार स्क्रीन पर रील या गेम देखता है, तो उसके दिमाग में डोपामाइन का ऐसा सैलाब आता है जो किसी ड्रग्स के नशे से कम नहीं है। धीरे-धीरे उसका दिमाग इस 'हाई-डोज' का आदी हो जाता है। अब उसे साधारण खिलौने, कहानियाँ या पढ़ाई बोरिंग लगने लगती हैं। उसे खुश रहने के लिए हर बार और भी ज़्यादा 'डिजिटल नशा' चाहिए। इसी से जुड़ा है 2. प्री-फ्रंटल कॉर्टेक्स का संकुचन। मस्तिष्क का यह हिस्सा हमारे विवेक और सही-गलत के फैसले को नियंत्रित करता है। स्क्रीन के अत्यधिक उपयोग से यह हिस्सा पूरी तरह विकसित नहीं हो पाता, जिससे बच्चे परिणाम सोचे बिना हिंसक हो जाते हैं, जैसा हमने इंदौर के आयुष के मामले में देखा।

जैसे-जैसे हम गहराई में उतरते हैं, हमें 3. ग्रे मैटर का कम होना डराने लगता है। एमआरआई स्कैन यह साफ दिखाते हैं कि मोबाइल की लत बच्चों के दिमाग के उस हिस्से को गला देती है जहाँ प्रोसेसिंग और याददाश्त का काम होता है। यही कारण है कि आज का बच्चा 4. डिजिटल डिमेंशिया का शिकार है; उसे अब न तो परिवार के फोन नंबर याद हैं और न ही घर का रास्ता। उसका दिमाग अपनी याद रखने की क्षमता तकनीक को 'आउटसोर्स' कर चुका है। इस दौरान बच्चा लगातार 5. कॉर्टिसोल के बढ़े हुए स्तर से जूझता है। गेमिंग के हिंसक दृश्यों के कारण उसका शरीर 'फाइट ऑर फ्लाइट' मोड में रहता है, जिससे वह हर समय तनाव और चिड़चिड़ेपन में डूबा रहता है।

एक और गंभीर असर है 6. सहानुभूति का विनाश। स्क्रीन पर हिंसा देखते-देखते दिमाग का 'मिरर न्यूरॉन्स' सिस्टम खराब हो जाता है। बच्चा दूसरों का दर्द महसूस करना बंद कर देता है, उसके लिए किसी का मरना या तड़पना महज़ एक गेम का सीन बनकर रह जाता है। १५ सेकंड की वीडियोज़ ने बच्चों में 7. अटेंशन डेफिसिट पैदा कर दिया है। इसे 'एक्वायर्ड एडीएचडी' कह सकते हैं, जहाँ बच्चा ३ मिनट भी किसी किताब पर ध्यान नहीं लगा पाता। इस डिजिटल शोर ने उसे 8. सोशल एंग्जायटी की ओर धकेल दिया है; वह स्क्रीन पर तो शेर है, लेकिन असल दुनिया में लोगों से आँख मिलाने में उसे डर लगता है।

रात के समय फोन का इस्तेमाल 9. मेलाटोनिन का दमन करता है। नीली रोशनी दिमाग को भ्रमित करती है कि अभी भी दिन है, जिससे नींद का हार्मोन नहीं बनता और दिमाग खुद को 'रिपेयर' नहीं कर पाता। इससे बच्चों में 10. बॉडी डिस्मोर्फिया जैसी कुंठाएं पैदा हो रही हैं, जहाँ वे सोशल मीडिया के फिल्टर्स को सच मानकर खुद को बदसूरत समझने लगते हैं। उनका दिमाग 11. संवेदी अधिभार (*Sensory Overload*) के कारण हमेशा धुंधला (*Brain Fog*) रहता है। शारीरिक रूप से वे 12. नींद में एपनिया और गर्दन की बीमारियों से घिर रहे हैं, जबकि मानसिक

रूप से उनका 13. एमिग्डाला हमेशा अति-सक्रिय रहता है, जो उन्हें छोटी सी बात पर खूँखार और हिंसक बना देता है।

भविष्य के लिए सबसे चिंताजनक है 14. कार्यकारी कार्यों में कमी। योजना बनाना या समस्याओं को सुलझाना जैसे कौशल अब लुप्त हो रहे हैं क्योंकि फोन हर समस्या का 'तुरंत समाधान' दे देता है। यहाँ तक कि २-३ साल के बच्चों में 15. भाषा विकास में बाधा देखी जा रही है क्योंकि वे बोलना सीखने के बजाय सिर्फ़ स्क्रीन 'कंज्यूम' कर रहे हैं। शारीरिक आलस से पैदा हुई 16. डिजिटल ओबेसिटी उन्हें मेटाबॉलिक बीमारियों की ओर धकेल रही है, जबकि 17. साइबर-बुलिंग का मानसिक आघात उनके कच्चे मन पर गहरे घाव कर रहा है।

धीरे-धीरे बच्चा 18. अवास्तविक दुनिया के भ्रम में जीने लगता है, जहाँ हिंसा ही समस्याओं का एकमात्र हल दिखती है। वह 19. रिवॉर्ड डेफिसिएंसी सिंड्रोम का शिकार हो जाता है, जहाँ फोन के बिना उसे अपनी ज़िंदगी खाली और बेमानी लगने लगती है। अंततः, यह सब 20. न्यूरोप्लास्टिसिटी का दुरुपयोग है; बच्चा जिस गंदगी या हिंसा को बार-बार देखता है, उसका कोमल मस्तिष्क उसी स्थायी और डरावने सांचे में ढल जाता है। हम वास्तव में एक ऐसी पीढ़ी तैयार कर रहे हैं जो सूचनाओं से तो लबालब है, लेकिन विवेक, संवेदना और मानवीय गरिमा से पूरी तरह खाली है।

बच्चों के फोन पर नियंत्रण

डिजिटल युग में अपने बच्चे को सुरक्षित रखना अब केवल एक अनुशासन का मुद्दा नहीं, बल्कि एक 'सर्वाइवल स्ट्रेटेजी' (*Survival Strategy*) बन चुका है। सबसे पहला और बुनियादी सवाल जो हर माता-पिता के मन में आता है, वह यह है कि आखिर किस उम्र तक बच्चे को इस स्क्रीन की दुनिया से पूरी तरह दूर रखना चाहिए? विश्व स्वास्थ्य संगठन (*WHO*) और अमेरिकन एकेडमी ऑफ पीडियाट्रिक्स की गहरी रिसर्च एक ही बात कहती है— 2 साल की उम्र तक बच्चे के लिए

स्क्रीन टाइम 'शून्य' होना चाहिए। 2 से 5 साल की उम्र में यह प्रति दिन 1 घंटे से अधिक नहीं होना चाहिए, वह भी केवल उच्च गुणवत्ता वाले शैक्षिक कंटेंट के साथ। असली चुनौती तब शुरू होती है जब बच्चा स्कूल जाने लगता है। विशेषज्ञों का मानना है कि 14 साल की उम्र (8वीं कक्षा) तक बच्चे को अपना 'निजी स्मार्टफोन' देना उसके हाथ में एक बिना पिन वाला ग्रेनेड देने जैसा है। तकनीक से जोड़ना ज़रूरी है, लेकिन इसका माध्यम स्मार्टफोन नहीं, बल्कि घर के कॉमन एरिया में रखा गया 'कंप्यूटर या लैपटॉप' होना चाहिए, जहाँ बच्चा आपकी नज़रों के सामने 'सृजन' (*Create*) करे, न कि अकेले में कुछ 'कंज्यूम' (*Consume*) करे।

इसे एक वास्तविक उदाहरण से समझिये। सिलिकॉन वैली के बड़े-बड़े टेक दिग्गज, जैसे स्टीव जॉब्स या बिल गेट्स, जिन्होंने दुनिया को ये गैजेट्स दिए, उन्होंने अपने खुद के बच्चों के लिए 'लो-टेक' या 'नो-टेक' नियम बना रखे थे। वे जानते थे कि ये डिवाइस मस्तिष्क को किस कदर हैक कर सकते हैं। नियंत्रण की शुरुआत 'प्रतिबंध' से नहीं, बल्कि 'विकल्प' से होती है। यदि आप बच्चे से फोन छीनते हैं, तो आपको उसे उसके बदले में कुछ रोमांचक देना होगा—जैसे कोई मैदानी खेल, संगीत वाद्ययंत्र या कोई पेंटिंग क्लास। जब बच्चे का मस्तिष्क 1. नेचुरल डोपामाइन (खेलकूद और उपलब्धि से मिलने वाली खुशी) का स्वाद चख लेता है, तो वह 2. आर्टिफिशियल डोपामाइन (रील्स और गेम्स) के जाल में आसानी से नहीं फँसता।

तकनीकी नियंत्रण के लिए माता-पिता को 'डिजिटल गेटकीपर' बनना होगा। आज के दौर में 'पेरेंटल कंट्रोल ऐप्स' (जैसे *Google Family Link* या *Bark*) एक अनिवार्य हथियार हैं। ये ऐप्स आपको यह देखने की सुविधा देते हैं कि आपका बच्चा इंटरनेट पर क्या देख रहा है और वह किस ऐप पर कितना समय बिता रहा है। लेकिन याद रखिये, ये सॉफ्टवेयर केवल एक ढाल हैं, असली तलवार आपका 'संवाद' है। बच्चे को डराने के बजाय उसे 'इंटरनेट की कार्यप्रणाली' समझाइये। उसे बताइये कि सोशल मीडिया कंपनियाँ कैसे उसके समय का व्यापार करती हैं। जब

बच्चा खेल के पीछे के गणित को समझ जाता है, तो वह खिलाड़ी बनने के बजाय दर्शक बनने से इनकार कर देता है।

एक और महत्वपूर्ण रणनीति है 'डिजिटल डिटॉक्स रूटीन'। घर में कुछ नियम पत्थर की लकीर होने चाहिए, जैसे 3. रात के 8 बजे के बाद घर का कोई भी सदस्य, यहाँ तक कि माता-पिता भी, फोन का इस्तेमाल नहीं करेंगे। शोध बताते हैं कि बच्चे निर्देशों से नहीं, बल्कि 'अनुकरण' (*Imitation*) से सीखते हैं। यदि आप खुद फोन में डूबे हैं, तो आप बच्चे को बाहर खेलने के लिए प्रेरित नहीं कर सकते। इसके साथ ही, बच्चे के साथ 'डिजिटल लिटरेसी' पर बात कीजिये। उसे 'प्राइवेसी' और 'डिजिटल फुटप्रिंट' का मतलब समझाइये। उसे यह पता होना चाहिए कि इंटरनेट पर डाली गई एक छोटी सी तस्वीर या जानकारी उसके भविष्य के करियर को तबाह कर सकती है।

अंत में, सबसे बड़ी सुरक्षा है 'भरोसा'। खुशी जैसी दुखद घटनाओं से बचने का एकमात्र तरीका यह है कि आपका बच्चा आपसे इतना न डरे कि वह अपनी गलती छिपाने के लिए अजनबियों की शरण में चला जाए। उसे यह विश्वास दिलाइये कि यदि वह किसी डिजिटल जाल में फँस भी जाता है, तो आप उसे डांटने के बजाय उस समस्या से बाहर निकालेंगे। तकनीक को 'राक्षस' बनाने के बजाय उसे एक 'औजार' की तरह पेश कीजिये। उसे कोडिंग, ग्राफिक डिजाइनिंग या डिजिटल रिसर्च की ओर मोड़िये, ताकि वह स्क्रीन का इस्तेमाल अपनी बुद्धि बढ़ाने के लिए करे, न कि उसे सुलाने के लिए। नियंत्रण का अर्थ बच्चे को पिंजरे में बंद करना नहीं है, बल्कि उसे वह 'दृष्टि' देना है जिससे वह खुद सही और गलत के बीच का अंतर पहचान सके और इस डिजिटल समंदर में बिना डूबे तैरना सीख सके।

सारांश (*Summary*)

इस अध्याय का सार यह है कि आज के डिजिटल युग में इंटरनेट और सोशल मीडिया केवल मनोरंजन के साधन नहीं, बल्कि बच्चों के कोमल मस्तिष्क के 'अपहरण' के हथियार बन चुके हैं। तकनीक के अंधाधुंध उपयोग और 'डोपामाइन' के कृत्रिम विस्फोट ने न केवल बच्चों की मासूमियत को समय से पहले खत्म किया है, बल्कि उन्हें 'प्रिकॉशियस प्यूबर्टी' और 'डिजिटल डिमेंशिया' जैसी गंभीर वैज्ञानिक बीमारियों की ओर धकेल दिया है। इंदौर के आयुष और खुशी जैसी घटनाएँ इस बात का प्रमाण हैं कि जब तकनीक का मालिक बच्चा बन जाता है, तो परिणाम विनाशकारी होते हैं।

अंतिम निष्कर्ष यह है कि नियंत्रण का अर्थ तकनीक पर पूर्ण प्रतिबंध लगाना नहीं, बल्कि उसे एक 'साझा औजार' (Shared Tool) बनाना है। माता-पिता को 'पुलिस' बनने के बजाय एक 'मेंटोर' बनना होगा, जो बच्चे को मोबाइल के अंधेरे कुएं से निकालकर असली दुनिया के प्राकृतिक आनंद से जोड़े। 14 साल की उम्र तक निजी स्मार्टफोन से दूरी और घर के खुले स्थान पर कंप्यूटर का सीमित उपयोग ही वह ढाल है, जो आने वाली पीढ़ी को इस डिजिटल चक्रव्यूह में डूबने से बचा सकती है।

असफलता का उत्सव (The Art of Failing Well)

हार का डर: वह अदृश्य ज़ंजीर जो उड़ने से पहले ही पंख काट देती है

आज के दौर में हम एक ऐसी अजीब विडंबना में जी रहे हैं जहाँ 'सफलता' का शोर इतना ज़्यादा है कि 'असफलता' को एक सामाजिक पाप मान लिया गया है। हमारे चारों ओर चमक-धमक वाली इंस्टाग्राम रील्स, करोड़ों के पैकेज की खबरें और कम उम्र में करोड़पति बनने वाले युवाओं की कहानियाँ हैं। इस 'परफेक्ट' दिखने वाली दुनिया का सबसे गहरा और काला पक्ष यह है कि इसने आम इंसान के भीतर 'शुरुआत करने का डर' पैदा कर दिया है। मनोवैज्ञानिक इसे 'फोबोट्रॉपी' (*Phobotrophy*) या विफलता का वह चरम डर कहते हैं, जहाँ व्यक्ति किसी नए काम को शुरू ही नहीं करता क्योंकि उसे डर है कि वह 'औसत' रह जाएगा या फेल हो जाएगा। लोग यह भूल गए हैं कि दुनिया का हर 'मास्टर' कभी न कभी एक बेहद 'बुरा नौसिखिया' था।

इसे एक सच्ची कहानी से समझिये। एक छात्र था जो अपनी पूरी स्कूल लाइफ में टॉपर रहा। उसे कभी हारने की आदत नहीं थी। जब वह अपनी पहली स्टार्टअप कंपनी शुरू करने गया, तो उसे लगा कि उसकी डिग्री और पिछला रिकॉर्ड उसे सफल बना देगा। लेकिन मार्केट की हकीकत अलग थी। छह महीने में ही उसकी कंपनी बंद हो गई। वह इस हार को बर्दाश्त नहीं कर पाया और गहरे अवसाद (*Depression*) में चला गया। यहाँ समस्या उसकी 'असफलता' नहीं थी, बल्कि उसका 'रिज़ीलिएंस' (*Resilience*) यानी हारकर वापस खड़े होने की क्षमता का शून्य होना था। हमारे एजुकेशन सिस्टम ने हमें 'ए ग्रेड' लाना तो सिखाया, लेकिन 'एफ' (*Fail*) मिलने पर मुस्कुराकर दोबारा कोशिश करना कभी नहीं सिखाया।

न्यूरोसाइंस की दृष्टि से देखें तो हार का डर हमारे मस्तिष्क के 'एमिग्डाला' (*Amygdala*) को सक्रिय कर देता है, जो हमें खतरे का संकेत देता है। जब हम कुछ नया करने की सोचते हैं, तो यह हिस्सा हमें 'सुरक्षित' रखने के लिए रोकने की कोशिश करता है। लेकिन यहाँ एक बहुत बड़ा

वैज्ञानिक रहस्य छिपा है—मस्तिष्क तभी सबसे ज़्यादा विकसित होता है जब वह गलतियाँ करता है। इसे 'एम्बेडेड लर्निंग' (*Embedded Learning*) कहा जाता है। जब आप फेल होते हैं, तो आपके न्यूरॉन्स एक नया रास्ता बनाते हैं जो सफलता के पिछले रास्ते से कहीं ज़्यादा मज़बूत होता है। इसलिए, फेल होना सिर्फ़ एक घटना नहीं है, बल्कि यह आपके मस्तिष्क की 'अपग्रेडिंग प्रोसेस' है।

असफलता क्यों ज़रूरी है? क्योंकि यह आपके भीतर से 'अहंकार' (*Ego*) को हटाकर 'अनुभव' (*Experience*) भरती है। जो व्यक्ति कभी फेल नहीं हुआ, वह दरअसल कभी अपने 'कंफर्ट ज़ोन' से बाहर ही नहीं निकला। इतिहास गवाह है कि थॉमस एडिसन १०,००० बार फेल हुए थे, लेकिन उन्होंने कभी उसे 'हार' नहीं माना; उन्होंने कहा, "मैंने १०,००० ऐसे तरीके खोजे हैं जिनसे बल्ब नहीं बनाया जा सकता।" यही वह 'ग्रोथ माइंडसेट' (*Growth Mindset*) है जिसकी आज के युवाओं को सबसे ज़्यादा ज़रूरत है।

आज के युवाओं को यह समझना होगा कि 'हार' एक अंत नहीं, बल्कि एक 'फीडबैक' (*Feedback*) है। यह आपको यह नहीं बताता कि आप 'बुरे' हैं, बल्कि यह बताता है कि आपकी 'रणनीति' को बदलने की ज़रूरत है। असल में, सबसे बड़ी असफलता 'कोशिश न करना' है। यदि आप हार के डर से मैदान में ही नहीं उतर रहे हैं, तो आप पहले ही हार चुके हैं। सफलता की इमारत हमेशा असफलता के मलबे पर ही खड़ी होती है। जब तक आप गिरना नहीं सीखेंगे, आप कभी संतुलन के साथ दौड़ना नहीं सीख पाएंगे।

क्या फेल होना सचमुच शर्मसार है?

अस्तित्व के इस अनंत विस्तार में जिसे हम 'जीवन' कहते हैं, वहाँ न कुछ प्रारंभ है और न कुछ अंत। जिसे जगत 'सफलता' के स्वर्ण मुकुट से अलंकृत करता है, वह वास्तव में अहंकार की एक सूक्ष्म संतुष्टि मात्र है, और जिसे समाज 'असफलता' की कालिख मानकर तिरस्कृत करता है, वह

बोध (*Consciousness*) की यात्रा का सबसे उर्वर पड़ाव है। विफलता का भय वास्तव में मृत्यु के भय का ही एक छोटा रूप है। मनुष्य हारने से नहीं डरता, वह उस 'शून्य' से डरता है जो हारने के बाद उसकी पहचान (*Identity*) को निगल लेता है। जब कोई व्यक्ति विफल होता है, तो समाज उसे एक 'चेतन इकाई' के रूप में देखना बंद कर देता है और उसे एक 'अनुपयोगी वस्तु' की श्रेणी में डाल देता है।

उदाहरण के लिए: आज के समय में जब कोई पड़ोसी का लड़का सरकारी परीक्षा (*SSC* या *UPSC*) में फेल होता है, तो आस-पड़ोस के लोग हमदर्दी दिखाने के बहाने घर आते हैं, लेकिन उनके मन में एक अजीब सी तसल्ली होती है कि "चलो, कम से कम ये हमसे आगे तो नहीं निकला।" लोग आपकी हार का इंतज़ार इसलिए करते हैं ताकि वे अपनी औसत ज़िन्दगी को बेहतर महसूस कर सकें।

समाज का मानस एक गहरे द्वैत (*Duality*) में फँसा हुआ है। जब पड़ोसी का दीपक बुझता है, तो मनुष्य के भीतर का अंधकार अनायास ही मुस्कुरा उठता है। इसे मनोविज्ञान में 'परपीड़न' का आनंद कहा जा सकता है, जो वास्तव में अपनी ही हीनता की तुष्टि है। लोग दूसरों की विफलता पर इसलिए प्रसन्न होते हैं क्योंकि वह उन्हें अपनी वर्तमान स्थिति की श्रेष्ठता का एक झूठा भ्रम प्रदान करती है। लेकिन जब स्वयं की संतान उसी पथ पर फिसलती है, तो वही समाज 'तर्क और बहानों' के आवरण खड़ा करने लगता है। "प्रश्नपत्र कठिन था" या "भाग्य ने साथ नहीं दिया"—ये शब्द सत्य नहीं, बल्कि उस सामाजिक लज्जा से बचने के कवच हैं जो मनुष्य ने खुद ही अपने चारों ओर बुनी है।

जैसे कबीर साहब ने बहुत पहले कहा था:

"बुरा जो देखन मैं चला, बुरा न मिलिया कोय।
जो दिल खोजा आपना, मुझसे बुरा न कोय॥"

इसका **अर्थ** यही है कि हम दूसरों की कमियों और उनकी हार में मज़ा ढूंढते हैं, लेकिन अगर हम अपने भीतर झांकें तो पाएंगे कि हार का डर और कमियाँ हमारे अपने भीतर कहीं ज़्यादा बड़ी हैं।

विफलता का बोध वास्तव में एक महा-अवसर है स्वयं के आमना-सामना होने का। जो व्यक्ति कभी गिरा नहीं, उसने कभी गुरुत्वाकर्षण के सत्य को समझा ही नहीं। सफलता अक्सर मनुष्य को 'जड़' (*Rigid*) बना देती है, जबकि विफलता उसे 'तरल' (*Fluid*) बनाती है। एक विफल व्यक्ति उस मिट्टी की तरह है जिसे दोबारा किसी भी सुंदर पात्र में ढाला जा सकता है। धार्मिक और दार्शनिक सिद्धांतों की गहराई में झांकें, तो वहाँ संघर्ष को 'तप' कहा गया है। तप का अर्थ ही है खुद को तपाना।

उदाहरण: जैसे एक नया स्टार्टअप (*Startup*) शुरू करने वाला युवा जब पहली बार डूबता है, तो उसे बाज़ार की वो कड़वी सच्चाई पता चलती है जो किसी *MBA* की किताब में नहीं लिखी होती। वह हार उसे एक 'महारथी' बना देती है।

मनुष्य का अहंकार सदा 'पूर्णता' की खोज में रहता है, और जहाँ उसे अपूर्णता दिखती है, वह उसे 'पाप' की संज्ञा दे देता है। यही कारण है कि सफलता को अत्यधिक मूल्य (*Value*) दिया गया है। लोग 'परिणाम' के उपासक हैं, 'प्रक्रिया' के नहीं। एक बीज जो मिट्टी के भीतर संघर्ष कर रहा है, वह बाहर से देखने वाले को मृत प्रतीत हो सकता है, लेकिन उसके भीतर एक विशाल वटवृक्ष बनने की प्रक्रिया चल रही है। समाज केवल उस वटवृक्ष की छाया की पूजा करता है, उस बीज के एकाकी और अंधकारमय संघर्ष का उपहास उड़ाता है।

क्या विफल हुआ व्यक्ति दोबारा खड़ा नहीं हो सकता? यह प्रश्न ही अज्ञानता से उपजा है। अस्तित्व में 'दुबारा' जैसा कुछ नहीं होता, वहाँ केवल 'नित्य निरंतर' होता है। जैसे नदी की लहर एक बार गिरकर दोबारा उठती है, तो वह पहले वाली लहर नहीं होती, बल्कि एक नई ऊर्जा होती है। विफलता मनुष्य को उसके अहंकार के भार से मुक्त कर देती है।

उदाहरण: क्रिकेट के मैदान पर जब कोई बड़ा खिलाड़ी 'जीरो' पर आउट होता है, तो पूरा स्टेडियम चुप हो जाता है, लेकिन वही खिलाड़ी जब अगले मैच में शतक बनाता है, तो वही लोग उसे भगवान बना देते हैं। हार सिर्फ़ एक 'पॉज़' (*Pause*) है, 'स्टॉप' (*Stop*) नहीं।

समाज जिसे 'मज़ाक' कहता है, वह वास्तव में उसकी अपनी असुरक्षा का प्रतिबिंब है। लोग दूसरों की असफलताओं पर इसलिए हँसते हैं क्योंकि उन्हें डर है कि कहीं अगला नंबर उनका न हो। विफलता को 'बुरा' मानना एक मानसिक संकीर्णता है। जीवन कोई गणित का समीकरण नहीं है जहाँ उत्तर सदा 'सही' आना अनिवार्य हो। जीवन एक कला है, और कला में हर गलत रेखा एक नए चित्र का आधार बनती है। यदि कोई व्यक्ति व्यापार में विफल हुआ है, तो उसने वे सौ तरीके सीख लिए हैं जो काम नहीं करते।

हमें उस समाज का निर्माण करना होगा जहाँ एक विफल व्यक्ति को तिरस्कार की दृष्टि से नहीं, बल्कि एक 'अनुभवी यात्री' की दृष्टि से देखा जाए। माँ-बाप को अपने बच्चों को यह नहीं सिखाना चाहिए कि 'हारना मना है', बल्कि यह सिखाना चाहिए कि 'हारकर टूट जाना मना है'। विफलता तो महज़ एक विराम चिह्न है, पूर्ण विराम नहीं। हारना शर्म की बात नहीं है, हार मान लेना और उस अनुभव से कुछ न सीखना ही वास्तविक लज्जा है।

सफलता का असली मतलब और असफलता से बोध

जीवन की इस आपाधापी में हम सब एक ऐसी दौड़ का हिस्सा बन गए हैं, जिसका न कोई प्रारंभिक बिंदु है और न ही कोई अंतिम छोर। हम जिसे 'सफलता' मानकर पूज रहे हैं, वह दरअसल समाज द्वारा गढ़ा गया एक ऐसा पैमाना है जो व्यक्ति की योग्यता को नहीं, बल्कि उसके पद और प्रदर्शन को मापता है। आज के समय में सफलता का अर्थ केवल एक सुरक्षित सरकारी कुर्सी या समाज में ऊँचा रुतबा बनकर रह गया है। यदि कोई युवक कड़ी मेहनत के बाद भी सरकारी परीक्षा नहीं निकाल पाता, भले ही वह निजी क्षेत्र में उस सरकारी कर्मचारी से चार गुना अधिक कमा रहा हो या

किसी नए आविष्कार में जुटा हो, समाज उसे 'सफल' मानने से इनकार कर देता है। यह विडंबना नहीं तो और क्या है कि हम 'सफलता' को एक जीवित अनुभव के बजाय एक 'जड़ वस्तु' की तरह देखते हैं।

समाज की इस संकीर्ण सोच का सबसे डरावना चेहरा तब सामने आता है, जब माता-पिता को अपने ही बच्चे की असफलता को स्वीकार करने में लज्जा महसूस होने लगती है। आपके पड़ोस की वह घटना, जहाँ एक बेटे की असफलता को छिपाने के लिए झूठ का इतना बड़ा महल खड़ा कर दिया गया, वह केवल एक परिवार की कहानी नहीं है। वह उस सामूहिक मानसिक बीमारी का प्रमाण है, जो विफलता को 'पाप' समझती है। लोग झूठ का सहारा इसलिए लेते हैं क्योंकि उन्हें डर है कि समाज की नज़र में उनकी साख गिर जाएगी। वे भूल जाते हैं कि सत्य को छिपाने के लिए बोला गया एक झूठ, उस बच्चे के आत्मविश्वास की नींव को हमेशा के लिए खोखला कर देता है। उसे यह संदेश मिलता है कि वह जैसा है, वैसा स्वीकार्य नहीं है; उसे केवल अपनी 'जीत' के साथ ही घर में जगह मिलेगी।

सफलता की निरंतरता अक्सर मनुष्य के भीतर एक सूक्ष्म घमंड को जन्म देती है। जब व्यक्ति बिना गिरे ऊंचाइयों को छूता है, तो उसे लगने लगता है कि यह सब उसकी अपनी शक्ति का परिणाम है। वह अहंकारी हो जाता है और दूसरों के संघर्ष को 'अक्षमता' समझने लगता है। लेकिन जो व्यक्ति गिरकर संभला है, उसके पास एक ऐसी संपदा होती है जो किसी डिग्री या पद से नहीं खरीदी जा सकती—और वह है 'अनुभव का बोध'। विफलता मनुष्य को विनम्र बनाती है। वह हमें बताती है कि हम ईश्वर नहीं हैं, हम केवल प्रयास कर सकते हैं।

"बिगरी बात बने नहीं, लाख करो किन कोय।

रहिमन फाटे दूध को, मथे न माखन होय॥"

इसका **अर्थ** गहरा है। जब हम असफलता के डर से झूठ बोलते हैं या रिश्तों में दिखावा करते हैं, तो हम उस 'फटे हुए दूध' की तरह हो जाते हैं जिसे कितना भी मथ लिया जाए, माखन नहीं निकलता। असलियत को स्वीकार करना ही सफलता की पहली सीढ़ी है। यदि हम अपनी विफलता को स्वीकार नहीं करेंगे, तो हम कभी सुधार नहीं पाएंगे।

दुनिया के बड़े-बड़े आविष्कारों और व्यवसायों के पीछे हजारों असफलताओं का इतिहास छिपा है। हर वैज्ञानिक जानता है कि एक सफल प्रयोग से पहले नौ सौ निन्यानबे प्रयोग विफल होते हैं। लेकिन समाज उस एक सफलता पर तो तालियाँ बजाता है, पर उन नौ सौ निन्यानबे प्रयासों का उपहास उड़ाता है। लोग दूसरों की हार पर इसलिए खुश होते हैं क्योंकि वह उन्हें अपनी हीनता से राहत दिलाती है। उन्हें लगता है कि "अगर वह फेल हो गया, तो मैं अकेला नहीं हूँ जो पीछे छूटा हूँ।" यह एक बहुत ही घटिया दर्जे की आत्म-संतुष्टि है। लेकिन जब वही बात अपने परिवार पर आती है, तो अचानक सारा 'ज्ञान' और 'दर्शन' याद आने लगता है। तब हम बहानों की चादर ओढ़ लेते हैं।

असफलता से डर लगना स्वाभाविक है, क्योंकि मनुष्य स्वभाव से ही सुरक्षा चाहता है। उसे डर है कि अगर वह हार गया, तो उसकी पहचान क्या होगी? लेकिन गौर से देखिये, क्या कोई ऐसा महान व्यक्ति हुआ है जो कभी विफल न हुआ हो? अंतर केवल इतना है कि जो व्यक्ति सफल कहलाता है, उसने अपनी असफलता को 'अंत' नहीं माना, बल्कि उसे एक 'पाठ' समझा। उसने हार को अपनी पहचान नहीं बनने दिया, बल्कि उसे अपनी प्रगति का एक हिस्सा माना।

सफलता कोई मंज़िल नहीं है जिसे पाकर आप बैठ जाएंगे। सफलता तो एक निरंतर चलने वाली प्रक्रिया है। असली सफल व्यक्ति वह नहीं है जिसके पास बहुत धन या ऊँचा पद है, बल्कि वह है जिसके पास विपरीत परिस्थितियों में भी शांत रहने का विवेक है। असफलता हमें वह 'दृष्टि' देती है जिससे हम जीवन की बारीकियों को देख पाते हैं। एक फेल हुआ व्यक्ति जीवन के उन मोड़ों

से परिचित होता है, जहाँ से एक सफल व्यक्ति कभी गुजरा ही नहीं। उसके पास बताने के लिए वो कहानियाँ होती हैं जो जीत की शोर में कहीं खो जाती हैं।

"रात गँवायी सोय कर, दिवस गँवाया खाय।

हीरा जनम अमोल था, कौड़ी बदलै जाय॥"

हम अपनी पूरी ऊर्जा इस 'दिखावे' और 'सफलता के भ्रम' में गँवा देते हैं कि लोग क्या कहेंगे। हम अपने इस अनमोल जीवन को समाज की झूठी वाहवाही की 'कौड़ियों' के बदले बेच देते हैं। यदि आप फेल हुए हैं, तो इसका मतलब है कि आपने कम से कम प्रयास तो किया। उन लोगों से तो आप कई गुना बेहतर हैं जो हार के डर से कभी मैदान में उतरे ही नहीं।

अतः, सफलता की परिभाषा को बदलिये। सफलता का अर्थ सरकारी नौकरी या पड़ोसी से अधिक वेतन पाना नहीं है। सफलता का अर्थ है खुद को पहचानना, अपनी क्षमताओं को विस्तार देना और गिरने के बाद दोबारा उठने का साहस रखना। असफलता कोई दुश्मन नहीं है, वह एक सख्त शिक्षक है। वह आपको आपकी कमियाँ बताती है ताकि आप अगली बार और अधिक मज़बूती से लड़ सकें। जिस दिन आप समाज के डर को छोड़कर अपनी असफलता को गले लगाना सीख जाएंगे, उस दिन आप वास्तव में एक 'मुक्त और सफल' मनुष्य बन जाएंगे। हारना बुरा नहीं है, हार मान लेना और उस हार को झूठ के पीछे छिपाना ही सबसे बड़ी असफलता है। जीवन का संघर्ष ही उसका सबसे बड़ा पुरस्कार है, और विफलता उस संघर्ष का सबसे अनिवार्य और सुंदर हिस्सा है।

सफलता का स्वाद चखते ही मनुष्य के भीतर जो 'मैं' जागता है, वह वास्तव में उसके ज्ञान का अंत और उसके पतन का प्रारंभ होता है। अक्सर लोग मुझसे पूछते हैं कि आखिर सफलता में ऐसा क्या है जो इंसान के पैर ज़मीन से उठा देता है? इसका उत्तर बहुत गहरा है। सफलता मनुष्य को यह भ्रम देती है कि वह 'अचूक' (*Infallible*) है। जब सब कुछ आपकी योजना के अनुसार होने लगता है, तो आप यह भूल जाते हैं कि इसमें आपकी मेहनत के साथ-साथ समय और परिस्थितियों

का भी हाथ था। अहंकार का जन्म वहीं होता है जहाँ इंसान खुद को 'विधाता' समझने लगता है। लेकिन जो व्यक्ति बार-बार गिरकर ऊपर चढ़ा है, उसके पास एक ऐसी ठंडी विनम्रता होती है जो केवल हार की आग में तपकर ही आ सकती है।

विफलता वास्तव में वह आईना है जो आपको आपकी असली सूरत दिखाता है। बिना गिरे आपको कभी यह पता ही नहीं चलेगा कि आप कितने मज़बूत हैं। इसे एक कुम्हार के उदाहरण से समझिये। एक कुम्हार जब चाक पर मिट्टी रखता है, तो क्या वह पहले ही प्रयास में एक सुंदर मटका बना लेता है? बिल्कुल नहीं। कभी उसकी मिट्टी बहुत गीली होकर ढह जाती है, कभी मटका टेढ़ा हो जाता है, तो कभी पकने के बाद उसमें दरार आ जाती है। लेकिन क्या वह कुम्हार हार मानकर बैठ जाता है? नहीं। वह हर टूटे हुए मटके को गौर से देखता है। वह गिरती हुई मिट्टी से यह सीखता है कि पानी कितना डालना था, वह टेढ़ेपन से यह सीखता है कि हाथों का दबाव कैसा होना चाहिए। उसकी हर असफलता उसे यह बताती है कि अब मेहनत किस दिशा में करनी है। बिना उन टूटे हुए मटकों के, वह कभी एक 'सिद्धहस्त' कलाकार नहीं बन पाता।

THE CORD OF DOMESTIC MASTER craftsmanship

असफलता ही वह तराश है जो हमारे व्यक्तित्व के फालतू पत्थरों को काट देती है। एक पत्थर जो पहाड़ से गिरकर नदी में आता है, वह शुरुआत में नुकीला और भद्दा होता है। लेकिन जब वह बार-बार पानी की लहरों से टकराता है, पत्थरों से घिसता है और चोट खाता है, तब जाकर वह एक चिकना और चमकदार 'शालिग्राम' बनता है। इसी तरह, एक हीरा तब तक महज़ एक पत्थर का टुकड़ा है जब तक उसे घिसा न जाए। वह जितना ज़्यादा घिसता है, उसकी चमक उतनी ही गहरी होती जाती है।

अब यहाँ एक बहुत बारीक सवाल उठता है—यदि असफलता इतनी ही अच्छी है, तो क्या हमें बस असफल ही होते रहना चाहिए? क्या हार को ही अपना लक्ष्य बना लेना चाहिए? इसका उत्तर यह है कि असफलता 'मंज़िल' नहीं है, वह 'शिक्षक' है। अगर आप एक ही गलती को बार-बार दोहरा रहे हैं और असफल हो रहे हैं, तो वह अनुभव नहीं, बल्कि 'मूर्खता' है। लेकिन यदि आप हर बार एक नई गलती करके गिर रहे हैं और उससे कुछ नया सीख रहे हैं, तो आप सफलता के सबसे ऊँचे शिखर की ओर बढ़ रहे हैं। विफलता का अर्थ यह नहीं है कि आप कभी जीतें ही नहीं, बल्कि इसका अर्थ यह है कि जब आप जीतें, तो आपके पास उस जीत को संभालने का 'विवेक' और 'अनुभव' हो।

इसे एक शिल्पकार के नज़रिये से देखिये। जब वह एक पत्थर को मूर्ति का रूप दे रहा होता है, तो वह पत्थर पर छेनी और हथौड़ी से सैंकड़ों चोटें मारता है। उस पत्थर के लिए वह हर चोट एक 'विफलता' की तरह है, एक दर्द की तरह है। लेकिन वह शिल्पकार जानता है कि बिना उन चोटों के, पत्थर के भीतर छिपा हुआ 'देवत्व' कभी बाहर नहीं आएगा। जो पत्थर हथौड़ी की चोट बर्दाश्त नहीं कर पाता, वह कभी मूर्ति नहीं बन पाता, वह महज़ नींव का पत्थर बनकर रह जाता है। सफलता आपको दुनिया दिखाती है, लेकिन असफलता आपको 'स्वयं' दिखाती है।

हकीकत यह है कि सफलता केवल आपकी 'बाहरी दुनिया' को बदलती है, लेकिन असफलता आपकी 'आंतरिक दुनिया' का निर्माण करती है। जो व्यक्ति बिना संघर्ष के सफल हो

गया, वह उस कच्ची मिट्टी के घड़े जैसा है जो दिखने में तो सुंदर है, लेकिन पानी पड़ते ही गल जाएगा। लेकिन जो संघर्ष की भट्टी में पककर निकला है, वह हर मौसम, हर थपेड़े को झेलने की शक्ति रखता है। विफलता आपको वह 'दृष्टि' देती है जिससे आप दूसरों की गलतियों पर हँसने के बजाय उन्हें सहानुभूति से देख पाते हैं। आप यह समझ पाते हैं कि जीतना केवल एक घटना है, लेकिन लड़ना एक 'चरित्र' है।

रहीम का एक भाव यहाँ बड़ा सटीक बैठता है, जिसका सार यह है कि जो व्यक्ति बड़े होने पर भी अपना संतुलन नहीं खोता, वही वास्तव में महान है। और वह संतुलन केवल उसे मिलता है जिसने अपने जीवन में 'नीचे गिरना' देखा हो। असफलता आपको बताती है कि आपने कहाँ गलत कदम उठाया, कहाँ आपका निर्णय गलत था और कहाँ आपकी तैयारी कम थी। यह वह 'रोडमैप' (*Roadmap*) है जो आपकी जीत के रास्ते को साफ करता है। सफलता का असली गौरव उसी को मिलता है जिसने पराजय की कड़वाहट पी रखी हो। बिना अंधकार के प्रकाश की कोई कीमत नहीं है, और बिना विफलता के सफलता केवल एक खोखला अहंकार है।

जब विफलता के क्षणों में समाज के तानों का शोर आपके कानों के परदों को फाड़ने लगे और अपमान की अग्नि आपके भीतर के आत्मविश्वास को भस्म करने की चेष्टा करे, तो वह समय विलाप का नहीं, बल्कि 'द्रष्टा' बनने का होता है। आज के इस दौर में, जहाँ एक युवा की पूरी पहचान एक परीक्षा के परिणाम या एक व्यापारिक निर्णय से तय कर दी जाती है, समाज का व्यवहार किसी शिकारी की तरह हो गया है। यदि कोई विद्यार्थी प्रशासनिक सेवा (*UPSC*) जैसी कठिन परीक्षा में सफल नहीं हो पाता, तो लोग उसे 'कलेक्टर साहब' या 'डीएम' कहकर उसका उपहास उड़ाने में संकोच नहीं करते। यह उपहास वास्तव में उनकी अपनी कुंठाओं का प्रदर्शन है। उस स्थिति में मन का टूटना स्वाभाविक है, लेकिन उस टूटन को ही अपनी शक्ति बनाना एक प्रबुद्ध व्यक्तित्व का लक्षण है।

विफलता के कोलाहल में मौन की शक्ति और आत्म-संवाद

जब समाज आपको पीछे खींचने की कोशिश करे, तो याद रखिये कि वृक्ष की जड़ें जितनी गहरी और अंधकार में होती हैं, उसकी शाखाएं उतनी ही ऊँची और प्रकाशमय होती हैं। समाज का काम है बोलना, और आपका काम है उन शब्दों को 'फिल्टर' करना। जैसे कमल का फूल कीचड़ में रहकर भी कीचड़ से अछूता रहता है, वैसे ही आपको इन तानों के बीच रहकर अपनी चेतना को उनसे अछूता रखना होगा। प्राचीन ज्ञान का सार यही कहता है कि आप केवल अपने 'कर्म' के अधिकारी हैं, उसके 'फल' के नहीं। जब आप फल की चिंता छोड़ देते हैं, तो समाज के तानों का ज़हर आपके लिए बेअसर हो जाता है।

इसी संदर्भ में एक महान बोध की बात याद आती है:

"कर्मण्येवाधिकारस्ते मा फलेषु कदाचन।
मा कर्मफलहेतुर्भूर्मा ते सङ्गोऽस्त्वकर्मणि॥"

इसका **अर्थ** सीधा और सटीक है—आपका अधिकार केवल आपके कर्म पर है, उसके परिणामों पर नहीं। जब आप इस सत्य को आत्मसात कर लेते हैं कि आपने अपना शत-प्रतिशत प्रयास किया, तो फिर समाज की वाहवाही या निंदा आपके लिए एक समान हो जाती है। लोग क्या कहेंगे, यह सोचना आपका काम नहीं है, वह उनका काम है। यदि आप उनके हिस्से का काम भी खुद करने लगेंगे, तो फिर आपके लक्ष्य की साधना कौन करेगा?

आज के आधुनिक युग में हम अक्सर 'वैलिडेशन' (*Validation*) के भूखे होते हैं। हमें लगता है कि अगर चार लोग हमारी तारीफ करेंगे, तभी हम सफल कहलाएंगे। लेकिन असली आज़ादी तब मिलती है जब आप दूसरों की नज़रों में 'बुरा' बनने का साहस जुटा लेते हैं। जब लोग आपको ताने मारें, तो उन्हें उत्तर देने में अपनी ऊर्जा नष्ट न करें। मौन सबसे बड़ा प्रतिशोध है। आपका मौन उन्हें यह बताता है कि उनके शब्दों की आपके जीवन में कोई कीमत नहीं है।

"तुलसी धीरज के धरे, हाथी मन भर खाय।

टुकड़ा-टुकड़ा मांगते, स्वान घर-घर जाय॥"

अर्थात, जो धैर्य रखता है, वह हाथी के समान सम्मान और तृप्ति पाता है, जबकि जो व्याकुल होकर हर किसी के सामने अपनी सफाई देता फिरता है, वह उस प्राणी के समान हो जाता है जो हर दरवाज़े पर टुकड़ों की तलाश में भटकता है। समाज का स्वभाव है कि वह गिरते हुए को लात मारता है और चढ़ते हुए को सलाम करता है। जिस दिन आप सफल हो जाएंगे, यही लोग जो आज आपको 'डीएम' कहकर चिढ़ा रहे हैं, वे ही आपके पास आकर कहेंगे कि "हमें तो पहले से ही पता था कि तुम कुछ बड़ा करोगे।" समाज की राय मौसम की तरह होती है, जो सफलता की हवा के साथ बदल जाती है।

विफलता के उस कठिन समय में खुद को संभालने का सबसे अच्छा तरीका है—'स्वयं से मित्रता'। जब पूरी दुनिया आपके खिलाफ खड़ी हो, तो आप अपने साथ खड़े रहिये। खुद से कहिये कि "यह एक अध्याय का अंत है, पूरी किताब का नहीं।" समाज आपको पीछे इसलिए खींच पाता है क्योंकि आप उनकी बातों को अपने भीतर प्रवेश करने की अनुमति देते हैं। जैसे एक छेद वाली नाव ही पानी में डूबती है, वैसे ही एक असुरक्षित मन ही तानों से प्रभावित होता है। अपने मन के द्वार बंद कीजिये और केवल अपने लक्ष्य की आवाज़ सुनिए। विफलता आपको एक मौका देती है यह देखने का कि कौन आपके साथ 'खड़ा' है और कौन केवल 'दिखावा' कर रहा है।

अतः, समाज को बोलने दें। उन्हें अपनी भड़ास निकालने दें। आप अपनी ऊर्जा को समेटें और उसे दोगुनी ताकत के साथ पुनः प्रयास में लगायें। विफलता एक महान शोधक (*Purifier*) है; यह आपके जीवन से फालतू के लोगों और फालतू के विचारों को साफ कर देती है। जो व्यक्ति अपमान के कड़वे घूंट पीकर भी अपने पथ से विचलित नहीं होता, वही वास्तव में इतिहास रचता है। आपकी सफलता का मौन शोर समाज के हर तानें का सबसे करारा जवाब होगा। तब तक, अपने कर्म की भट्टी में खुद को तपाते रहिये, क्योंकि जो आग सोने को जलाती है, वही उसे कुंदन भी बनाती है।

गाँव मे असफलता का द्रश्य :

उत्तर प्रदेश के हृदय स्थल में बसे प्रयागराज जिले की हंडिया तहसील के किसी भी साधारण गाँव की पगडंडियों पर जब आप चलेंगे, तो आपको वह 'अदृश्य दबाव' महसूस होगा जो किसी भी महानगर की चकाचौंध में नहीं मिलता। यहाँ विफलता केवल एक व्यक्तिगत क्षति नहीं है, बल्कि वह एक 'पारिवारिक और सामाजिक दिवालियापन' की घोषणा बन जाती है। हंडिया जैसे क्षेत्रों में, जहाँ खेती-किसानी के बाद सरकारी नौकरी को ही 'परम सत्य' और 'मोक्ष' का द्वार माना जाता है, वहाँ एक युवा की विफलता का अर्थ है—पूरे कुनबे की नाक कट जाना। यहाँ की चौपालों और चाय की अड़ियल दुकानों पर चर्चा का विषय यह नहीं होता कि किसी ने क्या नया सीखा, बल्कि यह होता है कि "फलाने का लड़का पाँच साल से इलाहाबाद (प्रयागराज) में दाल-चावल गला रहा है, पर अभी तक चपरासी भी नहीं बन पाया।"

मिट्टी की साख और सफलता का सामाजिक संताप

हंडिया के किसी गाँव का एक उदाहरण लीजिये। एक होनहार लड़का, जिसे पूरे गाँव ने 'कलेक्टर' मान लिया था, वह बरसों तक तैयारी करता है। जब वह गाँव लौटता है, तो पगडंडी से लेकर घर के दरवाज़े तक उसे जिन नज़रों का सामना करना पड़ता है, वे किसी नुकीले तीर से कम नहीं होतीं। यहाँ 'असफलता' का एक बहुत ही डरावना और हिंसक (*Violent*) मनोवैज्ञानिक रूप देखने को मिलता है। लोग सीधे मुँह कुछ नहीं कहेंगे, लेकिन उनकी आँखों का व्यंग्य और बातचीत का लहजा उस युवा के आत्मसम्मान को लहूलुहान कर देता है। "अरे, सुना है इस बार भी नहीं हुआ? चलो कोई बात नहीं, खेती-बारी तो है ही,"—यह वाक्य सहानुभूति नहीं, बल्कि एक तंज है जो यह याद दिलाता है कि तुम अब 'बेकार' हो चुके हो। उत्तर प्रदेश के ग्रामीण अंचलों में सफलता को एक 'वस्तु' (*Commodity*) की तरह देखा जाता है; अगर आपके पास नौकरी है, तो आपकी आवाज़ में वज़न है, वरना आप अपने ही घर के फैसलों में 'शून्य' कर दिए जाते हैं।

इस सामाजिक संरचना में माता-पिता की स्थिति और भी दयनीय हो जाती है। वे पड़ोसियों और रिश्तेदारों के उन चुभते हुए सवालों से बचने के लिए बहानों की एक दीवार खड़ी करने लगते हैं। "लड़का बीमार हो गया था" या "अधिकारी ही भ्रष्ट थे, इसलिए हमारे बच्चे का नहीं हुआ"—ये बहाने वास्तव में उस गहरे डर से उपजते हैं कि समाज उन्हें 'विफल अभिभावक' न घोषित कर दे। ग्रामीण परिवेश में आपकी व्यक्तिगत पहचान आपकी संतान की 'सफलता' से जुड़ी होती है। यदि लड़का फेल हो गया, तो बाप की पगड़ी की चमक फीकी पड़ जाती है। यही वह मानसिक हिंसा है जो एक स्वस्थ युवा को अवसाद (*Depression*) या उग्रता की ओर धकेल देती है। वह या तो अपने भीतर सिमट जाता है या फिर समाज के प्रति बागी हो जाता है।

THE VILLAGE JUDGMENT OF HANDIA

लेकिन इस कड़वी हकीकत के बीच, हमें उस प्राचीन विवेक को याद करना होगा जो कहता है कि समाज का नजरिया कभी सत्य की कसौटी नहीं हो सकता। जैसा कि कहा गया है:

"तुलसी साथी विपत्ति के, विद्या विनय विवेक।

साहस सुकृत सुसत्य व्रत, राम भरोसे एक॥"

अर्थात, विपत्ति या असफलता के समय केवल आपकी विद्या, आपका विनय (नम्रता) और आपका साहस ही आपका साथ देते हैं। हंडिया या दुनिया के किसी भी कोने में बैठा हुआ वह युवा, जिसे समाज आज 'नकारा' कह रहा है, उसे यह समझना होगा कि यह 'हार' उसकी योग्यता का प्रमाण नहीं है, बल्कि यह उसके 'तप' की एक परीक्षा है। प्रयागराज की इस पावन धरती ने इतिहास में न जाने कितने ऐसे संघर्ष देखे हैं, जहाँ लोग शून्य से उठकर शिखर तक पहुँचे हैं। सफलता का वह पैमाना, जो समाज ने तय किया है, वह बहुत छोटा है। क्या एक सरकारी नौकरी न मिलना जीवन का अंत है? बिल्कुल नहीं।

गाँव के लोगों की मानसिकता को बदलना मुश्किल है, क्योंकि उनका बोध केवल 'दृश्य' (*Visible*) सफलता तक सीमित है। वे उस 'अदृश्य' विकास को नहीं देख पाते जो एक असफल व्यक्ति के भीतर घटित होता है। वह संघर्ष, वह रात-रात भर जागकर की गई पढ़ाई, वह हारकर फिर उठने का संकल्प—यह सब उसके व्यक्तित्व को एक ऐसा आकार दे रहा है जो किसी भी पद से बड़ा है। विफलता वास्तव में उसे वह 'मज़बूती' दे रही है जो उसे भविष्य के बड़े तूफानों से लड़ने के काबिल बनाएगी। समाज आज पत्थर मार रहा है, कल वही लोग माला लेकर आएंगे। बस ज़रूरत है उस 'मौन साधना' की, जहाँ आप समाज को जवाब देने के बजाय अपनी 'काबलियत' को जवाब देने लायक बनाएं।

सत्य तो यह है कि जो व्यक्ति हंडिया की तंग गलियों और समाज के तीखे तानों के बीच अपना मानसिक संतुलन बनाए रख सकता है, वह दुनिया का सबसे सफल व्यक्ति है। हारना शर्म की बात तब होती है जब आप उस हार को स्वीकार करके बैठ जाएं। लेकिन अगर आप उस हार को अपनी 'खाद' बना लें, तो आपके जीवन का वृक्ष इतना विशाल होगा कि वही समाज जो आज धूप बनकर आपको जला रहा है, कल आपकी ही छाया में बैठने को मजबूर होगा। उत्तर प्रदेश की

मिट्टी में वह सोंधापन है जो चोट खाकर और भी महकता है। विफलता को एक अंत नहीं, बल्कि एक 'विराम' (*Pause*) समझिये, जो आपको अगली बड़ी छलांग के लिए तैयार कर रहा है।

निष्कर्ष (*Conclusion*)

इस पूरे विमर्श के अंत में जो सत्य निखरकर सामने आता है, वह यह है कि असफलता जीवन का 'पूर्ण विराम' नहीं, बल्कि एक 'अल्पविराम' है जो हमें अपनी दिशा सुधारने का अवसर देता है। विफलता का असली दंश वह हार नहीं है जो हम मैदान में झेलते हैं, बल्कि वह 'डर' है जो हमें मैदान में उतरने से रोकता है। समाज, चाहे वह हंडिया की चौपाल हो या आधुनिक महानगरों का कॉर्पोरेट जगत, हमेशा परिणाम का ही उपासक रहेगा। लेकिन एक प्रबुद्ध व्यक्ति के लिए उसकी 'यात्रा' और उस यात्रा में मिले 'घाव' ही उसके सबसे बड़े पदक (*Medals*) हैं।

असफलता मनुष्य के अहंकार की परतों को उतारकर उसे उस 'शून्य' तक ले जाती है, जहाँ से एक नए और अधिक मज़बूत व्यक्तित्व का निर्माण संभव होता है। जब तक हम गिरने को 'अपराध' मानते रहेंगे, तब तक हम उड़ने का साहस नहीं जुटा पाएंगे। सफलता केवल आपकी क्षमताओं का प्रदर्शन है, लेकिन असफलता आपके चरित्र का निर्माण है। जिस दिन हम अपनी हार को झूठ के पर्दों में छिपाना छोड़ देंगे और उसे एक 'अनुभवी शिक्षक' के रूप में स्वीकार कर लेंगे, उसी दिन हम वास्तव में उस मानसिक गुलामी से आज़ाद हो जाएंगे जो हमें समाज के तानों और डर की ज़ंजीरों में जकड़े हुए है। हारना सहज है, गिरना प्राकृतिक है, लेकिन गिरकर न उठना और उस अनुभव से मुँह मोड़ लेना ही जीवन की वास्तविक पराजय है।

सारांश (*Summary*)

** डर का मनोविज्ञान: विफलता का भय वास्तव में समाज में अपनी पहचान खोने का डर है, जो व्यक्ति को नई शुरुआत करने से रोकता है।*

** विफलता की अनिवार्यता: जैसे कुम्हार के कच्चे मटके या शिल्पकार की छेनी की चोट, वैसे ही असफलता व्यक्तित्व को गढ़ने के लिए अनिवार्य है। यह हमें विनम्रता और गहरा अनुभव प्रदान करती है।*

** सामाजिक पाखंड: समाज दूसरों की हार में अपनी जीत ढूंढता है, जबकि अपनी हार को 'बहाने' और 'झूठ' के पीछे छिपाता है। हंडिया (प्रयागराज) जैसे ग्रामीण अंचलों में यह दबाव मानसिक हिंसा का रूप ले लेता है।*

** अहंकार बनाम बोध: लगातार सफलता अक्सर घमंड लाती है, जबकि असफलता हमें अपनी सीमाओं का ज्ञान कराती है और 'स्वयं' से रूबरू होने का मौका देती है।*

** समाधान: समाज के तानों के शोर में 'मौन' और 'धैर्य' ही सबसे बड़ा हथियार है। अपनी हार को अपनी शक्ति बनाइये और उसे अगले सफल प्रयास की नींव के रूप में इस्तेमाल कीजिये।*

आधुनिक अभिजात्य: व्यक्तित्व निर्माण और वैश्विक शिष्टाचार की मास्टरक्लास (Moderm Elite : A Masterclass in Personality Development and Global Etiquette)

भाग 1

प्रयागराज के पास हंडिया का रहने वाला रवि जब दिल्ली आया, तो उसने सोचा था कि उसकी सबसे बड़ी ताकत—उसकी साफगोई—उसे यहाँ भी आगे ले जाएगी। गाँव में वह हमेशा खुलकर बोलता था और लोग उसकी इसी आदत के कारण उसे पसंद भी करते थे। लेकिन दिल्ली में उसकी शुरुआत कुछ और ही तरह से हुई। यहाँ लोग कम बोलते थे, लेकिन सोच-समझकर बोलते थे। रवि को यह फर्क समझ नहीं आ रहा था, और वह अपनी पुरानी आदत के साथ ही काम करता रहा।

ऑफिस के पहले हफ्ते में ही उसे एक क्लाइंट के साथ मीटिंग में बैठने का मौका मिला। अमित उस मीटिंग को संभाल रहे थे और बड़ी सावधानी से क्लाइंट को प्रोजेक्ट समझा रहे थे। रवि को बीच-बीच में लग रहा था कि कुछ बातें और बेहतर कही जा सकती हैं, लेकिन इस बार उसने खुद को रोके रखा। मीटिंग खत्म होने के बाद क्लाइंट संतुष्ट दिखा और चला गया। बाहर आते ही रवि ने अमित से कहा, "सर, अगर हम ये-ये बदलाव कर दें, तो शायद और अच्छा असर पड़े।"

अमित ने उसकी बात सुनी, लेकिन सिर्फ इतना कहा, "अगली बार सही समय पर बोलना।" रवि को यह बात समझ नहीं आई। उसे लगा कि उसने तो सही ही कहा था, फिर टाइम का क्या मतलब? उसी दिन शाम को उसे एक छोटी सी जिम्मेदारी दी गई—एक पुराने क्लाइंट के साथ बातचीत करने की। रवि ने पूरी ईमानदारी से अपनी बात रखी, लेकिन बातचीत के दौरान उसने

क्लाइंट की एक पुरानी गलती सीधे-सीधे सामने रख दी। कॉल खत्म होते ही उसे एहसास हुआ कि सामने वाला थोड़ा असहज हो गया था।

अगले दिन जब वह ऑफिस पहुँचा, तो उसे माहौल थोड़ा बदला हुआ लगा। कोई कुछ कह नहीं रहा था, लेकिन पहले जैसी सहजता नहीं थी। उसी दौरान वर्मा सर ने उसे चाय के लिए बुलाया। उन्होंने सीधे कुछ समझाने के बजाय उससे दिन भर की बातें पूछीं। धीरे-धीरे बात उसी कॉल पर आ गई। रवि ने पूरी घटना बताई और अंत में कहा, "मैंने कुछ गलत तो नहीं कहा था।"

वर्मा सर ने मुस्कुराते हुए कहा, "गलत नहीं कहा, लेकिन शायद सही तरीके से नहीं कहा।" फिर उन्होंने एक अलग ही किस्सा सुनाया। बोले, "कई साल पहले मैं एक सरकारी दफ्तर में काम करता था। वहाँ एक बाबू थे जो अक्सर फाइलों में गलती कर देते थे। एक दिन मैंने गुस्से में उन्हें सबके सामने टोक दिया। अगले दिन से उन्होंने काम धीमा कर दिया। गलती कम नहीं हुई, बल्कि बढ़ गई। बाद में समझ आया कि मैंने उनकी गलती नहीं, उनके आत्मसम्मान को छुआ था।"

रवि ध्यान से सुन रहा था। वर्मा सर ने आगे कहा, "हर इंसान अपने अंदर खुद को सही मानता है। जब तुम उसकी गलती दिखाते हो, तो वह उसे सुधारने से पहले खुद को बचाने में लग जाता है। उसे लगता है कि उसकी इज्जत कम हो रही है।" उन्होंने यह भी बताया कि कई बार लोग अपनी गलतियों को भी सही ठहराने लगते हैं, सिर्फ इसलिए कि उन्हें गलत साबित होना मंजूर नहीं होता।

"बुरा जो देखन मैं चला, बुरा न मिलिया कोय।
जो दिल खोजा आपना, मुझसे बुरा न कोय॥"

रवि कुछ देर तक चुप बैठा रहा। उसे पहली बार लगा कि वह हर बार सामने वाले को सुधारने के चक्कर में खुद को देखने से बच रहा था। उसी शाम उसने एक छोटी सी बात नोटिस की—ऑफिस के बाहर चाय वाले भैया को एक कर्मचारी डांट रहा था, जबकि गलती मामूली सी थी। चाय वाला कुछ नहीं बोला, बस चुपचाप सिर झुकाकर खड़ा रहा। उस दृश्य ने रवि के मन में कुछ बदल दिया।

अगले कुछ दिनों में रवि ने बोलने से ज्यादा सुनना शुरू किया। जब भी उसे कुछ गलत लगता, वह सीधे कहने के बजाय पहले समझने की कोशिश करता कि सामने वाला ऐसा क्यों सोच रहा है। एक दिन टीम में एक प्रेजेंटेशन तैयार हो रही थी, जिसमें एक नई इंटर्न से गलती हो गई। इस बार रवि ने उसे सबके सामने टोकने के बजाय अलग से समझाया और कहा, "तुमने मेहनत अच्छी की है, बस यहाँ थोड़ा ध्यान देना होगा।" इंटर्न ने तुरंत सुधार किया और अगले दिन वही प्रेजेंटेशन सबसे बेहतर निकला।

धीरे-धीरे रवि को महसूस होने लगा कि लोग अब उससे बचने के बजाय उसके पास आ रहे हैं। अब वह किसी को गलत साबित करने के बजाय उसे बेहतर बनाने की कोशिश करता था। एक दिन अमित ने खुद उसे एक महत्वपूर्ण मीटिंग में आगे आने का मौका दिया। इस बार रवि ने पहले सबकी बात सुनी, फिर बहुत ही शांत तरीके से अपनी बात रखी। मीटिंग खत्म होने के बाद अमित ने सिर्फ इतना कहा।, "अब तुम समझ गए हो।"

कुछ महीनों में रवि वही था, लेकिन उसका तरीका पूरी तरह बदल चुका था। अब वह अपनी बात मनवाने के लिए जोर नहीं लगाता था, बल्कि सामने वाले को समझकर बात करता था। उसे समझ आ गया था कि असली ताकत सही होने में नहीं, बल्कि सही तरीके से पेश आने में है।

अंत में अगर मैं अपनी बात कहूँ, तो मैंने यही सीखा है कि किसी को बदलने से पहले खुद को बदलना ज्यादा जरूरी होता है। जब आप सामने वाले के नजरिए को समझने लगते हैं, तो रिश्ते अपने आप बेहतर हो जाते हैं। सम्मान और समझ, यही दो चीजें इंसान को इंसान से जोड़ती हैं।

जिस दिन हम दूसरों की कमियों के बजाय खुद को देखने लगते हैं, उसी दिन से असली बदलाव शुरू होता है।

भाग 2 : प्रशंसा की जादुई शक्ति (The Magical Power of Appreciation)

रवि एक खस्ताहाल थियेटर ग्रुप का नया डायरेक्टर था। नाटकों को लेकर उसका जुनून तो बहुत था, लेकिन उसके काम करने का तरीका एकदम तानाशाही वाला था। उसे लगता था कि कलाकारों से बेहतरीन एक्टिंग निकलवाने का एक ही तरीका है—उन पर चिल्लाना और उनकी गलतियों को सबके सामने गिनाना। रिहर्सल के दौरान पूरा ऑडिटोरियम उसकी कड़क आवाज़ से गूंजता रहता था। नतीजा यह हुआ कि नाटक के कलाकार डरे-सहमे रहने लगे। वे अपना डायलॉग तो किसी तरह बोल देते, लेकिन उनके अभिनय से आत्मा गायब हो चुकी थी। शो में सिर्फ दो हफ्ते बचे थे और नाटक एक आपदा की तरह लग रहा था। रवि परेशान था कि उसकी इतनी सख्ती के बावजूद कोई भी अपना सौ प्रतिशत क्यों नहीं दे रहा है।

उसी थियेटर में मंच की सजावट और प्रॉप्स का काम कर्नल विक्रम संभालते थे। वे सेना से रिटायर हो चुके थे और शौक के लिए इस ग्रुप से जुड़े थे। रवि अक्सर कड़क कर्नल की छवि सोचकर हैरान होता था, क्योंकि कर्नल विक्रम ने आज तक कभी किसी पर आवाज़ नहीं उठाई थी। एक शाम रवि ने देखा कि मंच बनाने वाले कुछ मजदूर बहुत सुस्ती से काम कर रहे थे। रवि उन्हें डांटने ही वाला था कि कर्नल विक्रम वहाँ पहुँच गए। उन्होंने डांटने के बजाय एक मजदूर के कंधे पर हाथ रखा और कहा, "तुम्हारी हाथ की सफाई गज़ब की है। ये जो महल का खंभा तुमने रंगा है, यह एकदम असली पत्थर का लग रहा है। क्या तुम बाकी के खंभों में भी यही जान डाल सकते हो? मुझे तुम्हारे अलावा किसी और पर यह भरोसा नहीं है।" रवि अपनी आँखों पर यकीन नहीं कर पाया जब उसने देखा कि वो थके हुए मजदूर अचानक दोगुनी ऊर्जा से काम में जुट गए।

रिहर्सल खत्म होने के बाद रवि ने कर्नल विक्रम के साथ चाय पीते हुए अपनी उलझन सामने रखी। उसने पूछा कि आखिर कैसे लोग बिना डांट खाए उनकी हर बात मान लेते हैं। कर्नल विक्रम ने अपनी चाय का कप रखा और बहुत शांति से बोले, "रवि बाबू, कलाकार हो या मजदूर, हर इंसान के भीतर खुद को खास महसूस करने की एक गहरी तड़प होती है। जब तुम उनकी कमियां निकालते हो, तो तुम उनका आत्मविश्वास कुचल देते हो। लेकिन जब तुम उन्हें यह एहसास दिलाते हो कि वे इस नाटक की सबसे अहम कड़ी हैं, तो वे तुम्हारी उम्मीदों से भी आगे निकल जाते हैं।" कर्नल की इस एक बात ने रवि के सोचने का पूरा नज़रिया झकझोर कर रख दिया।

अगले दिन रिहर्सल में रवि ने अपना तरीका पूरी तरह बदल दिया। नाटक की मुख्य अभिनेत्री, जो पिछले कई दिनों से अपने भावों को लेकर संघर्ष कर रही थी और रवि की डांट से और भी नर्वस हो चुकी थी, जब उसने फिर से एक गलती की, तो रवि चिल्लाया नहीं। उसने पास जाकर बड़ी नरमी से कहा, "कल वाले सीन में जब तुमने बिना कुछ बोले सिर्फ आँखों से जो दर्द दिखाया था, उसने मुझे रुला दिया था। तुम्हारे अंदर एक बहुत ही गहरी और स्वाभाविक कला है। मुझे पता है तुम इस सीन को भी उसी तरह जीवंत कर दोगी।" उस एक सच्ची तारीफ का असर जादुई था। उस दिन उस अभिनेत्री ने अपने जीवन का सबसे बेहतरीन प्रदर्शन किया।

यह प्रयोग रवि ने अपने घर पर भी किया। उसका छोटा भाई जो थियेटर का साउंड सिस्टम संभालता था, अक्सर रवि से चिढ़ा रहता था क्योंकि रवि हमेशा उसे तकनीकी खामियों के लिए कोसता था। उस रात घर लौटकर रवि ने अपने भाई से कहा, "मैं शायद कभी कह नहीं पाया, लेकिन नाटक के पीछे जो तू बैकग्राउंड म्यूजिक की टाइमिंग मिलाता है, उसी से असली माहौल बनता है। तेरे बिना यह नाटक अधूरा है।" भाई ने कुछ कहा तो नहीं, लेकिन अगले दिन से उसका काम एकदम बेदाग हो गया। रवि को समझ आ चुका था कि आलोचना से सिर्फ दीवारें खड़ी होती हैं, जबकि सच्ची सराहना दिलों के दरवाज़े खोल देती है।

सीख: इंसान से उसका सर्वश्रेष्ठ प्रदर्शन सख्ती या आलोचना से नहीं, बल्कि सच्ची प्रशंसा और

सम्मान से हासिल किया जा सकता है। हर व्यक्ति के भीतर खुद को महत्वपूर्ण और मूल्यवान महसूस करने की चाहत होती है। जब हम दूसरों की कमियों को नज़रअंदाज़ कर उनकी अच्छाइयों को सच्चे दिल से सराहते हैं, तो वे प्रेरित होकर अपनी पूरी क्षमता से काम करने लगते हैं।

भाग 3: दूसरों की इच्छा को समझना (Inderstanding Others' Perpectives)

रवि शहर का एक बेहद प्रतिभाशाली लेकिन अड़ियल शेफ था। उसने अपनी जिंदगी की सारी जमा-पूंजी लगाकर शहर के बीचों-बीच एक बहुत ही आधुनिक और शानदार रेस्तरां खोला था। रवि को अपनी पाक कला पर बहुत घमंड था और वह अपनी रसोई में दुनिया की सबसे जटिल और अनोखी डिशेज बनाता था। उसे पूरा यकीन था कि लोग उसके खाने की कलाकारी देखकर दीवाने हो जाएंगे। लेकिन महीनों बीत जाने के बाद भी उसका रेस्तरां खाली रहता था। जो इक्का-दुक्का ग्राहक आते, वे खाना चखते और दोबारा कभी लौटकर नहीं आते। रवि इस बात से झल्लाकर अक्सर अपने स्टाफ से कहता कि शहर के लोगों को असली स्वाद और कला की कोई समझ ही नहीं है। वह अपनी ही बात पर अड़ा रहता कि उसका खाना पकाने का तरीका ही सबसे सही है।

एक सुबह उदास मन से रवि ताजी सब्जियां खरीदने शहर के बाहर एक बड़े ऑर्गेनिक फार्म पर गया, जिसे सेना से रिटायर हुए मेजर शर्मा चलाते थे। रवि को परेशान देखकर मेजर शर्मा ने उसे फार्म के कोने में लगे एक मुरझाए हुए पौधे के पास बुलाया। उन्होंने रवि से कहा, "रवि, तुम बहुत काबिल हो, लेकिन तुम्हारी परेशानी यह है कि तुम वह परोस रहे हो जो तुम्हें बनाना पसंद है, न कि वह जो लोग खाना चाहते हैं। जरा इस पौधे को देखो। मुझे बहुत शौक था कि मैं इस छाँव वाले पौधे को बिल्कुल बीच मैदान में तेज धूप में लगाऊं क्योंकि मुझे लगता था कि धूप हर पौधे के लिए अच्छी होती है। नतीजा तुम्हारे सामने है। अगर तुम किसी को उसकी जरूरत के बजाय अपनी जिद के हिसाब से चीजें दोगे, तो रिश्ते और व्यापार दोनों सूख जाते हैं।"

मेजर शर्मा की यह छोटी सी बात रवि के दिमाग में किसी अलार्म की तरह बजी। अचानक उसे अपने रेस्तरां के इंटीरियर डिज़ाइनर की याद आ गई। जब रवि ने अपना रेस्तरां बनवाया था, तो उस डिज़ाइनर ने एक बेहद खूबसूरत लेकिन बिल्कुल अव्यावहारिक रसोई तैयार कर दी थी। डिज़ाइनर ने सिर्फ अपनी कला का प्रदर्शन किया था, यह सोचे बिना कि एक शेफ को जल्दी-जल्दी खाना बनाते समय मसालों और बर्तनों की पहुँच कितनी आसान चाहिए। रवि उस रसोई में काम करते हुए हर दिन खीझता था। आज उसे पहली बार यह अहसास हुआ कि वह भी तो अपने ग्राहकों के साथ बिल्कुल वही कर रहा है। वह अपनी कुकिंग तकनीक उन पर थोप रहा है, बिना यह जाने कि दिन भर की थकान के बाद जब कोई रेस्तरां आता है, तो वह खाने में क्या सुकून ढूँढ रहा होता है।

इस एक विचार ने रवि के काम करने का पूरा नजरिया उलट दिया। रेस्तरां वापस लौटकर उसने सबसे पहले अपना मेन्यू कार्ड बदला। पहले उसने हर डिश के नाम के साथ 'मॉलिक्यूलर गैस्ट्रोनॉमी' और 'सू-वीड तकनीक' जैसे भारी-भरकम शब्द लिखे थे, जिन्हें पढ़कर ग्राहक घबरा जाते थे। उसने तुरंत उन तकनीकी शब्दों को हटाया और डिश के नाम उन भावनाओं और घरेलू यादों से जोड़ दिए जो वह खाना जगा सकता था। जैसे ही उसने अपने एक जटिल सूप का नाम बदलकर 'दादी के चूल्हे की याद' रखा, लोगों की दिलचस्पी उसमें बढ़ने लगी। उसने महसूस किया कि लोग सिर्फ अपना पेट भरने नहीं आते, वे एक ऐसा अनुभव चाहते हैं जो उनके मन से जुड़े।

यही तरीका उसने अपने कर्मचारियों के साथ भी आजमाया। उसका हेड वेटर हमेशा शराब के नाम और उनकी खूबियां भूल जाता था। पहले रवि उस पर बहुत चिल्लाता था और उसे काम से निकालने की धमकी देता था। लेकिन अब उसने वेटर को डांटने के बजाय उससे पूछा कि उसे खुद खाने-पीने में कौन से फ्लेवर सबसे ज्यादा पसंद हैं। जब वेटर ने अपने पसंद के स्वादों के बारे में बताया, तो रवि ने उसे उसी स्वाद से मिलती-जुलती शराबों की खूबियां समझाईं। अब वेटर को

कुछ भी रटना नहीं पड़ता था, वह ग्राहकों को अपने खुद के अनुभव और पसंद के आधार पर सुझाव देने लगा, जिससे ग्राहकों का उस पर भरोसा बढ़ा और बिक्री में गजब का उछाल आ गया।

कुछ हफ्तों बाद उनके रेस्तरां में एक बहुत मशहूर और सख्त फूड क्रिटिक आया। रवि चाहता तो उसे इम्प्रेस करने के लिए अपना सबसे महंगा या मुश्किल खाना परोस सकता था। लेकिन इस बार उसने ऐसा नहीं किया। उसने क्रिटिक से जाकर बात की और बातों-बातों में जाना कि वह लगातार कई शहरों की यात्रा करके बुरी तरह थका हुआ है और उसका पेट भी कुछ ठीक नहीं है। रवि ने अपनी कला दिखाने के बजाय उसे एक बेहद सादा, सुपाच्य लेकिन बेहतरीन स्वाद वाला गर्म भोजन परोसा। क्रिटिक उस अपनेपन और उसकी जरूरत को समझने की इस कला से इतना प्रभावित हुआ कि उसने अपने कॉलम में रवि के रेस्तरां को पूरे शहर का सबसे बेहतरीन और सुकून देने वाला ठिकाना घोषित कर दिया।

सीख: *दुनिया में अगर आप सचमुच किसी के दिल तक पहुँचना चाहते हैं, तो अपनी इच्छाओं का चश्मा उतारकर दुनिया को दूसरों की आँखों से देखना शुरू करें। लोग इस बात से प्रभावित नहीं होते कि आप कितने काबिल या ज्ञानी हैं, बल्कि वे इस बात से जुड़ते हैं कि आप उनकी जरूरतों, उनकी तकलीफों और उनकी भावनाओं को कितनी अहमियत देते हैं। जिस दिन आप अपना अहंकार छोड़कर सामने वाले के नजरिए से सोचना सीख जाते हैं, सफलता खुद आपके कदम चूमने लगती है।*

भाग 4: दूसरों में सच्ची रुचि: दिल जीतने का अचूक मंत्र (Genuine Interest: The Magic Key to Winning Hearts)

बर्फ से ढकी हिमालय की चोटियों के बीच बसे बेस कैंप में रोहन हताश होकर अपने टेंट में बैठा था। वह एक विश्वस्तरीय और बेहद फुर्तीला पर्वतारोही था, लेकिन उसकी टीम का कोई भी सदस्य उसके साथ तालमेल नहीं बिठा पा रहा था। अभियान शुरू हुए कई दिन हो गए थे और रोहन ने

अपनी फिटनेस, अपने महंगे गियर और पुरानी उपलब्धियों की कहानियाँ सुनाकर सब पर रौब जमाने की बहुत कोशिश की थी। लेकिन नतीजा यह हुआ कि अभियान के पोर्टर्स (सामान ढोने वाले) और साथी पर्वतारोही उससे कटने लगे थे। मौसम खराब होते ही टीम का कोई भी सदस्य उसके निर्देश सुनने को तैयार नहीं होता था। रोहन को लगता था कि एक लीडर के तौर पर उसका काम सिर्फ अपनी काबिलियत साबित करना है, ताकि लोग उससे प्रभावित होकर उसके पीछे चलें।

उसी कैंप में कर्नल विक्रम भी मौजूद थे, जो दशकों से पहाड़ों पर चढ़ाई कर रहे थे और इस बार एक सलाहकार के रूप में दल के साथ थे। एक बर्फीली शाम, जब रोहन गुस्से में कैंपफायर से दूर अपनी तेज़ रोशनी वाली हेडलाइट (टॉर्च) जलाए बैठा था, कर्नल विक्रम उसके पास आए। उन्होंने रोहन की तेज़ जलती टॉर्च की तरफ इशारा करते हुए कहा, "रोहन, जब तुम इस तेज़ रोशनी को सीधा किसी की आँखों में मारते हो, तो सामने वाला क्या करता है? वह चौंधिया कर आँखें बंद कर लेता है और मुंह फेर लेता है। तुम्हारी उपलब्धियों का अंधाधुंध दिखावा इस टॉर्च की तरह है। अब ज़रा उस अलाव को देखो—यह कोई शोर नहीं मचा रहा, लेकिन चुपचाप सबको गर्मी दे रहा है, और पूरी टीम खुद-ब-खुद उसके इर्द-गिर्द खिंची चली आई है।"

रोहन को यह बात तीर की तरह चुभी। कर्नल विक्रम ने उसे समझाया कि बर्फीले तूफानों में रिश्ते शारीरिक ताकत से नहीं, बल्कि एक-दूसरे की सच्ची परवाह से टिकते हैं। उन्होंने कैंप के सबसे बुज़ुर्ग और अनुभवी गाइड, दोरजे का उदाहरण दिया। दोरजे ने कभी अपनी एवरेस्ट फतह की कहानियाँ किसी को नहीं सुनाईं, लेकिन चढ़ाई शुरू होने से पहले वह हमेशा अपनी परवाह किए बिना हर नए सदस्य के जूतों के क्रैम्पन्स (बर्फ के कांटे) चेक करता और उनके ऑक्सीजन वाल्व को अपने नंगे हाथों से सेट करता था। दोरजे ने कभी सम्मान की भीख नहीं मांगी, लेकिन पूरी टीम उसके एक इशारे पर अपनी जान दांव पर लगाने को तैयार रहती थी, क्योंकि वह लोगों की हिफाज़त में सच्ची दिलचस्पी रखता था।

अगले दिन उनके दल को एक बहुत ही खतरनाक दर्रे से गुजरना था, जिसके लिए उस घाटी के एक बहुत सख्त और अड़ियल मुखिया की अनुमति लेना अनिवार्य था। रोहन अपने दल को लेकर मुखिया के पास गया और अपना विदेशी स्पॉन्सरशिप लेटर, अपनी पुरानी जीतों के मेडल और अपनी तकनीकी योग्यता का बखान करके उसे प्रभावित करने की कोशिश करने लगा। मुखिया ने उसकी बातों पर कोई ध्यान नहीं दिया और अनुमति देने से साफ इनकार कर दिया। रोहन बुरी तरह झल्ला गया।

तब कर्नल विक्रम उस मुखिया के तंबू में गए। उन्होंने देखा कि मुखिया एक पुराने देवदार के लकड़ी के टुकड़े को छीलकर एक पारंपरिक वाद्ययंत्र (रबाब) बना रहा है। कर्नल विक्रम ने पहाड़ या परमिट की कोई बात ही नहीं की। वे चुपचाप उस आग के पास बैठ गए और मुखिया की कला को बेहद ध्यान से देखने लगे। कुछ देर बाद उन्होंने बहुत ही सम्मान से मुखिया से पूछा कि इस वाद्ययंत्र में इस विशेष लकड़ी की गूंज इतनी गहरी क्यों होती है। यह सुनते ही मुखिया की आँखें चमक उठीं। अगले एक घंटे तक दोनों उस इलाके की लकड़ियों, पुराने गीतों और मौसम के मिज़ाज के बारे में गहरी बातें करते रहे। कर्नल ने उसकी कला में सच्ची लगन दिखाई थी। जब कर्नल उठने लगे, तो मुखिया ने खुद उन्हें गले लगाया और सुरक्षित दर्रा पार करने का परमिट मुस्कराते हुए उनके हाथ में रख दिया।

लौटते वक्त कर्नल विक्रम ने हैरान रोहन की तरफ देखकर कहा, "पहाड़ हो या इंसानी दिल, तुम अपनी उपलब्धियों का झंडा गाड़कर उस पर कब्ज़ा नहीं कर सकते। तुम्हें पहले उनके संसार में उतरना पड़ता है।" फिर उन्होंने उसे एक पुरानी कहावत याद दिलाते हुए कहा, "हम दूसरों में तब दिलचस्पी लेते हैं, जब वे हममें दिलचस्पी लेते हैं।"

उस दिन के बाद रोहन का नज़रिया पूरी तरह बदल गया। उसने अपनी 'मैं' और 'मेरा रिकॉर्ड' की रट हमेशा के लिए छोड़ दी। उसने पोर्टर्स के साथ बैठकर उनके गांवों के बारे में पूछना शुरू किया, साथी पर्वतारोहियों की घबराहट को सुना और उनका हौसला बढ़ाया। बिना किसी दिखावे

के जब उसने सच में अपनी टीम की परवाह करना शुरू किया, तो वही बिखरी हुई टीम एक चट्टान की तरह मज़बूत हो गई और उन्होंने उस सबसे मुश्किल चोटी को आसानी से फतह कर लिया।

सीख: *जब हम अपने अहंकार और अपनी उपलब्धियों का दिखावा छोड़कर सामने वाले के जीवन, उसकी कला और उसकी भावनाओं में सच्ची दिलचस्पी दिखाते हैं, तभी हम असल में उनका दिल जीत पाते हैं। दुनिया में सम्मान, दोस्ती और सहयोग कभी मांगे नहीं जाते या अपनी खूबियां गिनाकर हासिल नहीं किए जाते; बल्कि ये दूसरों को महत्वपूर्ण महसूस कराकर और उन्हें सच्चा आदर देकर कमाए जाते हैं।*

भाग 5: मुस्कुराहट का विज्ञान: एक करोड़ रुपये का आभूषण (The Million-Dollar Smile: Your Silent Messenger)

लेह की जमा देने वाली सर्द हवाओं के बीच एथलेटिक्स कैंप का मैदान किसी युद्धक्षेत्र से कम नहीं लग रहा था। इस कैंप के मुख्य कोच तिवारी जी थे, जिनका नाम सुनते ही नए धावकों के पसीने छूट जाते थे। बीस साल पहले एक चोट के कारण उनका अपना ओलंपिक का सपना टूट गया था, और तब से उन्होंने अपने चेहरे पर एक स्थायी कठोरता ओढ़ ली थी। उनका मानना था कि खेल सिर्फ खून, पसीने और दर्द का नाम है। वे हमेशा गुस्से में रहते, उनकी भौंहें तनी रहतीं और उनके होंठ हमेशा एक कड़े तिरस्कार में भिंचे रहते। उनका सबसे होनहार धावक, समीर, नेशनल फाइनल्स की तैयारी कर रहा था, लेकिन पिछले कुछ हफ़्तों से उसकी स्पीड बढ़ने के बजाय गिर रही थी। तिवारी जी उसे और ज्यादा डांटते, और ज्यादा कठोर ट्रेनिंग देते, लेकिन समीर का शरीर जैसे जवाब दे चुका था।

एक दिन स्पोर्ट्स फेडरेशन की तरफ से कैंप के मुआयने के लिए कर्नल विक्रम वहाँ पहुँचे। कर्नल विक्रम अपने समय के दिग्गज मैराथन रनर रह चुके थे। तिवारी जी ने जब उन्हें देखा तो हैरान रह गए। साठ की उम्र पार कर चुके कर्नल विक्रम जब सुबह बर्फीले ट्रैक पर दौड़ने निकले, तो उनके

चेहरे पर कोई तनाव या दर्द नहीं था, बल्कि एक गहरी, सुकून भरी मुस्कान थी। वह बनावटी या कैमरे के लिए दी गई मुस्कान नहीं थी, बल्कि ऐसी खुशी थी जैसे दौड़ना उनके लिए कोई सज़ा नहीं, बल्कि इबादत हो।

दोपहर में जब कर्नल विक्रम और तिवारी जी ट्रैक के किनारे बैठे थे, तब कर्नल ने समीर को भारी कदमों से दौड़ते हुए देखा। उसका चेहरा दर्द और खौफ से भरा था। कर्नल विक्रम ने तिवारी जी की तरफ मुड़कर कहा, "तिवारी, तुम इसके पैरों की मांसपेशियां तो मज़बूत कर रहे हो, लेकिन तुमने इसके मन को एक बहुत भारी बोझ तले दबा दिया है। तुम्हारा यह कठोर और तनावपूर्ण चेहरा उसे हर पल यह याद दिलाता है कि वह हारने वाला है।" तिवारी जी भड़क गए और बोले, "यह कोई पिकनिक नहीं है कर्नल साहब! यह पहाड़ की चढ़ाई है, यहाँ पत्थर और कांटे हैं। यहाँ मुस्कुराने का क्या काम?"

कर्नल विक्रम ने सामने खड़ी विशाल और खतरनाक 'ब्लैक पीक' चोटी की तरफ इशारा किया और बहुत ही शांत स्वर में कहा, "दुनिया में कुछ भी अच्छा या बुरा नहीं है, हमारी सोच ही उसे वैसा बनाती है।" उन्होंने आगे समझाया, "यह पहाड़ न तो हमारा दुश्मन है और न ही दोस्त। यह सिर्फ मिट्टी और पत्थर है। जब तुम्हारा धावक इसे खौफ से देखता है, तो उसका शरीर सिकुड़ जाता है, उसकी सांसें फूलने लगती हैं। लेकिन जब एक एथलीट भीतर की खुशी और चेहरे पर मुस्कान लेकर दौड़ता है, तो उसका दिमाग शरीर को यह संदेश देता है कि सब सुरक्षित है। मुस्कान से नसों का तनाव खुलता है और फेफड़ों में ज़्यादा हवा भरती है। तुम्हारी कड़वाहट ने इस लड़के से दौड़ने का असली आनंद ही छीन लिया है।"

यह बात तिवारी जी के दिल में एक तीर की तरह चुभ गई। उन्हें याद आया कि जब वे जवान थे, तो वे जीतने के दबाव के लिए नहीं, बल्कि हवा से बात करने की उस खुशी के लिए दौड़ते थे जो उन्हें भीतर से सुकून देती थी। उन्होंने फैसला किया कि अगले दिन के फाइनल ट्रायल में वे अपना सालों पुराना तरीका बदलेंगे।

अगली सुबह जब ट्रायल शुरू हुआ, तो समीर बहुत डरा हुआ था। उसे लग रहा था कि आज अगर उसका समय खराब आया, तो तिवारी जी उसे कैंप से निकाल देंगे। रेस के सबसे मुश्किल मोड़ पर, जहाँ धावक अक्सर हिम्मत हार जाते हैं, तिवारी जी अपनी स्टॉपवॉच लिए खड़े थे। समीर हाँफते हुए उस मोड़ पर पहुँचा। उसने डरते हुए अपने कोच की तरफ देखा, यह सोचकर कि अभी उसे गालियां सुनने को मिलेंगी। लेकिन उस दिन तिवारी जी के हाथ में स्टॉपवॉच नहीं थी। जैसे ही समीर उनके पास से गुज़रा, तिवारी जी के कठोर चेहरे की लकीरें पिघल गईं और उन्होंने सालों बाद एक बहुत ही सच्ची, गर्मजोशी से भरी और विश्वास दिलाने वाली मुस्कान समीर को दी।

समीर उस मुस्कान को देखकर एक पल के लिए स्तब्ध रह गया। उसे ऐसा लगा जैसे उसके कंधों से कई किलो का वजन अचानक उतर गया हो। उसके कोच का वह मुस्कुराता हुआ चेहरा इस बात का सबूत था कि उसे उस पर भरोसा है। समीर के होठों पर भी अनजाने में एक हल्की सी मुस्कान तैर गई। उसकी जकड़ी हुई मांसपेशियां ढीली पड़ गईं, उसकी चाल में एक गज़ब की लय आ गई और उसने उस दिन अपना ही पिछला सारा रिकॉर्ड तोड़ दिया। कर्नल विक्रम दूर खड़े यह सब देख रहे थे और उनके चेहरे पर एक संतुष्ट मुस्कान थी।

सीख: *हमारे चेहरे के भाव सिर्फ हमारी शक्ल नहीं दिखाते, बल्कि वे हमारे आस-पास के लोगों का जीवन गढ़ते हैं। एक सच्ची मुस्कान किसी जादू से कम नहीं है; यह न सिर्फ हमारे भीतर के तनाव को आज़ाद करती है, बल्कि सामने वाले के दिल से डर निकालकर उसे अपनी पूरी क्षमता तक पहुँचने का असीमित हौसला भी देती है।*

भाग 6: शब्दों का सबसे मीठा संगीत: नाम की जादुई शक्ति (The Sweetest Sound: The Magic of Remembering Names)

रेगिस्तान की तपती रेत के बीच खड़ा नवरंग महल एक वीरान और रहस्यमयी खंडहर में तब्दील हो चुका था। कहा जाता था कि इस महल के आखिरी शाही चित्रकार राजेश ने अपनी

आँखों की रोशनी खोने से ठीक पहले एक ऐसी अद्भुत पेंटिंग बनाई थी, जिसमें पूरे राजपूताना का नक्शा और एक अमूल्य खज़ाने का रहस्य छिपा था। दृष्टिहीन होने के बाद राजेश ने वह पेंटिंग महल के किसी गुप्त तहखाने में छिपा दी और जीवन भर उस राज को अपने सीने में दफन रखा। दशकों बाद, उस अनमोल कलाकृति को खोजने का जिम्मा पुरातत्व विभाग के एक बेहद शांत और सुलझे हुए अधिकारी, कर्नल विक्रम को सौंपा गया। कर्नल विक्रम सिर्फ पत्थरों और पुरानी लिपियों को नहीं पढ़ते थे, वे इंसानी फितरत के सबसे गहरे पन्नों को पढ़ने का हुनर रखते थे।

इस खुदाई और ऐतिहासिक खोज अभियान का पूरा खर्च एक बेहद लालची और घमंडी अरबपति, सेठ बनवारी लाल उठा रहे थे। सेठ बनवारी लाल का मानना था कि दुनिया की हर चीज़, हर रहस्य और हर इंसान को दौलत के दम पर खरीदा जा सकता है। जब वे महल के खंडहरों में आते, तो काम करने वाले मज़दूरों को 'ऐ छोटू' या 'अरे ओ मज़दूर' कहकर पुकारते। उनका रवैया इतना रुखा था कि कोई भी स्थानीय व्यक्ति दिल से इस खोज में उनकी मदद नहीं करना चाहता था। वहीं दूसरी तरफ कर्नल विक्रम का तरीका बिल्कुल अलग था। विक्रम जब पुरानी लिपियों को समझने की कोशिश करते, तो वे एक अनोखी तकनीक अपनाते थे—वे पुराने पन्नों पर लिखे धुंधले अक्षरों को गौर से सुनते और देखते, उनके हिज्जे अपनी डायरी में लिखते, उन्हें बार-बार मन में दोहराते और फिर उस कागज़ को नष्ट कर देते ताकि वह जानकारी सिर्फ उनके अवचेतन मन में हमेशा के लिए छप जाए। इंसानों से जुड़ने का भी उनका यही जादुई तरीका था। वे लोगों के नाम इसी तरह अपने मन में उतार लेते थे।

महल के उस प्राचीन हिस्से का ताला खोलने की इकलौती चाबी एक बेहद क्रोधी और संन्यासी जीवन बिता रहे बुज़ुर्ग के पास थी। सेठ बनवारी लाल ने कई बार उस बुज़ुर्ग को पैसे का भारी लालच दिया और हर बार 'ऐ बाबा' या 'ओ बूढ़े' कहकर आवाज़ दी। नतीजा यह हुआ कि उस बुज़ुर्ग ने चाबी देने से साफ इनकार कर दिया और सेठ को अपने अहाते से खदेड़ दिया। एक शाम कर्नल विक्रम अकेले उनके पास गए। विक्रम ने महल के पुराने शाही दस्तावेज़ों में उस बुज़ुर्ग

के पूर्वजों का नाम पढ़ा था। कर्नल विक्रम ने उनके दरवाज़े पर जाकर हाथ जोड़े और बेहद सम्मान से आवाज़ दी, "क्या मृत्युंजय प्रसादम चक्रवर्ती जी भीतर हैं?" यह सुनकर वह क्रोधी बुज़ुर्ग कांपते हाथों से बाहर आया। उसकी आँखों में एक अजीब सी चमक और आंसू थे। उसने भर्राई हुई आवाज़ में कहा, "सालों से इस दुनिया ने मुझे सिर्फ एक लाचार बूढ़ा ही समझा। तुमने मेरे नाम के साथ मेरे उस खोए हुए सम्मान को पुकारा है, जो मेरे पुरखों की असली पहचान था।" उसी पल मृत्युंजय प्रसादम चक्रवर्ती ने बिना किसी शर्त के वह सदियों पुरानी चाबी कर्नल विक्रम के हाथों में सौंप दी।

चाबी तो मिल गई, लेकिन वह गुप्त तहखाना कहाँ है, यह किसी को नहीं पता था। महल की सफाई के लिए एक बेहद शांत और डरी-सहमी सी महिला आती थी, जिसे सब बस 'झाड़ू वाली' कहते थे। कोई उसके होने या न होने पर ध्यान नहीं देता था। एक दोपहर, जब वह थककर सीढ़ियों पर बैठी थी, कर्नल विक्रम उसके पास गए और अपनी पानी की बोतल उसकी तरफ बढ़ाते हुए बहुत सहजता से बोले, "विमला जी, आप इस महल के हर कोने को जानती हैं, क्या आपने कोई ऐसी पुरानी दीवार देखी है जिस पर रोशनी नहीं पड़ती?" 'विमला जी' सुनकर वह महिला अवाक रह गई। जिंदगी में पहली बार किसी इतने बड़े अधिकारी ने उसे उसके नाम से, वह भी 'जी' लगाकर पुकारा था। उस एक सम्मान भरे नाम ने विमला के मन का सारा डर और संकोच खत्म कर दिया। उसने मुस्कुराते हुए कर्नल विक्रम को महल के उस अंधेरे और छिपे हुए गलियारे तक पहुँचा दिया, जहाँ राजेश की वह रहस्यमयी पेंटिंग आज भी सुरक्षित रखी थी।

पेंटिंग मिलते ही सेठ बनवारी लाल उसे अपने निजी कलेक्शन में ले जाने की जिद करने लगे। सेठ उसे दुनिया से छिपाकर अपनी तिजोरी में कैद करना चाहते थे। कर्नल विक्रम जानते थे कि सेठ को सिर्फ एक चीज़ से प्यार है—अपनी खुद की पहचान और अपना नाम अमर करने की भूख। कर्नल विक्रम ने मुस्कुराते हुए सेठ से कहा, "सेठ जी, अगर आप इस पेंटिंग को अपनी तिजोरी में रखेंगे, तो कल आपको कोई याद नहीं रखेगा। लेकिन अगर हम इस पूरी कलाकृति को राष्ट्रीय

संग्रहालय को दान कर दें और उस पूरी नई गैलरी का नाम ही 'सेठ बनवारी लाल हेरिटेज विंग' रख दें, तो सदियों तक इतिहास आपका नाम दोहराएगा।" अपना नाम हमेशा के लिए अमर होने का विचार सुनते ही सेठ बनवारी लाल का सारा लालच पिघल गया और उन्होंने तुरंत वह ऐतिहासिक धरोहर देश को खुशी-खुशी समर्पित कर दी।

कहुँ कहाँ लगि नाम बड़ाई। रामु न सकहिं नाम गुन गाई॥

तुलसीदास जी के इस श्लोक का अर्थ है कि नाम की महिमा कहाँ तक कही जाए, खुद ईश्वर भी नाम के गुणों का गान नहीं कर सकते। कर्नल विक्रम ने भी इसी सूत्र को अपना सबसे बड़ा हथियार बनाया था। वे जानते थे कि किसी का भी नाम महज़ कुछ अक्षरों का जोड़ नहीं होता, बल्कि वह उसकी आत्मा और उसके वजूद का सबसे करीबी हिस्सा होता है।

इस पूरी कहानी से यह साबित होता है कि किसी भी इंसान का नाम उसके लिए दुनिया का सबसे शक्तिशाली और जादुई शब्द है। जब आप किसी को उसके सही नाम से पुकारते हैं, तो आप सिर्फ उसे संबोधित नहीं करते, बल्कि आप उसके अस्तित्व को सीधा सम्मान देते हैं। जो बंद दरवाज़े दौलत, ताकत और हुक्म से नहीं खुलते, वे किसी को उसका सही नाम और सच्ची पहचान देने भर से हमेशा के लिए खुल जाते हैं।

भाग 7: मौन का सम्मोहन: एक बेहतरीन वक्ता बनने का गुप्त राज़ (The Magic of Silence: How to be a Great Conversationalist)

एडवर्ड बॉक एक बेहद तेज़ और आक्रामक रैली कार रेसर था। उसमें रेस जीतने का जुनून तो बहुत था, लेकिन उसकी सबसे बड़ी कमज़ोरी यह थी कि वह अपनी कार और अपनी टीम, दोनों पर सिर्फ हावी होना और चिल्लाना जानता था। एक बार की बात है, एक बहुत ही मुश्किल सिटी-सर्किट रेस के दौरान, एडवर्ड जब भी संकरी और भीड़-भाड़ वाली बाज़ार की सड़कों से अपनी रेस कार निकालता, तो वह आसपास के शोर और ट्रैफिक को देखकर झल्लाहट से भर जाता। वह अपनी मर्ज़ी थोपने के चक्कर में गियर बदलने में ज़बरदस्ती करता, क्लच को झटके से छोड़ता और नतीजा यह होता कि कार बार-बार झटके खाकर बंद हो जाती। उसे लगता था कि दुनिया की हर चीज़ को सिर्फ अपनी ताकत और अपनी आवाज़ से कंट्रोल किया जा सकता है।

तभी उसकी टीम में एक नए और दिग्गज नेविगेटर, कर्नल विक्रम की एंट्री हुई। कर्नल विक्रम ने जब एडवर्ड को इस तरह जूझते देखा, तो उन्होंने बहुत शांति से कहा, "एडवर्ड, तुम कार पर हुक्म चला रहे हो, उसे सुन नहीं रहे हो। गियर तब नहीं बदलता जब तुम ताकत लगाते हो, बल्कि तब बदलता है जब तुम इंजन की आवाज़ और उसकी ज़रूरत को ध्यान से सुनते हो। अगर तुम इस बाज़ार की लय और अपनी मशीन की पुकार को खामोश रहकर नहीं सुनोगे, तो कभी फिनिश लाइन तक नहीं पहुँच पाओगे।" एडवर्ड के लिए यह एक बहुत बड़ा सबक था—सुनना सिर्फ कानों का काम नहीं, बल्कि महसूस करने की एक बहुत गहरी कला है।

यह 'सुनने की कला' सिर्फ मशीनों तक सीमित नहीं थी, इंसानों के बीच यह और भी बड़ा जादू करती थी। रेस के अगले चरण में एक बहुत बड़ी रुकावट आ गई। उनका सबसे अहम प्रैक्टिस ट्रैक एक स्थानीय और बेहद सख्त ज़मींदार, श्रीमती गुप्ता के खेतों के बीच से होकर गुज़रता था। श्रीमती गुप्ता ने गुस्से में आकर अपने आदमियों से पूरा रास्ता रोक दिया था। एडवर्ड ने हमेशा की तरह अपनी आवाज़ ऊँची की, उन्हें नियम कानून और रेस के परमिट दिखाने की कोशिश की,

जिससे श्रीमती गुप्ता का गुस्सा और भड़क गया। तभी कर्नल विक्रम आगे आए। उन्होंने अपने हाथ पीछे बांधे और चुपचाप श्रीमती गुप्ता के सामने खड़े हो गए। अगले बीस मिनट तक श्रीमती गुप्ता आग-बबूला होकर बोलती रहीं कि कैसे बाहर से आने वाले लोग उनके शांत इलाके को बर्बाद कर रहे हैं। कर्नल विक्रम ने एक शब्द नहीं कहा, बस पूरी हमदर्दी के साथ उनकी आँखों में देखते रहे। जब उनका सारा गुबार निकल गया और वे गहरी सांस लेकर रुकीं, तो कर्नल ने बहुत ही धीमी आवाज़ में कहा, "मैं आपकी पीड़ा समझ सकता हूँ, आपकी यह ज़मीन वाकई बहुत खूबसूरत है और इसकी शांति भंग नहीं होनी चाहिए।" सिर्फ इतना सुनते ही, श्रीमती गुप्ता का सारा क्रोध पिघल गया। जिस महिला से पूरी टीम हार मान चुकी थी, उसने खुद रास्ता खुलवा दिया। कर्नल विक्रम ने कोई तर्क नहीं दिया था, उन्होंने सिर्फ उन्हें वह दिया था जिसकी उन्हें सबसे ज़्यादा ज़रूरत थी—एक सच्चा और शांत श्रोता।

यही नियम ऊंचे और ताकतवर लोगों पर भी उतना ही लागू होता है। रेस के फाइनल से ठीक एक रात पहले, टीम के मालिक अब्राहम लिंकन बहुत घबराए हुए थे। भारी कर्ज़ और हारने का डर उन्हें सोने नहीं दे रहा था। आधी रात को उन्होंने कर्नल विक्रम को अपने टेंट में बुलाया। लिंकन लगातार एक घंटे तक अपने नुकसान, अपनी साख और अपने गहरे डर के बारे में बोलते रहे। वे टेंट में इधर-उधर टहलते रहे और अपनी उलझनें बयां करते रहे। कर्नल विक्रम ने बीच में उन्हें एक बार भी नहीं टोका, न ही कोई महान सलाह देने की कोशिश की। वे बस पूरी एकाग्रता से उन्हें सुनते रहे। एक घंटे बाद, लिंकन ने एक लंबी सांस ली, विक्रम के कंधे पर हाथ रखा और बोले, "धन्यवाद कर्नल। तुम्हारी बातचीत ने मेरी सारी उलझनें सुलझा दीं। अब मेरा मन बिल्कुल शांत है।" हैरानी की बात यह थी कि कर्नल विक्रम ने पूरे एक घंटे में एक भी शब्द की सलाह नहीं दी थी। लिंकन को किसी 'ज्ञान' की नहीं, बस अपने मन का भारीपन खाली करने के लिए एक ऐसे इंसान की ज़रूरत थी जो उनकी बात को अहमियत दे सके।

कबीर साहब ने भी कहा है कि कम बोलना और ज़्यादा सुनना ही ज्ञान की पहली सीढ़ी है। जब हम अपनी 'मैं' को चुप कराकर दूसरों की दुनिया में ध्यान लगाते हैं, तो हम सिर्फ शब्द नहीं सुनते, बल्कि उन अनकहे जज़्बातों को भी सुन लेते हैं जो इंसान को भीतर से चलाते हैं।

चाहे वह इंसान हो, रास्ते की अड़चन हो, या फिर कोई बेजान मशीन—अक्सर समाधान अपनी बात ज़बरदस्ती मनवाने में नहीं, बल्कि सामने वाले की आवाज़ को पूरी ईमानदारी से सुनने में छिपा होता है। जो व्यक्ति खामोश रहकर दूसरों की भावनाओं और पीड़ा को पूरे सम्मान के साथ सुन सकता है, वह दुनिया के किसी भी दिल और किसी भी परिस्थिति को आसानी से जीत सकता है। यह हमेशा याद रखें कि संवाद में सबसे बड़ा प्रभाव आपके बोलने के तरीके से नहीं, बल्कि आपके सुनने की गहराई से पैदा होता है।

भाग 8: हृदय का शाही मार्ग: सामने वाले की पसंद का जादू
(The Royal Road: Speaking the Language of Their Heart)

राजेश एक जुनूनी लेकिन बुरी तरह से कर्ज़ में डूबा हुआ डॉक्युमेंट्री फिल्ममेकर था। उसकी ज़िंदगी का सबसे बड़ा सपना पश्चिमी घाट के घने जंगलों में छिपे ८०० साल पुराने 'सूर्य मंदिर' और वहां की दुर्लभ जनजातियों पर एक फिल्म बनाना था। लेकिन उसकी यह जीवन भर की मेहनत तब मिट्टी में मिलती नज़र आई, जब देश के सबसे बड़े और क्रूर माइनिंग टाइकून, मिस्टर सिंघानिया ने उस पूरे पहाड़ को लीज़ पर ले लिया। तीन दिन बाद वहां बारूद से ब्लास्टिंग शुरू होने वाली थी। राजेश ने मिस्टर सिंघानिया के दफ्तर के बाहर धरने दिए, पर्यावरण विभाग को चिट्ठियां लिखीं और गिड़गिड़ाकर अपने प्रोजेक्ट की अहमियत समझानी चाही, लेकिन सिंघानिया के बाउंसरों ने उसे धक्के मारकर बाहर निकाल दिया। सिंघानिया के लिए वह मंदिर और जंगल महज़ एक पत्थर और लकड़ी का ढेर था, जिसके नीचे करोड़ों का खनिज छिपा था।

हारकर राजेश पहाड़ की तलहटी में रहने वाले कर्नल विक्रम के पास पहुँचा। कर्नल विक्रम सेना से रिटायर होने के बाद अब उसी जंगल में एक संन्यासी का जीवन बिता रहे थे और जंगली जानवरों की ट्रैकिंग के सबसे बड़े विशेषज्ञ माने जाते थे। राजेश को लगा कि शायद कर्नल साहब अपनी किसी पुरानी सैन्य पहचान का इस्तेमाल करके सिंघानिया को रोक लेंगे।

जब राजेश उनके पास पहुँचा, तो कर्नल विक्रम एक घायल बाज़ के पंखों पर मरहम लगा रहे थे। राजेश ने रोते हुए उन्हें अपनी सारी परेशानी बताई। कर्नल विक्रम ने शांत भाव से बाज़ को आसमान में छोड़ते हुए कहा, "राजेश, तुम एक लोहे के टैंक पर रबर की गोलियां दाग रहे हो। सिंघानिया की ढाल उसका पैसा और अहंकार है। जब मैं जंगलों में आदमखोर बाघ को ट्रैक करता था, तो मैं बाघ के पैरों के निशान नहीं खोजता था, बल्कि उस पानी के सोते (झरने) को खोजता था जहाँ उसकी प्यास उसे खींच लाती है। हर इंसान की एक ऐसी ही गुप्त 'प्यास' होती है। तुम्हारा काम सिंघानिया का वह झरना खोजना है।"

राजेश को बात समझ में आ गई। उसने अपना धरना-प्रदर्शन बंद कर दिया और अगले 48 घंटे तक सिर्फ मिस्टर सिंघानिया के जीवन का 'होमवर्क' किया। उसने सिंघानिया के व्यापार या माइनिंग प्रोजेक्ट्स के बारे में नहीं पढ़ा, बल्कि उसकी निजी ज़िंदगी के सबसे छिपे हुए पन्नों को खंगाला। उसे एक पुरानी, लगभग भुला दी गई मैगज़ीन से पता चला कि मिस्टर सिंघानिया को 'मारवाड़ी नस्ल के दुर्लभ घोड़ों' का पागलपन की हद तक शौक है। दुनिया की नज़रों में क्रूर दिखने वाला वह टाइकून अपने अस्तबल में घोड़ों के साथ एक बच्चे की तरह समय बिताता था और वह एक खास 'सफेद मारवाड़ी' घोड़े की तलाश में था जो अब लगभग विलुप्त हो चुका था।

अगले दिन राजेश किसी तरह सुरक्षा घेरा तोड़कर सिंघानिया के गोल्फ क्लब में घुस गया। गार्ड्स उसे दबोचने ही वाले थे कि राजेश ने ज़ोर से चिल्लाकर कहा, "मिस्टर सिंघानिया, जिस 'श्वेतकेतु' (सफेद घोड़े) की तलाश आप पिछले दस सालों से कर रहे हैं, उसकी ब्लडलाइन उस पहाड़ पर मौजूद है जिसे आप कल उड़ाने वाले हैं!"

यह सुनते ही सिंघानिया के हाथ से गोल्फ स्टिक गिर गई। उसने गार्ड्स को पीछे हटने का इशारा किया और राजेश को अपने पास बुलाया। राजेश ने अगले ४५ मिनट तक न तो अपनी डॉक्युमेंट्री की बात की, न आदिवासियों की और न ही ८०० साल पुराने मंदिर की। उसने वाइल्डलाइफ फिल्ममेकर होने के नाते उस पहाड़ के जंगली मारवाड़ी घोड़ों की शारीरिक बनावट, उनके दौड़ने की लय और उनके दुर्लभ खून के बारे में इतनी गहरी और सटीक बातें की, जो सिंघानिया ने बड़े-बड़े पशु विशेषज्ञों से भी नहीं सुनी थीं। सिंघानिया मंत्रमुग्ध होकर सुनता रहा।

अंत में सिंघानिया ने गहरी सांस लेकर पूछा, "अगर मैंने वहां माइनिंग की, तो क्या वे घोड़े हमेशा के लिए खत्म हो जाएंगे?" राजेश ने बस हाँ में सिर हिलाया। उसी शाम मिस्टर सिंघानिया ने अपनी पूरी माइनिंग टीम को पहाड़ से वापस बुलाने का आदेश दे दिया। इतना ही नहीं, उन्होंने राजेश की डॉक्युमेंट्री के लिए अपनी तरफ से पूरा फंड भी जारी कर दिया, ताकि उन दुर्लभ घोड़ों और उस पूरे जंगल का संरक्षण किया जा सके। जो काम महीनों के रोने-गिड़गिड़ाने और अपनी ज़रूरतें बताने से नहीं हुआ, वह सिंघानिया की सबसे गहरी 'पसंदीदा चीज़' को छूते ही कुछ मिनटों में हो गया।

इस प्रसंग में कबीर साहब का यह दोहा बिल्कुल सटीक बैठता है:

"जिन खोजा तिन पाइया, गहरे पानी पैठ। मैं बपुरा बूड़न डरा, रहा किनारे बैठ॥"

(अर्थ: जो गहरे पानी में उतरकर गोता लगाते हैं, वही मोती खोज पाते हैं। जो डूबने के डर से किनारे पर ही बैठे रहते हैं, उनके हाथ कुछ नहीं लगता।**)**

इस कहानी के संदर्भ में इसका अर्थ यह है कि इंसान का मन एक गहरे सागर की तरह है। जब तक आप सतही तौर पर सिर्फ अपनी ज़रूरतों का रोना रोते रहेंगे, आपको कोई 'मोती' (सफलता) नहीं मिलेगा। सामने वाले के मन की गहराई में उतरकर उसकी असली दिलचस्पी खोजना ही सही मायने में 'गहरे पानी में बैठना' है।

जीवन की सीख (*Lesson*):

दुनिया में कोई भी इंसान आपकी समस्याओं या आपके सपनों को पूरा करने के लिए नहीं बैठा है; वह सिर्फ अपने गहरे शौक और अपने स्वार्थ से प्रेरित होता है। यदि आप किसी से अपना काम निकलवाना चाहते हैं या किसी का दिल जीतना चाहते हैं, तो अपनी 'मांगों' का पर्चा फाड़ दीजिये और उस व्यक्ति के सबसे प्रिय विषय पर बात करना शुरू कीजिए। जिस दिन आप दूसरों के शौक को अपनी बातचीत का हथियार बना लेंगे, दुनिया के सबसे पत्थर दिल और जिद्दी इंसान भी आपके सामने मोम की तरह पिघल जाएंगे और आपकी हर राह खुद-ब-खुद आसान हो जाएगी।

भाग 9: महत्व का अहसास: व्यक्तित्व का जादुई पारस पत्थर

(The Feeling of Importance: The Golden Rule of Human Conduct)

साल 2018 की बात है, जब भयंकर बाढ़ ने पूरे उत्तर भारत को अपनी चपेट में ले लिया था। जिला अस्पताल का नज़ारा किसी युद्ध के मैदान से कम नहीं था। एम्बुलेंस के सायरन, घायलों की चीख-पुकार और दवाओं की कमी ने पूरे माहौल को खौफनाक बना दिया था। अस्पताल की सबसे सीनियर हेड नर्स, कुसुम जी, पिछले 48 घंटों से बिना सोए काम कर रही थीं। थकान, भूख और लगातार बढ़ते मरीजों के दबाव ने उन्हें चिड़चिड़ा बना दिया था। वे हर जूनियर डॉक्टर और वॉर्ड बॉय पर बुरी तरह झिल्ला रही थीं। उनका यह रवैया पूरे स्टाफ का मनोबल तोड़ रहा था और घबराहट में गलतियां होने लगी थीं।

उसी समय सेना से रिटायर होने के बाद बतौर स्वयंसेवक वहां मदद करने आए कर्नल विक्रम ने यह सब देखा। वे समझ गए कि कुसुम जी का गुस्सा असल में उनकी उस अथाह मेहनत की अनदेखी का परिणाम है, जिसे कोई नोटिस नहीं कर रहा था। कर्नल विक्रम सीधे उनके पास गए और एक बेहद शांत लेकिन गंभीर स्वर में बोले, "कुसुम जी, मैंने अपने जीवन में कई युद्ध और आपदाएं देखी हैं, लेकिन जिस अकल्पनीय मानसिक मज़बूती के साथ आप इस पूरे वार्ड को ढहने

से रोके हुए हैं, वैसा नेतृत्व मैंने कम ही देखा है। सच कहूँ तो, अगर आपके अनुभव और आपकी पैनी नज़र का साया यहाँ न हो, तो यह पूरा अस्पताल अगले एक घंटे में घुटने टेक देगा।"

यह सुनते ही कुसुम जी के माथे की सारी सिलवटें जैसे जादू से गायब हो गईं। जिस नर्स को लग रहा था कि वह सिर्फ एक मशीन की तरह घिस रही है, उसे अचानक अपने थके हुए पैरों में एक नई ऊर्जा महसूस हुई। उनकी आवाज़ में जो कड़वाहट थी, वह रातों-रात एक अनुभवी और निडर लीडर के शांत निर्देशों में बदल गई। कर्नल विक्रम ने उन्हें कोई आदेश नहीं दिया था, बस उनके वजूद को एक 'अहमियत' का ताज पहना दिया था।

उसी वार्ड के एक अंधेरे कोने में शांति देवी नाम की एक महिला अपने घायल बच्चे को सीने से लगाए बुरी तरह रो रही थीं और डॉक्टरों पर चीख रही थीं। डॉक्टरों की कमी के कारण उनके बच्चे का नंबर नहीं आ पा रहा था, जिससे वे हिंसक हो रही थीं। कर्नल विक्रम ने गार्ड्स को उन्हें वहां से हटाने से रोका। वे शांति देवी के पास घुटनों के बल बैठे और बोले, "शांति जी, आप एक माँ हैं और इस समय आपके बच्चे की हर सांस, हर धड़कन को आपसे बेहतर कोई मशीन या डॉक्टर नहीं समझ सकता। मुझे आपकी बहुत सख्त ज़रूरत है। क्या आप एक ज़िम्मेदार वॉलिंटियर की तरह हर दस मिनट में इसकी नब्ज़ गिनकर मुझे रिपोर्ट कर सकती हैं? आपके इस सटीक काम के बिना हम इसका सही इलाज शुरू ही नहीं कर पाएंगे।" शांति देवी, जो अब तक खुद को बेबस और लाचार मानकर रो रही थीं, अचानक एक महत्वपूर्ण 'जिम्मेदारी' पाकर बिल्कुल शांत हो गईं। उनके आंसू रुक गए और वे पूरी एकाग्रता व गर्व से अपने बच्चे की निगरानी में जुट गईं।

अस्पताल का माहौल व्यवस्थित करने के बाद, कर्नल विक्रम एक बचाव दल (*rescue team*) के साथ एक जलमग्न इलाके में गए। वहां एक पुरानी हवेली की छत पर एक अड़ियल बुज़ुर्ग बैठा था। बाढ़ का पानी दूसरी मंज़िल तक पहुँच चुका था, लेकिन वह अपनी हवेली छोड़ने को तैयार नहीं था। टीम के लोग उसे मूर्ख बताकर डांट रहे थे और ज़बरदस्ती नाव में खींचने की कोशिश कर रहे थे, जिससे वह और भड़क रहा था। कर्नल विक्रम नाव से उतरकर पानी में से होते

हुए उस छत पर गए। उन्होंने हवेली की डूबती हुई दीवारों पर नक्काशी देखी और बुज़ुर्ग से कहा, "बाबूजी, मैंने पूरी दुनिया की यात्रा की है, लेकिन इन मेहराबों की शानदार कारीगरी और आपके इस पुश्तैनी घर की शान कहीं नहीं देखी। यह सिर्फ ईंट-पत्थर का ढांचा नहीं, बल्कि आपके पूर्वजों का एक गौरवशाली इतिहास है। मैं बहुत अच्छी तरह समझ सकता हूँ कि एक सच्चा वारिस अपनी इतनी कीमती विरासत को छोड़कर कैसे जा सकता है।"

बुज़ुर्ग, जिसे अब तक सब पागल और ज़िद्दी समझ रहे थे, विक्रम की यह बात सुनकर बच्चों की तरह फूट-फूट कर रोने लगा। उसे लगा कि किसी ने तो उसके दर्द, उसके इतिहास और उसके वजूद की कीमत समझी। उसने खुद आगे बढ़कर कर्नल विक्रम का हाथ पकड़ा और बिना किसी विरोध के नाव में बैठ गया।

कबीरदास जी का एक बहुत ही प्रसिद्ध दोहा है—

"ऐसी बानी बोलिए, मन का आपा खोय।
औरन को सीतल करै, आपहुँ सीतल होय॥"

आम तौर पर लोग इसका अर्थ सिर्फ 'मीठा बोलने' से लगाते हैं, लेकिन कर्नल विक्रम ने इसे एक अलग ही गहराई में जाकर जिया था। उनका मानना था कि 'ऐसी बानी' का असली मतलब सिर्फ चाशनी में लिपटे शब्द नहीं, बल्कि वे शब्द हैं जो सामने वाले के 'अस्तित्व को मान्यता' दें। जब आप किसी को यह अहसास कराते हैं कि वह महत्वपूर्ण है, तो उसके भीतर उबल रहा क्रोध, डर या ज़िद अचानक 'सीतल' (शांत) हो जाती है।

सीख: इस दुनिया में किसी भी व्यक्ति का दिल जीतने या मुश्किल वक्त में उसका सहयोग पाने का सबसे अचूक तरीका उसे 'महत्वपूर्ण और मूल्यवान' महसूस कराना है। हुक्म चलाने, तर्क देने या डांटने से लोग हमेशा अपने बचाव में आपके खिलाफ खड़े होंगे। लेकिन जब आप उनकी मेहनत, उनके दर्द या उनकी भावनाओं की सच्ची कद्र करते हैं, तो वे अपना सारा अहंकार छोड़कर पूरे दिल से आपके साथ जुड़ जाते हैं।

भाग 10: बहस का जाल: खाली जीत और हार का सच

(The Trap of Argument: The Only Way to Win is to Avoid)

अरब सागर के बीचों-बीच एक भयानक तूफ़ान उठ रहा था। लहरें किसी बहुमंज़िला इमारत जितनी ऊँची उठ रही थीं और रिसर्च पोत 'सागर-मंथन' उस तूफ़ान में एक तिनके की तरह कांप रहा था। जहाज़ के कंट्रोल रूम में हंडिया का रहने वाला एक युवा और बेहद होशियार समुद्र विज्ञानी, प्रताप, वायरलेस रेडियो पर चीख रहा था। जहाज़ का एक इंजन फेल हो चुका था और उन्हें नज़दीकी सैन्य द्वीप पर डॉक करने (लंगर डालने) की सख्त ज़रूरत थी। लेकिन उस द्वीप का कोस्ट गार्ड कमांडर उन्हें अनुमति नहीं दे रहा था क्योंकि उनके जहाज़ का आपातकालीन परमिट एक दिन पहले ही समाप्त हो चुका था।

प्रताप को समुद्री कानूनों की गहरी जानकारी थी। उसने रेडियो पर बहस शुरू कर दी। उसने इंटरनेशनल मैरीटाइम लॉ के अनुच्छेद 98 का हवाला दिया, कमांडर को उसकी कानूनी जिम्मेदारियां गिनाईं और यहाँ तक कह दिया कि अगर जहाज़ डूबा, तो उस कमांडर पर हत्या का मुकदमा चलेगा। प्रताप के तर्क अकाट्य थे, वह कानूनी रूप से 100% सही था। लेकिन इस कानूनी 'जीत' का नतीजा क्या निकला? कमांडर का अहंकार आहत हो गया। एक नौसिखिए विज्ञानी से अपनी कानूनी अज्ञानता का ताना सुनकर वह गुस्से से भर गया और उसने रेडियो लाइन ही काट दी। प्रताप ने बहस तो जीत ली थी, लेकिन अब पूरे जहाज़ की जान दांव पर लग गई थी।

तभी इस अभियान के मुख्य कर्ताधर्ता, कर्नल विक्रम (जो नौसेना से रिटायर होकर अब इस रिसर्च टीम का नेतृत्व कर रहे थे), रेडियो रूम में आए। उन्होंने प्रताप को किनारे किया और बैकअप चैनल पर कोस्ट गार्ड कमांडर से संपर्क जोड़ा। कर्नल विक्रम ने कोई कानून या नियम नहीं पढ़ाया। उन्होंने बेहद शांत और सम्मानजनक आवाज़ में कहा, "कमांडर साहब, मैं जानता हूँ कि इस भीषण तूफ़ान में पूरे द्वीप की सुरक्षा आपके कंधों पर है और बिना वैध परमिट के किसी जहाज़ को पनाह

देना आपके सख्त उसूलों के खिलाफ है। हमारी गलती है कि हमने परमिट का ध्यान नहीं रखा। अब हमारी ज़िंदगी पूरी तरह आपके अनुभव और आपकी दया पर निर्भर है। आप जैसा अनुभवी अफसर ही बता सकता है कि इस टूटे हुए जहाज़ को डूबने से कैसे बचाया जाए।"

कुछ पलों का सन्नाटा छा गया। जो कमांडर प्रताप की कानूनी धमकियों से पत्थर बन चुका था, कर्नल विक्रम के इन शब्दों से पिघल गया। उसे अपना महत्व और अपनी शक्ति का अहसास हुआ। उसने तुरंत जहाज़ को एक सुरक्षित खाड़ी में लंगर डालने की इकलौती जगह दे दी। जब जहाज़ सुरक्षित खड़ा हो गया, तो कर्नल विक्रम ने प्रताप की ओर मुड़कर देखा जो अब भी अपनी 'कानूनी जीत' की खुमारी में था। कर्नल ने उसे समझाया कि इंसानी रिश्ते अदालतों की तरह नहीं चलते। जब तुम किसी के मुँह पर साबित कर देते हो कि वह गलत है, तो तुम उसका गुरूर तोड़ देते हो। इंसान तर्कों से नहीं, भावनाओं से चलता है। अगर तुम अपनी बात मनवाने के लिए दूसरे को नीचा दिखाओगे, तो वह तुम्हारे सही होने पर भी तुम्हारी बात कभी नहीं मानेगा।

प्रताप की हमेशा से यही समस्या रही थी। वह अपनी टीम का सबसे तेज़ दिमाग था। इससे पहले जब वह मछुआरों को मछली पकड़ने की नई वैज्ञानिक तकनीकें सिखाने जाता था, तो वह उन्हें उनके पुराने और गलत तरीकों के लिए टोकता था। वह चार्ट और आंकड़ों से साबित कर देता था कि मछुआरे मूर्खतापूर्ण तरीके से जाल बिछा रहे हैं। वह हर बार वैज्ञानिक बहस जीत जाता था, लेकिन गाँव का कोई भी मछुआरा उसकी नई तकनीक को हाथ तक नहीं लगाता था। प्रताप को लगता था कि उसने उन्हें अज्ञानता से बाहर निकाल दिया, लेकिन असल में उसने उनके सालों के अनुभव और स्वाभिमान को कुचल दिया था।

कर्नल विक्रम की बातों ने प्रताप के दिमाग के जाले साफ कर दिए। उसे समझ आ गया कि किसी को गलत साबित करने की ज़िद दरअसल खुद को श्रेष्ठ दिखाने का एक घमंड है। उसने तय किया कि वह अब अपनी इस आदत को बदलेगा।

कुछ महीनों बाद, इसी अभियान के दौरान पोर्ट ब्लेयर में उनके एक बहुत ही महंगे और जरूरी विदेशी राडार उपकरण को एक कस्टम अधिकारी ने रोक लिया। अधिकारी बहुत अड़ियल था और उसने एक छोटी सी टाइपिंग मिस्टेक को लेकर उस उपकरण को ज़ब्त करने की धमकी दे दी। पुराना प्रताप होता तो वह तुरंत कस्टम मैन्युअल निकालता, नियमों पर बहस करता और उस अधिकारी की क्लास लगा देता। लेकिन इस बार प्रताप ने अलग रास्ता चुना। उसने अपनी सारी फाइलें बंद कीं और बहुत ही नम्रता से कहा, "सर, आप जैसे सतर्क अधिकारियों की वजह से ही हमारे बंदरगाह सुरक्षित हैं। इतनी छोटी सी गलती को पकड़ लेना सच में आपकी पैनी नज़र का सबूत है। मैं मानता हूँ कि हमारी तरफ से कागज़ात में चूक हुई है। अब आप ही अपने अनुभव से कोई रास्ता सुझाइए कि इस सरकारी काम को बिना नियम तोड़े कैसे पूरा किया जा सकता है।"

वह कस्टम अधिकारी, जो अब तक लड़ने के मूड में बैठा था, अचानक रिलैक्स हो गया। प्रताप ने बहस की गुंजाइश ही खत्म कर दी थी। जब प्रताप ने हथियार डाल दिए और अधिकारी को महत्वपूर्ण बना दिया, तो वह अधिकारी खुद ही समाधान ढूँढने लगा। उसने प्रताप को एक छोटा सा डिक्लेरेशन फॉर्म भरने को दिया और दस मिनट के अंदर वह करोड़ों का उपकरण पास कर दिया। उस दिन प्रताप ने महसूस किया कि दुनिया के सबसे कड़े ताले बहस की चाबियों से नहीं खुलते।

इतिहास के पन्नों में झांकें तो भगवान बुद्ध ने कहा था— "नफरत कभी नफरत से खत्म नहीं होती, बल्कि प्यार से होती है।" ठीक उसी तरह, एक बहस कभी दूसरी बहस से या तर्कों से नहीं सुलझती, बल्कि वह सामने वाले के नज़रिए को समझने और उसके अहंकार को शांत करने से सुलझती है। जब हम किसी से उलझते हैं, तो असल में हम समस्या नहीं सुलझा रहे होते, बल्कि अपने-अपने अहम (ईगो) की लड़ाई लड़ रहे होते हैं।

सीख: *दुनिया में बहस जीतकर किसी इंसान का दिल या उसका सहयोग कभी नहीं जीता जा सकता। जब आप किसी को हराने या गलत साबित करने की कोशिश करते हैं, तो आप उसे*

अपने खिलाफ एक मज़बूत दीवार में बदल देते हैं। किसी भी विवाद को सुलझाने का सबसे शक्तिशाली और अचूक तरीका यह है कि आप बहस में पड़ने के बजाय, सामने वाले की बातों को सम्मान दें और शांति से सहमति के बिंदु खोजें। जो इंसान अपनी 'मैं' को पीछे रखकर खामोशी से बात सुलझाना जानता है, वही जीवन की सबसे बड़ी जीत हासिल करता है।

भाग 11: सम्मान की शक्ति: किसी को 'गलत' कहे बिना अपनी बात मनवाना

(The Power of Respect: Winning Without Saying 'You're Wrong')

गहरे समंदर की खौफनाक और घुप्प अंधेरी दुनिया में 'नील-वराह' नाम की एक अत्याधुनिक पनडुब्बी फंसी हुई थी। किसी तकनीकी खराबी के कारण पनडुब्बी प्रशांत महासागर की एक बहुत गहरी खाई में गिर गई थी और उसका ऑक्सीजन स्तर तेज़ी से गिर रहा था। मौत बिल्कुल सामने खड़ी थी। इस खतरनाक सर्वाइवल मिशन के कमांडर कर्नल विक्रम थे, जिन पर पूरे क्रू को सुरक्षित सतह पर वापस ले जाने की ज़िम्मेदारी थी। तनाव के इस माहौल में पनडुब्बी के चीफ नेविगेटर अमित और अनुभवी क्रू मेंबर रमेश के बीच एक भयंकर बहस छिड़ गई। अमित ने एक बहुत ही संकरी समुद्री गुफा से निकलने का रास्ता निकाला था। रमेश का बरसों का समुद्री अनुभव कह रहा था कि उस गुफा में पानी का दबाव पनडुब्बी के परखच्चे उड़ा देगा। लेकिन अमित ने पूरे क्रू के सामने रमेश पर चिल्लाते हुए कहा— "रमेश, तुम पूरी तरह से गलत हो! मेरी गणित और मेरे आंकड़े कभी फेल नहीं होते।"

'गलत' शब्द सुनते ही रमेश का स्वाभिमान बुरी तरह आहत हो गया। वह जो कि क्रू का सबसे अहम व्यक्ति था, उसने अपना कंट्रोल पैनल छोड़ दिया और गुस्से में कहा, "ठीक है, अगर मैं गलत हूँ और तुम ही सबसे बड़े ज्ञानी हो, तो तुम खुद इसे चलाकर दिखाओ।" पनडुब्बी मौत के मुहाने पर थी और क्रू के बीच का अहंकार उन्हें डूबने पर मजबूर कर रहा था।

कर्नल विक्रम दूर खड़े यह सब देख रहे थे। वे जानते थे कि ऐसे नाज़ुक हालात में किसी को सीधे तौर पर 'गलत' साबित करना बारूद के ढेर में माचिस फेंकने जैसा है। जब आप किसी के मुंह पर उसे गलत कहते हैं, तो आप उसके ज्ञान को नहीं, बल्कि उसकी पहचान और उसके अस्तित्व को चुनौती देते हैं। विक्रम ने अपनी ट्रेनिंग के दौरान एक बहुत गहरे सिद्धांत को अपना जीवन मंत्र बनाया था: "इंसानों को ऐसे सिखाया जाना चाहिए जैसे आप उन्हें नहीं सिखा रहे हैं, और अनजानी चीज़ों को ऐसे पेश किया जाना चाहिए जैसे वे महज़ भूल गई बातें हों।"

कर्नल विक्रम चुपचाप अमित के पास गए और उसके रडार स्क्रीन को देखने लगे। उन्होंने अमित को डांटने या उसकी गलती गिनाने के बजाय बहुत ही शांत आवाज़ में कहा, "अमित, तुम्हारी कैलकुलेशन वाकई बहुत शानदार है और तुमने हमें हमेशा सुरक्षित रास्तों पर ही चलाया है। मैं इन पुराने सोनार चार्ट्स को देख रहा था और शायद मैं इन्हें समझने में पूरी तरह से गलत हूँ—मैं अक्सर इन तकनीकी चीज़ों में गलती कर बैठता हूँ। लेकिन क्या यह लाल निशान सक्रिय ज्वालामुखी और अस्थिर चट्टानों का संकेत नहीं है? अगर मैं गलत हूँ, तो कृपया मुझे सही करो, क्योंकि मेरी आँखें धोखा खा सकती हैं।"

अमित ने स्क्रीन को ध्यान से देखा। चूंकि कर्नल विक्रम ने खुद को गलत साबित करने की गुंजाइश रखी थी, इसलिए अमित का अहंकार बिल्कुल शांत था। उसे कोई चुनौती महसूस नहीं हुई। अगले ही पल जब उसने उस लाल निशान को बारीकी से देखा, तो उसके पसीने छूट गए। उसने तुरंत घबराकर कहा, "नहीं कर्नल, आप बिल्कुल सही कह रहे हैं। मुझसे बहुत बड़ी चूक हो गई थी। अगर हम उस गुफा में गए तो चट्टानें हमारे ऊपर गिर जाएंगी। मैं तुरंत रडार पर नया और सुरक्षित रास्ता निकालता हूँ।" कर्नल विक्रम ने एक शब्द भी कड़वा नहीं कहा और अमित ने अपनी भूल खुद ही सुधार ली।

तभी लाइफ-सपोर्ट सिस्टम का इंचार्ज समीर ऑक्सीजन बचाने के नाम पर एक बड़ी बेवकूफी कर बैठा। उसने पनडुब्बी के हीटर पूरी तरह बंद कर दिए, जिससे क्रू ठंड से कांपने लगा।

जब एक जूनियर क्रू मेंबर ने समीर को बताया कि उसका तरीका 'गलत' है, तो समीर अपनी बात पर अड़ गया और बहस करने लगा। कर्नल विक्रम फिर बीच में आए। उन्होंने दार्शनिक सुकरात का वह मशहूर वाक्य याद किया जो वे अक्सर दोहराते थे— "मैं सिर्फ़ एक ही चीज़ जानता हूँ, और वह यह कि मैं कुछ नहीं जानता।"

कर्नल ने समीर के कंधे पर हाथ रखा और बेहद शालीनता से कहा, "समीर भाई, मुझे मेडिकल या लाइफ-सपोर्ट की रत्ती भर भी जानकारी नहीं है। तुम इसके विशेषज्ञ हो और तुम्हारे भरोसे ही हमारी सांसें चल रही हैं। मुझे बस एक छोटी सी शंका है कि क्या ठंड से कांपने पर इंसान के फेफड़े ज़्यादा तेज़ी से ऑक्सीजन नहीं खींचने लगते? क्या इससे हमारी ऑक्सीजन और जल्दी खत्म नहीं होगी? तुम ही मेरी इस अज्ञानता को दूर कर सकते हो।" समीर ने एक पल के लिए गहराई से सोचा। उसे अपनी भारी गलती का अहसास हो गया। उसने बिना अपनी ईगो (अहंकार) को बीच में लाए चुपचाप हीटर वापस चालू कर दिए।

इस पूरे जीवन-मृत्यु के संघर्ष में कर्नल विक्रम ने किसी से भी यह नहीं कहा कि "तुम गलत हो।" इंसान का सबसे प्यारा और नाज़ुक हिस्सा उसका स्वाभिमान होता है। जब हम सीधे तौर पर किसी को झूठा या गलत ठहराते हैं, तो वह खुद को बचाने के लिए अपनी गलती पर भी पर्दा डालने लगता है और हमारा दुश्मन बन जाता है। लेकिन जब हम अपनी बात में "शायद मैं गलत हूँ" जोड़ देते हैं, तो सामने वाले का दिमागी बचाव गिर जाता है। उसी सूझबूझ और शब्दों के जादू के कारण 'नील-वराह' पनडुब्बी उस खौफनाक खाई से सुरक्षित सतह पर लौट आई। यह महज़ एक मशीन की जीत नहीं थी, बल्कि इंसानी मनोविज्ञान को समझने की एक बहुत बड़ी जीत थी।

सीख:*जीवन में किसी को भी सीधे तौर पर 'आप गलत हैं' कहना सबसे बड़ी मूर्खता है, क्योंकि यह वाक्य सीधे उसके आत्मसम्मान और अहंकार पर प्रहार करता है। जब आप अपनी बात मनवाना चाहते हैं, तो विवाद के बजाय विनम्रता का रास्ता चुनें और शुरुआत में खुद के गलत*

होने की संभावना को खुला रखें। ऐसा करने से सामने वाला रक्षात्मक (Defensive) नहीं होगा, वह खुद अपनी गलती मान लेगा और आपके रिश्ते भी बिना किसी कड़वाहट के मज़बूत बने रहेंगे।

भाग 12: अपनी गलती का साहस: विरोध को समर्थन में बदलने की कला

(Admitting Mistakes: The Art of Turning Conflict into Cooperation)

उत्तराखंड की बर्फीली चोटियों के बीच स्थित राष्ट्रीय पर्वतारोहण संस्थान में आज गज़ब का सन्नाटा पसरा हुआ था। बेस कैंप के भीतर हवा में एक ऐसा तनाव था जिसे चाकू से काटा जा सकता था। इस अभियान के मुख्य लीडर कर्नल विक्रम थे, जिन्हें पहाड़ों का भगवान और अनुशासन का तानाशाह माना जाता था। कर्नल विक्रम का एक ही उसूल था—पहाड़ पर की गई एक छोटी सी गलती, मौत का फरमान होती है। उनके इसी अभियान का सबसे होनहार और फुर्तीला पर्वतारोही था आनंद। आनंद में हुनर तो बहुत था, लेकिन उसका अति-आत्मविश्वास अक्सर उसे जोखिम में डाल देता था। इस चढ़ाई में उनके साथ एक बेहद वफादार और अनुभवी स्थानीय गाइड 'रेक्स' भी था, जो हर कदम पर टीम की सुरक्षा सुनिश्चित करता था।

आज सुबह जब टीम 'डेथ ज़ोन' (8000 मीटर से ऊपर) के करीब पहुँच रही थी, तो कर्नल विक्रम ने साफ निर्देश दिया था कि कोई भी अपना सेफ्टी एंकर (सुरक्षा रस्सी) मुख्य लाइन से अलग नहीं करेगा। लेकिन आनंद ने एक खड़ी चट्टान को जल्दी पार करने के चक्कर में अपना एंकर खोल दिया। उसी पल बर्फीली हवा का एक तेज़ झोंका आया। आनंद का पैर फिसला और वह नीचे की ओर लुढ़कने लगा। उसे बचाने के चक्कर में रेक्स ने अपनी जान दांव पर लगा दी। दोनों किसी तरह एक संकरी खाई के किनारे लटक गए, लेकिन इस खींचतान में टीम का सबसे अहम ऑक्सीजन सिलेंडरों वाला बैग हज़ारों फीट नीचे गहरी खाई में गिर गया।

अब वे बेस कैंप लौट आए थे। सबको पता था कि कर्नल विक्रम अब आनंद का पर्वतारोहण करियर हमेशा के लिए खत्म कर देंगे। आनंद कर्नल के टेंट के बाहर खड़ा कांप रहा था।

वह अंदर जाने से पहले सोच रहा था कि क्या बहाने बनाए— 'बर्फ बहुत कच्ची थी', 'हवा का झोंका अचानक आ गया था' या 'रेक्स ने रस्सी ढीली छोड़ दी थी'। लेकिन फिर उसे याद आया कि पहाड़ और कर्नल विक्रम के सामने झूठ या बहाने कभी नहीं टिकते।

जैसे ही आनंद ने टेंट में कदम रखा, कर्नल विक्रम अपनी कुर्सी से एक दहाड़ के साथ उठने ही वाले थे कि आनंद ने उन्हें एक शब्द भी बोलने का मौका नहीं दिया। वह सीधा कर्नल की आँखों में देखते हुए बोला— "सर, मैं इस संस्थान और इस पहाड़ दोनों के नाम पर एक कलंक हूँ। मेरे घमंड और मेरी बेवकूफी की वजह से आज रेक्स की जान जा सकती थी। आपने मुझ पर जो भरोसा किया, मैंने उसे चकनाचूर कर दिया है। मेरी इस हरकत के लिए कोई सफाई, कोई माफ़ी नहीं है। मैं खुद को इस टीम का हिस्सा कहलाने के लायक नहीं मानता। मुझे तुरंत इस कैंप से बाहर निकाल दीजिये और मेरा लाइसेंस हमेशा के लिए रद्द कर दीजिये।"

टेंट में एकदम सन्नाटा छा गया। कर्नल विक्रम, जो आनंद को बुरी तरह जलील करने के लिए तैयार बैठे थे, अचानक स्तब्ध रह गए। उनके चेहरे का तमतमाता हुआ लाल रंग ढीला पड़ गया। जब सामने वाला इंसान खुद ही अपने अपराधों का सबसे कठोर जज बन जाता है, तो सामने खड़े व्यक्ति के पास सज़ा देने की कोई गुंजाइश ही नहीं बचती। कर्नल विक्रम का सारा गुस्सा एक पल में वाष्प बनकर उड़ गया। उन्होंने एक गहरी सांस ली और उनका लहज़ा अचानक एक सख्त कमांडर से एक पिता जैसा हो गया। उन्होंने कहा— "आनंद, पहाड़ अच्छे-अच्छों से गलती करवा देता है। तुमने बेवकूफी तो बहुत बड़ी की, लेकिन तुमने जो अपनी गलती को बिना किसी ढाल के स्वीकार किया है, वह तुम्हारे भीतर के असली पर्वतारोही को ज़िंदा कर गया है। आज तुम गिरे ज़रूर हो, लेकिन तुमने हार नहीं मानी है। जाओ, आराम करो, कल हम नए सिलेंडरों के साथ फिर चढ़ाई करेंगे।" आनंद की 'कठोर आत्म-आलोचना' ने कर्नल के क्रोध को 'सहानुभूति' में बदल दिया था।

यह पूरा वाकया उसी कैंप में मौजूद एक विदेशी पर्वतारोही 'मिस्टर चांग' देख रहे थे। चांग एक दिग्गज पर्वतारोही थे, लेकिन पिछले 15 सालों से वे भीतर ही भीतर एक आग में जल रहे थे। पंद्रह साल पहले एक ऐसे ही अभियान में उन्होंने अपने सबसे करीबी दोस्त और पार्टनर को एक गलत दिशा बता दी थी, जिससे उसका पैर कट गया था। चांग ने आज तक अपनी गलती नहीं मानी थी और हमेशा मौसम या उपकरणों को दोष देते रहे। लेकिन आज आनंद को देखकर चांग की आत्मा झकझोर उठी। उन्हें समझ आ गया कि अपनी गलती पर पर्दा डालना इंसान को जीवन भर का कैदी बना देता है, जबकि उसे स्वीकार कर लेना एक पल में आज़ाद कर देता है। उसी रात मिस्टर चांग ने सैटेलाइट फोन से अपने उस पुराने दोस्त को कॉल किया और रोते हुए बोले—"दोस्त, उस दिन मौसम नहीं, मेरा अहंकार खराब था। मैं पूरी तरह से गलत था। मुझे माफ़ कर दो।" बरसों पुरानी दुश्मनी और पीड़ा उस एक पल की ईमानदारी में पिघलकर बह गई।

कबीरदास जी ने मानव स्वभाव की इस बहुत बड़ी सच्चाई को एक दोहे में पिरोया है:

"बुरा जो देखन मैं चला, बुरा न मिलिया कोय।

जो दिल खोजा आपना, मुझसे बुरा न कोय।।"

(**अर्थ:** जब मैं इस संसार में बुराई खोजने निकला, तो मुझे कोई बुरा नहीं मिला। लेकिन जब मैंने अपने ही मन के भीतर झाँक कर देखा, तो मुझे एहसास हुआ कि दुनिया में मुझसे बुरा कोई और नहीं है।)

इस दोहे का आशय यही है कि इंसान हमेशा अपनी गलतियों का ठीकरा दूसरों के सिर फोड़ना चाहता है। हम हमेशा बाहर कमियां ढूँढते हैं, जबकि असली समाधान अपनी खुद की कमियों को स्वीकार करने में छिपा होता है। जब हम दूसरों को दोष देने के बजाय अपने गिरेबान में झाँकते हैं और अपनी भूल को पूरी ईमानदारी से मान लेते हैं, तो हमारे भीतर का सारा अहंकार टूट जाता है और सामने वाले के दिल में हमारे लिए सम्मान कई गुना बढ़ जाता है।

जीवन में जब भी आपसे कोई भारी भूल हो जाए, तो बहाने बनाने या खुद को सही साबित करने के लिए झूठे तर्क गढ़ने से बचें। अपनी गलती को सामने वाले के बोलने से पहले, पूरी ताकत और ईमानदारी के साथ खुद स्वीकार कर लें। ऐसा करने से आप न केवल सामने वाले के क्रोध को शांत कर देते हैं, बल्कि आप उसके सामने अपने चरित्र की महानता और सच्चाई को भी स्थापित कर देते हैं। एक छोटी सी माफ़ी आपको हारने नहीं देती, बल्कि वह हर बिगड़े हुए रिश्ते और परिस्थिति को जीतने का सबसे बड़ा हथियार बन जाती है।

भाग 13: शहद की एक बूंद: मैत्रीपूर्ण व्यवहार का चमत्कार (A Drop of Honey: The Power of a Friendly Approach)

विकास का खून हमेशा उबलता रहता था। वह शहर के सबसे पुराने और खस्ताहाल 'आज़ाद हॉकी क्लब' का कप्तान था। मैदान पर अगर कोई खिलाड़ी उससे टकरा जाता या रेफरी कोई फैसला उसके खिलाफ दे देता, तो विकास गालियों और हाथापाई पर उतर आता था। उसे लगता था कि डर और आक्रामकता ही सामने वाले को झुकाने और अपना हक़ छीनने का इकलौता तरीका है। उसकी इसी बदमिज़ाजी और झगड़ालू रवैये के कारण न तो कोई स्पॉन्सर क्लब की मदद करने को तैयार होता था और न ही कोई नया खिलाड़ी उनकी टीम में टिकता था।

संकट तब और गहरा गया जब नगर निगम ने उस ऐतिहासिक हॉकी ग्राउंड को तोड़ने और वहां एक बड़ा 'कचरा निस्तारण प्लांट' (*Waste Plant*) बनाने का नोटिस गेट पर चिपका दिया। विकास यह देखकर गुस्से से पागल हो गया। उसने तुरंत अपने लड़कों को इकट्ठा किया और निगम के अधिकारियों का पुतला फूंकने, दफ्तर में तोड़फोड़ करने और हिंसक प्रदर्शन की तैयारी शुरू कर दी। उसे लगा कि ईंट का जवाब पत्थर से देने पर ही निगम वाले डरेंगे।

तभी व्हीलचेयर पर बैठे कर्नल विक्रम वहां पहुँचे। वे सेना के रिटायर्ड अधिकारी थे और अपनी पेंशन से इस क्लब के बच्चों की थोड़ी-बहुत आर्थिक मदद करते थे। उन्होंने विकास का

कांपता हुआ हाथ पकड़ा और बहुत शांत स्वर में कहा— "विकास, जब तुम पत्थर लेकर किसी की खिड़की तोड़ने जाते हो, तो सामने वाला तुम्हें फूल नहीं फेंकता, वह सीधे अपनी बंदूक निकाल लेता है। तुम अपने इस बेकाबू क्रोध से इस मैदान को बचा नहीं रहे हो, बल्कि खुद अपने हाथों से इसकी चिता सजा रहे हो।"

कर्नल विक्रम ने अपनी जवानी का एक खौफनाक किस्सा सुनाया। "सालों पहले, सीमा के पास एक खूंखार विद्रोही गुट ने हमारे एक सप्लाई ट्रक और दो जवानों को बंधक बना लिया था। हेडक्वार्टर से मुझे आदेश मिला था कि पूरी बटालियन लेकर उन पर हमला कर दूँ। लेकिन मैं जानता था कि अगर गोलियां चलीं, तो हमारे निहत्थे जवान भी मारे जाएंगे। मैंने अपनी राइफल वहीं छोड़ी और अकेला, निहत्था उनके कैंप में चला गया। मैंने उनसे दुश्मनों की तरह नहीं, बल्कि एक इंसान की तरह बात की। मैंने उनके कबीले की पुरानी बहादुरी के किस्से सुने, उनके पूर्वजों की तारीफ की और उनके साथ ज़मीन पर बैठकर उनकी कड़वी चाय पी। जब उन्हें यकीन हो गया कि मैं वहां उन्हें अपनी ताकत से कुचलने नहीं, बल्कि एक दोस्त की तरह आया हूँ, तो उनका सारा गुस्सा पिघल गया। उसी रात उन्होंने हमारे जवानों को बिना एक भी गोली चले आज़ाद कर दिया।"

कर्नल ने मुस्कुराते हुए विकास से कहा, "याद रखो, जो लोहा हथौड़े की चोट से नहीं मुड़ता, वह आग की गर्मी में मोम की तरह पिघल जाता है। मित्रता और मिठास उस आग की तरह है।"

विकास को कर्नल की बात समझ में आ गई। अगले दिन वह अपनी हॉकी स्टिक घर छोड़कर, नगर निगम के सबसे सख्त और खड़ूस माने जाने वाले कमिश्नर के दफ्तर गया। अंदर जाते ही कमिश्नर ने रूखेपन से कहा, "अगर तुम उस हॉकी ग्राउंड की भीख मांगने आए हो और धरना देने की धमकी देने वाले हो, तो अभी मेरे दफ्तर से बाहर निकल जाओ!"

पुराना विकास होता तो वहीं मेज़ पलट देता, लेकिन आज उसने कर्नल विक्रम का मंत्र आज़माया। उसने बहुत ही शालीनता से मुस्कुराते हुए कहा— "नहीं सर, मैं आपसे बिल्कुल बहस करने या शिकायत करने नहीं आया हूँ। मैं तो बस आपको धन्यवाद देने आया था। पिछले महीने

आपके विभाग ने जो हमारे मोहल्ले की पुरानी सीवर लाइन ठीक करवाई है, उससे हज़ारों लोगों को भयंकर बीमारियों से आज़ादी मिल गई है। आपके उस एक कदम ने साबित किया है कि आप सच में इस शहर और यहाँ के लोगों की फिक्र करते हैं।"

कमिश्नर, जो रोज़ नेताओं की धमकियां, लोगों की गालियां और शिकायतें सुनने का आदी था, यह सुनकर सन्न रह गया। उसकी तनी हुई भौंहें अचानक ढीली पड़ गईं। उसने हैरानी से विकास को देखा और उसे कुर्सी पर बैठने का इशारा किया। जब माहौल एकदम हल्का और दोस्ताना हो गया, तब विकास ने बहुत प्यार से बताया कि वह मैदान सिर्फ मिट्टी का टुकड़ा नहीं है, बल्कि शहर के सैकड़ों गरीब बच्चों को नशे और अपराध से दूर रखने का इकलौता मंदिर है।

पंद्रह मिनट की उस शांतिपूर्ण और सम्मानजनक बातचीत का नतीजा यह निकला कि उसी कमिश्नर ने कचरा प्लांट को शहर के बाहर बंजर ज़मीन पर शिफ्ट करने के आदेश पर दस्तखत कर दिए। इतना ही नहीं, उसने ग्राउंड की मरम्मत के लिए निगम की तरफ से एक नया फंड भी मंज़ूर कर दिया। जो काम हड़ताल और तोड़फोड़ से कभी नहीं होता, वह विनम्रता के एक छोटे से प्रयोग ने कर दिखाया।

इस संदर्भ में गोस्वामी तुलसीदास जी का यह दोहा बहुत ही सटीक बैठता है:

तुलसी मीठे बचन ते सुख उपजत चहुँ ओर।
बसीकरन इक मंत्र है परिहरू बचन कठोर॥

(**अर्थ:** तुलसीदास जी कहते हैं कि मीठी वाणी बोलने से चारों ओर सुख और शांति फैलती है। किसी को भी अपने वश में करने और अपना बनाने का यह एक अचूक जादुई मंत्र है, इसलिए इंसान को हमेशा कठोर और कड़वे वचन छोड़ देने चाहिए।)

सीख: *जीवन की सबसे बड़ी लड़ाइयां क्रोध, आक्रामकता या अपनी ताकत के घमंड से नहीं जीती जातीं। जब आप किसी के पास नफरत और शिकायत लेकर जाते हैं, तो सामने वाला भी अपने बचाव में दीवार खड़ी कर लेता है। लेकिन जब आप सच्ची प्रशंसा, विनम्रता और मित्रता का*

हाथ बढ़ाते हैं, तो बड़े से बड़े पत्थर दिल इंसान का अहंकार भी पिघल जाता है। कड़वाहट को खत्म करने का इकलौता इलाज सौम्यता है, क्योंकि जो काम तूफान नहीं कर सकता, वह काम एक शांत और गर्म हवा का झोंका आसानी से कर देता है।

भाग 14: सुकरात का रहस्य: 'हाँ' की मनोवैज्ञानिक शक्ति

(The Socratic Secret: The Power of 'Yes, Yes')

बनारस के घाटों के ठीक पीछे खड़ी 300 साल पुरानी 'रंगमहल हवेली' के बाहर तीन भारी भरकम बुलडोज़र अपनी आवाज़ से सुबह का सन्नाटा चीर रहे थे। हवेली के मौजूदा मालिक, श्रीवास्तव जी, शहर के एक बेहद अड़ियल और खूंखार रीयल-एस्टेट कारोबारी थे। उनका साफ़ फैसला था कि इस पुरानी ईंट-पत्थर की इमारत को मलबे में बदलकर, यहाँ एक मल्टी-स्टोरी कांच का होटल खड़ा किया जाएगा।

शहर का एक युवा और भावुक हेरिटेज आर्किटेक्ट, अमित, पिछले एक महीने से इस हवेली को बचाने के लिए कानूनी नोटिस भेज रहा था और धरना दे रहा था। अमित ने जब भी श्रीवास्तव जी से बात की, उसने हमेशा टकराव का रास्ता चुना। उसने उन्हें 'संस्कृति का हत्यारा' और 'लालची' तक कह डाला। नतीजा यह हुआ कि श्रीवास्तव जी का अहंकार पूरी तरह से आहत हो गया। एक ज़िद्दी इंसान जब एक बार किसी चीज़ को 'नहीं' कह देता है, तो उसकी पूरी इज़्ज़त उस 'नहीं' की रक्षा करने में लग जाती है। अमित के तीखे तर्कों ने श्रीवास्तव जी को और भी पत्थर बना दिया और उन्होंने हवेली तोड़ने का अंतिम आदेश दे दिया।

हताश और हारा हुआ अमित गंगा किनारे सीढ़ियों पर सिर पकड़े बैठा था। तभी वहाँ कर्नल विक्रम आए। इस कहानी में कर्नल विक्रम कोई फौजी नहीं, बल्कि देश के जाने-माने कला-संरक्षक (*Art Conservator*) थे, जिन्होंने अपनी सूझबूझ से कई ऐतिहासिक धरोहरों को नष्ट होने से बचाया था।

कर्नल विक्रम ने अमित के पास बैठकर कहा, "अमित, तुमने हथौड़े से तिजोरी तोड़ने की कोशिश की। जब तुम शुरुआत में ही किसी इंसान की सोच पर हमला करते हो, तो उसका दिमाग आत्मरक्षा के लिए सारे दरवाज़े बंद कर लेता है। तुमने उनसे लड़ाई की, इसलिए उनका पूरा वजूद तुम्हारे खिलाफ खड़ा हो गया।"

कर्नल विक्रम ने पानी की लहरों की तरफ इशारा करते हुए कहा, "पत्थर पानी का रास्ता रोकता है, लेकिन पानी पत्थर से लड़ता नहीं। वह चुपचाप उसके किनारों से होकर आगे बढ़ जाता है और समय के साथ उस कठोर पत्थर को भी काट देता है। चीन में 5000 साल पुरानी एक कहावत है— जो कोमलता से चलता है, वह बहुत दूर तक जाता है। कल सुबह हवेली मैं जाऊंगा।"

अगली सुबह कर्नल विक्रम हवेली पहुँचे। श्रीवास्तव जी अपने भतीजे रोहित के साथ खड़े थे और ऑपरेटर को बुलडोज़र आगे बढ़ाने का इशारा करने ही वाले थे। कर्नल विक्रम ने जाकर उन्हें रोका नहीं, न ही कोई बहस की। वे हवेली के विशाल नक्काशीदार लकड़ी के दरवाज़े के पास गए, उसे बहुत सम्मान से छुआ और श्रीवास्तव जी की तरफ मुड़कर बोले— "श्रीवास्तव जी, मैंने शहर के पुराने लोगों से सुना है कि आपके परदादा ने यह बेशकीमती लकड़ी सीधे बर्मा से मंगवाई थी और इसे तराशने में तीन साल लगे थे, क्या यह सच है?"

श्रीवास्तव जी, जो लड़ने के लिए तैयार बैठे थे, अचानक इस सवाल से चौंके। उनका सीना गर्व से चौड़ा हो गया। उन्होंने कहा, "हाँ, बिल्कुल सच है।" (पहली 'हाँ')।

कर्नल ने मुस्कुराते हुए अगला सवाल किया— "आज के ज़माने में चाहे कोई कितना भी पैसा खर्च कर ले, लेकिन ऐसी बारीक कारीगरी और इतना मजबूत पत्थर अब किसी के पास नहीं है, क्या आप इस बात को मानते हैं?"

श्रीवास्तव जी ने सहमति में सिर हिलाया, "हाँ, आज के मशीनी कारीगर तो इस डिज़ाइन को समझ भी नहीं सकते।" (दूसरी 'हाँ')।

कर्नल विक्रम दो कदम आगे आए और बोले, "श्रीवास्तव जी, आप शहर के एक बहुत बड़े और सफल इंसान हैं। दुनिया में हर पिता या दादा यही चाहता है ना कि उसके जाने के बाद भी आने वाली पीढ़ियां उसका नाम बहुत सम्मान और गर्व से याद रखें?"

श्रीवास्तव जी ने पूरी गंभीरता से कहा, "हाँ, इंसान की असली कमाई तो उसका नाम ही है।" (तीसरी 'हाँ')।

लगातार तीन बार 'हाँ' कहने के बाद श्रीवास्तव जी का शारीरिक और मानसिक तनाव पूरी तरह से ढीला पड़ चुका था। अब कर्नल ने अपनी असली चाल चली— "तो सर, ज़रा सोचिये। अगर आप यहाँ एक नया कांच का होटल बनाते हैं, तो वह महज़ एक 'ग्लोबल होटल' कहलाएगा। लेकिन अगर इसी 300 साल पुरानी हवेली को बिना तोड़े, अंदर से आधुनिक बनाकर इसका नाम 'श्रीवास्तव रॉयल हेरिटेज' रख दिया जाए, तो क्या सैकड़ों सालों तक यह इमारत आपके परदादा और आपके शानदार नाम का डंका नहीं बजाएगी?"

श्रीवास्तव जी एकदम चुप हो गए। जो व्यक्ति अमित की धमकियों, कानूनी अपीलों और तर्कों से टस से मस नहीं हुआ था, वह कर्नल विक्रम के इन सवालों में उलझ गया। विक्रम ने उनसे एक बार भी यह नहीं कहा कि "हवेली मत तोड़ो, तुम गलत हो।" उन्होंने श्रीवास्तव जी से बस वह बुलवाया, जो सच था और जिससे वे दिल से सहमत थे। श्रीवास्तव जी ने एक लंबी सांस ली, भतीजे रोहित की तरफ देखा और हाथ के इशारे से बुलडोज़र का इंजन बंद करवा दिया। उन्होंने कर्नल से हाथ मिलाते हुए कहा, "कर्नल साहब, आप सही कहते हैं। मेरी असली पहचान इस मलबे में नहीं, इस खड़ी हुई इमारत में ही है।"

सीख:*जब आप किसी को अपनी बात मनवाना चाहते हैं, तो बातचीत की शुरुआत कभी भी विवाद या असहमति वाले मुद्दों से मत कीजिए। हमेशा शुरुआत उन बातों से कीजिए जिस पर सामने वाला 100% आपसे सहमत हो। जब इंसान बार-बार 'हाँ' कहता है, तो उसका अड़ियलपन और अहंकार मोम की तरह पिघलने लगता है। सामने वाले पर सीधा प्रहार करने या उसे गलत*

ठहराने के बजाय, कोमल सवालों और 'सहमति के धागों' से उसका दिल जीतना ही दुनिया की सबसे बड़ी और अचूक कूटनीति है।

भाग 15: सुनने की जादुई शक्ति: दूसरों को बोलने का मंच दें

(The Power of Silence: Letting the Other Person Lead the Talk)

गंगानगर के बाहरी छोर पर 'सरस्वती कला मंदिर' नाम की एक बहुत पुरानी और जर्जर हो चुकी आर्ट अकैडमी थी। यह जगह कभी बेहतरीन कलाकारों का घर हुआ करती थी, लेकिन अब पैसों की कमी के कारण इसके बंद होने की नौबत आ गई थी। इस अकैडमी को बचाने का जिम्मा वहां के एक बेहद प्रतिभाशाली लेकिन उग्र युवा मूर्तिकार, राहुल ने उठाया था। राहुल को लगता था कि उसकी कला और उसके ज्ञान के आगे कोई नहीं टिक सकता।

अकैडमी को बचाने के लिए एक बड़े फंड की ज़रूरत थी, जिसके लिए राहुल शहर के सबसे अमीर कला-संग्राहक, सेठ जी से मिलने गया। राहुल पूरे दो घंटे तक सेठ जी के सामने अपनी मूर्तिकला, पत्थर तराशने की तकनीकों और अपने डिज़ाइन के बारे में बिना रुके बोलता रहा। उसने सेठ जी को बोलने का एक मौका तक नहीं दिया। उसे लगा कि वह अपनी बातों के वजन से उन्हें प्रभावित कर लेगा, लेकिन सेठ जी ने ऊबकर उसका प्रस्ताव ठुकरा दिया। राहुल हताश होकर अकैडमी लौट आया।

उस अकैडमी में कर्नल विक्रम नाम के एक बुज़ुर्ग चित्रकार भी रहते थे। सालों पहले एक भीषण हादसे में कर्नल विक्रम की आवाज़ हमेशा के लिए चली गई थी। वे इशारों और अपनी पेंटिंग्स के ज़रिए ही बात करते थे। जब उन्होंने राहुल को निराश देखा, तो वे अगले दिन उसे अपने साथ दोबारा सेठ जी की हवेली ले गए। हवेली के एक धूल भरे कोने में कर्नल विक्रम की नज़र एक पुराने और टूटे हुए सितार पर पड़ी। उन्होंने उस सितार को बहुत ही सम्मान से उठाया और अपनी उँगलियों से उसके टूटे तारों को ऐसे छुआ जैसे वे उसकी कोई अनकही धुन सुन रहे हों।

सेठ जी, जो उन्हें बाहर निकालने के लिए आ रहे थे, यह नज़ारा देखकर ठिठक गए। उस खामोश चित्रकार की पारखी नज़र और सम्मान को देखकर सेठ जी का गला भर आया। वे कर्नल विक्रम के पास बैठे और बताने लगे कि वह सितार उनकी दिवंगत पत्नी का था। अगले डेढ़ घंटे तक सेठ जी अपनी पत्नी की यादों, उनके संगीत और अपने अकेलेपन के बारे में बोलते रहे। कर्नल विक्रम एक शब्द नहीं बोल सकते थे, वे बस पूरी संवेदना के साथ सेठ जी की आँखों में देखते रहे और उन्हें सुनते रहे। जब सेठ जी का मन हल्का हुआ, तो उन्होंने खुद ही राहुल की फाइल उठाई और बिना कोई सवाल किए अकैडमी के लिए एक बहुत बड़ा चेक काट दिया। राहुल अवाक रह गया; उसने जाना कि जहाँ उसके हज़ारों शब्द हार गए थे, वहां कर्नल की 'खामोशी से सुनने की कला' जीत गई।

अकैडमी के भीतर भी ऐसा ही एक संघर्ष चल रहा था। वहां की सबसे वरिष्ठ कथक गुरु, ममता जी, बहुत ही सख्त मिज़ाज की थीं। उनकी एक शिष्या, प्रिया, पिछले कई दिनों से ताल से भटक रही थी। ममता जी हर रोज़ रियाज़ के दौरान प्रिया पर बुरी तरह चिल्लातीं, उसे घंटों तक डांटतीं और उसे अनुशासन के लंबे भाषण देतीं। प्रिया हर दिन रोते हुए घर जाती। एक शाम ममता जी की तबीयत कुछ ठीक नहीं थी और उनके गले में दर्द था। जब प्रिया ने फिर से गलती की, तो ममता जी चिल्ला नहीं पाईं। उन्होंने बस चुपचाप एक गहरी सांस ली और प्रिया के पास जाकर बहुत ही शांत नज़रों से उसे देखा, जैसे पूछ रही हों कि आखिर बात क्या है।

ममता जी की वह खामोशी और सुनने की तत्परता देखकर प्रिया फूट-फूट कर रो पड़ी। उसने बताया कि कुछ दिन पहले ही उसके पिता का निधन हो गया है और घर चलाने के लिए उसे रात-रात भर एक कारखाने में सिलाई का काम करना पड़ रहा है, जिसके कारण उसके पैरों में भयंकर दर्द रहता है। ममता जी स्तब्ध रह गईं। उन्होंने प्रिया को गले लगा लिया। अगर ममता जी उस दिन चुप रहकर प्रिया को बोलने का मौका न देतीं, तो वे एक बेहतरीन शिष्या को हमेशा के लिए खो देतीं।

उसी अकैडमी में गायन सिखाने वाली रेनू जी की समस्या कुछ अलग थी। रेनू जी की आवाज़ बहुत मीठी थी, लेकिन उनमें एक बहुत बड़ा ऐब था—वे हर समय अपनी उपलब्धियों, अपने अवार्ड्स और अपनी ऊँची पहुँच का दिखावा करती रहती थीं। नतीजा यह हुआ कि अकैडमी के बाकी कलाकारों ने उनसे दूरी बना ली। कोई भी उनके साथ संगत (*Chorus*) करने को तैयार नहीं होता था। वे अंदर ही अंदर बहुत अकेली पड़ गई थीं। एक दिन जनरल विक्रम ने उनके पास आकर एक पर्ची थमा दी। उस पर्ची पर फ्रांसीसी दार्शनिक ला रोशफोकॉल्ड का एक वाक्य लिखा था:

"यदि आप दुश्मन बनाना चाहते हैं, तो अपने दोस्तों से बेहतर बनकर दिखाएँ; लेकिन यदि आप दोस्त बनाना चाहते हैं, तो अपने दोस्तों को खुद से बेहतर महसूस होने दें।"

रेनू जी के लिए यह पर्ची एक कड़वे आईने की तरह थी। उन्हें अपनी गलती का अहसास हुआ। अगले दिन से उन्होंने अपनी तारीफ करना बंद कर दिया। जब भी कोई नया गायक रियाज़ करता, रेनू जी शांत बैठकर उसे सुनतीं और उसकी खूबियों की खुलकर तारीफ करतीं। उन्होंने दूसरों को यह महसूस कराया कि उनकी कला भी बहुत महत्वपूर्ण है। कुछ ही हफ्तों में अकैडमी का पूरा माहौल बदल गया और रेनू जी सबकी सबसे चहेती कलाकार बन गईं।

सीख: *इस दुनिया में हर इंसान अपनी ज़िंदगी की कहानी का मुख्य नायक है और उसके भीतर अपनी भावनाएं व्यक्त करने का एक बड़ा तूफ़ान उबल रहा है। जब हम अपनी 'मैं' और अपने शब्दों को लगाम देकर दूसरों को बोलने और चमकने का मौका देते हैं, तो हम सिर्फ उनकी बातें नहीं सुनते, बल्कि सीधे उनके दिलों में अपनी जगह बना लेते हैं। खामोशी और सच्चा श्रोता होना, दुनिया का सबसे बड़ा और प्रभावशाली जादू है।*

भाग 16: अदृश्य प्रभाव: जब विचार 'उनका' बन जाता है

(The Invisible Influence: Making the Idea 'Theirs')

हंडिया की धूल भरी पगडंडियों पर चलने वाला रवि एक बेहद उत्साही समाजसेवक था। उसका सपना था कि वह अपने इलाके के बुनकरों की माली हालत सुधारने के लिए एक सहकारी समिति (*Cooperative Society*) बनाए। लेकिन मुश्किल यह थी कि पुश्तैनी काम करने वाले वे बुनकर किसी बाहरी व्यक्ति की सलाह सुनने को तैयार नहीं थे। रवि उन्हें नई डिज़ाइन और आधुनिक मशीनों के फायदे समझाते-समझाते थक गया था, पर लोग अपनी पुरानी लकीर पीटने पर अड़े थे। वे रवि की बातों को एक 'हुक्म' की तरह देखते थे।

एक शाम रवि अपनी निराशा लेकर कर्नल विक्रम के पास पहुँचा, जो सेना से रिटायर होकर अब शांति से बागवानी और दर्शन में समय बिताते थे। रवि की बात सुनकर कर्नल ने एक बहुत गहरी बात कही, "रवि, क्या तुम्हें कभी उन पौधों से चिढ़ होती है जिन्हें तुम खुद सींचते हो? नहीं। क्योंकि तुम्हें लगता है कि उन्हें तुमने बड़ा किया है। इंसानी दिमाग भी ऐसा ही है; उसे दूसरों के विचार बोझ लगते हैं, लेकिन अपने सोचे हुए विचार उसे अनमोल रत्न लगते हैं। उन्हें रास्ता मत दिखाओ, उन्हें रास्ता खोजने दो।"

कर्नल की यह सीख लेकर रवि ने अपनी रणनीति पूरी तरह बदल दी। अगले दिन उसने बुनकरों के मुखिया, श्रीवास्तव जी, और अन्य कारीगरों की एक चौपाल बुलाई। इस बार रवि ने कोई भाषण नहीं दिया। उसने बस एक खाली चार्ट पेपर टांगा और बोला, "साथियों, मैं असमंजस में हूँ। मैं चाहता हूँ कि हमारी हंडिया की बुनाई पूरे देश में मशहूर हो, पर मैं नहीं जानता कि एक आदर्श बुनकर की क्या पहचान होनी चाहिए। क्या आप मेरी मदद करेंगे?"

श्रीवास्तव जी और बाकी बुनकर चकित रह गए। पहली बार किसी ने उनसे राय मांगी थी। एक-एक करके वे बोलने लगे – "समय की पाबंदी होनी चाहिए", "धागे की शुद्धता से समझौता नहीं होना चाहिए", "हर महीने एक नई डिज़ाइन होनी चाहिए"। रवि बस मुस्कराता रहा और उनकी

बातें लिखता गया। अंत में उसने कहा, "यह तो कमाल के नियम हैं! अगर इन पर अमल हो, तो हमें कोई नहीं हरा सकता। क्या आप इन नियमों को निभाने का वादा करते हैं?" सभी ने एक स्वर में 'हाँ' कहा। उस दिन से काम की रफ़्तार बदल गई क्योंकि वे नियम रवि के नहीं, बल्कि उनके अपने थे।

यही तरीका रवि ने बाज़ार में भी आज़माया। शहर का एक बहुत बड़ा कपड़ा व्यापारी, अमित, हंडिया के माल में हमेशा खोट निकालता था। रवि ने इस बार उसे तैयार माल दिखाने के बजाय कुछ आधे-अधूरे बुने हुए कपड़े दिखाए और कहा, "अमित भाई, बाज़ार की नब्ज़ आप जानते हैं। मैं चाहता हूँ कि हम ऐसे कपड़े बनाएं जो आपके शोरूम की शोभा बढ़ा सकें। क्या आप इन नमूनों को देखकर बता सकते हैं कि इनमें क्या कमी है और इन्हें कैसे बेहतर बनाया जाए?" अमित को लगा कि उसकी विशेषज्ञता का सम्मान हो रहा है। उसने खुद घंटों बैठकर डिज़ाइन में सुधार करवाए। अब अमित उन कपड़ों को 'रिजेक्ट' नहीं कर सकता था क्योंकि वे डिज़ाइन अब उसके अपने थे। उसने न केवल सारा माल खरीदा, बल्कि दोगुना ऑर्डर भी दिया।

सहकारी समिति को सरकारी मान्यता दिलाने के लिए रवि को ज़िला अधिकारी, राजेश, के दफ्तर के चक्कर लगाने पड़ रहे थे। राजेश एक सख्त मिज़ाज के अफसर थे और फाइलें अटकाने के लिए जाने जाते थे। रवि ने कर्नल विक्रम की सलाह पर एक पत्र लिखा, "महोदय, हमने ग्रामीण विकास का एक मॉडल तैयार किया है, पर हमें डर है कि इसमें कुछ कमियां हो सकती हैं। आप जैसे अनुभवी अधिकारी की पैनी नज़र अगर इस पर पड़ जाए और आप हमें सुझाव दें कि इसे जनहित के लिए और बेहतर कैसे बनाया जाए, तो यह हमारे लिए सौभाग्य की बात होगी।" राजेश को अपनी प्रशासनिक सूझबूझ दिखाने का मौका मिला। उन्होंने खुद रुचि लेकर फाइल को सही करवाया और उसे पास किया, क्योंकि अब उन्हें लग रहा था कि यह प्रोजेक्ट उनकी अपनी मेहनत का परिणाम है।

प्राचीन चीनी ऋषि लाओ-त्से ने सदियों पहले एक बहुत बड़ा मंत्र दिया था: "नदियाँ और समुद्र हज़ारों पहाड़ी झरनों का सम्मान इसलिए पाते हैं क्योंकि वे उनसे नीचे रहते हैं। इसी तरह, जो

संत लोगों का नेतृत्व करना चाहता है, वह खुद को उनके पीछे रखता है; और जो लोगों का मार्गदर्शन करना चाहता है, वह खुद को उनके नीचे रखता है।"

कर्नल विक्रम ने रवि को यही समझाया था कि दुनिया में श्रेय लेने की होड़ में लोग अक्सर परिणाम खो देते हैं। लेकिन जो व्यक्ति दूसरों को आगे बढ़ाता है और उन्हें यह महसूस कराता है कि जीत 'उनकी' है, वह वास्तव में दुनिया पर राज करता है।

सीख:*जब आप किसी पर अपने विचार थोपते हैं, तो वह प्रतिरोध करता है। लेकिन जब आप उसे किसी निष्कर्ष तक पहुँचने में केवल मदद करते हैं और उसे यह महसूस कराते हैं कि विचार उसका अपना है, तो वह उसे पूरा करने के लिए अपनी पूरी जान लगा देता है। अपनी बुद्धिमत्ता का प्रदर्शन करने के बजाय दूसरों को समाधान खोजने का श्रेय देना ही सफलता का सबसे सुगम मार्ग है।*

भाग 17: पर-काया प्रवेश: दूसरे के चश्मे से दुनिया देखना (The Art of Perspective: Seeing Through Their Eyes)

नीलगिरि के घने और रहस्यमयी जंगलों में एक बेहद खतरनाक और अहम मिशन चल रहा था। एक 'रोग' (बागी) हाथियों के झुंड को सुरक्षित निकालकर दूसरे जंगल में बसाने का जिम्मा कर्नल विक्रम की टीम को सौंपा गया था। कर्नल विक्रम सिर्फ एक बेहतरीन रणनीतिकार ही नहीं थे, बल्कि इंसानी और जंगली, दोनों तरह के स्वभावों को पढ़ने में माहिर थे। उनका हमेशा से मानना था कि जब तक आप सामने वाले के 'जूतों में पैर डालकर' उसकी जगह से दुनिया को नहीं देखते, तब तक आप किसी भी समस्या की जड़ तक नहीं पहुँच सकते। अगर आप यह समझ लें कि सामने वाला कोई काम 'क्यों' कर रहा है, तो आपके हाथ में उसके दिमाग को पढ़ने की मास्टर-चाबी आ जाती है।

इस मिशन के रसद और परिवहन (*Logistics*) प्रभारी सत्यप्रकाश जी थे। सत्यप्रकाश जी शहर के पक्के कॉर्पोरेट आदमी थे, जिनके लिए समय और नियम ही सब कुछ था। एक सुबह

हाथियों को ले जाने के लिए खास तौर पर तैयार किए गए ट्रकों का काफिला निकलने ही वाला था कि स्थानीय आदिवासी कबीले की कुछ महिलाओं ने ट्रकों का रास्ता रोक लिया। वे ट्रकों के टायरों और बंपर पर मिट्टी और हल्दी के लेप से कुछ पारंपरिक आकृतियां बनाने लगीं।

सत्यप्रकाश जी गुस्से से लाल हो गए। उन्होंने कर्नल विक्रम से शिकायत की, "ये अनपढ़ लोग हमारा कीमती समय बर्बाद कर रहे हैं। इस बेवकूफी भरे अंधविश्वास के चक्कर में हमारा पूरा शेड्यूल बिगड़ जाएगा!"

कर्नल विक्रम ने उनके कंधे पर हाथ रखा और शांत स्वर में कहा, "सत्यप्रकाश, तुम इसे 'समय की बर्बादी' और 'मिट्टी' की नज़र से देख रहे हो। ज़रा उनकी जगह खड़े होकर देखो। वे अपने जंगल के देवताओं (हाथियों) को हमेशा के लिए विदा कर रहे हैं। यह लेप उनका आशीर्वाद और सुरक्षा कवच है। अगर तुमने आज इन्हें रोका, तो ये आदिवासी कभी इस जंगल में हमारी मदद नहीं करेंगे।"

सत्यप्रकाश जी को अपनी गलती का अहसास हुआ। उन्होंने जाकर उन महिलाओं पर चिल्लाने के बजाय, हाथ जोड़कर उन्हें प्रणाम किया और उनके अनुष्ठान में शामिल हो गए। इस छोटे से सम्मान का नतीजा यह हुआ कि उन आदिवासियों ने ट्रकों को जंगल के उस गुप्त और सुरक्षित रास्ते से निकाला, जिससे उनका सफर चार घंटे पहले ही पूरा हो गया।

खुद कर्नल विक्रम ने यह 'नज़रिया बदलने' की कला सालों की ठोकरों के बाद सीखी थी। अपनी जवानी के दिनों में जब वे इसी जंगल में पोस्टेड थे, तो वे अक्सर कबीले के युवा लड़कों को दुर्लभ जंगली सूअरों के लिए फंदे (*Traps*) लगाते पकड़ते थे। पुराना विक्रम उन पर अपनी फौजी ताकत का रोब झाड़ता था— "अगर दोबारा यहाँ फंदा दिखा, तो सबको जेल में सड़ा दूँगा!" इससे वे लड़के डरते नहीं थे, बल्कि विक्रम के पीठ पीछे और भी छिपकर शिकार करने लगते थे।

सालों बाद विक्रम ने अपना तरीका बदला। अगली बार जब उन्होंने कुछ लड़कों को फंदा बनाते देखा, तो वे उनके पास गए और मुस्कुराकर बोले— "वाह! तुम लोगों की यह 'स्लिप-नॉट'

(गांठ) बांधने की तकनीक तो कमाल की है। मैंने मिलिट्री में भी ऐसा हुनर नहीं देखा। लेकिन दोस्तों, इस फंदे में फंसकर अक्सर बेज़ुबान हिरण तड़प-तड़प कर मर जाते हैं। मुझे अपनी टीम में तुम जैसे बेहतरीन ट्रैकर्स (खोजी) की ज़रूरत है। अगर तुम यह हुनर हाथियों को ट्रैक करने में लगाओ, तो मैं तुम्हें बाकायदा नौकरी और इज़्ज़त दूँगा।" उन लड़कों ने उसी दिन शिकार छोड़ दिया और वे कर्नल की टीम के सबसे वफादार सिपाही बन गए।

इसी मिशन के दौरान एक बहुत बड़ा संकट आ खड़ा हुआ। टीम की मुख्य वेटनरी डॉक्टर (पशु चिकित्सक) श्वेता से एक बहुत बड़ी चूक हो गई। हाथियों को बेहोश करने वाली ट्रेंकुलाइज़र डार्ट्स की खेप समय पर नहीं पहुँच पाई। इस लापरवाही के कारण पूरा मिशन रद्द होने की कगार पर आ गया। राज्य के बेहद सख्त और खड़ूस चीफ वाइल्डलाइफ वॉर्डन ने श्वेता को अपने टेंट में तलब किया। वॉर्डन गुस्से में आग-बबूला था और श्वेता का लाइसेंस रद्द करने की धमकी दे रहा था।

श्वेता घबराई हुई थी, लेकिन उसने बचाव में कोई बहाना नहीं बनाया। उसने वॉर्डन का नज़रिया समझा। उसने कहा, "सर, मेरी गलती की कोई माफ़ी नहीं है। मैं जानती हूँ कि इस मिशन को लेकर मीडिया और मुख्यमंत्री का आप पर कितना भयंकर दबाव है। दिन-रात जागकर आपने जो योजना बनाई थी, मेरी एक बेवकूफी ने उस पर पानी फेर दिया है। आप मुझ पर जो भी कार्रवाई करेंगे, मैं उसकी हकदार हूँ।"

श्वेता की यह बात सुनकर वॉर्डन का सारा गुस्सा जैसे किसी स्पंज ने सोख लिया हो। वह अपनी कुर्सी पर धम्म से बैठ गया और एक गहरी सांस लेकर बोला, "तुम नहीं जानती श्वेता, पिछले तीन दिन से मैं सोया नहीं हूँ। हर घंटे मंत्रालय से फोन आ रहे हैं।" उसने श्वेता की फाइल बंद कर दी और खुद अपने प्रभाव का इस्तेमाल करके नज़दीकी रिज़र्व से रातों-रात डार्ट्स का इंतज़ाम करवा दिया। श्वेता ने बचाव करने के बजाय वॉर्डन की 'पीड़ा' को आवाज़ दी थी, और यही सबसे बड़ा जादू था।

तुलसीदास जी के रामचरितमानस का एक बहुत ही प्रसिद्ध दोहा है:

"जाकी रही भावना जैसी, प्रभु मूरति देखी तिन तैसी।"

(अर्थ: जिस व्यक्ति के मन में जैसी भावना या नज़रिया होता है, उसे ईश्वर या दुनिया बिल्कुल वैसी ही दिखाई देती है।)

इस कहानी के संदर्भ में इस दोहे का सबसे बड़ा मर्म यही है कि हम दुनिया को अपने 'चश्मे' से देखने की ज़िद करते हैं और इसीलिए टकराव पैदा होता है। जब तक हम अपना चश्मा उतारकर सामने वाले की 'भावना' और उसके हालात को समझने का प्रयास नहीं करते, तब तक हम न तो उसे समझ सकते हैं और न ही उससे जुड़ सकते हैं। कर्नल विक्रम अक्सर कहते थे कि किसी भी बड़े अधिकारी या कबीले के मुखिया से बात करने से पहले, मैं एक रात उनकी तरह ज़मीन पर सोना पसंद करूँगा, ताकि मैं यह समझ सकूँ कि उन्हें किस बात से डर लगता है।

सीख:*जीवन में सफल और प्रभावशाली बनने की सबसे बड़ी कुंजी अपनी 'मैं' से बाहर निकलकर दूसरों के दृष्टिकोण (Perspective) को समझना है। जब हम किसी को गलत ठहराने या उस पर क्रोध करने के बजाय यह सोचने लगते हैं कि "अगर मैं इसकी जगह होता, तो क्या करता?", तो हमारे सारे आपसी विवाद खुद-ब-खुद खत्म हो जाते हैं। दूसरों की मजबूरियों, उनके डर और उनके काम करने के 'कारण' को समझना ही दुनिया का सबसे बेहतरीन और ताकतवर मानवीय गुण है।*

भाग 18: सहानुभूति का रसायन: कड़वाहट को मिठास में बदलने का मंत्र

(The Chemistry of Sympathy: Neutralizing Ill Feelings)

झरिया की खदानों में उस रात सायरन की खौफनाक आवाज़ ने पूरे शहर को जगा दिया था। खदान नंबर 4 में एक भारी ब्लास्ट हुआ था और लगभग पचहत्तर मज़दूर ज़मीन से सैकड़ों फीट नीचे मलबे में दब गए थे। पूरा इलाका दहशत और चीख-पुकार से गूँज रहा था। इस आपातकालीन और दिल दहला देने वाले रेस्क्यू ऑपरेशन (बचाव कार्य) के चीफ कमांडर थे कर्नल विक्रम।

विक्रम के पास इस तरह की आपदाओं से निपटने का बरसों का अनुभव था, लेकिन आज की चुनौती मलबे से ज़्यादा उन बेकाबू भावनाओं से थी, जो खदान के बाहर बाढ़ की तरह उमड़ रही थीं।

इंसानी मनोविज्ञान का एक बहुत बड़ा और जादुई सच है—अगर आप किसी भी उग्र या नाराज़ इंसान से सिर्फ इतना कह दें कि, "आप जो महसूस कर रहे हैं, उसके लिए मैं आपको रत्ती भर भी गलत नहीं मानता। अगर मैं आपकी जगह होता, तो मेरा बर्ताव भी बिल्कुल ऐसा ही होता," तो सामने वाले का सारा क्रोध एक पल में पिघल जाता है। यह कोई चालाकी नहीं है, बल्कि यह एक बहुत ही सच्ची मानवीय सहानुभूति है। क्योंकि सच यही है कि अगर आपके हालात, आपका दर्द और आपकी परिस्थितियां उस व्यक्ति जैसी होतीं, तो आप भी वही कर रहे होते जो वह कर रहा है। कर्नल विक्रम ने इसी अचूक मनोवैज्ञानिक हथियार से उस रात एक बहुत बड़े खून-खराबे को रोका था।

खदान का कब्ज़ा और अभिषेक का क्रोध

खदान के मुख्य गेट पर भारी हंगामा हो रहा था। मज़दूर यूनियन का सबसे उग्र नेता, अभिषेक, अपने सैंकड़ों साथियों के साथ रेस्क्यू टीम का रास्ता रोके खड़ा था। उसका छोटा भाई भी उसी खदान में फंसा हुआ था। अभिषेक का क्रोध सातवें आसमान पर था। वह मांग कर रहा था कि तुरंत डायनामाइट लगाकर मलबा उड़ाया जाए ताकि मज़दूरों तक जल्दी पहुँचा जा सके।

रेस्क्यू टीम का लीड इंजीनियर, अजय, अभिषेक की इस बेवकूफी पर भड़क उठा। अजय जानता था कि डायनामाइट के इस्तेमाल से बची-खुची खदान भी धंस जाएगी और जो मज़दूर ज़िंदा हैं, वे भी मारे जाएंगे। अजय ने गुस्से में पुलिस को आदेश दिया कि अभिषेक और उसके साथियों को लाठीचार्ज करके वहां से खदेड़ दिया जाए। हालात बेकाबू हो रहे थे और दंगा भड़कने ही वाला था कि कर्नल विक्रम वहां पहुँच गए।

विक्रम ने पुलिस को पीछे हटने का इशारा किया। वे बिना किसी सुरक्षा गार्ड के, निहत्थे सीधे अभिषेक के पास गए। अभिषेक की आँखें लाल थीं और वह हाथापाई करने पर उतारू था। कर्नल विक्रम ने शांत और गहरी आवाज़ में कहा, "अभिषेक, तुम मुझ पर हाथ उठाना चाहते हो, तो उठा सकते हो। तुम्हारी इस नाराज़गी और इस पागलपन के लिए मैं तुम्हें बिल्कुल भी दोष नहीं देता। अगर आज उस खदान के अंधेरे में मेरा छोटा भाई फंसा होता, और मुझे लगता कि ये अधिकारी काम में देरी कर रहे हैं, तो मैं यहाँ सिर्फ नारे नहीं लगा रहा होता, मैं अब तक इस पूरे दफ्तर को आग लगा चुका होता। तुम्हारा गुस्सा 100% जायज़ है।"

यह सुनते ही अभिषेक, जो लाठियां खाने और जान देने के लिए तैयार खड़ा था, अचानक सुन्न पड़ गया। उसने उम्मीद की थी कि विक्रम उसे कानून का डर दिखाएंगे या उससे बहस करेंगे। लेकिन जब विक्रम ने उसके दर्द को पूरी ईमानदारी से 'अपना' लिया, तो अभिषेक का सारा हिंसक अहंकार आंसुओं में बदल गया। वह घुटनों के बल ज़मीन पर बैठ गया और रोते हुए बोला, "साहब, बस मेरे भाई को निकाल लाइए।" विक्रम की सहानुभूति ने एक पल में दंगे की आग बुझा दी थी। अब अभिषेक और उसकी टीम खुद अजय के दिशा-निर्देशों के अनुसार हाथों से मलबा हटाने के काम में जुट गई।

प्रिया की ख़बरें और कर्नल की सूझबूझ

रेस्क्यू ऑपरेशन शुरू हो चुका था, लेकिन एक और बड़ी मुसीबत बाहर इंतज़ार कर रही थी। एक युवा और बेहद आक्रामक जर्नलिस्ट, प्रिया, खदान के बाहर से लाइव रिपोर्टिंग कर रही थी। टीआरपी के चक्कर में वह लगातार अफ़वाहें फैला रही थी कि "प्रशासन ने मज़दूरों को मरने के लिए छोड़ दिया है" और "रेस्क्यू में जानबूझकर देरी की जा रही है।" इससे पूरे राज्य में पैनिक (दहशत) फैल रहा था। अजय ने फिर से कर्नल विक्रम से कहा कि इस रिपोर्टर का कैमरा ज़ब्त कर लिया जाए और इसे अरेस्ट करवाया जाए।

लेकिन विक्रम जानते थे कि बल प्रयोग करने से मीडिया प्रशासन के खिलाफ हो जाएगा। विक्रम खुद प्रिया के कैमरे के सामने गए। प्रिया ने तुरंत अपने तीखे सवाल दागने शुरू कर दिए। विक्रम ने जवाब में कोई सफाई नहीं दी, बल्कि बहुत ही सम्मान से कहा, "प्रिया जी, आप जिस आक्रामकता और तीखेपन से प्रशासन से सवाल कर रही हैं, वह काबिले-तारीफ है। एक सच्चे पत्रकार का धर्म ही यही है कि वह सिस्टम की लापरवाहियों को जनता के सामने लाए। मैं आपकी इस निडरता का सम्मान करता हूँ। अगर मैं भी एक पत्रकार होता और मुझे लगता कि अंदर मज़दूर तड़प रहे हैं, तो मैं आपसे भी तीखे सवाल पूछता। आपकी जगह कोई भी सच्चा इंसान यही करता।"

प्रिया, जो बहस करने और लड़ने के मूड में थी, अचानक निहत्थी हो गई। जब कर्नल ने उसके काम और उसकी नीयत को सही ठहरा दिया, तो उसके पास लड़ने का कोई कारण ही नहीं बचा। विक्रम ने फिर धीरे से कहा, "चूँकि आप इतनी ज़िम्मेदार पत्रकार हैं, इसलिए मैं चाहता हूँ कि आप मेरे साथ कंट्रोल रूम में आएं और खुद लाइव कैमरे पर जनता को दिखाएं कि हमारे जवान अंदर कितनी मुश्किलों में अपनी जान जोखिम में डालकर काम कर रहे हैं।" प्रिया ने तुरंत अपना आक्रामक रवैया छोड़ दिया। अगले तीन दिनों तक उसने रेस्क्यू ऑपरेशन की जो सच्ची और सकारात्मक रिपोर्टिंग की, उससे पूरे देश में रेस्क्यू टीम का हौसला बढ़ा।

इस पूरी घटना पर संत कबीरदास जी का यह दोहा एकदम सटीक बैठता है:

"कबीर सोई पीर है, जो जाने पर पीर।

जो पर पीर न जानई, सो काफिर बेपीर॥"

(अर्थ: कबीरदास जी कहते हैं कि दुनिया में सच्चा संत या सज्जन वही है जो दूसरों की पीड़ा और दर्द को समझता है। जो इंसान दूसरों के दुख को नहीं समझ सकता, वह पत्थर दिल और क्रूर है।)

कर्नल विक्रम ने इसी दर्शन को अपना हथियार बनाया था। जब तक आप किसी के दर्द और उसके नज़रिए को 'वैध' (*Valid*) नहीं मानते, तब तक आप उसके मन तक नहीं पहुँच सकते।

सीख :दुनिया में हर इंसान खुद को सही मानता है और चाहता है कि कोई उसकी भावनाओं को समझे। जब हम बहस करने या अपनी ताकत दिखाने के बजाय सामने वाले की पीड़ा और उसकी स्थिति से सच्ची हमदर्दी जताते हैं, तो बड़े से बड़ा शत्रु भी हमारा सबसे बड़ा सहयोगी बन जाता है। 'सहानुभूति' वह इकलौती जादुई चाबी है, जो नफरत और गुस्से के सबसे मज़बूत तालों को बिना किसी आवाज़ के खोल देती है।

भाग 19: नेक इरादों की पुकार: इंसान के भीतर के 'देवता' को जगाना

(The Higher Call: Appealing to Nobler Motives)

हिमाचल के एक बेहद दुर्गम और बर्फीले इलाके में 'उम्मीद' नाम का एक जर्जर अनाथालय था। कड़ाके की सर्दियों में वहां के हालात बद से बदतर हो चुके थे। राशन खत्म हो रहा था और लकड़ियां भी नाममात्र की बची थीं। इस अनाथालय की देखभाल एक दृष्टिहीन बुज़ुर्ग करते थे, जिन्हें सब कर्नल विक्रम कहते थे। कर्नल विक्रम भले ही आँखों से देख नहीं सकते थे, लेकिन वे इंसानी फितरत के सबसे गहरे अंधेरों को पढ़ने का हुनर रखते थे। उनका मानना था कि कोई भी इंसान जन्म से बुरा नहीं होता। जब कोई व्यक्ति गलत राह पकड़ता है, तो उसे सुधारने के दो तरीके होते हैं—या तो उसे उसकी बुराई का आईना दिखाकर सज़ा दो, जिससे वह और भी खूंखार हो जाए, या फिर उसके सिर पर 'अच्छाई और सम्मान' का एक ऐसा अदृश्य मुकुट रख दो, जिसे गिरने से बचाने के लिए वह खुद-ब-खुद एक नेक इंसान बन जाए।

इसी अनाथालय में सुमित नाम का एक सोलह साल का लड़का रहता था। सुमित स्वभाव से बहुत उग्र और बागी था। एक रात जब सब सो रहे थे, सुमित ने अनाथालय की दान-पेटी का ताला तोड़ दिया और उसमें रखे आखिरी कुछ हज़ार रुपये चुराकर भागने लगा। दरवाज़े की

आवाज़ सुनकर बाकी लोग जाग गए और सुमित रंगे हाथों पकड़ा गया। छोटे बच्चों से लेकर रसोईये तक, सब सुमित पर टूट पड़े। वे उसे पुलिस के हवाले करने और बुरी तरह पीटने की मांग कर रहे थे। सुमित भी अपनी मुट्ठियां भींचे खड़ा था, जैसे हर वार का जवाब देने के लिए तैयार हो।

तभी लाठी टेकते हुए कर्नल विक्रम वहां आए। उन्होंने शोर शांत कराया और सुमित के कांपते हुए हाथों से वह पैसे ले लिए। कर्नल विक्रम ने सुमित को डांटने या चोर कहने के बजाय, एक गहरी सांस ली और कहा कि शांत हो जाओ सब, तुम लोग सुमित को गलत समझ रहे हो। मैं जानता हूँ कि सुमित यह पैसे चुरा नहीं रहा था। सुमित इस अनाथालय का सबसे बड़ा और सबसे ज़िम्मेदार लड़का है। इसे पता है कि बर्फबारी बढ़ने वाली है और हमारे पास बच्चों के लिए गर्म कपड़े नहीं हैं। यह रात के अंधेरे में शहर जाकर इन पैसों से छोटे बच्चों के लिए कंबल और दवाइयां लाने जा रहा था ताकि सुबह उठकर बच्चों को ठंड से कांपना न पड़े। सुमित अपनी जान जोखिम में डाल रहा था और तुम लोग इसे चोर समझ रहे हो।

यह सुनते ही सुमित के हाथ से लोहे का वह सरिया छूट कर ज़मीन पर गिर गया, जिससे उसने ताला तोड़ा था। जो लड़का मार खाने और पुलिस से लड़ने के लिए पत्थर बना हुआ था, वह कर्नल विक्रम के पैरों में गिरकर फूट-फूट कर रोने लगा। सुमित जानता था कि वह चोरी ही कर रहा था, लेकिन जब कर्नल विक्रम ने उसके एक नीच काम को 'त्याग और बलिदान' का नाम दे दिया, तो सुमित का ज़मीर जाग उठा। वह उस सम्मान भरे दर्जे को खोना नहीं चाहता था जो कर्नल ने उसे दिया था। उस रात के बाद सुमित ने अनाथालय की पूरी ज़िम्मेदारी अपने कंधों पर ले ली और वह वहां का सबसे मेहनती और ईमानदार लड़का बन गया।

सुमित की समस्या तो सुलझ गई, लेकिन कुछ ही दिनों बाद अनाथालय पर एक बहुत बड़ा संकट आ खड़ा हुआ। उस पूरी ज़मीन का मालिक खन्ना जी नाम का एक बेहद क्रूर और खूंखार सूदखोर था। खन्ना जी ने अनाथालय को ज़मीन खाली करने का नोटिस दे दिया था। खन्ना जी का खौफ पूरे इलाके में था; वे किसी की नहीं सुनते थे और बात-बात पर अपनी बंदूक निकाल लेते थे।

जिस दिन खन्ना जी अपने गुंडों के साथ अनाथालय पर कब्ज़ा करने आए, तो पूरे प्रांगण में दहशत फैल गई। बच्चे सहम कर कमरों में छिप गए।

कर्नल विक्रम अकेले अपनी लाठी के सहारे खन्ना जी के सामने जाकर खड़े हो गए। खन्ना जी ने अपनी भारी आवाज़ में कहा कि बुड्ढे, अपने कागज़ात और आंसू अपने पास रख। आज यह ज़मीन खाली होगी मतलब होगी। कर्नल विक्रम ने बहुत ही शांत और मधुर आवाज़ में जवाब दिया कि खन्ना जी, मैं यहाँ आपसे कोई मोहलत या भीख मांगने नहीं आया हूँ। लोग कहते हैं कि आप एक बहुत ज़ालिम इंसान हैं, लेकिन मेरी अंधी आँखें वह देख सकती हैं जो ये दुनिया नहीं देख पा रही। मैंने सुना है कि आपके परदादा ने इस इलाके में पहला अन्नछत्र (लंगर) खोला था और वे अनाथों को अपने हाथों से खाना खिलाते थे। आपके खून में एक संत और एक दानवीर का अक्स है। मुझे पूरा यकीन है कि आप यहाँ इन 50 बेसहारा बच्चों को बेघर करने नहीं आए हैं, बल्कि आप यह देखने आए हैं कि क्या हम आपके महान परदादा की दी हुई इस ज़मीन के लायक हैं या नहीं। खन्ना जी, मैं इन 50 बच्चों की ज़िंदगी और उनका भविष्य उस खानदान के वारिस के हाथों में सौंपता हूँ, जिसके खून में सिर्फ दया और करुणा बहती है। अब आप जो फैसला करेंगे, वह एक ज़ालिम का नहीं, बल्कि एक महान संत के वारिस का फैसला होगा।

कर्नल विक्रम की इन बातों ने खन्ना जी के भीतर कुछ ऐसा झकझोर दिया जो सालों से मरा हुआ था। खन्ना जी को पूरी ज़िंदगी सिर्फ नफरत और डर मिला था। जब पहली बार किसी ने उनके भीतर एक 'महान और दयालु' इंसान की छवि देखी, तो उनका सारा अहंकार और क्रूरता पिघल गई। वे एक संत के दर्जे से नीचे गिरकर वापस एक गुंडा नहीं बनना चाहते थे। खन्ना जी ने अपनी बंदूक वापस जीप में रखी, अपने आदमियों को लौटने का इशारा किया और जाते-जाते सुमित के हाथ में एक लिफाफा थमा गए, जिसमें अनाथालय के लिए पूरे साल के राशन का इंतज़ाम था।

कबीर साहब ने कहा था कि सांच (सत्य) को आंच नहीं। जब आप किसी व्यक्ति के भीतर छिपे हुए उस अंतिम सत्य को पुकारते हैं, जो सिर्फ अच्छाई से जुड़ा है, तो वह इंसान अपनी सारी

बुराइयां छोड़कर उस सत्य के मार्ग पर चलने को मजबूर हो जाता है। इंसान का मन हमेशा खुद को एक नायक के रूप में देखना चाहता है।

अगर आप चाहते हैं कि कोई इंसान अपनी गलत राह छोड़कर सही काम करे, तो उसे उसके अपराधों के लिए कोसने के बजाय, उसके चरित्र में एक ऐसी महानता और नेकी का आरोपण कर दीजिये, जिसे सच साबित करने के लिए वह अपना सब कुछ दांव पर लगा दे। जब आप किसी को यह अहसास दिलाते हैं कि आप उसे एक बेहद ईमानदार और ऊंचे आदर्शों वाला इंसान मानते हैं, तो वह कभी भी आपकी इस उम्मीद को नहीं तोड़ता और आपके सोचे हुए रास्ते पर खुद-ब-खुद चलने लगता है।

भाग 20: नाटकीयता का जादू: अपने विचारों को 'शो' बनाइये (Dramatize Your Ideas: The Art of Visual Impact)

कर्नल विक्रम फौज से रिटायर होने के बाद अब एक घाटे में चल रही स्पोर्ट्स एकेडमी के डायरेक्टर थे। एकेडमी के पास हुनरमंद खिलाड़ी तो थे, लेकिन उनके पास न तो अच्छे जूते थे, न ही अभ्यास के लिए आधुनिक उपकरण। कर्नल विक्रम को शहर के खेल मंत्री से फंड की गुहार लगानी थी। मंत्री महोदय को लंबी रिपोर्टें पढ़ने का शौक नहीं था और वे आंकड़ों को बोरिंग मानते थे। कर्नल विक्रम जानते थे कि सिर्फ यह कहना काफी नहीं होगा कि "हमें मदद की ज़रूरत है।" सच को असरदार बनाना पड़ेगा।

मीटिंग वाले दिन, कर्नल विक्रम मंत्री के दफ्तर में दाखिल हुए। उनके हाथ में कोई फाइल नहीं थी, बल्कि वे एक खिलाड़ी का फटा हुआ पुराना जूता और एक टूटा हुआ लकड़ी का बैट लेकर गए थे। उन्होंने मंत्री की मेज पर वे टूटी-फूटी चीज़ें रख दीं। मंत्री हैरान होकर देखने लगे। कर्नल विक्रम ने बस इतना कहा, "सर, ये हमारे सबसे होनहार धावक के जूते हैं और यह हमारे बेस्ट बल्लेबाज का बैट है। फैसला आपका है कि आप हमारे खिलाड़ियों के हुनर को देखना चाहते हैं या

इन टूटे हुए सपनों को।" कमरे में सन्नाटा छा गया। जो बात बजट की लंबी लिस्ट नहीं समझा पाती, वह उस फटे हुए जूते और टूटे हुए बैट के 'दृश्य' ने एक पल में समझा दी।

हंडिया के 'पानी' फिल्टर वाले सुनील की कहानी

हंडिया तहसील में सुनील नाम का एक युवक अपनी कंपनी के नए और महंगे वॉटर प्यूरीफायर (*Water Purifier*) बेचना चाहता था। वह घर-घर जाकर लोगों को उसकी 'रिवर्स ऑस्मोसिस' (*RO*) तकनीक और टीडीएस (*TDS*) लेवल के बारे में घंटों समझाता, लेकिन ग्रामीण इलाकों में कोई उसकी बात पर ध्यान नहीं देता था।

कर्नल विक्रम ने उसे एक तरकीब सुझाई। अगली बार सुनील जब एक प्रधान जी के घर गया, तो उसने कोई भाषण नहीं दिया। उसने दो कांच के गिलास लिए। एक में उनके घर का पानी भरा और दूसरे में अपने प्यूरीफायर का पानी। फिर उसने जेब से एक छोटी सी इलेक्ट्रोलाइज़र मशीन निकाली और दोनों गिलासों में डाल दी। कुछ ही सेकंड में, प्रधान जी के घर का पानी काला और गंदा हो गया, जबकि सुनील का पानी बिल्कुल साफ़ रहा। सुनील ने सिर्फ उस काले पानी की ओर इशारा किया और कहा, "प्रधान जी, ये वो ज़हर है जो आपका परिवार हर रोज़ पी रहा है।" उस दिन सुनील ने अपनी ज़िंदगी की सबसे बड़ी सेल की। उसने अपनी बात को 'नाटकीय' और दृश्यमान (*Visual*) बना दिया था।

प्रयागराज का 'दीवार' ठेकेदार और कर्नल विक्रम की सलाह

प्रयागराज के एक सिविल ठेकेदार, गुप्ता जी, को अक्सर शिकायत रहती थी कि लोग उनके द्वारा बनाई गई दीवारों की मज़बूती पर शक करते हैं और उन्हें सस्ते ठेकेदारों से तुलना करते हैं। कर्नल विक्रम ने उनसे कहा, "गुप्ता जी, अपनी बातों से मज़बूती साबित करना बंद कीजिये। कुछ ऐसा कीजिये जो लोगों को 'दिखे'।"

कर्नल की सलाह पर, गुप्ता जी ने अपनी साइट के बाहर एक बहुत बड़ी प्रदर्शनी दीवार बनवाई। उन्होंने उस दीवार पर एक लोहे का बड़ा सा 'सांड़' (*Bull*) लटका दिया। वहां एक बोर्ड

लगाया— 'हमारी मज़बूती का सबूत। यह सांड़ इस दीवार को नहीं हिला सकता, क्या कोई और ठेकेदार यह दावा कर सकता है?' लोग गुज़रते, रुकते, उस सांड़ को दीवार पर लटका देखते और सोचते— "अगर यह दीवार इतने भारी सांड़ का वज़न सह रही है, तो वाकई मज़बूत होगी।" गुप्ता जी को अब अपनी दीवारों की मज़बूती साबित करने के लिए बोलना नहीं पड़ता था, उनके 'नाटक' ने ही सब कुछ बोल दिया था।

विज्ञापन और टीवी का मनोविज्ञान

आजकल टीवी और सोशल मीडिया पर आप जो विज्ञापन देखते हैं, वे सब 'नाटकीयता' और विज़ुअल इम्पैक्ट (*Visual Impact*) का इस्तेमाल करते हैं।

* कोई टूथपेस्ट सिर्फ यह नहीं कहता कि वह दांतों को सफ़ेद करता है, वह 'चमक' को एक तारे की तरह टूटते हुए दिखाता है।

* कोई एनर्जी ड्रिंक सिर्फ यह नहीं कहती कि वह ताकत देती है, वह एक इंसान को बिजली की रफ़्तार से दौड़ते हुए या पहाड़ लांघते हुए दिखाता है।

कर्नल विक्रम का 'जॉब इंटरव्यू' वाला उदाहरण:

यदि कोई व्यक्ति जॉब इंटरव्यू के लिए जाता है, तो क्या वह सिर्फ यह कहता है कि "मैं बहुत अनुशासित हूँ?" नहीं! वह साफ़-सुथरे कपड़े पहनता है, वक्त पर पहुँचता है, सीधे बैठता है और आत्मविश्वास से बात करता है। क्या ये चीज़ें उसके डिग्री के नंबर बदल देती हैं? नहीं, लेकिन वह 'नाटकीयता' और 'प्रस्तुति' (*Presentation*) उसकी बातों को वज़नदार और विश्वसनीय बना देती है।

निष्कर्ष: सच को प्रभावशाली बनाइये

सच बहुत सीधा और कभी-कभी बेअसर हो सकता है। उसे प्रभावशाली बनाने के लिए आपको उसमें थोड़ी 'फिल्म' या 'दृश्य' जोड़ना होगा। इसका मतलब झूठ बोलना या बढ़ा-चढ़ाकर

कहना नहीं है, बल्कि सच को इस तरह पेश करना है कि वह सीधे सामने वाले के दिल और दिमाग पर गहरा असर करे।

कबीर साहब ने भी अपनी बात को सीधे-सादे शब्दों में कहने के बजाय, दैनिक जीवन के उदाहरणों और रूपकों (*metaphors*) के जरिए पेश किया, जो एक तरह की साहित्यिक नाटकीयता ही थी। उन्होंने "झीनी झीनी बीनी चदरिया" जैसे रूपक का इस्तेमाल करके शरीर और आत्मा के गहरे सच को समझाया।

याद रखिये— "लोग उस पर विश्वास करते हैं जो उन्होंने 'देखा' है, न कि उस पर जो उन्होंने सिर्फ 'सुना' है।"

सीखः*केवल सच्चा होना ही काफी नहीं है, सच को प्रभावशाली ढंग से प्रस्तुत करना भी उतना ही ज़रूरी है। जब आप अपने विचारों को नाटकीय और दृश्यमान (Visual) बनाते हैं, तो आप सीधे सामने वाले की भावनाओं और सोचने के तरीके को प्रभावित करते हैं। एक छोटा सा 'दृश्य' या 'उदाहरण' हज़ारों शब्दों के भाषण से कहीं ज़्यादा असरदार हो सकता है और आपकी बात को यादगार बना सकता है।*

कुशल नेतृत्व : सकारात्मक बदलाव की कला (The Art of Leadership: Leading Change Without Frictioon)

भाग 1: प्रशंसा का मरहम: सुधार की पहली सीढ़ी

(The Art of Leadership: Beginning with Praise)

जब अरावंत के साम्राज्य में युद्ध के बादल घिरे थे, तब तलवारों की धार से ज्यादा धारदार चीज की जरूरत थी—और वह था इंसान के मन को जीतने का हुनर। सेनापति रह चुके कर्नल विक्रम अब एक वीरान रेगिस्तान से गुजर रहे थे। उनका मकसद बिखरी हुई सेनाओं और बागियों को एक करना था। यह कहानी खून-खराबे की नहीं, बल्कि इंसानी मनोविज्ञान के उस छिपे हुए तिलिस्म की है, जो रणभूमि में भी फूल खिला सकता है।

कर्नल विक्रम का काफिला एक रात खँडहर हो चुके किले में रुका। उस किले की सुरक्षा की ज़िम्मेदारी अंकिता नाम की एक निडर लड़ाकू पर थी। अंकिता के पास एक युवा संदेशवाहक था, जो घोड़े दौड़ाने में तो तेज़ था, लेकिन अक्सर दिशा भटक कर दुश्मनों के राडार में आ जाता था। एक रात वह फिर गलत रास्ता पकड़ कर सैनिकों को खतरे में डाल बैठा। अंकिता खंजर निकालकर उसे सजा देने ही वाली थी कि वहां कबीले के सबसे बुजुर्ग और शांत व्यक्ति, जिन्हें सब 'साइलेंट कैल' (*Silent Cal*) कहते थे, आ गए।

कैल बहुत कम बोलते थे। उन्होंने उस काँपते हुए लड़के के कंधे पर हाथ रखा और कहा— "तुम्हारे पैरों में चीते सी फुर्ती है। जिस तेजी से तुम रेतीले तूफानों को चीरकर रसद लाते हो, वह पूरे किले में कोई नहीं कर सकता।" लड़के की आँखों में चमक आ गई। फिर कैल ने गहरी आवाज़ में कहा— "लेकिन तुम्हारी यह बेमिसाल फुर्ती हमारे किस काम की, अगर तुम्हारी आँखें सितारों की दिशा पढ़ना भूल जाएं? अगली बार अगर तुम भटके, तो तुम्हारे ये तेज़ पैर इस किले के बाहर ही रह जाएंगे।"

सजा का खौफ नहीं, बल्कि अपनी काबलियत के खो जाने का डर उस लड़के को ऐसा बदला कि वह अरावंत का सबसे अचूक मार्गदर्शक बन गया।

इस घटना ने कर्नल विक्रम को उनके पुराने दिनों की याद दिला दी। बात उन दिनों की है जब बागी कबीले के युवा सरदार मैकिनले (*McKinley*) ने राज्य के सबसे खतरनाक किले पर सीधा हमला करने की योजना बनाई थी। वह योजना आत्महत्या के समान थी। कर्नल विक्रम जानते थे कि अगर उन्होंने सीधे इस योजना को बकवास कहा, तो मैकिनले का उबलता हुआ खून बगावत कर देगा।

कर्नल ने नक्शे को देखा और मुस्कुरा कर बोले— "मैकिनले, तुम्हारी रगों में असली योद्धाओं का खून है। यह जो चक्रव्यूह तुमने रचा है, यह सदियों में कोई एक ही सोच सकता है। तुम्हारी बहादुरी बेमिसाल है।" मैकिनले गर्व से चौड़ा हो गया। विक्रम ने आगे कहा— "लेकिन मेरे शेर, यह चक्रव्यूह अंतिम युद्ध के लिए है। अभी हमारे पास मुट्ठी भर सैनिक हैं। तुम्हारी इस महान योजना को अगर हम अगले महीने के लिए बचा लें और आज सिर्फ छिपकर वार करें, तो इतिहास तुम्हें भगवान मानेगा।" मैकिनले बिना आहत हुए अपनी ही योजना बदलने को राजी हो गया।

कर्नल विक्रम के सबसे बड़े गुरु थे एक रहस्यमयी साधु, जिनका नाम लिंकन (*Lincoln*) था। लिंकन के अखाड़े में एक खूंखार तलवारबाज़ था— जनरल हुकर (*General Hooker*)। हुकर जितना ताकतवर था, उतना ही क्रूर था। एक बार उसने गुस्से में अपने ही साथी का हाथ काट दिया था।

लिंकन ने उसे सूली पर चढ़ाने के बजाय, पूरी सभा के सामने उसे अपनी पुश्तैनी तलवार भेंट की। उन्होंने हुकर से कहा— "तुम्हारी कलात्मक युद्ध शैली और सीने में धड़कते शेर जैसे दिल का मैं मुरीद हूँ। तुम इस अखाड़े की जान हो।" हुकर की आँखों में आंसू आ गए। तब लिंकन ने उसके कान में फुसफुसाया— "लेकिन जो हाथ अपनों का खून बहाएं, वो इस तलवार को पकड़ने

लायक नहीं। अगली बार किसी निर्दोष पर हाथ उठा, तो यही तलवार तुम्हारी गर्दन पर होगी।" हुकर का घमंड टूट गया, लेकिन उसका आत्मसम्मान बचा रहा। उसने फिर कभी क्रूरता नहीं की।

वर्तमान में लौटते हैं। कर्नल विक्रम को अपनी सेना के लिए अस्त्र चाहिए थे, लेकिन पहाड़ों पर रहने वाला सबसे बड़ा लोहार, मिश्रा जी, युद्ध के खिलाफ हो चुका था। उसने अपनी भट्ठी बुझा दी थी।

विक्रम जब उस बर्फीले पहाड़ पर पहुंचे, तो मिश्रा जी ने हथियार उठाने से साफ मना कर दिया। विक्रम ने कोई मिन्नत नहीं की। उन्होंने बुझी हुई भट्ठी के पास रखी एक पुरानी ढाल उठाई। "क्या यह 'सूर्य-नक्काशी' है?" विक्रम ने पूछा। "मैंने सुना था कि यह कला दो सदी पहले विलुप्त हो गई।"

मिश्रा जी, जो अब तक गुस्से में थे, अचानक पिघल गए। "आप इस कला को पहचानते हैं? मेरे परदादा यह हुनर लेकर आए थे," वे भावुक हो गए। अगली पूरी रात विक्रम ने हथियारों की बात नहीं की, बल्कि मिश्रा जी से उनके पूर्वजों और उस प्राचीन कला के किस्से सुने। सुबह की पहली किरण के साथ, विक्रम ने देखा कि मिश्रा जी ने खुद अपनी भट्ठी जला दी थी। बिना एक शब्द मांगे, विक्रम को उनके अस्त्र मिल गए थे।

मनुष्य का हृदय एक ऐसे ताले की तरह है जिस पर अगर आप सीधे हथौड़ा मारेंगे, तो वह हमेशा के लिए टूट जाएगा। उसे खोलने के लिए सम्मान और अपनेपन की चाबी चाहिए होती है।

ऐसी बानी बोलिए, मन का आपा खोय।

औरन को शीतल करै, आपहुं शीतल होय॥

(अर्थात: हमेशा ऐसे शब्दों का प्रयोग करना चाहिए जिसमें अहंकार न हो। जो दूसरों के हृदय को शांति दे और खुद को भी सुकून पहुँचाए। ऊपर की कहानी में कर्नल और अन्य लोगों ने अपनी वाणी से पहले दूसरों के मन को शीतलता दी, और फिर अपना काम निकाला।)

कहानी की सीख:

इंसान अपनी कमियों को ढाल बनाकर जीता है। जब आप सीधा प्रहार करते हैं, तो वह बचाव में उतर आता है। लेकिन जब आप उसके अस्तित्व और उसकी छोटी सी खूबी को मंच देते हैं, तो वह खुद-ब-खुद अपने हथियार डाल देता है। असली नेतृत्व किसी को झुकाना नहीं, बल्कि उसे यह महसूस कराना है कि वह अपनी मर्जी से आपके साथ खड़ा है।

भाग 2: परोक्ष संकेत: बिना चोट पहुँचाए गलती सुधारने का हुनर

(Correcting Mistakes Indirectly: The Gentle Nudge)

तूफान में जलता दीया: कर्नल विक्रम की जुबानी नेतृत्व की एक नई गाथा

यह कहानी किसी ऑफिस या बंद कमरे की नहीं, बल्कि संघर्ष और स्वाभिमान के उस रास्ते की है जहाँ अक्सर लोग अहंकार में अपनों को ही खो देते हैं। कर्नल विक्रम का मानना था कि एक सच्चा मार्गदर्शक वह नहीं है जो किसी की भूल पर अंगारा फेंके, बल्कि वह है जो उस भूल को सुधारने के लिए खुद एक मोमबत्ती बन जाए।

पहाड़ों की ढलान और अनकही चेतावनी

हिमालय की तलहटी में एक बेहद कठिन सड़क का निर्माण चल रहा था। कर्नल विक्रम वहां मुख्य इंजीनियर थे। कड़ाके की ठंड थी और मजदूरों की एक टोली सुरक्षा नियमों की धज्जियां उड़ाते हुए बिना हेलमेट और बिना लाइफ-लाइन बांधे एक खतरनाक चट्टान पर काम कर रही थी। कोई भी कड़क अफसर होता तो वह सस्पेंड करने की धमकी देता या उनकी दिहाड़ी काट लेता।

लेकिन कर्नल विक्रम चुपचाप उनके पास गए। उन्होंने अपने बैग से ऊनी मफलर निकाले और मुस्कुराते हुए उन मजदूरों को दिए। कर्नल बोले, "साथियों, आप जो यह सड़क बना रहे हैं, वह इस देश की नसों जैसा काम करेगी। आपकी सलामती मेरे लिए इस सड़क से ज्यादा कीमती है। अगर आप कल सुरक्षित घर नहीं लौटेंगे, तो इस शानदार काम का क्या फायदा? क्या आप मेरे लिए ये सुरक्षा गियर पहनकर काम करेंगे?" उन मजदूरों के चेहरों पर शर्मिंदगी थी, पर आँखों में

कर्नल के लिए एक अटूट निष्ठा पैदा हो गई। बिना किसी शोर के, उस दिन के बाद वहां कभी सुरक्षा नियमों का उल्लंघन नहीं हुआ।

सपनों का निर्माण और 'दिशा' का चुनाव

कर्नल अक्सर एक बात कहते थे कि शब्दों का चयन हमारे भविष्य की दिशा तय करता है। प्रयागराज के पास एक छोटे से गाँव में शास्त्री जी नाम के एक मूर्तिकार रहते थे। उनके बेटे ने पत्थर को तराश कर एक छोटी सी मूर्ति बनाई। शास्त्री जी को लगा कि मूर्ति में बारीकियां कम हैं।

अगर वे कहते, "बेटा, तुमने इसके हाथ सही नहीं बनाए, इसे दोबारा करो," तो शायद बच्चा पत्थर ही छोड़ देता। इसके बजाय शास्त्री जी ने कर्नल विक्रम की उस तरकीब को अपनाया जिसे वे 'सृजनात्मक जुड़ाव' कहते थे। उन्होंने कहा, "बेटा, तुम्हारी इस कलाकृति में जो भाव हैं, वे अद्भुत हैं। और अगर तुम अपनी इसी एकाग्रता से इसकी फिनिशिंग पर थोड़ा और वक्त दोगे, तो यह कला किसी बड़े संग्रहालय की शोभा बनेगी।" बेटे को अपनी कमी एक बोझ नहीं, बल्कि एक 'अवसर' (*Opportunity*) लगने लगी। उसने अगले ही पल छेनी उठाई और उसे दुनिया की सबसे खूबसूरत मूर्ति में बदल दिया।

हंडिया की 'श्रीमती वर्मा' और मौन संवाद

हंडिया में एक पुरानी हवेली का जीर्णोद्धार (*Restoration*) हो रहा था। वहां के मुख्य कारीगर, जिन्हें लोग मिश्रा जी कहते थे, अक्सर दोपहर के बाद काम की गति धीमी कर देते थे। हवेली की मालकिन श्रीमती वर्मा ने उन्हें टोकने के बजाय एक अलग रास्ता चुना।

अगले दिन जब काम शुरू हुआ, तो उन्होंने सब कारीगरों के लिए घर के बने नाश्ते का प्रबंध किया और हाथ जोड़कर कहा, "मिश्रा जी, सुबह-सुबह आप जिस फुर्ती से इस नक्काशी को अंजाम देते हैं, वह देखना मेरे लिए सौभाग्य की बात है। मुझे पूरा यकीन है कि आपकी यही ऊर्जा शाम तक इस हवेली की रूह को फिर से जिंदा कर देगी।" मिश्रा जी समझ गए कि उनकी ढिलाई

पकड़ी गई है, लेकिन जिस इज्जत के साथ उन्हें यह बात कही गई, उसने उन्हें थकान भूलकर दोगुने उत्साह से काम करने पर मजबूर कर दिया।

मैकिनले और वह अधूरा खत: स्वाभिमान की रक्षा

एक बार कर्नल विक्रम के पास उनका एक पुराना साथी, मैकिनले, एक शिकायती पत्र लेकर आया। वह पत्र सेना के किसी बड़े अधिकारी के खिलाफ था और बहुत तीखा लिखा गया था। मैकिनले चाहता था कि विक्रम उस पर साइन कर दें। कर्नल ने पत्र पढ़ा और देखा कि वह कड़वाहट से भरा है, जिससे विवाद और बढ़ सकता था।

विक्रम ने पत्र वापस करते हुए कहा, "मैकिनले, तुम्हारी लेखनी में गजब की धार है। तुम अन्याय के खिलाफ जिस तरह शब्द चुनते हो, वह काबिले तारीफ है। यह पत्र तुम्हारी हिम्मत का प्रतीक है। लेकिन क्या तुम्हें नहीं लगता कि तुम्हारी यह बेमिसाल काबिलियत सुलह के काम आनी चाहिए? तुम एक और ड्राफ्ट लिखो, जिसमें तुम्हारी बहादुरी भी झलके और सामने वाले को सुधरने का रास्ता भी मिले।" मैकिनले को अपनी गलती का अहसास हुआ और उसने वह पत्र फाड़कर एक नया और शालीन पत्र लिखा, जिसने बरसों पुरानी दुश्मनी खत्म कर दी।

निष्कर्ष: कोमलता का पराक्रम

अंततः, नेतृत्व इस बारे में नहीं है कि आपके पास कितनी पावर है, बल्कि इस बारे में है कि आप दूसरों को कितना सशक्त महसूस कराते हैं। जब आप किसी की गलती को सीधे नहीं, बल्कि इशारों और सम्मान के साथ छूते हैं, तो आप उसके अहंकार को नहीं, बल्कि उसके विवेक को जगाते हैं।

सीख: *सच्चा लीडर वह है जो सुधार की कड़वी दवा को सम्मान की चाशनी में लपेट कर देता है। जब आप किसी की कमियों को उसकी खूबियों के चश्मे से दिखाते हैं, तो वह इंसान अपनी रक्षा*

करने के बजाय खुद को बदलने के लिए तैयार हो जाता है। याद रखें, चोट हमेशा निशान छोड़ती है, लेकिन स्पर्श घाव भर देता है।

भाग 3: पहले अपनी कमियाँ: आलोचना का कड़वा घूँट मीठा करने का तरीका (Admitting Your Own Blunders: Softening the Blow of Criticism)

नेत्रत्व की असली परीक्षा तब नहीं होती जब आप दूसरों के सिर पर चढ़कर आदेश देते हैं, बल्कि तब होती है जब आप खुद को उनके धरातल पर लाकर खड़ा कर देते हैं। कर्नल विक्रम का मानना था कि किसी की भूल सुधारने का सबसे छोटा रास्ता 'अहंकार का त्याग' है।

अंजलि का पहला युद्ध और कर्नल का आत्म-मंथन

बात उन दिनों की है जब कर्नल विक्रम प्रयागराज की एक पुरानी लाइब्रेरी के जीर्णोद्धार (*Restoration*) का काम देख रहे थे। उनकी भतीजी अंजलि ने अभी-अभी पुरातत्व विभाग की पढ़ाई पूरी की थी और वह पहली बार फील्ड पर आई थी। जोश बहुत था, पर अनुभव शून्य। एक दिन अंजलि ने अति उत्साह में 200 साल पुरानी एक दुर्लभ पांडुलिपि (*Manuscript*) को धूप में रख दिया, जिससे उसके पन्ने चटकने लगे।

कर्नल विक्रम आगबबूला होकर उसे डांटने ही वाले थे कि अचानक उन्हें अपना 22 साल पुराना चेहरा याद आ गया। उन्होंने सोचा, "विक्रम, याद कर जब तूने ट्रेनिंग के दौरान नक्शा ही उल्टा पकड़ लिया था और पूरी टुकड़ी दलदल में फंस गई थी? आज तू 50 का है, वो सिर्फ 19 की। क्या तूने अपनी पहली गलती से नहीं सीखा था?"

कर्नल ने गहरी सांस ली और अंजलि के पास जाकर बोले, "अंजलि, आज तुमने जो किया वह एक बड़ी चूक है, लेकिन सच कहूँ तो 19 साल की उम्र में मैं तुमसे कहीं ज्यादा लापरवाह था। मुझे याद है, मैंने तो एक बार कीमती रसायनों की बोतल ही तोड़ दी थी। तुम तो कम से कम चीजों को सहेजने की कोशिश तो कर रही हो। बस इस धूप और नमी के तालमेल को समझ लो, तो तुम

मुझसे बेहतर विशेषज्ञ बनोगी।" अंजलि की आँखों में डर की जगह सम्मान उतर आया। उसने उस दिन के बाद एक भी ऐतिहासिक वस्तु को नुकसान नहीं पहुँचने दिया।

वर्मा जी का 'धुंधला चश्मा' और नक्शों की बारीकी

प्रयागराज के एक प्रसिद्ध आर्किटेक्ट वर्मा जी के पास एक नया ड्राफ्ट्समैन आया था। वह लड़का नक्शों में अक्सर पैमाना (*Scale*) गलत ले लेता था। वर्मा जी उसे नीचा दिखाने के बजाय एक दिन अपना पुराना चश्मा लेकर उसके पास बैठे।

उन्होंने कहा, "बेटा, मेरी आँखों ने मुझे बहुत धोखा दिया है। शुरुआत में मैं 'इंच' और 'सेंटीमीटर' में इतना उलझता था कि एक बार मैंने दीवार ही तिरछी खड़ी करवा दी थी। तब से मैंने यह नियम बनाया कि मैं हर नाप को दो बार चेक करता हूँ। [उन्होंने अपनी पुरानी फटी हुई कैलकुलेशन शीट दिखाई] देखो, मेरी ये गलतियां आज भी मुझे याद दिलाती हैं कि सावधानी ही हमारी सबसे बड़ी पूंजी है। तुम बहुत अच्छा काम कर रहे हो, बस इस 'चेकिंग' की आदत को अपना लो।" उस युवा को लगा ही नहीं कि उसकी आलोचना हुई है, उसे लगा उसे एक 'गुरु मंत्र' मिल गया है।

प्रिंस वॉन बुलो का कूटनीतिक कवच

इतिहास के पन्नों में एक और मिसाल मिलती है। जब सम्राट विलियम द्वितीय ने एक विदेशी अखबार को विवादित इंटरव्यू देकर अपनी सल्तनत को खतरे में डाल दिया, तो उन्होंने अपने वफादार सलाहकार प्रिंस वॉन बुलो को बुलाया। सम्राट चाहते थे कि बुलो अपनी गलती मान लें ताकि सम्राट की छवि बची रहे।

बुलो जानते थे कि सम्राट का अहंकार बहुत बड़ा है। उन्होंने कहा, "हुजूर, आपकी बुद्धिमत्ता और रणनीतिक सोच का मुकाबला मैं क्या, दुनिया का कोई विद्वान नहीं कर सकता। मैं तो सिर्फ कागजों का कीड़ा हूँ। अक्सर मेरी कूटनीति आपके व्यापक दृष्टिकोण को समझ नहीं पाती और मैं गलतियां कर बैठता हूँ। शायद मेरी ही समझ में कमी रही होगी जो मैं आपकी बातों को सही

शब्दों में पिरो नहीं पाया।" सम्राट का सीना गर्व से चौड़ा हो गया। उन्होंने मुस्कुराकर बुलो को गले लगा लिया। अपनी चतुराई से बुलो ने न केवल सम्राट का गुस्सा शांत किया, बल्कि भविष्य के लिए उन्हें सतर्क भी कर दिया।

तिवारी जी की 'अग्नि परीक्षा'

हंडिया के रहने वाले तिवारी जी को जब पता चला कि उनका बेटा गलत संगत में पड़कर देर रात तक बाहर रहता है, तो उन्होंने उसे डंडे से नहीं, बल्कि दिल से डराया। तिवारी जी खुद जवानी में बहुत बागी रहे थे।

उन्होंने बेटे को पास बिठाकर अपनी पुरानी चोट का निशान दिखाया जो एक झगड़े में लगा था। उन्होंने कहा, "बेटा, मैं आज तुम्हें एक पिता की तरह नहीं, बल्कि उस हारे हुए युवक की तरह समझा रहा हूँ जो मैं 20 साल पहले था। मैंने रातों की नींद खराब की और अपनी सेहत और करियर दोनों दांव पर लगा दिए। आज भी मुझे वह पछतावा सोने नहीं देता। मैं नहीं चाहता कि तुम भी 40 की उम्र में मेरी तरह अपनी परछाईं से नजरें चुराओ।" बेटे ने अपने पिता की आँखों में वो दर्द देखा जो किसी उपदेश में नहीं था। उसने उसी रात अपनी दिशा बदल ली।

निष्कर्ष: अपनी ढाल पहले गिराएं

नेतृत्व का यह नियम हमें सिखाता है कि जब आप अपनी 'अभय मुद्रा' छोड़कर अपनी कमजोरियों को स्वीकार करते हैं, तो सामने वाला व्यक्ति आपसे जुड़ाव महसूस करता है। आलोचना तब चुभती है जब वह 'ऊपर' से नीचे की ओर आती है। लेकिन जब आप उसे अपने 'अनुभव' की ढाल बनाकर पेश करते हैं, तो वह एक आशीर्वाद बन जाती है।

कबीर साहब ने इस सत्य को बड़ी सादगी से पिरोया है:

बुरा जो देखन मैं चला, बुरा न मिलिया कोय।

जो दिल खोजा आपना, मुझसे बुरा न कोय।।

(अर्थात: जब मैंने दुनिया में बुराई ढूंढनी शुरू की, तो मुझे कोई बुरा नहीं मिला। लेकिन जैसे ही मैंने अपने भीतर झाँका, तो पाया कि सबसे अधिक कमियाँ तो मुझमें ही हैं। यही दृष्टि हमें दूसरों के प्रति उदार बनाती है।)

सीख:यदि आप किसी के व्यवहार में स्थायी बदलाव चाहते हैं, तो उसकी गलती पर पत्थर मारने से पहले अपनी उन चोटों के निशान दिखाएं जो आपने अपनी गलतियों से खाई थीं। सहानुभूति और साझा अनुभव वह खाद है, जिसमें सुधार के बीज सबसे तेजी से पनपते हैं। स्वयं को 'पूर्ण' घोषित करना दूसरों के लिए प्रेरणा नहीं, बल्कि दीवार बन जाता है।

भाग 4: आदेश नहीं, सुझाव: प्रश्न पूछने की जादुई कला
(Ask Questions, Don't Give Orders: The Gentle Lead)

दुनिया में दो तरह के लोग होते हैं—एक वे जो रेत को मुट्ठी में भींचकर पकड़ना चाहते हैं, और दूसरे वे जो अपनी हथेली खुली रखते हैं। जो मुट्ठी भींचते हैं, रेत उनके हाथों से फिसल जाती है, लेकिन खुली हथेली पर वह टिकी रहती है। कर्नल विक्रम का मानना था कि इंसान का स्वभाव भी कुछ ऐसा ही है। जब आप किसी पर 'आदेश' का दबाव डालते हैं, तो उसका स्वाभिमान विद्रोह कर देता है। लेकिन जब आप उसे 'विकल्प' देते हैं, तो वह आपका हमसफर बन जाता है।

कर्नल विक्रम अक्सर एक पुराने किस्से का जिक्र करते थे। एक बार वे एक दुर्गम पहाड़ी इलाके में पुल बनाने के मिशन पर थे। उनके साथ एक युवा इंजीनियर था, जो अपनी काबिलियत के घमंड में अक्सर मज़दूरों को डांटकर निर्देश देता था। नतीजा यह हुआ कि काम की गति धीमी पड़ गई और मज़दूर बहाने बनाने लगे। कर्नल ने उस इंजीनियर को बुलाया और एक पुरानी डायरी दिखाई।

उस डायरी में कर्नल के मार्गदर्शक के कुछ शब्द लिखे थे। कर्नल ने समझाया, "बेटा, जब तुम कहते हो 'यह पत्थर यहाँ रखो', तो तुम उनकी मांसपेशियों को हुक्म देते हो। लेकिन जब तुम पूछते हो 'क्या तुम्हें लगता है कि इस भारी पत्थर को अगर हम उस ढलान से लाएं, तो तुम्हारी

मेहनत कम लगेगी?', तब तुम उनके दिमाग और अनुभव का सम्मान करते हो।" इंजीनियर ने अपना लहजा बदला। वह अब मज़दूरों से मशवरा करने लगा। कुछ ही दिनों में, जो मज़दूर बोझ समझकर काम कर रहे थे, वे अब नए-नए आईडिया लेकर आने लगे। पुल समय से पहले तैयार हो गया क्योंकि अब वह 'इंजीनियर का प्रोजेक्ट' नहीं, 'उनका अपना सपना' बन चुका था।

इसी तरह की एक घटना प्रयागराज के एक पुराने पुस्तकालय में घटी। वहां एक शोधकर्ता (रिसर्च स्कॉलर) अपनी भारी-भरकम किताबें और कागज़ात मुख्य गलियारे की मेज पर फैलाकर छोड़ देता था, जिससे दूसरों को निकलने में दिक्कत होती थी। वहां के मुख्य लाइब्रेरियन, मिश्रा जी, स्वभाव से बहुत कड़क थे। एक दिन वे गुस्से में आए और सबके सामने चिल्लाने लगे, "यह कूड़ा यहाँ किसने फैलाया है? अगर ५ मिनट में यह साफ नहीं हुआ, तो मैं सब उठाकर रद्दी में फिंकवा दूंगा और तुम्हारी सदस्यता रद्द कर दूंगा!"

उस छात्र ने सामान तो हटा लिया, लेकिन उस अपमान की आग उसके मन में बैठ गई। उसने अगले ही दिन लाइब्रेरियन के खिलाफ मैनेजमेंट को झूठी शिकायत कर दी और पुस्तकालय का माहौल खराब हो गया। कर्नल विक्रम कहते हैं कि अगर मिश्रा जी ने बस इतना पूछा होता, "दोस्त, तुम्हारी रिसर्च बहुत गहरी लग रही है, पर क्या हम इन किताबों को उस कोने वाली मेज पर शिफ्ट कर सकते हैं ताकि बाकी लोगों का रास्ता भी साफ रहे और तुम्हारा काम भी डिस्टर्ब न हो?" तो वह छात्र न केवल ख़ुशी-ख़ुशी मान जाता, बल्कि वह पुस्तकालय का सबसे अनुशासित सदस्य बन जाता।

एक और दिलचस्प मिसाल हंडिया के एक छोटे से बुनकर केंद्र (*Weaving Center*) की है। वहां के संचालक राजेश जी को एक विदेशी प्रदर्शनी के लिए सैकड़ों साड़ियाँ तैयार करनी थीं। कारीगर थक चुके थे और मना कर रहे थे। राजेश जी ने कर्नल विक्रम की 'परामर्श नीति' अपनाई। उन्होंने सबको इकट्ठा किया और बोले, "साथियों, हमारी कला को सात समंदर पार दिखाने का

मौका मिला है। मुझे समझ नहीं आ रहा कि इतनी जल्दी हम इसे कैसे मुमकिन करें। क्या आपमें से किसी के पास कोई तरकीब है जिससे हम अपनी गुणवत्ता खोए बिना काम की रफ्तार बढ़ा सकें?"

कारीगरों ने आपस में चर्चा की। किसी ने डिजाइन में छोटे बदलाव सुझाए, तो किसी ने अपनी शिफ्ट बदलने की बात कही। चूँकि समाधान 'उनका अपना' था, इसलिए उन्होंने रात-दिन एक कर दिया। राजेश जी ने उन्हें 'मज़दूर' नहीं, बल्कि 'साझेदार' (*Partners*) बना दिया था।

कर्नल विक्रम अक्सर अपनी डायरी में लिखते थे कि जब आप किसी से सवाल पूछते हैं, तो आप उसे यह संदेश देते हैं कि "मैं तुम पर भरोसा करता हूँ।" प्रश्न पूछने से सामने वाले की सृजनात्मक शक्ति जाग उठती है। वह रक्षात्मक (*Defensive*) होने के बजाय समाधान निकालने वाला (*Solution provider*) बन जाता है। इससे कड़वाहट खत्म होती है और सहयोग का एक नया अध्याय शुरू होता है।

सीख: *सच्चा नेतृत्व लोगों के शरीर पर हुकूमत करना नहीं, बल्कि उनके दिलों में जगह बनाना है। जब आप किसी को आदेश देते हैं, तो आप उसकी आज़ादी छीनते हैं, लेकिन जब आप सुझाव मांगते हैं, तो आप उसे जिम्मेदारी का अहसास कराते हैं। प्रश्न पूछना कमजोरी नहीं, बल्कि वह बुद्धिमत्ता है जो शत्रु को भी मित्र और काम को एक उत्सव बना देती है।*

भाग 5: सम्मान की रक्षा: स्वाभिमान बचाकर सुधारने का हुनर (Save Face: The Dignity of Leadership)

दुनिया में सबसे नाज़ुक चीज़ इंसान का 'अक्स' होता है, जो उसकी अपनी नज़रों में बनता है। कर्नल विक्रम का मानना था कि जब हम किसी की भूल पर प्रहार करते हैं, तो हम दरअसल उसके चरित्र पर नहीं, बल्कि उसके उस काँच के घर पर पत्थर मारते हैं जिसे उसने बरसों की मेहनत से बनाया है। एक कुशल मार्गदर्शक वह है जो धूल तो साफ करे, पर आइना न टूटने दे।

हिमालय की वादियों में एक बहुत बड़ा बाँध बन रहा था। वहां के मुख्य वास्तुकार (*Architect*) मिश्रा जी पत्थरों और नक्शों के उस्ताद थे। लेकिन जैसे-जैसे प्रोजेक्ट बढ़ा, उन्हें सैकड़ों मज़दूरों का हिसाब-किताब और प्रशासन संभालना पड़ा, जिसमें वे पूरी तरह उलझ गए। काम की रफ्तार धीमी हो गई और गलतियाँ बढ़ने लगीं। प्रशासन चाहता था कि उन्हें हटा दिया जाए, पर उनकी शिल्पकारी का कोई विकल्प नहीं था।

कर्नल विक्रम ने उन्हें अपमानित करने के बजाय एक भव्य समारोह आयोजित किया। वहां उन्होंने घोषणा की, "मिश्रा जी की तकनीकी दृष्टि इस प्रोजेक्ट की आत्मा है। प्रशासन के छोटे कामों में उलझकर हम उनकी इस दिव्य दृष्टि का अपमान कर रहे हैं। आज से मिश्रा जी हमारे 'प्रधान तकनीकी संरक्षक' (*Chief Technical Patron*) होंगे, जो सिर्फ निर्माण की शुद्धता देखेंगे।" प्रशासन के लिए एक नया युवा मैनेजर नियुक्त कर दिया गया। मिश्रा जी का ओहदा बढ़ा, उनका सम्मान बचा रहा और बाँध का काम दोगुनी गति से चलने लगा। कर्नल ने उन्हें 'हटाया' नहीं, बल्कि उन्हें 'सही जगह' पर प्रतिष्ठित कर दिया।

नैनी का वह विदाई गीत: सम्मान की महक

प्रयागराज के पास नैनी में एक पुरानी कपड़ा मिल बंद होने की कगार पर थी। छंटनी का दौर था और दर्जनों पुराने कारीगरों को निकाला जाना था। आमतौर पर ऐसे मौकों पर कड़वाहट और दंगे होते हैं। लेकिन वहां के युवा मैनेजर सुमित ने कर्नल विक्रम की 'गरिमा नीति' अपनाई।

उन्होंने हर कारीगर को सपरिवार चाय पर बुलाया। सुमित ने भारी मन से कहा, "श्रीवास्तव जी, यह मिल आपकी पसीने की खुशबू से महकती है। आज बाज़ार की हवाएं हमारे खिलाफ हैं, लेकिन आपकी महारत बेमिसाल है। मुझे याद है उस रात जब मशीन खराब हुई थी और आपने अकेले उसे ठीक किया था। आप यहाँ से कर्मचारी बनकर नहीं, बल्कि इस मिल के एक हिस्से के रूप में जा रहे हैं।" सुमित ने उन्हें प्रशंसा पत्र और एक स्मृति चिह्न भेंट किया। कारीगरों की आँखों में

आंसू थे, पर दिल में कंपनी के लिए दुआएं। वे लोग बाहर जाकर कंपनी की बुराई करने के बजाय उसके 'ब्रांड एंबेसडर' बन गए।

हंडिया की वह कड़वी शाम और टूटता भरोसा

इसके उलट, हंडिया की एक स्टील यूनिट में एक बड़ी चूक हुई। वहां के उपाध्यक्ष (*VP*) ने भरी दोपहर में सभी कर्मचारियों के सामने एक ईमानदार फोरमैन को 'नालायक' और 'कामचोर' कह दिया। फोरमैन अपनी सफाई देना चाहता था, पर साहब के अहंकार ने उसे बोलने का मौका ही नहीं दिया।

उस दिन उस फोरमैन के भीतर का 'ईमानदार मज़दूर' मर गया। उसने काम करना नहीं छोड़ा, पर उसने 'दिल' लगाना छोड़ दिया। कुछ ही हफ्तों बाद उसने गुप्त रूप से मशीन की सेटिंग्स में ऐसी गड़बड़ की कि कंपनी को लाखों का नुकसान हुआ और वह खुद नौकरी छोड़कर चला गया। कर्नल विक्रम कहते हैं, "जब आप किसी का चेहरा (*Face*) बिगाड़ते हैं, तो आप दरअसल अपना भविष्य बिगाड़ रहे होते हैं।"

नेहा की उड़ान और बॉस का सहारा

प्रयागराज की एक विज्ञापन एजेंसी में नेहा नाम की एक नई कॉपीराइटर ने एक बहुत बड़े क्लाइंट की कैंपेन फाइल डिलीट कर दी। पूरी टीम में सन्नाटा था। नेहा रो रही थी, उसे अपनी बर्खास्तगी का डर था। मीटिंग रूम में जब वह पहुंची, तो उसके बॉस ने डेस्क पर चॉकलेट रखी और कहा:

"नेहा, तुम इस दफ्तर की सबसे रचनात्मक सोच हो। आज जो हुआ वह एक तकनीकी हादसा है, जो किसी भी मेहनती इंसान से हो सकता है। मुझे खुशी है कि तुम अपनी गलती स्वीकार कर रही हो। चलो, आज रात हम सब मिलकर पिज्जा मंगाते हैं और इस कैंपेन को पहले से भी बेहतर बनाते हैं। मुझे तुम पर पूरा भरोसा है।" नेहा ने उस रात जागकर जो काम किया, उसने क्लाइंट का दिल जीत लिया। उसे सज़ा नहीं, बल्कि अपना 'स्वाभिमान' बचाने का मौका मिला था।

सेंट-एक्सुपरी का शाश्वत सत्य

फ्रांसीसी विचारक एंटोनी डी सेंट-एक्सुपरी के शब्द आज भी नेतृत्व की नींव हैं:

"मुझे किसी व्यक्ति के आत्म-सम्मान को ठेस पहुँचाने का कोई नैतिक अधिकार नहीं है। असलियत यह नहीं है कि मेरी नज़र में वह क्या है, बल्कि महत्वपूर्ण यह है कि वह अपनी नज़रों में क्या है। किसी के मान-सम्मान को कुचलना एक नैतिक अपराध है।"

निष्कर्ष: वाणी का शीतल लेप

एक सच्चा लीडर वह है जो अंधेरे में भी दूसरों के स्वाभिमान की मशाल बुझने नहीं देता। जब आप किसी को ससम्मान गलती सुधारने का मार्ग देते हैं, तो वह व्यक्ति आपका गुलाम नहीं, बल्कि आपका मुरीद बन जाता है।

सीख: *किसी को नीचा दिखाकर आप उसे छोटा तो कर सकते हैं, पर खुद बड़े नहीं बन सकते। नेतृत्व की पराकाष्ठा यह है कि आप सामने वाले की गलती को सुधारें भी और उसे यह महसूस भी न होने दें कि वह कहीं कमतर है। स्वाभिमान का संरक्षण ही समर्पण की पहली शर्त है।*

भाग 6: प्रशंसा की जादुई शक्ति: छोटी बढ़त, बड़ी जीत
(The Magic of Praise: Transforming People through Encouragement)

वह एक उमस भरी शाम थी जब कर्नल विक्रम अपने पुराने मित्र पीते खान के साथ गंगा के किनारे टहल रहे थे। पीते खान सालों से आवारा और जिद्दी कुत्तों को पालतू बनाने का हुनर रखते थे। कर्नल ने देखा कि पीते खान के हाथ में हमेशा बिस्कुट का एक छोटा थैला रहता था। जैसे ही कोई कुत्ता उनकी बात मानकर बैठता या हाथ मिलाता, पीते खान उसे प्यार से पुचकारते और एक बिस्कुट का टुकड़ा दे देते। कर्नल मुस्कुराए और बोले, "दोस्त, तुम जानवरों की फितरत को कितनी जल्दी बदल देते हो, लेकिन अफसोस कि हम इंसानों के साथ यह तरीका नहीं अपनाते। हम किसी

को सुधारने के लिए डंडे का डर तो दिखाते हैं, पर उसके छोटे से अच्छे काम पर शाबाशी की थपकी देना भूल जाते हैं।"

कर्नल का मानना था कि जिस तरह पौधों को पनपने के लिए सूरज की तपिश नहीं, बल्कि उसकी कोमल रोशनी चाहिए होती है, वैसे ही इंसान का व्यक्तित्व भी आलोचना की कड़वाहट में मुरझा जाता है और प्रोत्साहन की धूप में खिल उठता है। इतिहास के धूल भरे पन्नों में झांकें तो ऐसे कई नाम मिलेंगे जो आज गुमनाम होते अगर उन्हें सही समय पर किसी की ज़ुबान से निकले दो मीठे बोल न मिले होते।

इटली के एक तंग गली वाले कारखाने में काम करने वाले एक छोटे से बालक, एनरिको कारुसो को ही ले लीजिए। जब उसने पहली बार गाने की कोशिश की, तो उसके संगीत शिक्षक ने उसका मजाक उड़ाते हुए कहा था कि उसकी आवाज़ फटे हुए ढोल जैसी है। वह लड़का टूट चुका था, लेकिन उसकी माँ, जो खुद तंगहाली में जी रही थी, उसने कारुसो की आँखों में आँखें डालकर कहा, "बेटा, तुम्हारी आवाज़ में मुझे वो जादू दिखता है जो किसी और में नहीं। तुम हर दिन बेहतर हो रहे हो।" उस माँ ने खुद भूखे रहकर बेटे के लिए संगीत की तालीम का इंतजाम किया। माँ के उस अटूट भरोसे और तारीफ ने एक मामूली मज़दूर को दुनिया का सबसे बड़ा गायक बना दिया।

इसी तरह लंदन की गलियों में भटकते हुए एक युवक की कहानी भी कर्नल विक्रम अक्सर सुनाते थे, जिसका नाम चार्ल्स डिकेंस था। वह लड़का दिन भर अंधेरे गोदामों में काम करता और रात को अपनी कहानियाँ लिखता। गरीबी ऐसी थी कि वह अपनी कहानियाँ रात के सन्नाटे में डाक के डिब्बे में डालकर आता था ताकि कोई उसकी फटी हुई कमीज और गरीबी का मजाक न उड़ाए। दर्जनों बार उसकी कहानियाँ कूड़े के ढेर में फेंक दी गई। लेकिन एक दिन, एक संपादक ने उसकी कहानी छापी और नीचे दो लाइनें लिखीं— "अद्भुत लेखन शैली!" बस, उस एक छोटे से प्रशंसा के वाक्य ने डिकेंस के भीतर ऐसा आत्मविश्वास भरा कि वह खुशी के मारे रो पड़ा। अगर वह संपादक उस दिन खामोश रहता, तो शायद दुनिया एक महान लेखक से महरूम रह जाती।

कर्नल विक्रम ने अपनी आँखों से ऐसा ही एक करिश्मा हंडिया के एक पुराने प्रिंटिंग प्रेस में देखा। वहां अमित नाम का एक नया लड़का था, जो अक्सर काम बिगाड़ देता था। प्रेस का मैनेजर उसे कामचोर समझकर नौकरी से निकालने की धमकी दे चुका था। कर्नल एक दिन वहां पहुंचे और उन्होंने अमित के हाथ से छपा हुआ एक पोस्टर देखा। कर्नल ने उसे पास बुलाकर कहा, "अमित, इस पोस्टर में तुमने जो नीले रंग की शेडिंग दी है, वह लाजवाब है। बारीक काम की इतनी समझ बहुत कम लोगों में होती है।" कर्नल ने उसकी बुराई को छुआ तक नहीं, बस उसकी एक खूबी को रोशनी में ले आए। नतीजा यह हुआ कि अगले हफ्ते से अमित उस प्रेस का सबसे मेहनती कारीगर बन गया। उसे अब अपनी उस 'खूबी' को बचाए रखने की धुन सवार थी।

प्रयागराज के एक प्रतिष्ठित परिवार, तिवारी जी का उदाहरण भी कम दिलचस्प नहीं है। तिवारी जी अपने घर में किसी तानाशाह की तरह रहते थे। उनके बच्चे उनसे इतना डरते थे कि उनके कमरे में आते ही सन्नाटा पसर जाता था। कर्नल की सलाह पर उन्होंने अपना व्यवहार बदला। एक सुबह उन्होंने अपने बेटे को सिर्फ इसलिए गले लगा लिया क्योंकि उसने अपना बिस्तर ठीक से लगाया था। उन्होंने अपनी बेटी से कहा कि आज वह खाने की मेज पर बहुत सलीके से बैठी है। धीरे-धीरे डांट की जगह 'तारीफ' ने ले ली। जो काम सज़ा के डर से नहीं हो पा रहे थे, वे अब प्यार और शाबाशी के लालच में होने लगे। कुरुक्षेत्र जैसा घर अब एक शांत बगीचे की तरह महकने लगा था।

मनोवैज्ञानिक विलियम जेम्स ने सच ही कहा था कि हम अपनी क्षमताओं का केवल दसवां हिस्सा ही इस्तेमाल करते हैं। बाकी की शक्तियां हमारे भीतर सोई रहती हैं क्योंकि उन्हें जगाने वाला कोई नहीं होता। एक सच्चा लीडर वही है जो दूसरों की कमियों पर पर्दा डाले और उनकी खूबियों पर सूरज जैसी रोशनी डाले। लेकिन कर्नल चेतावनी भी देते थे कि यह तारीफ दिखावा या चापलूसी नहीं होनी चाहिए,, क्योंकि झूठी तारीफ ज़हर की तरह होती है। प्रशंसा हमेशा सच्ची और उस काम से जुड़ी (*Specific*) होनी चाहिए।

भाग 7: साख का जादू: किसी को बेहतर बनाने का शाही रास्ता

(Give a Fine Reputation: Inspiring Greatness through Expectation)

पहाड़ों की तलहटी में बसे एक छोटे से गाँव में कर्नल विक्रम अपनी सेवानिवृत्ति के दिन बिता रहे थे। वे अक्सर कहते थे कि इंसान का चरित्र उस मिट्टी की तरह है, जिसे आप जैसा आकार देंगे, वह वैसा ही ढांचा ले लेगी। उनके अनुसार, किसी व्यक्ति को सुधारने का सबसे शक्तिशाली मंत्र उसे एक ऐसी 'पहचान' दे देना है, जिसे वह खोने से डरने लगे।

एक बार की बात है, कर्नल के पुराने मित्र वर्मा जी अपनी डीलरशिप के गैरेज को लेकर बहुत चिंतित थे। वहां बिल्लू नाम का एक अनुभवी मैकेनिक था, जिसका काम धीरे-धीरे सुस्त पड़ता जा रहा था। गलतियां बढ़ रही थीं और ग्राहकों की शिकायतें आने लगी थीं। वर्मा जी उसे डांटने का मन बना चुके थे, पर कर्नल ने उन्हें रोक दिया।

अगली सुबह, वर्मा जी बिल्लू के पास गए और कंधे पर हाथ रखकर बोले, "बिल्लू, इस पूरे इलाके में तुम्हारे जैसा इंजन का जानकार कोई दूसरा नहीं है। मैंने हमेशा लोगों से कहा है कि अगर गाड़ी बिल्लू के हाथ में है, तो वह कभी धोखा नहीं देगी। तुम्हारी इसी साख की वजह से लोग दूर-दूर से यहाँ आते हैं। पिछले कुछ दिनों से शायद तुम थोड़े थके हुए हो, पर मुझे पूरा यकीन है कि तुम अपनी उस उस्ताद वाली छवि को कभी धुंधला नहीं होने दोगे।" बिल्लू खामोश रहा, पर उसकी आँखों में एक नई चमक थी। उसे अपनी 'उस्ताद' वाली पहचान को बचाना था। अगले ही दिन से उसकी वही पुरानी फुर्ती लौट आई, क्योंकि अब उसके पास खोने के लिए एक बहुत कीमती 'नाम' था।

कर्नल विक्रम अक्सर शेक्सपियर के उस गूढ़ सूत्र का जिक्र करते थे, जिसमें कहा गया है कि यदि आपके भीतर कोई खूबी नहीं भी है, तो भी उसे ओढ़ लीजिये। समाज आपको जैसा देखना शुरू कर देता है, आप धीरे-धीरे वैसे ही बनते चले जाते हैं।

इसका एक जीवंत उदाहरण हंडिया के एक ढाबे में देखने को मिला। वहां ममता नाम की एक लड़की जूठे बर्तन साफ़ करती थी। वह मैले कपड़ों में रहती और हमेशा सहमी सी रहती थी। एक दिन कर्नल वहां से गुजर रहे थे। उन्होंने ममता को पास बुलाकर कहा, "बेटी, तुम्हारे काम करने के तरीके में एक गरिमा है, जो किसी बड़े घर की स्वामिनी में होती है। तुम इस धूल-मिट्टी के बीच भी एक रानी जैसी शालीन दिखती हो।" ममता के लिए यह शब्द किसी जादू से कम नहीं थे। उसने कभी खुद को इस नज़र से नहीं देखा था। कुछ ही हफ्तों में चमत्कार हुआ; ममता ने फटे कपड़ों की जगह साफ-सुथरी साड़ी पहननी शुरू कर दी और उसके चलने-बोलने के तरीके में एक गजब का आत्मविश्वास आ गया। कर्नल के दिए उस एक 'विशेषण' ने उसे अपनी नज़र में ऊँचा उठा दिया था।

प्रयागराज के एक प्रसिद्ध अस्पताल के डॉ. खन्ना भी इसी दर्शन के मुरीद थे। उनके वार्ड में शांति नाम की एक महिला सफाई का काम देखती थी, जो अक्सर कोनों में धूल छोड़ देती थी। डॉ. खन्ना ने उसे डांटने के बजाय एक छोटा सा प्रशंसा पत्र दिया, जिसमें लिखा था, "प्रिय शांति, आपकी मेहनत की वजह से मेरा वार्ड हमेशा संक्रमण मुक्त रहता है। मरीज़ों के स्वास्थ्य में आपकी इस सफाई का बड़ा हाथ है। मुझे आप जैसी समर्पित टीम पर गर्व है।" शांति ने उस पत्र को अपने आँचल में बांध लिया। उसे एहसास हुआ कि उसका काम सिर्फ झाड़ू मारना नहीं, बल्कि लोगों की जान बचाना है। उस दिन के बाद डॉ. खन्ना को कभी गंदगी की शिकायत नहीं मिली, क्योंकि शांति अब एक 'जीवन रक्षक' की साख जी रही थी।

शिक्षा के क्षेत्र में भी कर्नल की यह सीख सटीक बैठती है। श्रीमती सहाय नाम की एक शिक्षिका के पास बंटी नाम का एक लड़का आया, जिसे स्कूल का 'सबसे उपद्रवी' घोषित किया जा चुका था। श्रीमती सहाय ने उसकी पुरानी फाइलों को किनारे रखा और क्लास के पहले ही दिन ऐलान किया, "बच्चों, मुझे क्लास मॉनिटर के रूप में एक ऐसे निडर लड़के की तलाश थी जो अनुशासन की रक्षा कर सके, और मुझे लगता है कि बंटी से बेहतर नेतृत्व क्षमता किसी में नहीं है।"

बंटी सन्न रह गया। जिसे दुनिया 'गुंडा' कहती थी, उसे आज 'लीडर' की साख मिली थी। अपनी इस नई और सम्मानित पहचान को बचाने के चक्कर में बंटी स्कूल का सबसे अनुशासित छात्र बन गया।

कर्नल विक्रम की डायरी का आखिरी पन्ना कहता है कि किसी को बुरा नाम देकर आप उसे और बुरा बनने के लिए उकसाते हैं, लेकिन उसे एक महान नाम देकर आप उसके भीतर के देवता को जगा देते हैं।

बड़ा हुआ तो क्या हुआ, जैसे पेड़ खजूर।

पंथी को छाया नहीं, फल लागी अति दूर॥

(अर्थात: जिस प्रकार खजूर का पेड़ बहुत ऊँचा होने के बावजूद राहगीर को छाया नहीं दे पाता और उसके फल भी बहुत दूर होते हैं, उसी प्रकार वह नेतृत्व या ऊँचा पद व्यर्थ है जो दूसरों को सहारा (सम्मान) न दे सके। कर्नल विक्रम की कहानी हमें सिखाती है कि सच्चा बड़ा वही है जो अपनी ऊँचाई से दूसरों को छाया और नई पहचान दे सके।)

सीख: *इंसान अपनी साख का कैदी होता है। यदि आप किसी व्यक्ति में कोई सकारात्मक बदलाव लाना चाहते हैं, तो उसे एक ऐसी नेक उपाधि दे दीजिये जिसे वह पूरी उम्र निभाना चाहे। जब आप किसी की क्षमताओं पर अटूट भरोसा दिखाते हैं, तो वह आपकी उम्मीदों पर खरा उतरने के लिए असंभव को भी संभव कर दिखाता है।*

भाग 8: प्रोत्साहन का जादू: मुश्किल को आसान बनाने का हुनर (The Power of Encouragement: Making Learning Effortless)

एक ढलती शाम जब गंगा की लहरें शांत थीं, कर्नल विक्रम अपने पुराने मित्र मिश्रा जी के बगीचे में बैठे थे। बातचीत का दौर छिड़ा तो कर्नल ने एक गहरी बात कही, "मिश्रा, इंसान का आत्मविश्वास उस कांच के दीये की तरह है जिसे एक हल्की सी नकारात्मक फूँक बुझा सकती है, और एक छोटा सा प्रोत्साहन उसे मशाल बना सकता है।"

इस बात को समझाने के लिए कर्नल ने एक दिलचस्प उदाहरण दिया। कल्पना कीजिए, आप चालीस की दहलीज पर हैं और अपनी जीवनसंगिनी की खुशी के लिए पहली बार घुड़सवारी सीखने जाते हैं। वहाँ का प्रशिक्षक आपको घोड़े पर बैठते ही टोक दे, "आपकी कमर झुकी है, पकड़ ढीली है, आपसे नहीं हो पाएगा।" यकीन मानिए, आप उस घोड़े से उतरेंगे और फिर कभी अस्तबल की तरफ नहीं मुड़ेंगे। लेकिन अगर वही प्रशिक्षक मुस्कुराकर कहे, "शायद बैठने का ढंग थोड़ा नया है, पर आपके संतुलन की समझ कुदरती है। बस थोड़ा सा अभ्यास और आप इस मैदान के सबसे तेज़ सवार होंगे।" भले ही आप जानते हों कि आप नौसिखिए हैं, पर उन शब्दों ने आपके भीतर एक 'उम्मीद' जगा दी। एक कुशल मार्गदर्शक का काम कमियों को कुरेदना नहीं, बल्कि संभावनाओं को सींचना है।

कर्नल विक्रम ने अपनी डायरी से एक और किस्सा साझा किया। एक बार वे एक जटिल रणनीतिक खेल (*War Game*) की मेज पर बैठे थे। कर्नल झिझक रहे थे क्योंकि उन्हें उन नियमों का ज़रा भी ज्ञान नहीं था। उन्होंने हाथ पीछे खींच लिए, "नहीं भाई, यह दिमागी कसरत मेरे बस की नहीं।" तब मिश्रा जी ने पास आकर उनके कंधे पर हाथ रखा और कहा, "विक्रम, तुम भूल रहे हो कि तुमने सालों तक पहाड़ों पर दुश्मनों की चालें समझी हैं। यह खेल तो उसी का एक छोटा सा हिस्सा है। तुम्हारी विश्लेषण शक्ति के सामने यह बिसात कुछ भी नहीं।" उस छोटे से प्रोत्साहन ने कर्नल के भीतर के संकोच को खत्म कर दिया। वे खेल में उतरे और न सिर्फ उसे सीखा, बल्कि बेहतरीन तरीके से खेला। उन्हें विश्वास दिलाया गया कि उनके पास इसके लिए 'जन्मजात प्रतिभा' है।

प्रोत्साहन का यही जादू आर्यन नाम के एक युवक के जीवन में भी दिखा। आर्यन ने कई काम हाथ में लिए—कभी वकालत, कभी खेती, कभी व्यापार—पर वह हर जगह नाकाम रहा। वह ताश के खेल का शौकीन था, पर इतना बुरा खिलाड़ी कि कोई उसे अपनी मेज पर नहीं बिठाता था। उसकी हार ने उसे चिड़चिड़ा बना दिया था। फिर उसकी मुलाकात रुचि से हुई, जो शतरंज और

ताश की गहरी समझ रखती थी। रुचि ने आर्यन की हार में भी उसकी 'धैर्य' वाली खूबी को पहचाना। उसने आर्यन से कहा, "तुम कार्ड्स को देखते नहीं हो, उन्हें महसूस करते हो। तुम्हारे पास एक ऐसा गणितीय दिमाग है जो बड़े-बड़े धुरंधरों के पास नहीं है।" रुचि की उस छोटी सी प्रशंसा ने आर्यन के भीतर की राख को सुलगा दिया। वह दिन-रात अभ्यास में जुट गया और कुछ ही वर्षों में वह उस खेल का अंतरराष्ट्रीय स्तर का विशेषज्ञ बन गया। अगर रुचि ने उसकी शुरुआती गलतियों का मज़ाक उड़ाया होता, तो दुनिया एक प्रतिभाशाली खिलाड़ी खो देती।

प्रयागराज की गलियों में रहने वाले तिवारी जी और उनके बेटे बंटी की कहानी भी कुछ ऐसी ही है। बंटी एक दुर्घटना के कारण पढ़ाई में पिछड़ गया था। स्कूल के शिक्षकों ने उसे 'मंदबुद्धि' का ठप्पा लगाकर एक कोने में बैठा दिया था। पंद्रह साल की उम्र में भी बंटी बुनियादी गणित से घबराता था। उसे लगता था कि अंक उसके दुश्मन हैं। लेकिन तिवारी जी जानते थे कि बंटी को बिजली के उपकरण खोलने और जोड़ने का जुनून है। उन्होंने बंटी को पास बिठाया और कहा, "बेटा, जो लड़का रेडियो की बारीक तारों को जोड़ सकता है, उसके लिए अंकों का जोड़-घटाव तो बच्चों का खेल है। तुम एक बेहतरीन इंजीनियर बन सकते हो, बस इस छोटी सी बाधा को पार करना है।"

तिवारी जी ने एक अनोखी तरकीब अपनाई। वे बंटी के साथ बैठकर अंकों के खेल खेलते। जब बंटी सही जवाब देता, तो घर में मिठाइयाँ बँटतीं। जब वह गलत होता, तो तिवारी जी उसे टोकते नहीं, बल्कि हँसकर कहते, "कोशिश शानदार थी, अगली बार निशाना बिल्कुल सही लगेगा।" धीरे-धीरे बंटी का डर गायब हो गया। जिस बच्चे को स्कूल ने नकार दिया था, उसने न सिर्फ गणित में टॉप किया, बल्कि अपनी बनाई एक मशीन के लिए राज्य स्तर पर स्वर्ण पदक जीता। उसे अहसास हो गया था कि 'सीखना बोझ नहीं, एक रोमांच है।'

कर्नल विक्रम कहते थे कि जब आप किसी को यह अहसास कराते हैं कि वह 'अक्षम' है, तो आप उसके सुधार के दरवाज़े हमेशा के लिए बंद कर देते हैं। इसके विपरीत, जब आप उसकी

छोटी सी उपलब्धि पर जश्न मनाते हैं और काम को 'आसान' बताते हैं, तो वह अपनी पूरी शक्ति झोंक देता है।

इसी संदर्भ में कबीर साहब का यह दोहा नेतृत्व और मार्गदर्शन की पराकाष्ठा को दर्शाता है:

गुरु कुम्हार शिष कुंभ है, गढ़ि-गढ़ि काढ़ै खोट।

अन्तर हाथ सहार दै, बाहर बाहै चोट॥

(अर्थात: एक सच्चा गुरु या लीडर उस कुम्हार की तरह होता है जो मिट्टी के घड़े को सुंदर बनाने के लिए बाहर से तो थपकी (अनुशासन) मारता है, लेकिन घड़े के अंदर अपना हाथ (सहानुभूति और प्रोत्साहन) का सहारा देता है ताकि घड़ा टूटे नहीं और श्रेष्ठ आकार ले सके।)

सीख:आलोचना की कड़वाहट किसी की भी प्रतिभा को मार सकती है, लेकिन उदारता से दिया गया प्रोत्साहन एक साधारण व्यक्ति से भी असाधारण काम करवा सकता है। किसी की गलतियों को छोटा करके दिखाएं और उसकी संभावनाओं को बड़ा करके, फिर देखें कि वह इंसान कैसे अपनी सीमाओं को पार कर जाता है। सच्चा नेतृत्व हुक्म चलाने में नहीं, बल्कि दूसरे के भीतर छिपे आत्मविश्वास को जगाने में है।

भाग 9: खुशी का सौदा: काम को 'पुरस्कार' में बदलने का हुनर
(The Joy of Cooperation: Making Others Happy to Do Your Task)

गंगा के शांत तट पर बैठे कर्नल विक्रम अपनी डायरी के पन्ने पलट रहे थे। उनके पास अनुभवों का एक ऐसा खजाना था जो यह सिखाता था कि दुनिया में सबसे कठिन काम तलवार से नहीं, बल्कि मीठी बातों और सही मनोविज्ञान से किया जाता है। वे अक्सर कहते थे कि एक सच्चा मार्गदर्शक वह है जो दूसरों के स्वार्थ को उनके कर्तव्य से जोड़ना जानता हो।

अपनी इस बात को समझाने के लिए कर्नल ने इतिहास का एक धुंधला पन्ना खोला। बात उस दौर की है जब अमेरिकी राष्ट्रपति वुडरो विल्सन को यूरोप के अशांत देशों के बीच तालमेल

बिठाने के लिए एक भरोसेमंद दूत की तलाश थी। उनके विदेश मंत्री 'ब्रायन' खुद इस ऐतिहासिक यात्रा पर जाना चाहते थे ताकि उनका नाम स्वर्ण अक्षरों में लिखा जाए। लेकिन राष्ट्रपति जानते थे कि ब्रायन का स्वभाव इस काम के लिए थोड़ा सख्त है। उन्होंने अपने चालाकी भरे सलाहकार कर्नल हाउस को यह जिम्मा सौंपा कि वे ब्रायन का दिल दुखाए बिना उन्हें रोक दें।

कर्नल हाउस ने ब्रायन से जाकर बड़ी सादगी से कहा, "श्रीमान ब्रायन, राष्ट्पति महोदय को लगता है कि आपकी उपस्थिति वहां इतनी प्रभावशाली होगी कि यूरोपीय देशों का सारा ध्यान मुख्य मुद्दे से हटकर आप पर केंद्रित हो जाएगा। आप इस मिशन के लिए 'अत्यधिक महत्वपूर्ण' व्यक्तित्व हैं। हम नहीं चाहते कि आपकी गरिमा को वहां कोई छोटा मुद्दा ठेस पहुँचाए।" ब्रायन का सीना गर्व से चौड़ा हो गया। उन्हें लगा कि उनका न जाना ही उनकी महानता का सबूत है। कर्नल हाउस ने उन्हें काम न सौंपकर भी एक 'विजेता' जैसा महसूस करा दिया। यही वह हुनर है जिसे कर्नल विक्रम 'सम्मान का सौदा' कहते थे।

कर्नल ने एक और किस्सा साझा किया जो प्रयागराज के पास हंडिया के एक छोटे से अमरूद के बाग का था। वहां तिवारी जी नाम के एक किसान परेशान थे क्योंकि उनका बेटा अंकित जमीन पर गिरे हुए अमरूदों को बीनने के नाम पर मुँह बनाता था। उसे वह काम 'गंदा' और 'थकाऊ' लगता था। तिवारी जी ने उसे डांटने के बजाय एक नई पहचान दे दी।

उन्होंने कहा, "अंकित, आज से तुम इस बाग के 'क्वालिटी मैनेजर' हो। जितने साफ अमरूद तुम बीनकर लाओगे, हर टोकरी पर तुम्हें एक विशेष कमीशन मिलेगा। लेकिन याद रहे, अगर एक भी दाग वाला अमरूद रह गया, तो मैनेजर के तौर पर तुम्हारी साख पर बट्टा लगेगा।" अंकित, जो कल तक आलस करता था, अब खुद को एक 'बिजनेसमैन' समझने लगा। उसने न केवल जमीन साफ की, बल्कि पेड़ों की छंटाई में भी मदद की क्योंकि अब वह 'मजदूर' नहीं, 'मैनेजर' था।

इसी तरह का एक बदलाव प्रयागराज के सिविल लाइंस के एक स्टोर में देखने को मिला। वहां ममता नाम की एक कर्मचारी अक्सर सामानों पर रेट लिखना भूल जाती थी। कर्नल विक्रम ने वहां के मालिक को एक सलाह दी। अगले दिन मालिक ने ममता को बुलाया और कहा, "ममता, तुम्हारी सतर्कता बेमिसाल है। आज से मैं तुम्हें इस स्टोर की 'इन्वेंट्री हेड' नियुक्त करता हूँ। अब ग्राहकों को दाम पूछने की तकलीफ न हो, यह पूरी तरह तुम्हारी प्रतिष्ठा का विषय है।" सिर्फ एक 'पद' ने ममता की दुनिया बदल दी। उसे अपनी अहमियत का अहसास हुआ और वह स्टोर की सबसे जिम्मेदार कर्मचारी बन गई।

कर्नल विक्रम अक्सर नेपोलियन बोनापार्ट का उदाहरण देते हुए कहते थे कि लोग सम्मान के भूखे होते हैं। जब नेपोलियन ने अपने सैनिकों को रंगीन फीते और सितारे देना शुरू किया, तो उसके विरोधियों ने कहा कि वह सैनिकों को 'खिलौनों' से बहला रहा है। नेपोलियन ने हंसकर जवाब दिया, "इंसान खिताबों और सम्मान के लिए अपनी जान तक दे सकता है।" इसी सिद्धांत को अपनाते हुए कर्नल ने अपने पड़ोस के एक शरारती लड़के को, जो अक्सर उनके बगीचे की घास खराब करता था, अपना 'चीफ गार्ड' बना दिया। उस लड़के ने अपनी इस नई ताकत के नशे में न केवल खुद घास पर चलना छोड़ा, बल्कि दूसरे बच्चों को भी डंडे लेकर वहां से भगाने लगा। उसे लगा कि वह कर्नल के साम्राज्य की रक्षा कर रहा है।

कर्नल विक्रम ने अपनी डायरी के आखिरी पन्ने पर सफलता के कुछ सूत्र लिखे थे। उनका मानना था कि अगर आप किसी को आदेश देने के बजाय उसे उस काम में छिपा 'उसका अपना फायदा' दिखा दें, तो वह काम नहीं, बल्कि उत्सव बन जाता है। किसी से यह मत कहिए कि "फाइल पूरी करो," बल्कि यह कहिए कि "तुम्हारी यह रिपोर्ट बोर्ड ऑफ डायरेक्टर्स के सामने तुम्हारी काबिलियत साबित करने का सबसे बड़ा मौका है।"

इसी संदर्भ में रहीम दास जी का यह दोहा मानवीय व्यवहार की गहराई को बड़ी खूबसूरती से व्यक्त करता है:

रहिमन जिह्वा बावरी, कहि गई सरग पाताल।

आपु तो कहि भीतर रही, जूती खात कपाल॥

(अर्थात: हमारी जीभ बड़ी बावली होती है, जो बिना सोचे-समझे कुछ भी कह देती है और खुद तो मुँह के अंदर छिप जाती है, लेकिन उसका भुगतान हमारे सिर को जूतों की मार सहकर करना पड़ता है। कर्नल विक्रम की कहानी हमें सिखाती है कि नेतृत्व में शब्दों का सही चुनाव ही हमें जूतों की मार (विरोध) से बचाकर सम्मान दिलाता है।)

सीख:*सच्चा नेतृत्व वह नहीं है जो दूसरों को दबाकर अपना काम करवाए, बल्कि वह है जो दूसरों को यह विश्वास दिला दे कि आपके लक्ष्य को पूरा करने में ही उनका सबसे बड़ा हित और सम्मान छिपा है। जब आप लोगों को आदेश के बजाय 'अवसर' और 'अधिकार' देते हैं, तो वे अपनी पूरी सामर्थ्य के साथ आपके साथ खड़े हो जाते हैं। असली जादू शब्दों में नहीं, बल्कि सामने वाले के स्वाभिमान को जगाने में है।*

प्रभाव की कला: हर बातचीत जीतने के 50 मास्टर-ट्रिक्स

(The Art of Influence: 50 Master-Tricks to Win Every Conversation)

ट्रिक नं. 1: द साइलेंट सिग्नल (The Silent Signal)

जयपुर के नाहरगढ़ किले की ढलती शाम में एक बहुत बड़ी फोटोग्राफी एग्जीबिशन चल रही थी। वहाँ शहर के नामी गिरामी लोग, आर्टिस्ट और बिजनेसमैन जमा थे। भीड़ के बीच एक युवक खड़ा था, अयान। अयान एक फ्रीलांस ग्राफिक डिजाइनर था और आज उसे अपनी फील्ड के सबसे बड़े इन्वेस्टर से मिलना था। वह बार-बार अपनी कोट की आस्तीन ठीक करता और अपनी फाइल को सीने से सटाए रखता। उसके कंधे थोड़े झुके हुए थे और उसकी नज़रें बार-बार अपनी जूतों की नोक को देख रही थीं। वह दिखने में बहुत ही साधारण और घबराया हुआ लग रहा था, जैसे वह उस भीड़ का हिस्सा ही न हो।

उसी समय, प्रवेश द्वार से एक बुज़ुर्ग सज्जन अंदर आए। उनके कपड़े बहुत ही सादे थे—एक सफेद कुर्ता और पजामा—लेकिन जैसे ही वे अंदर दाखिल हुए, कमरे की बातचीत जैसे एक पल के लिए थम गई। लोग बिना उन्हें जाने, उनके लिए रास्ता छोड़ने लगे। उनमें न कोई घमंड था, न ही वे ज़ोर से बोल रहे थे। अयान ने गौर किया कि उनके चलने की लय और उनके खड़े होने के अंदाज़ में एक अजीब सा ठहराव था।

अयान के पास ही खड़े एक मशहूर स्ट्रीट फोटोग्राफर, राघव ने अयान की उलझन ताड़ ली। राघव ने अपने कैमरे से एक फोटो खींची और अयान को दिखाई। उस फोटो में अयान भीड़ के बीच पूरी तरह 'गायब' था, जबकि वह बुज़ुर्ग व्यक्ति फ्रेम के केंद्र में न होते हुए भी सबसे प्रभावशाली लग रहे थे।

राघव ने मुस्कुराते हुए कहा, "अयान, कैमरा झूठ नहीं बोलता। तुम्हारी बॉडी लैंग्वेज चिल्ला-चिल्ला कर कह रही है कि तुम यहाँ 'छिपने' आए हो, जबकि वो बुज़ुर्ग यह जता रहे हैं कि यह पूरी जगह उनकी है। इसे ही मैं **'द गोल्डन 10-डिग्री रूल'** कहता हूँ।"

जब हम किसी अनजान जगह या किसी प्रभावशाली व्यक्ति के सामने होते हैं, तो हमारा दिमाग 'फाइट या फ्लाइट' मोड में चला जाता है। हम अनजाने में अपनी गर्दन थोड़ी झुका लेते हैं और अपने हाथों को शरीर के पास सिकोड़ लेते हैं। यह एक "नोबडी" (*Nobody*) होने का संकेत है।

लेकिन अगर आप चाहते हैं कि आपके शब्द बोलने से पहले ही आपकी उपस्थिति का लोहा मान लिया जाए, तो आपको अपनी रीढ़ की हड्डी के सबसे ऊपरी हिस्से और अपनी ठुड्डी (*Chin*) के बीच उस 10-डिग्री के कोण को साधने की ज़रूरत है।

अपनी ठुड्डी को ज़मीन के बिल्कुल समानांतर रखें और कंधों को पीछे की ओर हल्का सा रोल करें, जैसे आपकी पीठ पर एक अदृश्य चादर फैली हो। जब आप सामने वाले की आँखों के ऊपरी हिस्से (*Bridge of the nose*) पर अपनी नज़रें टिकाते हैं और हल्का सा सिर हिलाकर अभिवादन करते हैं, तो आप सामने वाले के अवचेतन मन में एक 'पावरफुल हिट' भेजते हैं। यह ट्रिक आपके शरीर को एक 'समबडी' (*Somebody*) की आकृति में ढाल देती है।

अयान ने अपनी फाइल को एक हाथ में नीचे की ओर पकड़ा, अपने झुके हुए कंधों को पीछे खींचा और अपनी नज़रें ज़मीन से उठाकर सामने की ओर कीं। कुछ ही मिनटों में, जिस इन्वेस्टर के पास जाने की उसकी हिम्मत नहीं हो रही थी, उसी इन्वेस्टर की नज़र अयान पर पड़ी और उसने खुद आगे बढ़कर हाथ मिलाते हुए पूछा, "आप काफी आत्मविश्वास में लग रहे हैं, क्या आप ही वो डिजाइनर हैं जिसका मुझे इंतज़ार था?"

झुकी गर्दन और गिरे कंधे, कमजोरी की निशानी।

तन के खड़े जो वीर रहे, वही लिखें नई कहानी।।

आपका शरीर वह विज्ञापन है जो आपके व्यक्तित्व के बिकने से पहले ही मार्केट में चल जाता है। अगर आप खुद को एक खास इंसान की तरह पेश नहीं करेंगे, तो दुनिया आपको साधारण समझने की गलती कभी नहीं सुधारेगी। बोलना शुरू करने से पहले ही जीत हासिल करना सीखें, क्योंकि लोग पहले आपको देखते हैं, और बाद में आपको सुनते हैं।

ट्रिक नं. 2: चेहरे की सुस्त लहर (*The Latent Surge*)

शिमला की माल रोड पर कड़ाके की ठंड थी, लेकिन एक मशहूर कैफे के भीतर गर्मागर्म बहस छिड़ी हुई थी। विवान, जो एक उभरता हुआ आर्किटेक्ट था, अपनी टीम के साथ एक बहुत बड़े प्रोजेक्ट की प्रेजेंटेशन की तैयारी कर रहा था। विवान की सबसे बड़ी समस्या उसका 'ओवर-ईगरनेस' (जरूरत से ज्यादा उत्साह) था। जब भी कोई सीनियर या क्लाइंट उससे मिलता, विवान के चेहरे पर एक बिजली की रफ़्तार वाली मुस्कान तैर जाती—ठीक वैसे ही जैसे किसी मशीन का स्विच ऑन करते ही लाइट जल जाती है। वह सबको खुश करना चाहता था, लेकिन अक्सर लोग उसे 'हल्के' में ले लेते थे। वे उसे एक प्रोफेशनल से ज्यादा एक 'सेल्समैन' समझने लगते थे।

वहीं कैफे के दूसरे कोने में शहर के सबसे पुराने और सम्मानित बिल्डर, सदानंद जी बैठे थे। सदानंद जी की शख्सियत ऐसी थी कि लोग उनसे बात करने के लिए घंटों इंतज़ार करते थे। विवान ने गौर किया कि जब कोई सदानंद जी के पास जाकर हाथ मिलाता, तो वे तुरंत अपनी बत्तीसी नहीं दिखाते थे। वे शांत रहते, मानो सामने वाले को पढ़ रहे हों।

विवान के मेंटर और एक मँझे हुए मूर्तिकार, मास्टर दीनानाथ ने विवान की घबराहट देख ली। उन्होंने विवान की कॉफी की प्याली हटाकर कहा, "बेटा, मिट्टी को आकार देने में और इंसान का दिल जीतने में एक ही समानता है—सब्र। तुम अपनी मुस्कान खैरात में बाँट रहे हो, इसीलिए उसकी कीमत कौड़ियों की हो गई है। इसे **'ठहरी हुई लहर'** बनाओ।"

मास्टर जी ने समझाया कि जब हम किसी को देखते ही तुरंत मुस्कुरा देते हैं, तो हमारा दिमाग उसे एक 'डिफेंस मैकेनिज्म' या चापलूसी की तरह देखता है। यह ऐसा लगता है जैसे आप सामने वाले से डर रहे हैं या उसे मक्खन लगा रहे हैं। असली ताकत उस मुस्कान में है जो चेहरे पर जन्म तो लेती है, पर कुछ पलों के इंतज़ार के बाद।

द स्लो-मोशन रेडिएंस ट्रिक (*The Slow-Motion Radiance*): जब आप किसी व्यक्ति से मिलें, तो कमरे में घुसते ही या नज़र मिलते ही 'इंस्टेंट स्माइल' का बटन न दबाएं। पहले दो सेकंड के लिए अपने चेहरे को बिल्कुल शांत और स्थिर रखें। सामने वाले की आँखों में ऐसे देखें जैसे आप वाकई उसे पहचान रहे हैं या उसकी उपस्थिति को महसूस कर रहे हैं। इस दो सेकंड के 'पॉज' (ठहराव) के बाद, धीरे-धीरे अपने होंठों के कोनों को ऊपर की ओर उठने दें। इसे एक धीमी लहर की तरह पूरे चेहरे पर फैलने दें, यहाँ तक कि आपकी आँखों के किनारों पर हल्की सी चमक आ जाए।

जब यह मुस्कान धीरे-धीरे आती है, तो सामने वाले का अवचेतन मन (*Subconscious mind*) यह संदेश प्राप्त करता है कि, "यह मुस्कान सबके लिए नहीं है, यह खास तौर पर मेरे लिए पैदा हुई है।" यह आपकी शख्सियत में एक 'रसूख' और गहराई पैदा करता है।

अगले दिन जब बड़ा इन्वेस्टर विवान के टेबल पर आया, तो विवान ने अपनी पुरानी आदत को लगाम दी। उसने तुरंत नहीं मुस्कुराया। उसने इन्वेस्टर की आँखों में देखा, एक गहरा पॉज लिया, और फिर बहुत ही गरिमा के साथ धीरे से अपनी मुस्कान को चेहरे पर आने दिया। इन्वेस्टर, जो आमतौर पर बहुत सख्त मिज़ाज था, अचानक नरम पड़ गया। उसे महसूस हुआ कि विवान उसे बहुत सम्मान दे रहा है और उसकी बातों में वजन है।

मुलाकात के अंत में इन्वेस्टर ने कहा, "विवान, तुम्हारी खामोशी में एक अजीब सा कॉन्फिडेंस है। मुझे तुम पर भरोसा है।"

बिन माँगे जो मिल रहा, मोल न उसका कोय।

ठहर-ठहर जो खिल उठे, वही कली सुख होय।।

आपकी मुस्कान आपकी सबसे कीमती संपत्ति है, इसे हर राह चलते शख्स पर लुटाकर सस्ता मत बनाइए। जब आप अपनी मुस्कान को थोड़ा रोककर और केवल उस व्यक्ति के लिए 'कस्टमाइज' करके देते हैं, तो आप उसे दुनिया का सबसे खास इंसान महसूस कराते हैं। याद रखें, एक रसूखदार इंसान अपनी प्रतिक्रियाएँ (*Responses*) खुद चुनता है, जबकि एक कमज़ोर इंसान केवल दूसरों की प्रतिक्रियाओं पर 'रिएक्ट' करता है। अपनी मुस्कान को एक 'उपहार' की तरह इस्तेमाल करें, न कि एक 'रस्म' की तरह।

ट्रिक नं. 3: चुम्बकीय दृष्टि और 'रेशमी विदाई' का जादू (The Magnetic Gaze)

ऋषिकेश की पहाड़ियों के बीच बसे एक शांत आश्रम के बरामदे में शहर के बड़े रीयल एस्टेट टायकून, विनायक अपनी पूरी टीम के साथ एक प्रोजेक्ट की उलझन सुलझाने आए थे। विनायक एक बहुत तेज़-तर्रार व्यक्ति थे, लेकिन उनकी एक कमज़ोरी थी—जब भी कोई उनसे बात करता, उनकी नज़रें लगातार इधर-उधर नाचती रहतीं। कभी वे घड़ी देखते, कभी उड़ती तितली को, तो कभी फोन की स्क्रीन पर पॉप-अप होते नोटिफिकेशन्स को। उनके सामने बैठे व्यक्ति को हमेशा ऐसा लगता मानो विनायक उसे अनसुना कर रहे हैं या वे वहाँ से बस भागना चाहते हैं।

उनकी टीम के सबसे पुराने नक्शानवीस (*Draughtsman*), बुजुर्ग पंडित दीनदयाल जी, जो अब सन्यास ले चुके थे, वहीं कोने में बैठे यह सब देख रहे थे। शाम को जब चाय का दौर चला, तो विनायक ने अपनी परेशानी उनके सामने रखी, "दीनदयाल जी, लोग मेरे आईडिया तो सुनते हैं, पर मुझ पर वो अटूट भरोसा नहीं कर पाते जो एक लीडर के लिए ज़रूरी है।"

दीनदयाल जी ने अपनी शांत आँखों से विनायक की आँखों में झाँका और तब तक देखते रहे जब तक विनायक को अपनी पलकें झपकाने की ज़रूरत महसूस नहीं हुई। उन्होंने मुस्कुराते हुए कहा, "बेटा, संवाद केवल जुबान से नहीं, आँखों की डोर से होता है। तुम अपनी डोर हर पल तोड़ देते हो, जिससे विश्वास का पतंग कभी ऊँचा नहीं उड़ पाता। तुम्हें **'चुम्बकीय ठहराव'** सीखना होगा।"

पंडित जी ने समझाया कि जब हम किसी से बात करते समय अपनी नज़रें जल्दी-जल्दी यहाँ-वहाँ भटकाते हैं, तो हमारा दिमाग सामने वाले को यह संकेत देता है कि हम या तो डरे हुए हैं, या झूठ बोल रहे हैं, या फिर हमें उसमें दिलचस्पी नहीं है। एक गहरा और स्थायी प्रभाव वही व्यक्ति छोड़ता है जिसकी आँखों में 'गोंद' जैसी पकड़ हो, जो सामने वाले की बातों को केवल सुनता नहीं, बल्कि आँखों से 'पीता' है।

द वेल्क्रो विजन ट्रिक (*The Velcro Vision*): इस तकनीक को अपनाने के लिए जब भी आप किसी से संवाद करें, तो अपनी नज़रों को सामने वाले के चेहरे के उस त्रिकोण (दोनों आँखें और नाक की नोक) पर टिका दें। लेकिन इसकी असली शक्ति इसके 'ब्रेक' यानी नज़र हटाने के तरीके में छिपी है। ज़्यादातर लोग अचानक झटका देकर गर्दन मोड़ लेते हैं, जो अपमानजनक लगता है।

ट्रिक यह है कि जब तक सामने वाला अपनी बात पूरी न कर ले, आप अपनी नज़रें न हटाएँ। यदि किसी कारणवश (जैसे किसी के बुलाने पर) आपको नज़र हटानी पड़े, तो उसे बिजली की रफ़्तार से न करें। इसके बजाय, अपनी नज़रों को धीरे-धीरे—जैसे कोई रेशमी धागा किसी चीज़ से उलझा हो और आप उसे बहुत प्यार से सुलझा रहे हों—सामने वाले के चेहरे से हटाएँ। इसे 'रिलक्टेंट एग्जिट' कहते हैं, जिससे ऐसा महसूस होता है कि आप नज़र हटाना नहीं चाहते थे, पर मजबूरी में हटा रहे हैं।

अगली सुबह जब विनायक ने अपने क्लाइंट्स के साथ चर्चा शुरू की, तो उन्होंने एक नया प्रयोग किया। जब क्लाइंट अपनी समस्या बता रहा था, विनायक ने उसकी आँखों की पुतलियों के गहरे रंग को पहचानने की कोशिश की। इससे उनकी नज़रों में एक कुदरती गहराई आ गई। जब बीच में उनके सेक्रेटरी ने उन्हें फाइल देने के लिए टोका, तो विनायक ने तुरंत गर्दन नहीं घुमाई। उन्होंने एक सेकंड का पॉज लिया, क्लाइंट को एक गहरी नज़र से देखा और फिर बहुत धीरे से अपनी निगाहें फाइल की ओर मोड़ीं।

उस शाम डील फाइनल हो गई। क्लाइंट ने हाथ मिलाते हुए कहा, "विनायक जी, आज पहली बार मुझे लगा कि आपने मेरी हर एक बात को न सिर्फ सुना, बल्कि महसूस किया है। आपके साथ काम करना सुरक्षित महसूस होता है।"

चपल नयन विश्वास न देवें, डगमग डोले प्रीत।

नज़रें जो ठहरें द्वार पे, वही लेत मन जीत।।

आपकी आँखें आपके इरादों का आईना हैं। जब आप अपनी नज़रों को सामने वाले के चेहरे पर टिकाए रखते हैं और उन्हें बहुत कोमलता व धीरे से हटाते हैं, तो आप उसे यह अहसास दिलाते हैं कि उस पल वह आपकी दुनिया का सबसे महत्वपूर्ण हिस्सा है। शब्दों की बाज़ीगरी से कहीं ज़्यादा प्रभावशाली वह खामोश जुड़ाव है, जो केवल स्थिर आँखों से ही मुमकिन है। विश्वास की नींव लफ़्ज़ों पर नहीं, टिकी हुई निगाहों पर रखी जाती है।

ट्रिक नं. 4: मुंबई के एक आलीशान होटल के कॉन्फ्रेंस रूम में शहर के पाँच सबसे बडे स्टार्टअप फाउंडर्स की एक राउंड-टेबल मीटिंग चल रही थी। माहौल थोड़ा तनावपूर्ण था क्योंकि एक बड़े मर्जर (*merger*) पर अंतिम फैसला होना था। ईशान, जो इस ग्रुप में सबसे युवा और नया सदस्य था, थोड़ा असहज महसूस कर रहा था। ग्रुप के सबसे वरिष्ठ सदस्य, मिस्टर सिंघानिया, अपनी बात रख रहे थे और बाकी सभी चार लोग पूरी तन्मयता से उन्हीं की ओर देख रहे थे।

ईशान ने गौर किया कि जब भी मिस्टर सिंघानिया कोई चुटकुला सुनाते या कोई गंभीर बिंदु रखते, तो सभी की निगाहें सिंघानिया साहब पर ही टिकी रहती थीं। लेकिन वहीं कोने में बैठे एक शांत व्यक्तित्व वाले इन्वेस्टर, अद्वैत, कुछ अलग ही कर रहे थे। जब सिंघानिया साहब बोल रहे होते, तो अद्वैत उन्हें देखने के बजाय बीच-बीच में ईशान की ओर देखते। जैसे ही ईशान किसी बात पर सिर हिलाता या मुस्कुराता, अद्वैत की नज़रें ईशान के चेहरे पर टिक जातीं, मानो वे यह जानना चाह रहे हों कि ईशान उस बात के बारे में क्या सोच रहा है।

मीटिंग के ब्रेक में ईशान ने अद्वैत से पूछा, "सर, सब तो सिंघानिया साहब को सुन रहे थे, पर आपकी नज़रें मुझ पर क्यों थीं?" अद्वैत ने मुस्कुराकर ईशान के कंधे पर हाथ रखा और कहा, "ईशान, जो बोल रहा है उसे तो दुनिया देख ही रही है, लेकिन जो नेतृत्व करना चाहता है, उसकी नज़रें उस इंसान पर होती हैं जिससे वह रिश्ता बनाना चाहता है। इसे मैं **'दृष्टि सेतु' (*The Vision Bridge*)** कहता हूँ।"

अद्वैत ने समझाया कि जब हम किसी ग्रुप में होते हैं, तो बोलने वाले को देखना एक सामान्य शिष्टाचार है, लेकिन जिससे आप गहरा संबंध बनाना चाहते हैं, उसे तब देखना जब वह खामोश हो, एक अत्यंत शक्तिशाली मनोवैज्ञानिक प्रभाव पैदा करता है। यह सामने वाले को संदेश देता है कि— "भीड़ भले ही कहीं भी देख रही हो, मेरे लिए आपकी प्रतिक्रिया सबसे महत्वपूर्ण है।"

द अटैचमेंट गेज़ ट्रिक (*The Attachment Gaze*): इस तकनीक का प्रयोग तब करें जब आप किसी समूह में हों और कोई तीसरा व्यक्ति बात कर रहा हो। बजाय इसके कि आप लगातार बोलने वाले को देखते रहें, अपनी निगाहें उस व्यक्ति (*Target*) पर टिकाएं जिससे आप प्रभावित करना चाहते हैं या अपना साथी बनाना चाहते हैं।

रिएक्शन चेकिंग: जब बोलने वाला कोई महत्वपूर्ण बात कहे, तो तुरंत अपने 'लक्ष्य' की ओर देखें। यह देखने की कोशिश करें कि उसके चेहरे के भाव क्या हैं।

मौन संवाद: यदि वह व्यक्ति आपकी ओर देखे, तो नज़रें न चुराएं। एक हल्की सी समझदारी भरी मुस्कान दें और एक सेकंड बाद धीरे से अपनी नज़रें वापस बोलने वाले की ओर मोड़ लें।

विशेषता का अहसास: यह क्रिया उस व्यक्ति को महसूस कराती है कि वह समूह में 'अदृश्य' नहीं है, बल्कि आपकी प्राथमिकता है।

सावधानी के तौर पर यह ध्यान रखें कि इसे 'घूरना' न बनने दें। यह तकनीक व्यावसायिक बैठकों या उन सामाजिक आयोजनों में सबसे सफल होती है जहाँ लोग पहले से एक-दूसरे को थोड़ा जानते हों। अनजान लोगों के साथ इसका अत्यधिक प्रयोग उन्हें असहज कर सकता है।

ब्रेक के बाद जब मीटिंग दोबारा शुरू हुई, ईशान ने अद्वैत की बताई इस ट्रिक का इस्तेमाल किया। उसने सिंघानिया साहब के बोलते समय अद्वैत की प्रतिक्रियाओं को अपनी नज़रों से 'ट्रैक' करना शुरू किया। मीटिंग खत्म होते-होते, अद्वैत ने खुद आगे बढ़कर ईशान को अपना कार्ड दिया और कहा, "तुम्हारी समझ काफी गहरी लगती है, कल विस्तार से बात करते हैं।" ईशान ने बिना कुछ बोले ही अद्वैत का भरोसा जीत लिया था।

वक्ता को तो जग लखे, चतुर लखे खामोश।

नज़रें जिससे जुड़ गईं, वही भरेगा जोश।।

शब्दों का जाल तो कोई भी बुन सकता है, पर असली प्रभाव वह मौन जुड़ाव डालता है जो आप किसी की खामोशी के दौरान बनाते हैं। जब आप किसी को यह अहसास कराते हैं कि आपकी नज़रें उनकी राय और उनके भावों की कद्र करती हैं, तो आप उनके दिल में एक स्थायी जगह बना लेते हैं। भीड़ में 'विशेष' दिखने का सबसे बड़ा राज यही है कि आप किसी और को 'विशेष' महसूस करा दें।

ट्रिक नं. 5: 'अदृश्य शिखर' का खिंचाव (The Invisible Peak)

बनारस की तंग गलियों से निकलकर जब राघव पहली बार मुंबई के एक बड़े फिल्म स्टूडियो के ऑडिशन हॉल में पहुँचा, तो उसका कलेजा मुँह को आ रहा था। बाहर बरामदे में दर्जनों लड़के खड़े थे—सबके पास अच्छी कद-काठी थी, लेकिन राघव ने एक अजीब बात गौर की। ज़्यादातर लड़के

अपने मोबाइल में डूबे हुए थे, उनके कंधे आगे की ओर झुके थे और गर्दन कछुए की तरह पिंजरे में धँसी हुई थी। वे अपनी फाइलें सीने से सटाकर ऐसे खड़े थे मानो खुद को छोटा दिखाने की कोशिश कर रहे हों। जैसे ही वे ऑडिशन रूम के अंदर जाते, उनका आत्मविश्वास उनके ढीले-ढाले शरीर के साथ ही ज़मीन पर गिर जाता।

राघव को अपनी बारी का इंतज़ार करते हुए अपनी माँ की एक बात याद आई, जो अक्सर कहती थीं, "बेटा, जो झुक गया, वो भीड़ में खो गया।" राघव ने अपने झोले से पानी पिया और अपनी बैठने की मुद्रा को बदलने का फैसला किया। उसने अपनी पुरानी आदत—पीठ को गोल करके बैठने—को त्याग दिया।

वहाँ मौजूद एक वरिष्ठ कास्टिंग डायरेक्टर, सतीश जी, जो पिछले तीस सालों से चेहरों को पढ़ रहे थे, कोने से राघव को देख रहे थे। उन्होंने देखा कि राघव अचानक भीड़ में सबसे अलग दिखने लगा है। राघव ने किसी को धक्का नहीं दिया, न ही ऊँची आवाज़ में बात की, लेकिन उसकी शारीरिक उपस्थिति (*Physical Presence*) कमरे में भारी महसूस होने लगी।

सतीश जी ने राघव को पास बुलाया और मुस्कुराते हुए पूछा, "तुम अचानक इतने लंबे और प्रभावशाली कैसे दिखने लगे? क्या तुमने अभी-अभी कोई मार्शल आर्ट्स का पोज़ लिया है?" राघव ने विनम्रता से जवाब दिया, "नहीं सर, बस मैंने एक अदृश्य डोरी की कल्पना की है जो मुझे आसमान की ओर खींच रही है।"

दरअसल, हम अक्सर अपनी रीढ़ की हड्डी को सीधा रखने की कोशिश तो करते हैं, पर कुछ ही सेकंड में थकान के कारण फिर से झुक जाते हैं। इसका सबसे सटीक समाधान है **'गगनचुम्बी खिंचाव' (*The Skyward Pull*)** की मानसिक कल्पना।

जब भी आप किसी कमरे में दाखिल हों या किसी से मिलने के लिए खड़े हों, तो यह कल्पना करें कि आपके सिर के ठीक बीचों-बीच एक मज़बूत रेशमी धागा बँधा है, जो सीधे बादलों के पार किसी ऊँचे शिखर से जुड़ा है। वह धागा आपको ऊपर की ओर हल्के दबाव के साथ खींच रहा है। जैसे ही आप यह सोचते हैं, आपके शरीर में कुदरती बदलाव शुरू हो जाते हैं: आपके कान आपके कंधों से दूर हो जाते हैं, आपकी ठुड्डी ज़मीन के समांतर आ जाती है और आपकी छाती बिना किसी बनावटी प्रयास के चौड़ी हो जाती है। यह मुद्रा आपके फेफड़ों को पूरी जगह देती है, जिससे आपकी आवाज़ में एक स्वाभाविक गहराई और ठहराव आ जाता है।

राघव जब ऑडिशन रूम के अंदर गया, तो उसने इसी खिंचाव को महसूस किया। उसने दरवाज़े के फ्रेम को एक संकेत (*Anchor*) माना—जैसे ही वह दरवाज़े के नीचे से गुज़रा, उसने खुद को उस

अदृश्य धागे से 'लटका' हुआ महसूस किया। अंदर बैठे जजों ने देखा कि एक लड़का पूरे रसूख के साथ अंदर आया है, जिसकी नज़रें न तो ज़मीन पर थीं और न ही छत पर, बल्कि सीधे उनके आँखों के स्तर पर थीं।

कास्टिंग डायरेक्टर ने अपनी डायरी में लिखा, "इस लड़के का किरदार बोलने से पहले ही खड़ा हो गया है।" राघव को वह रोल मिल गया क्योंकि उसने अपनी लंबाई का नहीं, बल्कि अपनी गरिमा का पूरा इस्तेमाल किया था।

रीढ़ झुकी तो समझ लो, मन की हिम्मत हारी।

तन के खड़े जो वीर रहें, जीत उन्हीं की बारी।।

आपका शरीर वह पहली खबर है जो दुनिया को आपके बारे में मिलती है। यदि आप खुद को सिकोड़ कर रखेंगे, तो लोग आपको कुचलने में संकोच नहीं करेंगे। लेकिन जब आप अपने शरीर को अपनी पूरी ऊँचाई और विस्तार के साथ पेश करते हैं, तो आप बिना कुछ कहे यह ऐलान कर देते हैं कि आप अपनी दुनिया के निर्विवाद मालिक हैं। आत्मविश्वास कोई जादुई शक्ति नहीं, बल्कि सही मुद्रा में खड़े होने का एक छोटा सा अभ्यास है।

ट्रिक नं. 6: 'पूर्ण समर्पण' और आत्मीयता का घुमाव (The Magnetic Pivot)

देहरादून की एक सर्द दोपहर में, शहर के सबसे प्रतिष्ठित स्कूल के वार्षिक समारोह में भारी भीड़ उमड़ी थी। ऑडिटोरियम के बाहर बने रिसेप्शन डेस्क पर राघव बैठा था, जिसे अतिथियों के स्वागत की जिम्मेदारी सौंपी गई थी। राघव एक होनहार युवक था, लेकिन उसमें एक बड़ी कमी थी—उसका व्यवहार बहुत 'यांत्रिक' (*Mechanical*) था। जब भी कोई नया अतिथि उसके पास आता, वह अपनी फाइल में डूबा रहता और बिना अपनी कुर्सी छोड़े या शरीर घुमाए, सिर्फ अपनी गर्दन टेढ़ी करके एक सूखी मुस्कान के साथ पूछता, "जी, आपका नाम?" आने वाले मेहमानों को ऐसा लगता मानो वे राघव के काम में खलल डाल रहे हों। उन्हें खुद के 'अवांछित' होने का अहसास होता और वे चुपचाप कार्ड लेकर अंदर चले जाते।

उसी समय, स्कूल के पूर्व प्रधानाचार्य, जो अब अस्सी वर्ष के हो चुके थे, वहाँ से गुज़रे। राघव ने देखा कि जैसे ही कोई पुराना छात्र उनसे मिलने आता, वे अपनी लाठी थामे हुए भी अपना पूरा शरीर—कंधे, छाती और पैर—उस व्यक्ति की दिशा में मोड़ लेते। वे सिर्फ गर्दन नहीं हिलाते थे, बल्कि उनका पूरा वजूद उस व्यक्ति के सामने समर्पित हो जाता था। उनके चेहरे पर वैसी ही मासूम खुशी होती थी जैसी एक छोटा बच्चा अपने पिता को दफ्तर से लौटते देख महसूस करता है।

राघव के पास खड़े एक अनुभवी नाटक प्रशिक्षक, किशोर दा, ने यह सब गौर किया। उन्होंने राघव के कंधे पर हाथ रखा और कहा, "राघव, तुम केवल सूचना दे रहे हो, सम्मान नहीं। जब तुम आधा-अधूरा मुड़ते हो, तो तुम सामने वाले को यह बताते हो कि तुम्हारा काम उससे ज़्यादा ज़रूरी है। अगर तुम भीड़ में अपनी छाप छोड़ना चाहते हो, तो **'शिशु-पिवट' (*The Infant Pivot*)** का हुनर सीखो।"

किशोर दा ने समझाया कि एक छोटा बच्चा जब किसी प्रिय को देखता है, तो वह केवल आँखें नहीं घुमाता, वह अपनी पूरी देह को उस व्यक्ति की ओर झोंक देता है। यह हरकत सामने वाले के आत्म-सम्मान को सातवें आसमान पर पहुँचा देती है। सामाजिक और व्यावसायिक दुनिया में, अपना 'पूरा ध्यान' (*Total Attention*) देना ही सबसे महँगा उपहार है।

द फुल-बॉडी ओरिएंटेशन ट्रिक (*The Full-Body Orientation*): जब भी आप किसी से मिलें, चाहे वह आपका कनिष्ठ हो या वरिष्ठ, अपनी गर्दन घुमाने की आदत छोड़ दें। जैसे ही कोई आपसे बात करना शुरू करे, अपनी धुरी पर इस तरह घूमें कि आपकी छाती का केंद्र सीधे सामने वाले की छाती के सामने हो। इसे **'पिवट'** कहते हैं।

शारीरिक एकाग्रता: अपने पैरों के पंजों को भी उसी व्यक्ति की दिशा में मोड़ लें। यह संकेत देता है कि आप उस बातचीत से भागने की फिराक में नहीं हैं।

उत्साह का संवेग: अपनी आँखों और मुस्कान में वह चमक लाएं जो बताती है कि उस व्यक्ति का आगमन आपके लिए सुखद आश्चर्य है।

गैप को खत्म करना: यह मुद्रा आपके और सामने वाले के बीच मौजूद मानसिक दीवार को तुरंत गिरा देती है।

शाम को जब मुख्य अतिथि आए, तो राघव ने किशोर दा की बात मान ली। जैसे ही अतिथि महोदय उसके डेस्क के करीब आए, राघव ने अपनी फाइल बंद की, अपनी कुर्सी को पूरी तरह उनकी ओर घुमाया और अपने पूरे शरीर के झुकाव के साथ उनका स्वागत किया। मुख्य अतिथि एक पल के लिए ठिठके, उनके चेहरे पर एक संतुष्ट मुस्कान आई और उन्होंने राघव की पीठ थपथपाते हुए कहा, "बेटा, आज बहुत समय बाद किसी ने इतने खुले दिल से स्वागत किया है। तुम्हारी एनर्जी लाजवाब है!"

राघव ने महसूस किया कि उसने एक शब्द भी फालतू नहीं बोला था, बस अपने खड़े होने और मुड़ने के अंदाज़ को बदल दिया था। वह अब केवल एक 'रिसेप्शनिस्ट' नहीं, बल्कि उस समारोह का सबसे प्रभावशाली व्यक्तित्व बन गया था।

गर्दन मोड़ना रस्म है, देह मोड़ना प्रीत।

पूरा सम्मुख जो खड़ा, वही लेत मन जीत।।

आपका शरीर आपकी मंशा का सबसे बड़ा गवाह है। जब आप किसी की ओर आधा-अधूरा मुड़ते हैं, तो आप उसे 'आधा' महत्व देते हैं। लेकिन जब आप अपना पूरा धड़ और अपना पूरा ध्यान किसी की ओर मोड़ देते हैं, तो आप उसे यह अटूट विश्वास दिलाते हैं कि उस घड़ी में आपकी दुनिया का सबसे महत्वपूर्ण केंद्र वही है। बड़प्पन शब्दों के भारीपन में नहीं, बल्कि आपके शारीरिक झुकाव और सामने वाले के प्रति आपके पूर्ण समर्पण में छिपा होता है।

ट्रिक नं. 7: 'आत्मीय पूर्वाभास' और अजनबियों का वशीकरण (The Pre-Emptive Connection)

वाराणसी की एक ठंडी सुबह, गंगा के घाट पर बने एक पुराने गेस्ट हाउस की छत पर 'फोटोग्राफी वर्कशॉप' चल रही थी। वहाँ देश भर से आए युवा लड़के-लड़कियाँ एक-दूसरे के लिए बिल्कुल अजनबी थे। कोबाल्ट ब्लू जैकेट पहने समर भी वहीं मौजूद था। समर तकनीकी रूप से एक बेहतरीन फोटोग्राफर था, लेकिन सामाजिक मेलजोल में वह एक 'बर्फ की सिल्ली' जैसा था। जब भी कोई नया व्यक्ति उससे बात करने आता, समर का शरीर अनजाने में ही अकड़ जाता, उसके हाथ उसकी छाती पर बंध जाते और उसकी मुस्कान ऐसी लगती मानो वह किसी भारी बोझ के नीचे दबा हो। लोग उससे टकराते, औपचारिकता निभाते और फिर किसी और 'ज़िंदादिल' ग्रुप की ओर बढ़ जाते।

समर को लग रहा था कि शायद वह इस महफिल के लिए बना ही नहीं है। तभी उसने वर्कशॉप के होस्ट, कबीर को देखा। कबीर जिससे भी मिलता, वह व्यक्ति दो मिनट के भीतर ही ऐसा महसूस करने लगता जैसे वह कबीर को सालों से जानता हो। कबीर के चेहरे पर एक ऐसी सहज चमक थी जो अजनबियों के बीच की 'कांच की दीवार' को देखते ही पिघला देती थी।

ब्रेक के दौरान समर ने कबीर से पूछा, "सर, आप हर किसी के साथ इतनी जल्दी 'ट्यून' कैसे सेट कर लेते हैं? मैं तो कोशिश करता हूँ, पर लोग मुझसे बात करते हुए सहज नहीं हो पाते।"

कबीर ने अपनी चाय का कुल्हड़ नीचे रखा और समर की आँखों में देखते हुए मुस्कुराया। उसने कहा, "समर, तुम्हारी समस्या तुम्हारी भाषा नहीं, तुम्हारी 'मानसिक तैयारी' है। तुम अजनबियों को एक 'चुनौती' या 'बाहरी व्यक्ति' की तरह देखते हो, और तुम्हारा शरीर उसी हिसाब से 'डिफेंसिव' हो जाता है। अगर तुम चाहते हो कि लोग तुम्हें अपना समझें, तो तुम्हें **'स्मृति-भ्रम' (*The Memory Hack*)** का सहारा लेना होगा।"

कबीर ने बताया कि हमारा शरीर हमारी सोच का गुलाम है। यदि हम मन में किसी के लिए डर या औपचारिकता रखते हैं, तो हमारी आँखें और कंधे उसे ज़ाहिर कर देते हैं। लेकिन अगर हम संवाद शुरू होने से पहले ही अपने दिमाग को एक 'सफेद झूठ' बोल दें, तो पूरी बाजी पलट सकती है।

द ओल्ड सोउल रिफ्लेक्स ट्रिक (*The Old Soul Reflex*): यह एक मानसिक और शारीरिक अभ्यास है जिसे आपको किसी भी नए व्यक्ति से हाथ मिलाने या बात करने के ठीक तीन सेकंड पहले सक्रिय करना है।

मानसिक स्विच: जैसे ही आप किसी अजनबी को अपनी ओर आता देखें, एक पल के लिए कल्पना करें कि यह वही पुराना दोस्त है जिसके साथ आपने स्कूल में सबसे ज्यादा शरारतें की थीं और जो सालों बाद आपको अचानक मिल गया है।

स्नेहिल विज़ुअलाइज़ेशन: सोचें कि आप इस व्यक्ति से मिलकर बेहद रोमांचित और खुश हैं। जैसे ही आप यह सोचते हैं, आपकी भौहें (*Eyebrows*) सूक्ष्म रूप से ऊपर उठती हैं—जिसे मनोविज्ञान में 'आईब्रो फ्लैश' कहते हैं। यह दुनिया भर में 'स्वागत' का सबसे बड़ा संकेत माना जाता है।

शारीरिक ढील: इस कल्पना मात्र से आपके फेफड़े गहरी सांस लेते हैं, आपके कंधे नीचे की ओर रिलैक्स हो जाते हैं और आपके पैरों का रुख कुदरती तौर पर उस व्यक्ति की ओर मुड़ जाता है।

कबीर ने समर से कहा, "अगली बार जब कोई पास आए, तो उसे 'मिस्टर एक्स' नहीं, बल्कि अपना 'लंगोटिया यार' समझकर देखो। तुम्हारी बॉडी लैंग्वेज खुद-ब-खुद उस प्यार और भरोसे को प्रसारित करने लगेगी जिसे लोग नज़रअंदाज़ नहीं कर पाएंगे।"

शाम की चाय के समय, एक नई प्रतिभागी समर की ओर बढ़ी। समर ने तुरंत आँखें मूंदकर कल्पना की कि यह उसकी बचपन की सबसे प्रिय मित्र है। जैसे ही उसने आँखें खोलीं, उसकी मुस्कान में एक ऐसी गर्माहट थी जो बनावटी नहीं लग रही थी। वह लड़की रुकी, मुस्कुराई और बोली,

"आपसे मिलकर ऐसा लगा जैसे हम पहले भी मिल चुके हैं। क्या हम पहले कहीं मिले हैं?" समर ने आत्मविश्वास से कहा, "शायद नहीं, पर मुझे भी आपको देखकर वही महसूस हुआ।"

उस रात समर ने महसूस किया कि अजनबी केवल वही होते हैं जिन्हें हम अजनबी रहने देना चाहते हैं।

> **अनजान को जो मीत माने, मन में रखे प्रीत। नज़रें उसकी जादू करें, जग ले सारा जीत।।**

आपकी शारीरिक भाषा आपके विचारों का प्रतिबिंब है। यदि आप किसी को पहले से ही अपना मान लेंगे, तो आपकी मांसपेशियाँ और आपकी आँखें उस 'अपनेपन' को हकीकत में बदल देंगी। अजनबियों से जुड़ने का सबसे तेज़ तरीका यह नहीं है कि आप क्या कहते हैं, बल्कि यह है कि आप उन्हें देखते किस नज़रिए से हैं। जब आप 'पुराने दोस्त' वाली ऊर्जा भेजते हैं, तो सामने वाला चाहकर भी 'दुश्मन' या 'अजनबी' नहीं बना रह सकता।

ट्रिक नं. 8: 'पाषाण स्थिरता' और अविचल रसूख (The Granite Pose)

दक्षिण भारत के एक शांत समुद्र तटीय शहर में एक बहुत पुरानी और प्रतिष्ठित कानूनी फर्म के पार्टनर का चुनाव होना था। दो वकील दौड़ में थे—आर्यन और माधव। दोनों की कानूनी समझ बेमिसाल थी, लेकिन बोर्ड ऑफ डायरेक्टर्स को किसी ऐसे व्यक्ति की तलाश थी जो दबाव की स्थिति में भी अडिग रहे। अंतिम साक्षात्कार के दौरान, हॉल में सन्नाटा था। माधव जब अंदर गया, तो वह अपनी बात बहुत तेज़ी से रख रहा था। बात करते समय वह बार-बार अपना चश्मा ऊपर करता, अपनी कलाई घड़ी की स्ट्रैप को छूता और कभी-कभी अपनी उंगलियों को मेज पर थपथपाने लगता। उसकी बातें तार्किक थीं, लेकिन उसकी ये छोटी-छोटी हरकतें (*Fidgeting*) चिल्ला-चिल्ला कर कह रही थीं कि वह भीतर से घबराया हुआ है।

वहीं दूसरी ओर, जब आर्यन की बारी आई, तो माहौल पूरी तरह बदल गया। वह अपनी कुर्सी पर ऐसे बैठा था मानो वह उसी का हिस्सा हो। उसने अपने हाथ शांति से कुर्सी के आर्मरेस्ट पर टिका रखे थे। पूरी बातचीत के दौरान, उसने एक बार भी अपना चेहरा नहीं छुआ, न ही अपनी नाक खुजलाई और न ही अपने बालों को ठीक किया। उसकी आवाज़ में एक अजीब सा ठहराव था और उसका शरीर किसी चट्टान की तरह स्थिर था। बोर्ड के सदस्यों को लगा कि यह व्यक्ति न केवल खुद पर काबू रखता है, बल्कि वह किसी भी बड़े संकट को शांत रहकर संभाल सकता है।

साक्षात्कार के बाद, पैनल के सबसे वरिष्ठ सदस्य, जो एक रिटायर्ड जज थे, ने अपनी डायरी में एक नोट लिखा: "माधव की बेचैनी उसके ज्ञान को कमज़ोर कर रही थी, जबकि आर्यन की स्थिरता उसके शब्दों में दस गुना ज़्यादा वज़न पैदा कर रही थी।" उन्होंने आर्यन को चुना।

दरअसल, जब हम घबराते हैं, तो हमारा शरीर अनजाने में 'सूक्ष्म हरकतें' (*Micro-movements*) करने लगता है। हम नाक छूते हैं, कान खींचते हैं या जेब में हाथ डालकर सिक्कों से खेलने लगते हैं। मनोविज्ञान में इसे 'डिस्प्लेसमेंट बिहेवियर' कहते हैं, जो असुरक्षा और झूठ का सबसे बड़ा संकेत है। एक रसूखदार इंसान (*High-status person*) जानता है कि उसकी असली ताकत उसकी खामोश स्थिरता में छिपी है।

द स्टिलनेस कमांड ट्रिक (*The Stillness Command*): यह तकनीक आपके शरीर को एक 'अजेय' और 'भरोसेमंद' रूप में ढाल देती है। इसे अपनाने के लिए आपको अपनी अनावश्यक शारीरिक हलचलों पर एक काल्पनिक 'फ्रीज़' बटन दबाना होगा।

चेहरा—निषिद्ध क्षेत्र (*Face-Off Zone*): एक सख्त नियम बनाएं कि बातचीत के दौरान आपके हाथ आपके कंधों से ऊपर नहीं जाएंगे। अपनी नाक, ठोड़ी या माथे को छूना पूरी तरह बंद कर दें। यह स्थिरता सामने वाले को यह संदेश देती है कि आपके पास छिपाने के लिए कुछ नहीं है।

हाथों का लंगर (*The Hand Anchor*): यदि आप बैठे हैं, तो अपने हाथों को अपनी गोद में या मेज पर एक स्थिर मुद्रा में रखें। यदि आप खड़े हैं, तो उन्हें अपने बगल में ढीला छोड़ दें, लेकिन उंगलियों को आपस में न उलझाएं।

आसन का संतुलन: अपनी कुर्सी पर बार-बार अपनी पोजीशन न बदलें। एक बार सही मुद्रा में बैठने के बाद, कम से कम तब तक स्थिर रहें जब तक सामने वाला अपनी बात पूरी न कर ले।

आर्यन ने अपनी जीत के बाद साझा किया, "मैंने बस यह सीखा कि अगर मैं अपने हाथों को काबू कर लूँ, तो मेरा दिमाग अपने आप शांत हो जाता है। जब शरीर स्थिर होता है, तो लोग आपकी आँखों में सच्चाई देखने लगते हैं।"

> **चंचल काया भ्रम रचे, स्थिर उपजे विश्वास। अविचल जो सम्मुख खड़ा,**
> **वही रचे इतिहास।।**

आपकी काबिलियत आपके शब्दों से नहीं, बल्कि उस गरिमा से आँकी जाती है जिसे आप खामोशी में बनाए रखते हैं। जो व्यक्ति अपने हाथों की बेचैनी पर लगाम नहीं लगा सकता, वह बड़ी

महफिलों का नेतृत्व कभी नहीं कर पाएगा। स्थिरता ही वह जादुई तत्व है जो साधारण बातचीत को एक 'आदेश' में बदल देती है। अपनी हरकतों को सीमित करें और अपने प्रभाव को असीमित होने दें।

लेसन: घबराहट में शरीर का अनावश्यक हिलना आपकी विश्वसनीयता को दीमक की तरह चाट जाता है। एक प्रभावशाली व्यक्तित्व की पहचान उसकी पत्थर जैसी स्थिरता है, जो बिना बोले ही यह साबित कर देती है कि आप पूरी तरह सुरक्षित और आत्मविश्वास से भरे हुए हैं। शांत शरीर ही शक्तिशाली दिमाग का सबसे बड़ा विज्ञापन है।

ट्रिक नं. 9: 'दृश्य श्रवण' और अनकहे शब्दों का बोध (The Silent Echo)

लखनऊ की एक पुरानी हवेली के दालान में शहर के जाने-माने बुनकर और रसूखदार व्यापारी, हबीब चाचा, अपने व्यापारिक उत्तराधिकारी के लिए तीन युवाओं का साक्षात्कार ले रहे थे। उनमें से एक था सुमित, जो बोलने में बहुत निपुण था और बड़े-बड़े शब्दजाल बुनने में माहिर था। सुमित जब अपना विजन समझा रहा था, तो हबीब चाचा मुस्कुराते हुए सिर हिला रहे थे और कह रहे थे, "मियां, तुम्हारी बातें तो बड़ी वजनदार हैं।" सुमित को लगा कि उसने बाजी मार ली है और वह और भी जोश में बोलने लगा।

लेकिन वहीं पास में बैठे चाचा के मुनीम, जो एक शांत और मँझे हुए पारखी थे, उन्होंने कुछ ऐसा देखा जो सुमित की नज़रों से ओझल था। हबीब चाचा के शब्द भले ही तारीफ कर रहे थे, लेकिन उनकी कुर्सी पर बैठने की मुद्रा बदल गई थी—वे पीछे की ओर झुक गए थे और उनके हाथ उनकी छाती पर कसकर बंधे हुए थे। उनकी उंगलियां लगातार अपनी बाजू को सहला रही थीं। यह 'रक्षात्मक मुद्रा' (*Defensive Posture*) साफ़ इशारा थी कि हबीब चाचा सुमित की बातों से सहमत नहीं थे, बल्कि वे असुरक्षित या ऊब महसूस कर रहे थे। सुमित शब्दों को तो सुन रहा था, पर वह उस 'देह-संवाद' को नहीं पढ़ पा रहा था जो हबीब चाचा का शरीर चिल्ला-चिल्ला कर कह रहा था।

साक्षात्कार के अंत में चयन सुमित का नहीं, बल्कि शांत और गौर से देखने वाले राहुल का हुआ। राहुल ने बातचीत के दौरान देखा था कि जब उसने मुनाफे की बात की, तो चाचा ने अपनी पलकें सिकोड़ ली थीं और मेज पर रखी कलम को तेजी से घुमाने लगे थे। राहुल तुरंत समझ गया कि विषय बदलना होगा, और उसने फौरन अपनी बात मोड़कर 'कारीगरों की भलाई' पर कर दी। राहुल ने वह सुन लिया था जो 'कहा' ही नहीं गया था।

अक्सर हम बातचीत में इतने मग्न हो जाते हैं कि हम सामने वाले के शब्दों के पीछे छिपे सच को नज़रअंदाज़ कर देते हैं। एक प्रभावशाली व्यक्तित्व वही है जो केवल कानों से नहीं, बल्कि आँखों से भी 'सुनता' है। इसे **'सूक्ष्म संकेत संसूचन' (*The Micro-Signal Detection*)** कहते हैं।

जब भी आप किसी से संवाद करें, तो अपनी चेतना को दो हिस्सों में बाँट लें। पहला हिस्सा उनके शब्दों को समझे, और दूसरा हिस्सा उनके शरीर की हलचल को 'स्कैन' करे। यदि आप देख रहे हैं कि सामने वाला व्यक्ति बार-बार अपने जूतों की नोक को दरवाज़े की तरफ मोड़ रहा है, तो समझ जाइए कि उसका मन यहाँ से जाने का है। यदि वह अपनी गर्दन के पीछे हाथ फेर रहा है, तो वह किसी बात से असहज या तनाव में है। रसूखदार लोग इन संकेतों को पकड़ते ही अपनी रणनीति बदल देते हैं। वे शब्दों की ज़िद नहीं करते, बल्कि सामने वाले की 'देह-ऊर्जा' के साथ तालमेल बिठाते हैं।

इस कला में माहिर होने के लिए आपको तीन बातों पर ध्यान देना होगा। पहला, **'दूरी का गणित'**—अगर कोई बात करते समय पीछे हटता है, तो उसे अपनी बात से 'स्पेस' चाहिए, उसे मजबूर न करें। दूसरा, **'हाथों की गवाही'**—चेहरे की मुस्कान झूठी हो सकती है, पर अचानक मेज पर हाथों का कस जाना या मुट्ठियाँ भिंचना असली तनाव दिखाता है। तीसरा, **'आँखों का सूनापन'**—यदि पुतलियाँ स्थिर होकर कहीं दूर देख रही हैं, तो समझ लें कि सामने वाला मानसिक रूप से वहां मौजूद नहीं है।

राहुल की सफलता का राज यही था कि उसने हबीब चाचा की 'खामोश शिकायत' को उनके शरीर की हरकतों से पढ़ लिया था। उसने अपनी बातों को उनकी सुविधा के अनुसार ढाल लिया, जिससे उन्हें लगा कि राहुल उनके मन की बात समझता है।

> **शब्दों का मायाजाल है, काया बोले सच। चतुर वही जो भाँप ले, मन का असली सच।।**

आपकी बातचीत की सफलता इस बात पर निर्भर नहीं करती कि आपने कितना अच्छा बोला, बल्कि इस पर निर्भर करती है कि आपने सामने वाले की अनकही प्रतिक्रियाओं को कितना सटीक पढ़ा। शब्द केवल सूचना देते हैं, लेकिन शरीर की भाषा 'इरादा' ज़ाहिर करती है। जब आप लोगों के 'इरादों' को पढ़ना सीख जाते हैं, तो आप अजेय हो जाते हैं। सफल संवाद का अर्थ केवल अपनी बात मनवाना नहीं, बल्कि सामने वाले की 'अनकही ना' को 'मौन हाँ' में बदलना है।

लेसन: *जो व्यक्ति केवल आवाज़ सुनता है वह साधारण है, लेकिन जो शरीर की भाषा का अनुवाद कर लेता है वह असाधारण है। सामने वाले की शारीरिक प्रतिक्रियाओं के अनुसार अपनी बात को*

मोड़ना ही सबसे बड़ी कूटनीति है। विश्वसनीयता शब्दों से नहीं, बल्कि दूसरों की भावनाओं और उनके शारीरिक संकेतों के प्रति आपकी संवेदनशीलता से पैदा होती है।

ट्रिक नं. 10: 'विशिष्ट तरंग' और मुस्कान का निजीकरण (The Tailored Beam)

हैदराबाद के एक भव्य कन्वेंशन सेंटर में एक हाई-प्रोफाइल बिजनेस नेटवर्किंग डिनर चल रहा था। वहाँ हर तरफ सूट-बूट पहने लोग एक-दूसरे से मिल रहे थे। निखत, जो एक उभरती हुई मार्केटिंग कंसल्टेंट थी, अपनी पहचान बनाने की कोशिश में जुटी थी। निखत के पास एक 'स्टैंडर्ड' मुस्कान थी—दांतों वाली एक चौड़ी हंसी, जिसे वह हर उस व्यक्ति पर आज़मा रही थी जो उसके सामने आता। वह जैसे ही किसी की ओर मुड़ती, उसके चेहरे पर एक बिजली की रफ़्तार वाली मुस्कान तैर जाती। लेकिन उसने गौर किया कि लोग उससे हाथ मिलाते, औपचारिकता निभाते और जल्दी ही किसी और से बात करने के लिए आगे बढ़ जाते। किसी ने भी उसे गंभीरता से नहीं लिया।

उसी हॉल के दूसरे छोर पर एक बेहद शांत और अनुभवी महिला उद्यमी, मिसेज अय्यर खड़ी थीं। निखत ने दूर से उन्हें नोटिस किया। मिसेज अय्यर के चेहरे पर कोई 'परमानेंट' हंसी नहीं चिपकी थी। जब कोई उनसे हाथ मिलाने आता, तो वे पहले एक सेकंड के लिए रुकतीं, सामने वाले को ऊपर से नीचे तक एक गरिमापूर्ण नज़र से देखतीं, जैसे उसे पहचान रही हों। और फिर, उनके चेहरे पर एक ऐसी मुस्कान आती जो केवल उस व्यक्ति के लिए होती। वह मुस्कान वैसी नहीं थी जैसी उन्होंने पिछले व्यक्ति को दी थी। किसी के लिए वह मुस्कान सम्मान भरी थी, तो किसी के लिए वह उत्साह से भरी हुई।

निखत के साथ खड़े उसके पुराने मेंटर, जो एक रिटायर्ड ब्यूरोक्रेट थे, ने धीरे से कहा, "निखत, तुम एक 'सेल्समैन' की तरह मुस्कुरा रही हो, जिसका काम सिर्फ माल बेचना है। मिसेज अय्यर एक 'लीडर' की तरह मुस्कुरा रही हैं, जिनका काम रिश्ते बनाना है। तुम्हारी मुस्कान 'नग्न' (*Naked*) है—इसमें कोई रहस्य और कोई चुनाव नहीं है।"

उन्होंने समझाया कि जब हम हर किसी को देखते ही तुरंत और एक जैसी मुस्कान दे देते हैं, तो सामने वाले का दिमाग उसे एक 'मैकेनिकल रिस्पांस' मान लेता है। उसे लगता है कि आप उसे नहीं, बल्कि उसकी कुर्सी या उसकी हैसियत को खुश करने की कोशिश कर रहे हैं। रसूखदार लोग अपनी मुस्कान को 'करेंसी' की तरह इस्तेमाल करते हैं—वे इसे लुटाते नहीं, बल्कि निवेश करते हैं।

द पर्सनालाइज्ड रेडिएंस ट्रिक (*The Personalized Radiance*): यह तकनीक आपके चेहरे की अभिव्यक्ति को एक साधारण 'मास्क' से बदलकर एक प्रभावशाली 'हथियार' बना देती है। इसे

अपनाने के लिए आपको अपनी मुस्कुराहट की तीव्रता और प्रकार को सामने वाले के व्यक्तित्व के साथ 'सिंक' करना होगा।

मुस्कान का वर्गीकरण (*Classification*): अपने मन में मुस्कान के तीन स्तर तय करें। पहला—'गरिमापूर्ण' (औपचारिक मुलाकातों के लिए), दूसरा—'आत्मीय' (बराबर के साथियों के लिए), और तीसरा—'उल्लासपूर्ण' (बच्चों या बेहद करीबी दोस्तों के लिए)।

दृष्टि मिलान और पहचान (*The Identification Pause*). किसी को देखते ही मुस्कुराहट का बटन न दबाएं। पहले दो सेकंड उसकी आँखों में देखें। यह 'पॉज़' सामने वाले को यह संदेश देता है कि आप उसे एक विशिष्ट इंसान के रूप में देख रहे हैं।

निजीकरण (*Personalization*): अब, उस व्यक्ति के व्यवहार और स्थिति के अनुसार अपनी मुस्कान की चौड़ाई तय करें। यदि सामने वाला गंभीर है, तो आपकी मुस्कान हल्की और आँखों में सिमटी होनी चाहिए। यदि वह उत्साहित है, तो आपकी मुस्कान में होंठों का विस्तार थोड़ा ज़्यादा हो सकता है।

साहिल, जो निखत का प्रतिद्वंद्वी था, जब मिसेज अय्यर से मिला, तो उसने अपनी वही पुरानी 'रेडीमेड' हंसी दी। मिसेज अय्यर ने बस एक फीकी नज़र डाली। लेकिन जब निखत उनके पास पहुँची, तो उसने पहले उन्हें सम्मान से देखा, एक सेकंड रुकी, और फिर अपनी मुस्कान को बहुत ही धीमी रफ़्तार से उनके व्यक्तित्व के प्रति आदर दिखाते हुए चेहरे पर आने दिया। मिसेज अय्यर के चेहरे पर भी एक वैसी ही प्रतिक्रिया आई और उन्होंने हाथ बढ़ाकर कहा, "निखत, तुम्हारी सादगी और समझ प्रभावशाली है। बैठो, बात करते हैं।"

> **सस्ती हँसी न दीजिए, फीका पड़त रसूख। चुन-चुन कर जो दे हँसी, जीत ले मन की भूख।।**

आपकी मुस्कुराहट आपकी रूह का हस्ताक्षर है, इसे हर कागज़ पर यूँ ही मत छापिए। जब आप हर व्यक्ति को अलग अंदाज़ में मुस्कान भेंट करते हैं, तो आप उसे यह अहसास कराते हैं कि वह आपकी नज़र में बेमिसाल है। यही वह छोटा सा फर्क है जो एक 'आम' इंसान और एक 'खास' इंसान के बीच होता है। अपनी मुस्कान की कीमत बढ़ाएं, ताकि लोग उसे पाने के लिए लालायित रहें।

लेसन: *जो व्यक्ति हर किसी के लिए एक जैसा चेहरा रखता है, उसकी अपनी कोई पहचान नहीं बचती। एक प्रभावशाली व्यक्तित्व की पहचान उसकी वह मुस्कान है जो सामने वाले के प्रति उसके निजी सम्मान को दर्शाती है। अपनी मुस्कान को 'सबके लिए उपलब्ध' (Public Property) बनाने के बजाय 'चुनिंदा लोगों का सम्मान' (Exclusive Honor) बनाएं। विश्वास और रसूख तभी उपजते हैं जब आपकी प्रतिक्रियाएं सच्ची और नपी-तुली हों।*

ट्रिक नं. 11: 'दृष्टि-पाश' और अल्प-संवाद की जादुई पकड़ (The Anchor Gaze)

केरल के एक शांत बैकवाटर्स रिसॉर्ट में एक हाई-प्रोफाइल वेडिंग रिसेप्शन चल रहा था। संगीत की तेज़ आवाज़, रंग-बिरंगी रोशनियाँ और सैकड़ों मेहमानों की आवाजाही के बीच माहौल काफी शोर-शराबे वाला था। नील, जो एक बड़ी एडवर्टाइजिंग फर्म में क्रिएटिव हेड था, वहाँ मौजूद हर प्रभावशाली व्यक्ति से हाथ मिला रहा था। नील दिखने में काफी स्मार्ट था, लेकिन उसकी एक बुरी आदत थी—वह जिससे बात कर रहा होता, उसकी आँखों में देखने के बजाय लगातार इधर-उधर देखता रहता कि कमरे में और कौन-कौन खास मेहमान दाखिल हो रहा है। उसके सामने खड़ा व्यक्ति अभी अपनी बात पूरी भी नहीं कर पाता कि नील की नज़रें किसी और की तलाश में भटक जातीं। नतीजा यह हुआ कि लोग उससे बात तो कर रहे थे, पर किसी के मन में उसके लिए सम्मान नहीं जाग रहा था। लोगों को लग रहा था कि नील सिर्फ उनका 'इस्तेमाल' कर रहा है या बेहतर विकल्प की तलाश में है।

उसी महफिल में एक वृद्ध सज्जन, पद्मनाभन जी बैठे थे, जो अपनी सादगी और गहरे व्यक्तित्व के लिए मशहूर थे। नील ने देखा कि पद्मनाभन जी जिससे भी मात्र एक मिनट के लिए मिल रहे थे, वह व्यक्ति उनके पास से हटते समय एक अलग ही चमक और आत्मविश्वास के साथ वापस लौट रहा था। नील उत्सुकता वश उनके पास पहुँचा और बोला, "सर, यहाँ इतनी भीड़ और शोर है, फिर भी आप हर किसी को अपना मुरीद कैसे बना लेते हैं?"

पद्मनाभन जी ने अपनी चाय का प्याला मेज पर रखा, अपनी स्थिर और शांत निगाहें नील की आँखों में टिका दीं और बोले, "नील, ज़्यादातर लोग भीड़ में 'शिकारी' की तरह व्यवहार करते हैं, जिनकी नज़रें हमेशा अगले शिकार पर होती हैं। लेकिन एक प्रभावशाली इंसान 'लंगर' (*Anchor*) की तरह होता है। जब तुम किसी से मिलो, तो अपनी नज़रों को उसके चेहरे पर ऐसे चिपका दो जैसे उस पल पूरी कायनात में तुम्हारे लिए उसके सिवा कोई और मौजूद ही न हो। इसे मैं **'निगाहों की गोंद'** कहता हूँ।"

उन्होंने समझाया कि जब आप 'स्मॉल टॉक' या हल्की-फुल्की बातचीत के दौरान अपनी नज़रें सामने वाले के चेहरे से नहीं हटाते, तो आप उसके अवचेतन मन को यह संदेश देते हैं कि—

"आपकी बातें और आपका वजूद मेरे लिए सबसे कीमती है।" यह ३० सेकंड का जादुई अटेंशन किसी ३ घंटे के लंबे भाषण से कहीं ज़्यादा गहरा रिश्ता बना देता है।

द मैग्नेटिक लेज़र ट्रिक (*The Magnetic Laser*): इस तकनीक का अभ्यास विशेष रूप से भीड़-भाड़ वाली जगहों या पार्टियों में किया जाता है जहाँ ध्यान भटकने की पूरी गुंजाइश होती है।

स्थिरता का संकल्प: जैसे ही आप किसी से बात शुरू करें, अपनी नज़रों को सामने वाले की आँखों के बीच या पुतलियों पर केंद्रित करें। भले ही बगल से कोई सेलिब्रिटी गुज़रे या कोई कांच गिरने का शोर हो, अपनी पलकें तब तक न झपकाएं जब तक कि वह अपनी लाइन पूरी न कर ले।

दृष्टि का विस्तार: केवल आँखों को न देखें, बल्कि बातचीत के दौरान सामने वाले के पूरे चेहरे को एक 'कैनवास' की तरह महसूस करें। इससे आपकी नज़रें प्राकृतिक और गर्म (*Warm*) लगती हैं, न कि डरावनी।

मृदु विदाई (*The Velvet Break*): यदि आपको बातचीत खत्म करके आगे बढ़ना है, तो अपनी नज़रें झटके से न मोड़ें। अपनी बात खत्म करने के बाद एक सेकंड का मौन विराम लें, उसे एक आखिरी सम्मान भरी नज़र से देखें और फिर बहुत धीरे से, जैसे कोई धागा सुलझ रहा हो, अपनी निगाहें हटाएँ। इसे 'अनचाही विदाई' कहते हैं, जिससे सामने वाले को लगता है कि आप उसे छोड़कर जाना नहीं चाहते थे, पर मजबूरी में जाना पड़ रहा है।

नील ने अगले ही मेहमान, जो कि एक बड़ा इन्वेस्टर था, के साथ इस ट्रिक को आज़माया। शोर के बीच भी नील ने अपनी नज़रें उस व्यक्ति के चेहरे से एक इंच भी नहीं हटाईं। जब वह इन्वेस्टर जाने लगा, तो उसने रुक कर नील से कहा, "नील, आज इस भीड़ में तुम अकेले इंसान मिले जिसने मेरी बात को इतनी गंभीरता से सुना। मुझे तुम्हारा कॉन्फिडेंस पसंद आया, कल ऑफिस आना।"

> **भटके नैन जो भीड़ में, खोवे निज सम्मान। नज़रें जो ठहरीं द्वार पे, जीतें सकल जहान।।**

कम समय में गहरा प्रभाव छोड़ना कोई कला नहीं, बल्कि पूरी तरह सामने वाले की उपस्थिति में 'खप' जाने का हुनर है। जब आप अपनी नज़रों को सामने वाले के चेहरे पर स्थिर रखते हैं, तो आप उसके आत्म-सम्मान को सींच रहे होते हैं। लोग आपके शब्दों को भूल सकते हैं, लेकिन वे उस अहसास को कभी नहीं भूलते जो आपकी स्थिर और सम्मानजनक निगाहों ने उन्हें दिया था। आपकी आँखें वह गोंद हैं जो दो अजनबियों के बीच विश्वास का सबसे मज़बूत रिश्ता चिपका सकती हैं।

लेसन: *चंचल आँखें कमज़ोर चरित्र और घबराहट की पहचान होती हैं, जबकि स्थिर निगाहें रसूख और नेतृत्व का प्रमाण हैं। भीड़ में अपनी विशिष्टता साबित करने का सबसे सरल तरीका यह है कि आप दूसरों को वह 'अटेंशन' दें जिसके लिए हर इंसान प्यासा है। जो व्यक्ति अपनी नज़रों को काबू कर सकता है, वह किसी भी महफिल का रुख मोड़ सकता है। आपकी एक 'ठहरी हुई नज़र' हज़ारों भटकते शब्दों से ज़्यादा प्रभावशाली होती है।*

ट्रिक नं. 12: 'दृष्टि-पाश' और मौन संवाद की जादुई पकड़ (The Anchor Gaze)

ऋषिकेश के गंगा किनारे एक मशहूर कैफे में शाम की ढलती रोशनी के बीच चार-पाँच पुराने कॉलेज के दोस्त और एक बड़ा बिजनेस इन्वेस्टर, मिस्टर खन्ना, किसी नए प्रोजेक्ट पर चर्चा कर रहे थे। ग्रुप का एक सदस्य, साहिल, अपनी प्रेजेंटेशन और किस्सों से सबको प्रभावित करने की कोशिश कर रहा था। वह हाथ हिला-हिलाकर बड़े जोश में बोल रहा था और बाकी सब उसे ही देख रहे थे। लेकिन अयान, जो उस ग्रुप का शांत हिस्सा था, कुछ अलग ही कर रहा था।

अयान का लक्ष्य साहिल नहीं, बल्कि मिस्टर खन्ना थे। साहिल जब कोई जोक सुनाता या कोई दमदार पॉइंट रखता, तो अयान बोलने वाले साहिल को देखने के बजाय अपनी नज़रें मिस्टर खन्ना के चेहरे पर टिका देता। वह यह देख रहा था कि खन्ना साहब किस बात पर मुस्कुरा रहे हैं और किस बात पर उनके माथे पर शिकन आ रही है। अयान ने अपनी नज़रों को खन्ना साहब के चेहरे से एक पल के लिए भी हटने नहीं दिया, भले ही बोलने वाला साहिल बार-बार हाथ झटक रहा था।

ब्रेक के दौरान मिस्टर खन्ना खुद अयान के पास आए और बोले, "अयान, मैंने देखा कि जब साहिल बोल रहा था, तुम्हारी पूरी तवज्जो मुझ पर थी। ऐसा लग रहा था जैसे तुम मेरे दिमाग को पढ़ने की कोशिश कर रहे हो। मुझे तुम्हारी यह गंभीरता और समझ बहुत पसंद आई।" अयान ने बिना कुछ बोले ही इन्वेस्टर का अटेंशन अपनी ओर खींच लिया था क्योंकि उसने **'अभय दृष्टि' (*The Fearless Anchor*)** का इस्तेमाल किया था।

अक्सर हम ग्रुप में उस व्यक्ति की ओर देखते हैं जो 'बोल' रहा होता है। यह शिष्टाचार तो है, लेकिन यह आपको भीड़ का हिस्सा बना देता है। अगर आप उस ग्रुप में किसी एक खास इंसान को अपना मुरीद बनाना चाहते हैं, तो आपको अपनी नज़रों का इस्तेमाल एक गोंद (*Epoxy*) की तरह करना होगा। जब कोई दूसरा व्यक्ति बात कर रहा हो, तब आप उस खास व्यक्ति की ओर देखें। यह उसे एक बहुत शक्तिशाली गुप्त संदेश भेजता है: "बाकी सब भले ही बोलने वाले को देख रहे हों, लेकिन मेरे लिए आपकी प्रतिक्रिया और आपकी राय सबसे ज़्यादा मायने रखती है।"

द साइलेंट इन्फ्लुएंस ट्रिक (*The Silent Influence*): इस तकनीक को अपनाने के लिए आपको ग्रुप डिस्कशन के दौरान अपने 'टारगेट' (जिससे आप जुड़ना चाहते हैं) के साथ एक अदृश्य डोर बाँधनी होगी।

प्रतिक्रिया का अवलोकन: जब कोई तीसरा व्यक्ति कोई चुटकुला सुनाए या कोई गहरा मुद्दा उठाए, तो आप बोलने वाले की तरफ न देखें। अपनी नज़रें सीधे अपने टारगेट की आँखों में टिका दें।

स्थिरता का जादू: यदि वह व्यक्ति भी आपकी ओर देखे, तो नज़रें चुराने की गलती न करें। एक छोटी सी समझदारी भरी मुस्कान दें और एक सेकंड तक उसकी आँखों में गहराई से देखते रहें, मानो आप कह रहे हों— "मैं और आप, इस बात को एक ही नज़रिए से देख रहे हैं।"

कोमल विदाई: जब वह व्यक्ति अपनी नज़रें हटा ले, तब आप बहुत धीमी गति से वापस बोलने वाले की ओर मुड़ें।

सावधानी यह रखें कि इसे 'घूरना' न बनने दें। आपकी नज़रों में सम्मान और जिज्ञासा होनी चाहिए, न कि चुनौती। यह ट्रिक व्यावसायिक वार्ताओं (*Business Negotiations*) में किसी का भरोसा जीतने का सबसे तेज़ रास्ता है क्योंकि यह सामने वाले के 'अहंकार' को तृप्त करती है कि भीड़ में भी कोई उसे इतना महत्व दे रहा है।

अयान की इसी खामोश नज़र ने उसे मिस्टर खन्ना का पार्टनर बना दिया। साहिल बोलता रह गया और अयान बिना बोले ही बाजी मार ले गया।

> **वक्ता को तो जग लखे, चतुर लखे खामोश। नज़रें जिससे जुड़ गईं, वही भरेगा जोश।।**

भीड़ में जो केवल आवाज़ का पीछा करता है, वह अनुयायी (*Follower*) कहलाता है, लेकिन जो खामोशी में छिपे भावों को अपनी नज़रों से पकड़ लेता है, वही असली बाजीगर है। जब आप अपनी नज़रें किसी पर 'चिपका' देते हैं, तो आप उसे अपनी दुनिया का केंद्र बना देते हैं। और हर इंसान उसी की ओर खिंचा चला आता है, जो उसे सबसे ज़्यादा 'महसूस' कराता है।

लेसन: *आपकी नज़रें आपके शब्दों से कहीं ज़्यादा तेज़ और गहरी बात करती हैं। किसी समूह में सबको देखने के बजाय, उस एक इंसान को 'अटेंशन' दें जिससे आप जुड़ना चाहते हैं। जब आप किसी को उसकी खामोशी में भी अपना पूरा ध्यान देते हैं, तो आप उसके दिल में एक ऐसा स्थान*

बना लेते हैं जहाँ कोई और शब्द नहीं पहुँच सकते। रसूख और आकर्षण का असली राज़ 'देखने' की कला में छिपा है।

ट्रिक नं. 13: रूहानी पहचान: अजनबियों को अपना बनाने का मानसिक सेतु

बनारस की तंग गलियों से निकलकर जब अद्वैत पहली बार मुंबई के एक बड़े लिटरेचर फेस्टिवल में पहुँचा, तो उसे लगा जैसे वह किसी दूसरे ग्रह पर आ गया है। चारों तरफ चमक-धमक, सूट-बूट पहने लोग और हवा में तैरती हुई अंग्रेज़ी के भारी-भरकम शब्द। अद्वैत एक कोने में खड़ा अपनी जैकेट की ज़िप से खेल रहा था। जब भी कोई उसके पास से गुज़रता, वह घबराहट में अपनी गर्दन अकड़ा लेता और एक फीकी, बनावटी मुस्कान देता जो उसके चेहरे पर फिट ही नहीं बैठ रही थी। उसे लग रहा था कि लोग उसे एक 'आउटसाइडर' की तरह देख रहे हैं, जबकि असल में उसकी अपनी 'डिफेंसिव बॉडी लैंग्वेज' ने उसके चारों ओर एक अदृश्य दीवार खड़ी कर दी थी।

तभी उसने देखा कि मंच के पीछे से एक अधेड़ उम्र का लेखक बाहर आया। वह शख्स जिससे भी मिल रहा था, सामने वाला खिल उठता था। अद्वैत ने ध्यान से देखा—वह लेखक किसी से हाथ मिलाने के लिए रुकता, तो उसकी आँखों में ऐसी चमक होती जैसे उसे उसका खोया हुआ भाई मिल गया हो। अद्वैत ने हिम्मत जुटाई और उनके पास जाकर धीमे से कहा, "सर, आप सबको इतनी अच्छी तरह कैसे जानते हैं?" लेखक मुस्कुराए और अद्वैत के कंधे पर हाथ रखकर बोले, "बेटा, मैं इनमें से किसी को नहीं जानता, लेकिन मेरा मन मानता है कि ये सब मेरे बचपन के यार हैं।"

यहीं से जन्म लेती है व्यक्तित्व की एक क्रांतिकारी तकनीक, जिसे हम **'आत्मीय प्रतिबिंब' (*The Soul Reflection Trick*)** कह सकते हैं। यह ट्रिक आपके शब्दों से नहीं, बल्कि आपके अवचेतन मन की कल्पना से शुरू होती है।

जब भी आप किसी अजनबी की ओर कदम बढ़ाएं, तो उसे एक 'अपरिचित' समझने की गलती न करें। इसके बजाय, अपने दिमाग को एक छोटा सा झूठ बोलें। कल्पना करें कि यह वही इंसान है जिसने कभी स्कूल में आपकी मदद की थी, या जिसके साथ आपने घंटों बैठकर चाय पी थी। जैसे ही आप मन में यह 'पुराने दोस्त' वाली भावना लाते हैं, आपका शरीर विज्ञान (*Biology*) बदल जाता है। आपकी भौहें हल्की सी ऊपर उठती हैं (जिसे वैज्ञानिकों ने 'वेलकम सिग्नल' कहा है), आपकी नसों का तनाव कम हो जाता है और आपकी आँखों के किनारे खुशी से थोड़े सिकुड़ जाते हैं, जिसे दुनिया की कोई भी बनावटी मुस्कान कॉपी नहीं कर सकती।

इस ट्रिक को अमल में लाने के लिए आपको बस तीन सेकंड की कल्पना चाहिए। जैसे ही सामने वाला व्यक्ति आपकी ओर देखे, मन ही मन कहें—*"अरे! तुम यहाँ? तुमसे मिलकर कितनी ख़ुशी हुई!"* भले ही आप यह ज़ुबान से न कहें, लेकिन आपकी आँखें और आपके झुकते हुए कंधे यह संदेश प्रसारित कर देंगे। सामने वाला व्यक्ति अनजाने में ही खुद को सुरक्षित और खास महसूस करने लगेगा। वह आपके साथ वैसे ही व्यवहार करने लगेगा जैसा एक पुराना मित्र करता है, क्योंकि आपने अपनी सकारात्मक ऊर्जा से उसे 'अजनबीपन' के पिंजरे से आज़ाद कर दिया है।

फेस्टिवल के अंत में, अद्वैत ने इसी तकनीक का इस्तेमाल एक बड़े प्रकाशक के साथ किया। उसने बस कल्पना की कि वह अपने बनारस के किसी चचेरे भाई से मिल रहा है। नतीजा? प्रकाशक ने खुद उसे कॉफी पर बुलाया और कहा, "अद्वैत, तुममें कुछ तो बात है, तुमसे मिलकर लगा ही नहीं कि हम पहली बार मिल रहे हैं।"

> **"चेहरे की रौनक और दिल का मेल, अजनबियों को अपना बना दे, बस सोच का खेल।"**

इस कहानी का सार यह है कि अजनबी कोई दुश्मन नहीं, बल्कि वह दोस्त हैं जिनसे आप अब तक मिले नहीं हैं। अगर आप अपनी नज़रों में 'अपनत्व' की चमक रखेंगे, तो दुनिया की कोई भी दीवार आपके लिए ऊंची नहीं होगी। अपने व्यवहार में औपचारिकता की जगह आत्मीयता का रंग घोलिये, फिर देखिये कैसे लोग आपकी ओर चुंबक की तरह खिंचे चले आते हैं।

ट्रिक नं. 14: ठहराव का सिंहासन: प्रभावशीलता का मौन रहस्य (The Throne of Stillness)

बनारस के अस्सी घाट पर शाम की आरती की भीड़ थी। वहाँ एक ऊँचे चबूतरे पर शहर के दो सबसे बड़े ज़मींदार एक ज़मीन के विवाद को सुलझाने के लिए बैठे थे। उनके चारों ओर दर्जनों लोग इकट्ठा थे। दाहिनी ओर बैठे ठाकुर साहब लगातार अपनी मूँछों पर हाथ फेर रहे थे, बार-बार अपना चश्मा उतारकर साफ़ करते और हर दो मिनट में अपनी घड़ी की चेन से खेलने लगते। उनके पैरों की घबराहट साफ़ दिख रही थी—उनका दाहिना घुटना ऊपर-नीचे तेज़ी से हिल रहा था।

उनके ठीक सामने बैठे थे एक वृद्ध शास्त्री जी। शास्त्री जी के हाथ पूरी बातचीत के दौरान उनकी गोद में बिल्कुल स्थिर थे। वह पत्थर की किसी प्राचीन मूर्ति की तरह शांत थे। जब ठाकुर साहब अपनी दलीलों के बीच घबराकर तीन बार नाक खुजला चुके थे, तब शास्त्री जी ने सिर्फ एक बार अपना मुँह खोला और शांति से अपनी बात कही। भीड़ में मौजूद हर शख्स ने गौर किया कि ठाकुर साहब

की बातें हवा में उड़ गईं, जबकि शास्त्री जी के उस एक वाक्य ने फैसले की दिशा बदल दी। ठाकुर साहब का ज्ञान और रसूख उनकी 'शारीरिक बेचैनी' (*Fidgeting*) की भेंट चढ़ गया।

अक्सर हम सोचते हैं कि हमारी आवाज़ लोगों को प्रभावित करती है, लेकिन हकीकत यह है कि हमारा **'ठहराव'** लोगों को भरोसा दिलाता है। मनोविज्ञान कहता है कि जब आप बातचीत के दौरान बार-बार अपने चेहरे को छूते हैं, गर्दन सहलाते हैं या उंगलियाँ चटकाते हैं, तो सुनने वाले के दिमाग में एक 'अलार्म' बजता है—उसे लगता है कि आप कुछ छिपा रहे हैं या आप खुद अपने शब्दों को लेकर आश्वस्त नहीं हैं।

यहीं से निकलती है व्यक्तित्व की सबसे प्रभावशाली ट्रिक— **'शून्य मुद्रा' (*The Zero-Motion Anchor*)**।

इस ट्रिक का इस्तेमाल करना बहुत आसान लेकिन जादुई है। जब भी आप किसी से बात करें, चाहे वह कोई इंटरव्यू हो या दोस्तों के साथ बहस, कल्पना करें कि आपके हाथ आपकी गोद या मेज के साथ 'मैग्नेट' की तरह जुड़े हुए हैं। अपने हाथों को 'चेहरा मुक्त क्षेत्र' (*No-Face Zone*) में रखें। अगर आपके गाल पर हल्की खुजली भी हो, तो उसे तुरंत रिएक्ट करने के बजाय पाँच सेकंड तक अनदेखा करें; अक्सर वह खुजली अपने आप शांत हो जाती है। यह ठहराव आपके व्यक्तित्व में एक 'रॉयल' एहसास भर देता है। जो व्यक्ति जितना कम अनावश्यक हिलता है, उसका प्रभाव उतना ही गहरा होता जाता है। लोग आपकी बात को सिर्फ सुनते नहीं, बल्कि उसे एक 'आदेश' की तरह महसूस करने लगते हैं क्योंकि आपकी स्थिरता आपकी मानसिक शक्ति का प्रमाण होती है।

शास्त्र जी ने उठते समय ठाकुर साहब से बस इतना कहा, *"ठाकुर साहब, जो अपनी उंगलियों की थरथराहट नहीं रोक पाता, वह गाँव की बागडोर कैसे संभालेगा?"*

> **"शांत देह, गंभीर मन, व्यक्तित्व बने महान, चंचलता जो तज सके, वही पाए सम्मान।"**

सच्चा आत्मविश्वास शोर में नहीं, बल्कि शरीर के अनुशासन और शांति में बसता है। जब आप बेवजह की हरकतों को शून्य कर देते हैं, तो आपकी उपस्थिति में एक ऐसा वज़न आ जाता है जिसे लोग नकार नहीं पाते। आपकी चुप्पी और स्थिरता ही आपकी विश्वसनीयता की सबसे बड़ी गवाही बन जाती है।

ट्रिक नं. 15: खामोश गवाही: रूह को पढ़ने वाली तीसरी आँख (The Silent Witness)

ऋषिकेश के एक पुराने आश्रम के बाहर, युवा और जोश से भरा अयान एक विदेशी टूरिस्ट ग्रुप को हिमालयन ट्रेकिंग का प्लान समझा रहा था। अयान की अंग्रेज़ी शानदार थी, उसके तर्क पुख्ता थे और उसका उत्साह सातवें आसमान पर था। वह पिछले आधे घंटे से बोल रहा था। ग्रुप में शामिल छह लोग सिर हिला रहे थे और बीच-बीच में "ओह," "यस," और "ग्रेट" भी कह रहे थे। अयान को लगा कि सौदा पक्का है, ये सब कल सुबह उसके साथ पहाड़ों पर चढ़ने के लिए तैयार हैं।

वहीं पास के एक पत्थर पर बैठे बूढ़े राधेश्याम दादा, जो सालों से यहाँ लोगों के चेहरे पढ़ रहे थे, मंद-मंद मुस्कुरा रहे थे। जब टूरिस्ट ग्रुप "हम सोचकर बताएंगे" कहकर वहां से चला गया, तो अयान माथे का पसीना पोंछते हुए दादा के पास आया। "दादा, सब कुछ तो परफेक्ट था, फिर भी उन्होंने हाँ क्यों नहीं कहा?"

दादा ने अपनी हुक्का नली बगल में रखी और कहा, "बेटा, तू उनके कानों से बात कर रहा था, जबकि उनके पैर तुझे कुछ और बता रहे थे। तूने ध्यान दिया? जब तू 'कठिन चढ़ाई' की बात कर रहा था, तो उनमें से तीन लोगों ने अनजाने में अपने पैरों के पंजे पीछे की तरफ मोड़ लिए थे। और वो जो सबसे आगे खड़ा था, उसने अपने हाथ छाती पर कस लिए थे। उसका मुँह 'हाँ' कह रहा था, लेकिन उसका शरीर 'डर' रहा था। तूने उनकी आवाज़ सुनी, उनकी खामोशी नहीं पढ़ी।"

अयान को अपनी गलती समझ आई। वह शब्दों के शोर में सामने वाले की 'देह-भाषा' (*Body Language*) को अनदेखा कर गया था। यहीं से जन्म लेती है एक जादुई ट्रिक जिसे हम **'अदृश्य रडार' (*The Invisible Radar*)** कह सकते हैं।

अक्सर लोग शिष्टाचार के नाते मुँह से वही कहते हैं जो आप सुनना चाहते हैं, लेकिन उनका शरीर वही कहता है जो वे असल में महसूस करते हैं। 'अदृश्य रडार' ट्रिक के अनुसार, बातचीत करते समय अपनी चेतना को सामने वाले की आवाज़ से हटाकर उसके शरीर के निचले हिस्से और सूक्ष्म गतिविधियों पर ले जाइए। जब कोई असहमत होता है, तो वह अक्सर अपनी कुर्सी पर पीछे की ओर झुक जाता है (*Distancing*) या अपनी गर्दन के पीछे वाले हिस्से को छूने लगता है (*Self-Soothing*)। सबसे महत्वपूर्ण संकेत 'पैर' देते हैं; अगर किसी के पैर का पंजा दरवाज़े की तरफ मुड़ा है, तो समझ जाइये कि उसका मन वहाँ से जाने का है, भले ही वह मुस्कुराकर आपकी बात सुन रहा हो।

अगली बार जब आप किसी को अपनी बात समझाएं, तो बीच में एक छोटा सा ब्रेक लें और देखें कि क्या सामने वाला व्यक्ति अपने हाथ खोल रहा है या सिकोड़ रहा है। अगर उसकी पुतलियाँ

चौड़ी हो रही हैं, तो वह आपकी बात में रुचि ले रहा है। लेकिन अगर वह अपनी घड़ी को सहला रहा है या जूते की नोक से ज़मीन कुरेद रहा है, तो तुरंत अपनी बात का तरीका बदल दें या उसे बोलने का मौका दें।

दादा ने अयान के कंधे पर हाथ रखा और कहा, "याद रख बेटा, ज़ुबान पर पहरा लगाया जा सकता है, पर नसों की फड़कन और पैरों की दिशा कुदरत के काबू में होती है।"

> **"शब्दों में छलावा बहुत, नयनों में सब सच, काया की हलचल पढ़े,**
> **वही बड़ा पारख।"**

इंसान का असली चेहरा उसकी बातों में नहीं, बल्कि उसकी देह की अनकही हरकतों में छिपा होता है। एक प्रभावशाली व्यक्तित्व वही है जो शब्दों के पीछे छिपे डर, बोरियत या उत्साह को उसकी पहली हरकत से ही भांप ले। जब आप लोगों को 'देखना' शुरू करते हैं, तो आपको 'सुनने' की ज़रूरत आधी रह जाती है।

ट्रिक नं. 16: पहचान का विस्तार: शुष्क शब्दों में प्राण फूंकना (The Living Label)

जयपुर के एक व्यस्त लिटरेचर फेस्टिवल की शाम थी। चारों तरफ किताबों के शौकीन और नए-नए लेखकों का जमावड़ा था। वहाँ एक मशहूर पब्लिशिंग हाउस के एडिटर, राघव, हाथ में वाइन का गिलास लिए लोगों से मिल रहे थे। उनके पास एक युवक आया, जिसका नाम मयंक था। मयंक थोड़ा झिझक रहा था। जब राघव ने उससे मुस्कुराकर पूछा, "और मयंक, आप क्या करते हैं?"

मयंक ने गर्दन झुकाकर बस इतना कहा, "सर, मैं एक सॉफ्टवेयर इंजीनियर हूँ।"

राघव के चेहरे पर एक पल के लिए औपचारिक मुस्कान आई, उन्होंने सिर हिलाया और "अच्छा, बहुत बढ़िया" कहकर आगे बढ़ गए। मयंक वहीं खड़ा रह गया। उसने मौका खो दिया था। उसकी पहचान एक ठंडे, बेजान लेबल (*Label*) की तरह थी जिसे सुनकर सामने वाले के पास कहने को कुछ बचा ही नहीं था। मयंक ने एक ऐसी 'जमी हुई मछली' राघव के सामने फेंक दी थी, जिसे न तो वो चबा सकते थे और न ही उस पर आगे चर्चा कर सकते थे।

तभी मयंक ने देखा कि एक और लड़की, सान्या, राघव के पास पहुँची। राघव ने उससे भी वही सवाल किया— "आप क्या करती हैं?" सान्या ने रुककर, आँखों में एक चमक के साथ जवाब दिया, "मैं एक डेटा एनालिस्ट हूँ, और आजकल मैं इस पर काम कर रही हूँ कि कैसे डिजिटल डेटा की मदद से छोटे गाँवों के बुनकरों को अपनी कला सही कीमत पर बेचने में मदद मिल सके।"

राघव रुक गए। उनकी दिलचस्पी जाग उठी थी। उन्होंने तुरंत पूछा, "अरे वाह! यह तो बहुत नेक काम है, क्या आप मुझे इसके बारे में और बता सकती हैं?"

यहीं से व्यक्तित्व की एक बेहद मारक ट्रिक निकलती है जिसे हम **'प्राण प्रतिष्ठित परिचय' (*The Animated Intro*)** कह सकते हैं।

ज़्यादातर लोग 'आप क्या करते हैं?' के जवाब में अपने पद या डिग्री का नाम लेकर बातचीत का गला घोंट देते हैं। इस ट्रिक का नियम यह है कि अपने काम के नाम (*Title*) के साथ हमेशा एक 'प्रभाव' (*Impact*) या 'छोटा सा रोचक किस्सा' (*Hook*) जोड़ें। जब आप अपने पद के पीछे की कहानी या उससे होने वाले किसी फायदे का जिक्र करते हैं, तो आप सामने वाले को बातचीत आगे बढ़ाने के लिए 'ईंधन' (*Fuel*) दे रहे होते हैं। यह तकनीक आपको भीड़ में एक बोरिंग प्रोफेशनल से बदलकर एक दिलचस्प इंसान बना देती है।

अगली बार जब कोई आपसे पूछे कि आप क्या करते हैं, तो "मैं एक टीचर हूँ" कहने के बजाय कहिए, "मैं एक प्राइमरी टीचर हूँ और मेरी कोशिश रहती है कि बच्चों को गणित जैसे बोरिंग विषय कहानियों के जरिए सिखाऊं।" अगर आप एक जिम ट्रेनर हैं, तो यह न कहें कि "मैं जिम में काम करता हूँ," बल्कि कहें, "मैं लोगों को उनकी सुस्त जीवनशैली से बाहर निकालकर उन्हें खुद से प्यार करना सिखाता हूँ।" यह छोटा सा बदलाव आपकी बातचीत में 'संजीवनी' भर देता है।

मयंक ने सान्या को गौर से देखा और समझ गया कि उसकी डिग्री उसके काम का सिर्फ एक छोटा सा हिस्सा है, उसकी असली पहचान उस काम के पीछे छुपे उसके जज्बे में है।

> **"नाम काम का तब बने, जब जुड़ जाए जज़्बात, खोखले शब्द जो तज सके, वही करे गहरी बात।"**

आपका पेशा सिर्फ एक शब्द नहीं, बल्कि एक पूरा अनुभव होना चाहिए। जब आप अपने काम को एक मिशन की तरह पेश करते हैं, तो लोग आपके पद को नहीं, बल्कि आपको और आपके व्यक्तित्व को याद रखते हैं। एक अधूरा जवाब बातचीत का अंत है, लेकिन एक सार्थक जवाब एक नए और मजबूत रिश्ते की नींव है।

ट्रिक नं. 17: परिचय का सेतु: संवाद की संजीवनी (The Connection Anchor)

बनारस की एक धुंधली शाम थी, गंगा किनारे एक पुराने दोस्त की शादी का रिसेप्शन चल रहा था। समीर, जो शहर का एक उभरता हुआ आर्किटेक्ट था, वहां अपने बचपन के दोस्त रोहन के साथ

खड़ा था। तभी सामने से उसका एक कॉलेज का सीनियर, विकास, आता दिखाई दिया। विकास अब एक सफल एडवरटाइजिंग एजेंसी चलाता था। समीर ने जोश में आकर दोनों का हाथ मिलाया और कहा, "रोहन, ये विकास भाई हैं। विकास भाई, ये मेरा दोस्त रोहन है।" और इतना कहकर समीर पास के चाट काउंटर की तरफ भाग गया।

पीछे एक अजीब सा सन्नाटा पसर गया। रोहन और विकास एक-दूसरे को देख रहे थे। रोहन ने अपनी कोल्ड ड्रिंक का घूँट भरा और विकास ने बेमन से अपनी घड़ी देखी। दोनों के पास एक-दूसरे से कहने के लिए कुछ नहीं था। वे दो अजनबी थे जिन्हें एक बंद कमरे में बिना चाबी के छोड़ दिया गया हो। यह एक 'नग्न परिचय' (*Naked Introduction*) था—एक ऐसा सामाजिक अपराध जिसने दो संभावित अच्छे दोस्तों के बीच असहजता की दीवार खड़ी कर दी थी।

अक्सर हम लोगों को मिलवाते समय केवल उनके नाम उछाल देते हैं, यह सोचे बिना कि उन नामों के बीच कोई पुल भी होना चाहिए। एक प्रभावशाली व्यक्तित्व वाला इंसान कभी भी दो लोगों को केवल नाम के सहारे नहीं छोड़ता। वह जानता है कि अपरिचितों के बीच बातचीत की बर्फ पिघलाना दुनिया के सबसे कठिन कामों में से एक है। यहीं से निकलती है एक बेहद असरदार और व्यावहारिक ट्रिक, जिसे हम **'संवाद का लंगर' (*The Conversation Anchor*)** कहते हैं।

इस ट्रिक का इस्तेमाल करना एक कला है। जब भी आप किन्हीं दो व्यक्तियों का परिचय कराएं, तो उनके नामों के साथ एक ऐसी 'साझा रुचि' या 'दिलचस्प तथ्य' का लंगर डाल दें, जिसे पकड़कर वे बातचीत की गहराई में उतर सकें। आपको बस उनके बीच की कोई एक समानता या उनकी किसी ताज़ा उपलब्धि का ज़िक्र करना है।

इसे एक सिनेमैटिक पल की तरह देखें: "रोहन, ये विकास भाई हैं। विकास भाई वही शख्स हैं जिन्होंने पिछले साल उस मशहूर ऑर्गेनिक फार्मिंग कैंपेन का डिज़ाइन बनाया था। और रोहन खुद भी अपने छत पर एक छोटा सा किचन गार्डन शुरू करने की कोशिश कर रहा है, विकास भाई, शायद आप इसे कुछ टिप्स दे सकें!"

अब देखिए जादू। विकास को अपनी विशेषज्ञता दिखाने का मौका मिला और रोहन के पास पूछने के लिए एक ठोस सवाल। समीर को अब वहां रुककर बात को खींचने की ज़रूरत नहीं थी; उसने एक ऐसा 'हुक' (*Hook*) लगा दिया था कि अब वे दोनों अगले आधे घंटे तक पौधों और मार्केटिंग पर चर्चा करने वाले थे। इस छोटे से प्रयास से समीर उस महफ़िल में एक 'कनेक्टर' (*Connector*) के रूप में उभरा, एक ऐसा व्यक्ति जो रिश्तों की गांठें खोलना जानता है।

विकास ने मुस्कुराते हुए रोहन से कहा, "अरे वाह! किचन गार्डन? समीर ने बिल्कुल सही वक्त पर मिलवाया है, मेरे पास कुछ खास बीजों का स्टॉक है..."

> **"नाम बताए रस्म है, काम बताए रीत, साझा धागा जोड़ दे, तो बन जाए मीत।"**

जब आप दो लोगों को मिलवाते हैं, तो उन्हें केवल शब्दों के सहारे न छोड़ें, बल्कि उन्हें बातचीत का एक सिरा थमा दें। एक स्मार्ट परिचय वह है जो आपके चले जाने के बाद भी अजनबियों को अजनबी न रहने दे। आपकी दी हुई एक छोटी सी जानकारी किसी के लिए उम्र भर की दोस्ती का रास्ता खोल सकती है।

ट्रिक नं. 18: संवाद की टोह: अनकहे सुरागों से दिल जीतने का राज (The Echo Detective)

एक तपती दुपहरी में, लखनऊ के हजरतगंज की एक पुरानी किताब की दुकान में अरशद बैठा था। अरशद एक होनहार लड़का था, लेकिन उसकी सबसे बड़ी समस्या थी 'खामोशी'। जब भी वह किसी नए इंसान से मिलता, दो-तीन औपचारिक सवालों के बाद उसकी बातचीत का दम निकल जाता। वह बस 'हूँ', 'हाँ' और 'अच्छा' पर सिमट कर रह जाता। उसे लगता था कि शायद उसके पास बताने के लिए कोई दिलचस्प कहानी नहीं है, इसलिए लोग उससे ऊब जाते हैं।

उसी दुकान के काउंटर पर बैठे थे बुजुर्ग खन्ना साहब, जो शहर के मशहूर किस्सागो माने जाते थे। खन्ना साहब के पास जो भी आता, वह घंटों उनसे बातें करता और मुस्कुराते हुए बाहर निकलता। अरशद ने एक दिन हिम्मत करके पूछा, "खन्ना साहब, आप हर अजनबी से इतनी लंबी और गहरी बात कैसे कर लेते हैं? क्या आप पहले से सवाल सोच कर रखते हैं?"

खन्ना साहब ने अपनी ऐनक ठीक की और मुस्कुराते हुए बोले, "बेटा, मैं सवाल नहीं सोचता, मैं बस उनके शब्दों में छिपे 'निशान' ढूँढता हूँ। लोग जब बात करते हैं, तो वे अपनी दुनिया की चाबियाँ खुद ही तुम्हारे हाथ में थमा देते हैं, बस तुम्हें उन्हें पकड़ना आना चाहिए।"

यहीं से व्यक्तित्व की एक बेहद शक्तिशाली ट्रिक जन्म लेती है, जिसे हम **'शब्द-खोजी' (*The Word Scout*)** कह सकते हैं।

अक्सर हम सामने वाले की बात सिर्फ इसलिए सुनते हैं ताकि हम अपना जवाब दे सकें। लेकिन एक 'शब्द-खोजी' सामने वाले के वाक्यों में से उन 'खास शब्दों' को पकड़ लेता है जो सामान्य नहीं

हैं। ये शब्द बातचीत के बंद दरवाजों को खोलने वाले सुराग होते हैं। जब कोई आपसे बात करता है, तो वह अनजाने में अपने हितों, चिंताओं या अनुभवों के छोटे-छोटे संकेत छोड़ता है।

कल्पना कीजिए, आप किसी शादी में हैं और एक अजनबी आपसे कहता है: *"मैं कल ही केरल से एक लंबी बिजनेस ट्रिप से लौटा हूँ, बहुत थकान है।"*

एक साधारण इंसान कहेगा: *"ओह, आराम कीजिए।"* (यहाँ बातचीत खत्म हो गई)। लेकिन एक 'शब्द-खोजी' इसमें से 'केरल', 'लंबी ट्रिप' या 'बिजनेस' जैसे शब्दों को पकड़ेगा। वह पूछेगा: *"केरल? सुना है वहाँ का मौसम इस वक्त बड़ा सुहाना होता है, क्या आपको वहाँ के बैकवाटर्स देखने का मौका मिला?"* या *"बिजनेस ट्रिप? क्या आपका काम ट्रैवलिंग से जुड़ा है?"*

जैसे ही आप उस 'सुराग' पर सवाल पूछते हैं, सामने वाले को महसूस होता है कि आप उसे सिर्फ सुन नहीं रहे, बल्कि उसे 'समझ' रहे हैं। यह तकनीक आपको एक उबाऊ इंसान से बदलकर एक 'मैग्नेटिक कम्युनिकेटर' बना देती है। आपको कभी यह नहीं सोचना पड़ता कि "अब क्या बोलूँ?", क्योंकि सामने वाला अपने हर वाक्य में आपको तीन नए रास्ते दे रहा होता है।

खन्ना साहब ने एक ग्राहक से बात करते हुए अरशद को दिखाया। ग्राहक ने कहा, "आजकल की भागदौड़ में सुकून ही नहीं है।" खन्ना साहब ने तुरंत पकड़ा— *"भागदौड़? क्या आपको लगता है कि पुराने शहर का सुकून अब खत्म हो रहा है?"* और ग्राहक अगले दस मिनट तक अपनी यादों में खो गया।

"कान लगा सुन बात को, शब्द पकड़ लो मौन, भीड़ में भी तुम दिखोगे, सबसे अलग है कौन।"

बातचीत का असली हुनर बोलने में नहीं, बल्कि सामने वाले के शब्दों के बीच दबे उन 'हीरों' को खोजने में है जो उसने अनजाने में फेंक दिए हैं। जब आप किसी के छोटे से जिक्र को बड़ी अहमियत देते हैं, तो आप केवल जानकारी नहीं पा रहे होते, बल्कि आप उस इंसान का दिल जीत रहे होते हैं। एक जागरूक श्रोता ही सबसे बेहतरीन वक्ता बनता है।

ट्रिक नं. 19: नायक की वापसी: संवाद का जादूई दर्पण (The Hero's Mirror)

राजस्थान के पुष्कर मेले की वो शाम आज भी अमित को याद है। अमित एक बहुत ही होनहार लेखक था, जिसने कई पुरस्कार जीते थे, लेकिन सामाजिक महफिलों में वो अक्सर अकेला पड़ जाता था। उसे लगता था कि लोगों को प्रभावित करने के लिए उसे अपनी उपलब्धियों का ढिंढोरा

पीटना होगा। उस शाम एक ऊँचे टीले पर कैम्प फायर के चारों ओर कुछ विदेशी टूरिस्ट और स्थानीय कलाकार बैठे थे। अमित ने वहां अपनी नई किताब और अपने दौरों के बारे में बोलना शुरू किया, लेकिन उसने गौर किया कि धीरे-धीरे लोग अपनी बातचीत में मगन हो गए और उसे अनसुना कर दिया। अमित का आत्मविश्वास डगमगा गया।

तभी वहां 'काका' आए—एक बुजुर्ग लोक कलाकार, जिनके पास न कोई डिग्री थी, न कोई बड़ा पद, लेकिन जैसे ही वो आए, पूरी महफिल उनकी दीवानी हो गई। अमित ने ध्यान से देखा कि काका कर क्या रहे हैं। काका खुद के बारे में एक शब्द भी नहीं बोल रहे थे। वो एक जर्मन महिला से उसके देश के संगीत के बारे में पूछ रहे थे, तो कभी बगल में बैठे ऊँट वाले से उसकी पिछली यात्रा की मुश्किलों का हाल ले रहे थे। काका की आँखों में ऐसी चमक थी जैसे सामने वाला व्यक्ति दुनिया का सबसे महत्वपूर्ण इंसान हो। दो घंटे बाद, सब कह रहे थे, "काका से मिलकर मज़ा आ गया, वो कितने कमाल के इंसान हैं!" जबकि काका ने अपने बारे में कुछ बताया ही नहीं था।

यहीं से व्यक्तित्व की एक अचूक तकनीक निकलती है, जिसे हम **'प्रतिबिंब का उजाल' (*The Reflective Spotlight*)** कहते हैं।

अक्सर हम बातचीत को एक ऐसी जंग समझते हैं जहाँ हमें साबित करना होता है कि हम कितने महान हैं। लेकिन हकीकत में, दुनिया का हर इंसान अपने अंदर एक 'नायक' (*Hero*) छिपाए बैठा है और वो बस एक ऐसे दर्शक की तलाश में है जो उसकी कहानी सुन सके। 'प्रतिबिंब का उजाल' ट्रिक यह है कि बातचीत के दौरान अपनी उपलब्धियों की पोटली को कस कर बंद रखें और अपनी पूरी मानसिक ऊर्जा यानी 'स्पॉटलाइट' को सामने वाले पर टिका दें। उसे बोलने दें, उसे खुद को व्यक्त करने का मौका दें।

जब आप किसी से पूछें, "आपने इस चुनौतीपूर्ण समय का सामना कैसे किया?" या "आपकी इस अनोखी सोच के पीछे का राज क्या है?", तो आप उस व्यक्ति के आत्म-सम्मान को बढ़ा रहे होते हैं। जैसे ही आप सामने वाले को अपनी बातों का 'हीरो' बना देते हैं, उसका दिमाग आपके लिए 'पॉजिटिव डोपामिन' रिलीज करने लगता है। उसे लगता है कि आप सबसे समझदार और दिलचस्प व्यक्ति हैं, क्योंकि आपने उसे 'महत्व' दिया है। यह सेल्स की बड़ी डील क्लोज करने से लेकर नए दोस्त बनाने तक का सबसे छोटा रास्ता है।

अमित ने अगले दिन यही कोशिश की। उसने एक प्रकाशक से अपनी किताब की तारीफ करने के बजाय, उस प्रकाशक के संघर्ष के दिनों के बारे में पूछा। प्रकाशक आधे घंटे तक बोलता रहा और अंत में अमित का हाथ थाम कर बोला, "बेटा, तुम्हारी समझ कमाल की है, तुम्हारी किताब हम ही छापेंगे।"

"निज महिमा जो तज सके, पर को दे सम्मान, मौन रहकर जीत ले, जग का हर इंसान।"

सच्चा रसूख खुद को बड़ा दिखाने में नहीं, बल्कि दूसरे को बड़ा महसूस कराने में है। जब आप अपनी आवाज़ को थोड़ा विराम देते हैं और अपनी जिज्ञासा की रोशनी दूसरे के जीवन पर डालते हैं, तो आप अनजाने में ही उनके दिल के सबसे करीब पहुँच जाते हैं। लोग ये भूल सकते हैं कि आपने क्या पहना था, लेकिन वो ये कभी नहीं भूलेंगे कि आपने उनकी बातों को कितनी शिद्दत से सुना था।

ट्रिक नं. 20: प्रतिध्वनि का जादू: शब्दों की डोर से संवाद का विस्तार (The Echo Bridge)

एक सर्द रात में हिमाचल के एक छोटे से होमस्टे की अंगीठी के पास आर्यन बैठा था। आर्यन स्वभाव से थोड़ा अंतर्मुखी था और उसे हमेशा डर रहता था कि कहीं बातचीत के बीच में 'सन्नाटा' न छा जाए। उसके ठीक सामने बैठे थे एक रिटायर्ड प्रोफेसर, जो परमाणु भौतिकी (*Nuclear Physics*) के किसी जटिल सिद्धांत पर उत्साह से बोले जा रहे थे। आर्यन को उस विषय का 'अ' भी नहीं पता था। प्रोफेसर साहब ने एक लंबी सांस ली और कहा, "तो इसी तरह हमने उस न्यूट्रॉन डिफ्यूजन के अनसुलझे रहस्य को एक नई दिशा दी।"

आर्यन के पास कहने को कुछ नहीं था। उसका दिमाग खाली हो चुका था। अगर वह चुप रहता, तो प्रोफेसर को लगता कि आर्यन ऊब रहा है। अगर वह विषय बदलता, तो यह अपमानजनक होता। तभी आर्यन ने अपने स्कूल के एक पुराने नाटक की याद ताजा की, जहाँ उसे एक छोटे बच्चे का किरदार निभाना था जो सब कुछ दोहराता था। उसने बस एक गहरी नज़र प्रोफेसर की आँखों में डाली और धीमी आवाज़ में एक सवालिया लहज़े के साथ कहा— "एक नई दिशा?"

प्रोफेसर की आँखें चमक उठीं। "बिल्कुल! मेरा मतलब है कि पहले हम जिस पुराने मॉडल पर टिके थे, वह पूरी तरह से विफल हो रहा था..." और अगले पंद्रह मिनट तक प्रोफेसर साहब खुद ही उस 'नई दिशा' को विस्तार से समझाते चले गए। आर्यन को एक भी नया शब्द खर्च नहीं करना पड़ा, और प्रोफेसर साहब को लगा कि आर्यन इस विषय का बहुत बड़ा पारखी और एक बेहतरीन श्रोता है।

यहीं से व्यक्तित्व की एक बेजोड़ और बेहद व्यावहारिक ट्रिक निकलती है जिसे हम **'अनुगूंज तकनीक'** (***The Echoing Technique***) कह सकते हैं।

अक्सर हम बातचीत में इसलिए घबराते हैं क्योंकि हमें लगता है कि हमें हर बार कुछ नया और बुद्धिमान बोलना होगा। लेकिन सच्चाई यह है कि लोग केवल यह चाहते हैं कि उन्हें सुना जाए और समझा जाए। 'अनुगूंज तकनीक' का नियम सरल है: जब आप बातचीत में फंस जाएं या आपके पास बोलने के लिए कुछ न हो, तो सामने वाले के पिछले वाक्य के सबसे महत्वपूर्ण दो या तीन शब्दों को एक सवाल के रूप में वापस उनकी तरफ उछाल दें।

यह किसी टेनिस मैच की तरह है जहाँ आप बस गेंद को वापस नेट के पार भेज देते हैं। जब आप शब्दों को दोहराते हैं, तो सामने वाले के दिमाग को संकेत मिलता है कि आप उसकी बात में गहराई से रुचि ले रहे हैं। वह उन शब्दों को और अधिक स्पष्ट करने के लिए अपनी कहानी को और विस्तार देता है। इससे न केवल आपको सोचने का समय मिलता है, बल्कि सामने वाले को यह महसूस होता है कि उसकी बातों का बहुत महत्व है। यह तकनीक उन स्थितियों में 'संजीवनी' का काम करती है जहाँ विषय आपकी समझ से बाहर हो या आप मानसिक रूप से थक चुके हों।

अगली सुबह जब आर्यन जाने लगा, तो प्रोफेसर ने उसका हाथ थाम कर कहा, "आर्यन, तुमसे बात करके बहुत सुकून मिला। आजकल के युवाओं में इतनी गहराई और सुनने का सब्र कम ही मिलता है।" आर्यन मुस्कुरा दिया, क्योंकि उसने एक भी नया तर्क दिए बिना प्रोफेसर का दिल जीत लिया था।

"शब्द न सूझे राह में, तो पिछली बात दोहराए, पूछन की उस रीत से,
संवाद मधुर हो जाए।"

बातचीत को चलाने के लिए हमेशा बुद्धिमानी भरे नए विचारों की ज़रूरत नहीं होती। कभी-कभी सामने वाले के ही शब्दों को सम्मान के साथ वापस लौटा देना सबसे बड़ा संवाद कौशल बन जाता है। यह तरीका आपको एक ऐसा इंसान बनाता है जिसके साथ लोग घंटों बैठना चाहते हैं, क्योंकि आपकी 'अनुगूंज' उनके विचारों को एक नया आकाश देती है।

ट्रिक नं. 21: बिखरती महफ़िल का सूत्रधार: उपेक्षित संवाद को प्राण देना (The Revival Hook)

पुराने लखनऊ की एक सर्द शाम थी, इमामबाड़े के पास वाली गली में एक मशहूर कबाब की दुकान पर पाँच-छह दोस्तों का जमावड़ा लगा था। गपशप का दौर गर्म था और समीर, जो स्वभाव से थोड़ा शर्मीला था, पहली बार खुलकर अपने पिछले महीने के लद्दाख ट्रिप का वो डरावना किस्सा सुना रहा था जब उसकी बाइक एक बर्फीले नाले में फँस गई थी। "तभी अचानक सामने से

एक विशाल याक आया और..." समीर अभी अपनी बात के चरम पर ही था कि अचानक वेटर कबाब की प्लेटें लेकर आ गया।

"गरमा-गरम गलौटी तैयार है!" वेटर के शोर और प्लेटों के खनकने के बीच सब खाने पर टूट पड़े। कोई चटनी माँगने लगा, तो कोई प्याज के लच्छे। दो मिनट की इस उथल-पुथल के बाद जब सन्नाटा हुआ, तो बातचीत का विषय बदल चुका था। अब सब कबाब के स्वाद की चर्चा कर रहे थे। समीर का वो रोमांचक किस्सा बीच में ही दम तोड़ चुका था। वह चुपचाप अपनी प्लेट देखने लगा, उसे महसूस हुआ कि उसकी बात की किसी को परवाह नहीं थी। वह वापस अपनी 'खामोश खोल' में सिमट गया।

अक्सर महफ़िलों में ऐसा ही होता है—कोई फोन बज जाता है, कोई बीच में टोक देता है, या वेटर आ जाता है, और किसी की बेहतरीन कहानी कचरे के ढेर में चली जाती है। सुनाने वाला व्यक्ति खुद को 'अस्वीकृत' (*Rejected*) महसूस करने लगता है। यहीं से जन्म लेती है व्यक्तित्व की एक ऐसी जादुई ट्रिक जो आपको भीड़ में एक 'लीडर' और 'सबसे पसंदीदा इंसान' बना सकती है, जिसे हम **'संवाद का पुनर्जन्म' (*The Echo of Importance*)** कहते हैं।

इस ट्रिक का नियम बहुत सरल है: जैसे ही महफ़िल में आई कोई बाधा दूर हो, आप तुरंत उस व्यक्ति की तरफ मुड़ें जिसकी बात अधूरी रह गई थी। आपको बस एक 'ब्रिज' (*Bridge*) बनाना है। समीर के मामले में, अगर आप उस शोर के बाद कहते— "अरे समीर, तुम उस याक के बारे में बता रहे थे, फिर क्या हुआ? उसने रास्ता दिया या हमला कर दिया?" तो आप समीर के मुरझाए हुए चेहरे पर वापस मुस्कान ला देते।

जब आप किसी की अधूरी बात को याद रखते हैं, तो आप उसे दुनिया का सबसे बड़ा सम्मान दे रहे होते हैं। आप उसे यह संदेश देते हैं कि "मैं तुम्हें केवल सुन नहीं रहा था, बल्कि तुम्हारी बात मेरे लिए कीमती थी।" यह छोटी सी क्रिया आपको उस पूरे ग्रुप का 'अघोषित संचालक' बना देती है। लोग अनजाने में ही आपकी तरफ खिंचने लगते हैं क्योंकि आप दूसरों को 'खास' महसूस कराना जानते हैं। आप उस शख्स के लिए एक 'फरिश्ते' की तरह होते हैं जिसने उसकी डूबती हुई कहानी को सहारा दिया।

समीर ने जब अपनी कहानी पूरी की, तो उसकी आँखों में एक अलग चमक थी। उसने पूरी रात उस दोस्त का साथ नहीं छोड़ा जिसने उसकी बात को वापस पटरी पर लाया था।

> **"रुकी बात जो जोड़ दे, रखे मान का ध्यान, भीड़ बीच वही बने, सबका प्रिय सुजान।"**

महफ़िल वही इंसान जीतता है जो दूसरों के गिरे हुए शब्दों को उठाकर उन्हें वापस मंच देता है। अपनी याददाश्त को थोड़ा तेज़ रखें और हर उस कहानी को पूरा होने का मौका दें जो बीच में ही ठिठक गई थी। जब आप किसी की आवाज़ को दोबारा जीवन देते हैं, तो वह व्यक्ति उम्र भर के लिए आपका मुरीद बन जाता है। संवाद को अधूरा छोड़ना तिरस्कार है, और उसे वापस शुरू कराना सर्वोच्च शिष्टाचार।

ट्रिक नं. 22: शब्दों की जादूगरी: संभावनाओं का नया व्याकरण (The Magic of Words: A New Grammar of Possibilities)

बनारस की तंग गलियों में दोपहर की धूप अभी ढल ही रही थी कि एक पुराने पुस्तकालय के कोने में दो दोस्त, साकेत और अद्वैत, चाय की चुस्कियां ले रहे थे। साकेत, जो एक उभरता हुआ फोटोग्राफर था, बेहद थका हुआ और चिड़चिड़ा दिख रहा था। उसने मेज पर अपना कैमरा पटकते हुए कहा, "भाई, आज का दिन ही मनहूस था। मॉडल नखरे कर रही थी, लाइट इतनी घटिया थी कि तस्वीरें काली आईं और ऊपर से ये ट्रैफिक! साला, इस शहर में जीना दूभर हो गया है।" अद्वैत ने शांति से उसकी बात सुनी। अद्वैत शहर का एक नामी आर्किटेक्ट था, जिसकी बातों में एक अजीब सा ठहराव और चमक रहती थी।

तभी उनके पास से एक बुज़ुर्ग निकले, जिनका झोला काफी भारी था। साकेत ने देखते ही बुदबुदाया, "देखो, बेचारे बूढ़े बाबा, कितनी तकलीफ में हैं।" अद्वैत मुस्कुराया और उस बुज़ुर्ग के पास जाकर बोला, "काका, आज तो आपकी बाजुओं की अच्छी कसरत हो रही है, सेहत का राज यही भारी झोला है क्या?" बुज़ुर्ग खिलखिला कर हंसे और बोले, "बिल्कुल बेटा, आज घर में दावत है तो जोश भी दोगुना है!" अद्वैत वापस आया और साकेत से बोला, "साकेत, तूने 'कमी' देखी और मैंने 'कसरत'। तूने 'तकलीफ' देखी और मैंने 'दावत'। सच तो यह है कि दुनिया वैसी नहीं है जैसी वो है, दुनिया वैसी है जैसे शब्द हम उसके लिए चुनते हैं।"

साकेत को अपनी गलती समझ आने लगी। उसने गौर किया कि अद्वैत की बातों में कभी "थकान," "मुश्किल," या "बेकार" जैसे शब्द नहीं आते थे। वह हमेशा स्थितियों को एक नया नाम दे देता था। यहीं से जन्म लेती है व्यक्तित्व की एक क्रांतिकारी तकनीक जिसे **"शब्द-परावर्तन"** (***Word Refraction***) कहते हैं।

यह ट्रिक बहुत सरल लेकिन घातक रूप से प्रभावशाली है। जब भी आपके सामने कोई नकारात्मक स्थिति आए, तो उसे एक 'शिकायत' के बजाय एक 'एक्शन मोड' वाले शब्द से बदल दें। अगर कोई आपसे पूछे कि "काम कैसा चल रहा है?" तो यह कहने के बजाय कि "बहुत प्रेशर है, दिमाग खराब हो गया है," आप कहें, "काम काफी चुनौतीपूर्ण है, जिससे मुझे अपनी सीमाओं को और

बेहतर तरीके से समझने का मौका मिल रहा है।" जब आप "प्रेशर" को "चुनौती" और "दिमाग खराब" को "सीखने का अवसर" कहते हैं, तो सुनने वाले की नजर में आपकी छवि एक पीड़ित (*Victim*) की नहीं, बल्कि एक विजेता (*Leader*) की बनती है। यह ट्रिक आपके मस्तिष्क को 'समस्या' से हटाकर 'समाधान' वाले न्यूरॉन्स को सक्रिय करने पर मजबूर कर देती है।

सीधे शब्दों में कहें तो अपनी डिक्शनरी से 'ब्लैक लिस्टेड' शब्दों को बाहर निकालें। जैसे, "मुझे यह करना पड़ेगा" की जगह "मुझे यह करने का अवसर मिला है" कहें। जब आप दूसरों के बारे में बात करें, तो उनकी बुराई के कचरे में हाथ डालने के बजाय, उनके चरित्र की उस एक ईंट को खोजें जो मज़बूत है। अगर कोई सहकर्मी आलसी है, तो यह कहने के बजाय कि "वह कामचोर है," यह कहें कि "वह काम को आराम से और बिना हड़बड़ी के करना पसंद करता है, शायद हमें उससे धैर्य सीखना चाहिए।" यह आपकी गरिमा को चार गुना बढ़ा देता है।

एक छोटा सा संवाद जो अद्वैत ने उस शाम साकेत से कहा, "दोस्त, गंदे पानी में पत्थर मारोगे तो छींटे तुम पर ही आएंगे, लेकिन उसी पानी पर अगर रोशनी डालोगे तो वह चमकने लगेगा। अपनी ज़ुबान को सूरज बनाओ, शिकायत की खिड़की नहीं।"

> **"शब्द संभालकर बोलिए, शब्द के हाथ न पाँव, एक शब्द औषधि करे,**
> **एक शब्द करे गहरा घाव।"**

इस पूरे अनुभव का निचोड़ बस इतना है कि आपकी भाषा आपके व्यक्तित्व का आईना नहीं, बल्कि उसका निर्माता है। शिकायत करना ऊर्जा का विसर्जन है, जबकि सकारात्मक शब्दों का चयन ऊर्जा का सृजन है। जब आप अभाव में भी प्रभाव ढूंढ लेते हैं, तो लोग आपकी ओर वैसे ही खिंचे चले आते हैं जैसे अंधेरे में रोशनी की ओर। आपका लहजा ही तय करता है कि आप भीड़ का हिस्सा बनेंगे या महफ़िल की जान।

ट्रिक नं. 23: बौद्धिक बारूद: चर्चाओं के केंद्र में रहने का गुप्त शस्त्र (Intellectual Ammunition: The Secret Weapon for Navigating Social Dynamics)

शिमला की ठंडी शाम में मॉल रोड पर एक भव्य होटल के हॉल में शहर के जाने-माने चेहरों का जमावड़ा था। आर्यन, जो एक सॉफ्टवेयर इंजीनियर था, अपने दोस्त समीर के साथ वहां पहुँचा। आर्यन दिखने में काफी डैशिंग था—ब्रांडेड कोट, महंगे जूते और एकदम सलीके से बने बाल। लेकिन हॉल के अंदर कदम रखते ही उसका सारा आत्मविश्वास जैसे हवा हो गया। लोग झुंड बनाकर खड़े थे और अलग-अलग विषयों पर गहराई से चर्चा कर रहे थे। आर्यन एक ग्रुप के पास खड़ा हुआ, जहाँ बातचीत चल रही थी। थोड़ी देर बाद उसे अहसास हुआ कि उसके पास बोलने के

लिए कुछ भी नहीं है। वह बस सिर हिला रहा था और इधर-उधर देख रहा था। उसे अपनी महँगी घड़ी और जूतों से ज्यादा अपनी खामोशी खलने लगी।

तभी हॉल में राघव की एंट्री हुई। राघव का पहनावा साधारण था, लेकिन उसके चेहरे पर एक अजीब सी बेफिक्री और चमक थी। वह आर्यन के ही ग्रुप में आया और हाथ में ड्रिंक का गिलास थामते हुए बड़े सहज अंदाज़ में बोला, "वैसे, क्या आप लोगों ने आज सुबह का वह आर्टिकल पढ़ा कि कैसे एक छोटे से गाँव के लड़के ने बिना इंटरनेट के सैटेलाइट मॉडल बना दिया?" अचानक, जो ग्रुप आर्यन की मौजूदगी को नज़रअंदाज़ कर रहा था, वह राघव की तरफ मुड़ गया। हर कोई उस खबर के बारे में जानने को उत्सुक था। देखते ही देखते राघव उस ग्रुप का 'अघोषित लीडर' बन गया।

आर्यन ने समीर से धीरे से पूछा, "यार, राघव को कैसे पता होता है कि कब क्या बोलना है?" समीर मुस्कुराया और बोला, "राघव कभी भी किसी इवेंट में 'खाली दिमाग' नहीं आता। वह हमेशा अपने साथ **'चर्चा का ईंधन' (*Conversation Fuel*)** लेकर चलता है।"

यहीं से निकलती है एक बेहद शक्तिशाली पर्सनालिटी ट्रिक जिसे हम **"१०-मिनट ब्रीफिंग" (*The0-Minute Briefing*)** कह सकते हैं। यह ट्रिक कपड़ों या खुशबू से कहीं ज्यादा गहरा प्रभाव छोड़ती है। इसे इस्तेमाल करने का तरीका बहुत व्यावहारिक है: किसी भी सोशल इवेंट, पार्टी या मीटिंग में जाने से ठीक १० मिनट पहले—चाहे आप कैब में हों या घर पर तैयार हो रहे हों—अपने फोन पर तीन अलग-अलग क्षेत्रों की ताज़ा तरीन 'सुर्खियां' (*Headlines*) देख लें। एक खबर तकनीक की हो, एक खेल की और एक कोई ऐसी अनोखी घटना जो मानवीय संवेदनाओं से जुड़ी हो।

यह ट्रिक आपके दिमाग में एक 'बौद्धिक बारूद' तैयार कर देती है। जब बातचीत में सन्नाटा छाने लगे या आप किसी ग्रुप में नए हों, तो "क्या आपने सुना?" का हुक इस्तेमाल करें। यह वाक्य एक चाबी की तरह काम करता है जो बंद बातचीत के तालों को खोल देता है। लेकिन याद रहे, यह खबर सुनाना नहीं है, बल्कि एक विचार साझा करना है ताकि सामने वाला भी अपनी राय रख सके। यह आपको एक जागरूक और 'अप-टू-डेट' इंसान के रूप में स्थापित करता है, जिससे लोग आपकी कंपनी को कीमती समझने लगते हैं।

राघव ने महफ़िल के बीच में आर्यन की तरफ देखते हुए कहा, "आर्यन, तुम्हें क्या लगता है, क्या भविष्य में हम वाकई मंगल पर घर बना पाएंगे जैसा आज की स्पेस रिपोर्ट में आया है?" आर्यन के पास अब एक मौका था, क्योंकि उसे राघव ने एक विषय दे दिया था।

"पोथी पढ़-पढ़ जग मुआ, पंडित भया न कोय, ताज़ा खबर जो हाथ रख, महफ़िल उसकी होय।"

इस कहानी का सार बस इतना है कि एक आकर्षक व्यक्तित्व केवल बाहरी सजावट से नहीं, बल्कि आंतरिक जागरूकता से बनता है। जब आप दुनिया की हलचल से वाकिफ होते हैं, तो आपका डर खत्म हो जाता है और आपकी आवाज़ में एक प्राकृतिक अधिकार (*Authority*) आ जाता है। सुंदर चेहरा लोगों को आकर्षित कर सकता है, लेकिन एक सूचित और जागरूक दिमाग लोगों को आपका मुरीद बना देता है। अपनी जेब में हमेशा कुछ ताज़ा जानकारियाँ रखें; ये वो सिक्के हैं जो किसी भी सामाजिक बाज़ार में आपको सबसे अमीर साबित कर देंगे।

ट्रिक नं. 24: मानवीय गरिमा का पैमाना: औहदों से परे एक गहरी पहचान (Beyond the Paycheck: Redefining Human Worth)

दिसंबर की एक गुनगुनी शाम, जयपुर के एक आलीशान रिसॉर्ट में एक हाई-प्रोफाइल आर्ट गैलरी की ओपनिंग थी। शहर के रसूखदार लोग, बिजनेस टाइकून और कलाकार वहां मौजूद थे। समीर, जो हाल ही में एक बड़ी टेक कंपनी की छंटनी का शिकार हुआ था, अपने एक दोस्त के दबाव में वहां चला तो आया, लेकिन उसके अंदर एक अजीब सा डर था। वह डर था उस एक सवाल का, जो अक्सर ऐसी जगहों पर 'हेलो' के तुरंत बाद दागा जाता है।

तभी एक सजे-धजे ग्रुप के बीच से एक प्रभावशाली शख्सियत, मिस्टर खन्ना, समीर की तरफ बढ़े। समीर ने मन ही मन खुद को तैयार किया कि जैसे ही वो पूछेंगे "आप क्या करते हैं?", मैं क्या बहाना बनाऊंगा। मिस्टर खन्ना ने हाथ मिलाया और मुस्कुराहट के साथ पूछा, "हेलो समीर! वैसे, आजकल आपका ज्यादातर समय किन चीजों में बीत रहा है?" समीर एक पल के लिए ठिठक गया। उसे लगा था कि उसे अपनी बेरोजगार पहचान बतानी पड़ेगी, लेकिन इस एक सवाल ने उसे अपनी हॉबी, अपनी पसंद और अपनी वर्तमान स्थिति—सब कुछ बताने की आजादी दे दी। समीर ने खिलखिलाकर जवाब दिया, "आजकल मैं अपनी अधूरी छोड़ी हुई पेंटिंग्स पूरी कर रहा हूँ और पहाड़ों की यात्रा की योजना बना रहा हूँ।" उस शाम समीर ने बिना किसी शर्मिंदगी के दर्जनों लोगों से बात की, क्योंकि किसी ने उसे उसके 'काम' के तराजू में नहीं तौला।

अक्सर हम किसी से मिलते ही पूछते हैं— "आप क्या करते हैं?" (*What do you do?*)। यह सवाल सुनने में तो सामान्य लगता है, लेकिन अनजाने में हम सामने वाले को एक 'प्रोडक्ट' बना देते हैं। हम उसकी कीमत उसके पद, सैलरी और ऑफिस से लगाने लगते हैं। एक उच्च श्रेणी का व्यक्तित्व कभी भी किसी इंसान को उसके 'प्रोफेशन' की तंग गलियों में नहीं घेरता। वह जानता है कि एक इंसान अपने काम से कहीं ज्यादा बड़ा होता है।

यहीं से जन्म लेती है **"वक्त का निवेश"** (***The Time Investment Hook***) तकनीक। अगली बार जब आप किसी सामाजिक समारोह या नए व्यक्ति से मिलें, तो "आप क्या करते हैं?" के पुराने और घिसे-पिटे सवाल को हमेशा के लिए त्याग दें। इसके बजाय पूछें: **"आप अपना ज्यादातर समय कैसे बिताते हैं?"** यह एक 'जादुई चाबी' है। इसके पीछे का तर्क यह है कि यह सवाल सामने वाले को 'चुनने का अधिकार' देता है। अगर कोई अपनी नौकरी से नफरत करता है, तो उसे उस पर चर्चा करने की जरूरत नहीं; वह अपने परिवार या खेल के बारे में बात कर सकता है। अगर कोई घर संभाल रही महिला है, तो उसे यह कहने की जरूरत नहीं कि "मैं कुछ नहीं करती," बल्कि वह अपनी रुचियों पर गर्व से बात कर सकती है। यह ट्रिक आपको एक ऐसे इंसान के रूप में स्थापित करती है जो लोगों की आत्मा और उनके व्यक्तित्व में दिलचस्पी रखता है, न कि उनके बैंक बैलेंस में। बड़े रसूख वाले लोग अक्सर काम नहीं, बल्कि 'जीवन' जीते हैं, और जब आप उनसे यह सवाल पूछते हैं, तो वे आपको अपने बराबर का समझकर तुरंत दिल खोल देते हैं।

मिस्टर खन्ना ने समीर का कंधा थपथपाते हुए कहा, "पेंटिंग्स और पहाड़! बहुत खूब समीर, काम तो उम्र भर चलता रहेगा, पर खुद को वक्त देना असली अमीरी है।"

> **"औकात न पूछो महफ़िल में, क्या लेकर आया कौन, इंसान को इंसान जान लो, सबसे बड़ा है मौन।"**

इस पूरे संवाद का निचोड़ यह है कि जब आप किसी के पद के बजाय उसकी पसंद में दिलचस्पी लेते हैं, तो आप उसे सम्मान की सबसे ऊंची कुर्सी पर बिठा देते हैं। एक प्रभावशाली इंसान वह नहीं जो दूसरों की हैसियत नापे, बल्कि वह है जो दूसरों को उनकी अपनी नजरों में कीमती महसूस कराए। याद रखिए, लोग यह भूल सकते हैं कि आपने क्या कहा, लेकिन वे यह कभी नहीं भूलते कि आपने उन्हें कैसा महसूस कराया। आपकी शब्दावली ही आपके रसूख का असली विज्ञापन है।

ट्रिक नं. 25: परिचय का पारस: साधारण जवाबों को रसूख में बदलने की कला (The Identity Anchor: Crafting a High-Impact Persona)

लखनऊ के एक पुराने नवाबों वाले कैफ़े की छत पर शाम की महफ़िल जमी थी। शहर के कई बुद्धिजीवी, व्यापारी और कलाकार वहां मौजूद थे। ईशान, जो एक ग्राफ़िक डिज़ाइनर था, एक कोने में खड़ा अपनी कॉफी का आनंद ले रहा था। तभी एक रसूखदार बिल्डर, मिस्टर ओबेरॉय, उनके पास आए और मुस्कुराते हुए पूछा, "और नौजवान, आप क्या करते हैं?" ईशान ने थोड़ा झिझकते हुए कहा, "जी, मैं एक ग्राफ़िक डिज़ाइनर हूँ।" मिस्टर ओबेरॉय ने बस 'ओह, अच्छा है' कहा और आगे बढ़ गए। ईशान को लगा कि उसका जवाब बहुत फीका था, उसने अपनी पहचान तो बताई पर अपना प्रभाव नहीं छोड़ पाया।

वहीं दूसरी ओर, ईशान का दोस्त वरुण, जो कि पेशे से एक इंश्योरेंस एजेंट था, दूसरे ग्रुप में खड़ा था। जब उससे एक रिटायर्ड जज ने वही सवाल पूछा, तो वरुण ने यह नहीं कहा कि "मैं बीमा बेचता हूँ।" उसने जज साहब की आँखों में देखते हुए शांति से जवाब दिया, "सर, मैं उन परिवारों के भविष्य की चिंता कम करता हूँ जो अचानक आने वाली मुश्किलों से डरते हैं। मैं लोगों को मानसिक सुकून (*Peace of Mind*) देने का काम करता हूँ।" जज साहब रुक गए और बड़ी दिलचस्पी से बोले, "वाह! बहुत ही नेक और ज़रूरी काम है आपका।" वरुण के उस एक वाक्य ने उसे उस महफ़िल में 'साधारण सेल्समैन' से उठाकर एक 'भविष्य रक्षक' के आसन पर बिठा दिया।

ईशान को समझ आया कि समस्या उसके 'काम' में नहीं, बल्कि उसे 'पेश करने के तरीके' में थी। यहीं से जन्म लेती है व्यक्तित्व की एक शक्तिशाली ट्रिक जिसे **"प्रयोजन परिचय" (*The Purpose-Driven Pivot*)** कहते हैं। यह ट्रिक कहती है कि आप क्या 'हैं', उससे ज़्यादा ज़रूरी यह है कि आप दूसरों के लिए क्या 'करते' हैं। जब भी कोई आपसे आपका परिचय पूछे, तो अपने पद (*Designation*) का सूखा नाम देने के बजाय, अपने काम के 'असर' (*Impact*) को सामने वाले के नज़रिए से जोड़कर पेश करें।

इसे व्यावहारिक रूप से लागू करने के लिए आप **"परिणाम-आधारित परिचय"** का अभ्यास करें। अपने काम को तीन वर्गों में बाँट लें: यदि आप किसी निवेश करने वाले व्यक्ति (*Investor*) से मिल रहे हैं, तो बताएं कि आपका काम कैसे 'मुनाफा' या 'बचत' लाता है। यदि आप किसी रचनात्मक व्यक्ति (*Creative*) से मिल रहे हैं, तो अपने काम के 'विचार' और 'कला' पक्ष पर ज़ोर दें। और यदि आप किसी आम नागरिक से मिल रहे हैं, तो अपने काम से होने वाली 'सुविधा' का ज़िक्र करें। उदाहरण के तौर पर, एक जिम ट्रेनर यह कहने के बजाय कि "मैं कोच हूँ," यह कह सकता है कि "मैं लोगों को उनकी खोई हुई ऊर्जा और आत्मविश्वास वापस दिलाने में मदद करता हूँ।" यह छोटा सा बदलाव सुनने वाले के दिमाग में एक हुक (*Hook*) की तरह अटक जाता है और वह आपसे और बात करने को उत्सुक हो जाता है।

वरुण ने ईशान के कंधे पर हाथ रखते हुए एक गहरा राज बताया, "ईशान, दुनिया को डिज़ाइनर नहीं चाहिए, दुनिया को वो चाहिए जो उनकी कल्पनाओं को हकीकत का रंग दे सके। अपना नाम नहीं, अपना काम का जादू बताओ।"

> **"नाम बताए ना मिले, जो जग में असली मान, काम बताए जो अपना,**
> **वही पुरुष बलवान।"**

इस पूरे अनुभव का मर्म यह है कि आपका पद केवल एक लेबल है, लेकिन आपका परिचय आपकी उपयोगिता का विज्ञापन होना चाहिए। एक प्रभावशाली व्यक्तित्व वही है जो खुद को भीड़

का हिस्सा नहीं, बल्कि भीड़ की समस्या का समाधान बनाकर पेश करता है। जब आप अपना परिचय सामने वाले के लाभ से जोड़ देते हैं, तो आप केवल एक व्यक्ति नहीं रह जाते, आप एक 'ब्रैंड' बन जाते हैं। अपनी पहचान को एक सूखे शब्द से निकालिए और उसे एक सार्थक कहानी में बदलिए।

ट्रिक नं. 26: पारखी की नज़र: रूह तक पहुँचने वाली अचूक प्रशंसा (The Soul-Reader's Praise: Crafting the Unforgettable Compliment)

राजस्थान के पुष्कर मेले की रंगीन हलचल के बीच, एक पुराने बरगद के नीचे मिट्टी के बर्तनों की एक छोटी सी दुकान सजी थी। वहाँ एक विदेशी पर्यटक और एक स्थानीय राजस्थानी युवक, कबीर, खड़े थे। पर्यटक ने दुकानदार से कहा, "आपके मटके बहुत सुंदर हैं।" दुकानदार ने बस एक फीकी मुस्कान दी और अपने काम में लग गया। कबीर ने गौर किया कि दुकानदार के हाथ मिट्टी से सने थे, लेकिन उसकी उंगलियों में एक अजीब सी थिरकन थी। कबीर आगे बढ़ा और बोला, "काका, मटके तो बाज़ार में बहुत हैं, पर जिस बारीकी से आपने इन किनारों पर टेढ़े-मेढ़े बेल-बूटे उकेरे हैं, वो बताते हैं कि आपकी उंगलियों में पीढ़ियों का धैर्य बसा है। यह केवल मिट्टी नहीं, आपकी बरसों की तपस्या दिख रही है।"

दुकानदार का चेहरा अचानक खिल उठा। उसने अपना काम रोक दिया, कबीर का हाथ थामा और बोला, "बेटा, हज़ारों लोग गुज़रते हैं यहाँ से, सब कहते हैं 'सुंदर है', पर तुमने उस मेहनत को पकड़ लिया जिसे मैं रात-रात भर जागकर संवारता हूँ।" उस दिन दुकानदार ने कबीर को न केवल चाय पिलाई, बल्कि अपनी कला के वो राज भी बताए जो उसने कभी किसी को नहीं दिए थे। कबीर ने उस दिन बिना कुछ खर्च किए एक ऐसा रिश्ता बना लिया जो सालों तक कायम रहा।

अक्सर हम लोगों की तारीफ तो करते हैं, लेकिन वह बहुत ही 'सतही' (*Surface-level*) होती है। "आप अच्छे लग रहे हैं," "खाना स्वाद है," या "प्रेजेंटेशन बढ़िया था"—ये शब्द हवा में उड़ जाते हैं क्योंकि ये हर कोई कहता है। एक प्रभावशाली व्यक्तित्व वह है जो प्रशंसा को एक 'हथियार' नहीं, बल्कि एक 'खिड़की' बनाता है जिससे वह सामने वाले की आत्मा में झाँक सके।

यहीं से जन्म लेती है **"शिल्पी-पहचान"** (***The Artisan's Recognition***) ट्रिक। यह तकनीक कहती है कि किसी भी इंसान की उस खूबी को ढूंढो जिसे पाने के लिए उसने पसीना बहाया है, न कि उसे जो उसे कुदरती मिली है। उदाहरण के लिए, अगर कोई महिला बहुत सुंदर है, तो उसकी सुंदरता की तारीफ उसे प्रभावित नहीं करेगी क्योंकि वह उसे बचपन से सुनती आ रही है। लेकिन अगर आप उसकी 'किताबों के चुनाव' या उसके 'बातें सुनने के सलीके' की तारीफ करेंगे, तो उसे लगेगा कि आपने उसे वाकई 'देखा' है।

इसे लागू करने के लिए हमेशा **"अवलोकन-विशिष्टता-असर"** के सूत्र का पालन करें। पहले गौर से देखें (*Observe*) कि सामने वाला क्या अलग कर रहा है। फिर बिल्कुल सटीक (*Specific*) बात कहें—जैसे, "जिस तरह आप मुश्किल वक्त में भी अपने चेहरे पर शांत मुस्कान रखते हैं, वह अद्भुत है।" और अंत में उसका असर (*Impact*) बताएं— "इससे पूरी टीम को हौसला मिलता है।" यह ट्रिक आपको एक 'चापलूसी करने वाले' से उठाकर एक 'पारखी' (*Connoisseur*) की श्रेणी में खड़ा कर देती है। लोग आपके शब्दों के दीवाने हो जाते हैं क्योंकि आपकी प्रशंसा उनकी उस मेहनत पर मुहर लगाती है जिसे दुनिया अनदेखा कर देती है।

कबीर ने जाते हुए दुकानदार से बस इतना कहा, "काका, आपकी ये कला बाज़ार के लिए सामान नहीं, इस मिट्टी के लिए एक कविता है।" दुकानदार की आँखों में आई चमक कबीर की सबसे बड़ी जीत थी।

> **"हीरा परखें जौहरी, मानस परखें संत, कर्म देख जो दे शाबाशी, वही मित्र अनंत।"**

इस पूरी कहानी का निचोड़ यह है कि सच्ची प्रशंसा वही है जो इंसान के 'होने' के बजाय उसके 'करने' का सम्मान करे। जब आप किसी की छुपी हुई मेहनत या सूक्ष्म आदतों को शब्दों का जामा पहनाते हैं, तो आप उनके दिल में एक स्थायी जगह बना लेते हैं। प्रशंसा करना केवल शिष्टाचार नहीं है, यह दूसरे के अस्तित्व को स्वीकार करने और उसे बेहतर महसूस कराने का सबसे पवित्र जरिया है। जो सूक्ष्म को देख सकता है, वही सबका प्रिय बन सकता है।

ट्रिक नं. 27: पीठ पीछे प्रशंसा—भरोसे की अदृश्य दीवार (The Grapevine Glory)

हरियाणा के एक छोटे से कस्बे में पंचायत चुनाव का माहौल था। गाँव के दो रसूखदार गुटों के बीच गहमागहमी मची थी। रघुवीर, जो शहर से अपनी पढ़ाई पूरी कर लौटा था, अपने चाचा के साथ गाँव की चौपाल पर बैठा था। उसने देखा कि लोग दो खेमों में बँटे हैं—एक तरफ धन-बल था और दूसरी तरफ डर। तभी चर्चा छिड़ी गाँव के एक पुराने मास्टर जी की, जो उस समय वहां मौजूद नहीं थे। रघुवीर के चाचा ने सबके सामने कहा, "वैसे जो भी कहो, पिछले साल जब गाँव में सूखा पड़ा था, तो मास्टर जी ने अपनी पेंशन से चुपचाप गरीबों के घरों में अनाज भिजवाया था। उन्होंने कभी किसी को बताया नहीं, पर उनकी नीयत गंगा जैसी साफ है।"

चौपाल पर सन्नाटा छा गया। वहां मौजूद लोग जो अब तक बहस कर रहे थे, मास्टर जी के सम्मान में सिर झुका गए। कुछ दिनों बाद जब यह बात मास्टर जी के कानों तक पहुँची कि रघुवीर के चाचा

ने उनकी गैर-मौजूदगी में उनकी दरियादिली का बखान किया है, तो मास्टर जी की आँखों में आँसू आ गए। उन्होंने रघुवीर के चाचा को अपना सबसे करीबी और भरोसेमंद साथी मान लिया। रघुवीर को समझ आया कि सामने की गई तारीफ से कहीं ज्यादा ताकत उस तारीफ में होती है जो किसी की अनुपस्थिति में, दुनिया के सामने की जाए।

अक्सर हम किसी को खुश करने के लिए उसके मुँह पर उसकी बड़ाई करते हैं, लेकिन सुनने वाले के मन में हमेशा एक संदेह रहता है कि 'शायद यह अपना कोई स्वार्थ साध रहा है'। एक राजसी और प्रभावशाली व्यक्तित्व वह है जो प्रशंसा को 'मक्खन' (*Flattery*) की तरह नहीं, बल्कि 'विरासत' (*Legacy*) की तरह इस्तेमाल करता है।

यहीं से निकलती है एक अभेद्य सोशल ट्रिक जिसे **"गूँजती साख" (*The Reputation Echo*)** कहा जाता है। यह ट्रिक कहती है कि आप जिसकी वफादारी या सम्मान जीतना चाहते हैं, उसकी अनुपस्थिति में किसी ऐसे व्यक्ति के सामने उसकी एक विशिष्ट खूबी की प्रशंसा करें, जो उस तक यह बात पहुँचा सके। जब कोई तीसरा व्यक्ति जाकर उसे बताता है कि "अरे, वो तुम्हारी कार्यक्षमता की बहुत तारीफ कर रहे थे," तो उस समय होने वाला मनोवैज्ञानिक प्रभाव किसी भी सीधे संवाद से १००० गुना ज्यादा शक्तिशाली होता है। यह साबित करता है कि आप एक 'सुरक्षित' (*Secure*) इंसान हैं जिसे दूसरों की तरक्की से ईर्ष्या नहीं होती।

इसे व्यवहार में लाने के लिए **"दूत-विधि" (*The Messenger Method*)** का प्रयोग करें। महफ़िल में बातचीत के दौरान जब किसी ऐसे व्यक्ति का नाम आए जो वहां नहीं है, तो तुरंत उसकी किसी ऐसी उपलब्धि या आदत का ज़िक्र करें जो वाकई काबिल-ए-तारीफ हो। जैसे, "वह यहाँ नहीं है, पर उसकी समय की पाबंदी कमाल की है।" यह सुनने वाले की नज़रों में आपकी ईमानदारी का ग्राफ बढ़ा देता है क्योंकि पीठ पीछे बुराई करना आसान है, पर अच्छाई कहना केवल बड़े दिल वालों का काम है।

रघुवीर के चाचा ने उसे एक कीमती बात सिखाई, "बेटा, मुँह पर कही बात हवा में उड़ जाती है, पर जो बात पीठ पीछे कही जाए, वो पत्थर की लकीर बन जाती है।"

> **"सन्मुख तो सब प्रिय कहें, कपट हृदय में धार, पीठ पीछे जो गुण कहे,**
> **वही मीत सार।"**

इस पूरे वृत्तांत का सार यह है कि आपकी असली छवि वह नहीं है जो आप लोगों के सामने पेश करते हैं, बल्कि वह है जो लोग आपकी गैर-मौजूदगी में दूसरों को बताते हैं। जब आप दूसरों की पीठ पीछे उनकी ढाल बनते हैं और उनकी खूबियों का विज्ञापन करते हैं, तो कुदरत आपकी अपनी

साख को सोने की तरह चमका देती है। भरोसे की नींव ईंटों से नहीं, बल्कि उन शब्दों से बनती है जो किसी की गैर-मौजूदगी में ईमानदारी से कहे गए हों। वफादारी खरीदी नहीं जाती, वह 'परोक्ष प्रशंसा' के निवेश से कमाई जाती है।

ट्रिक नं. 28: सद्भावना का सेतु: रिश्तों में मिठास घोलने वाला अदृश्य दूत (The Harmony Bridge: Mastering the Art of Positive Reinforcement)

ग्वालियर के एक पुराने मोहल्ले में दीपावली की तैयारियां चल रही थीं। गलियां रोशनी से नहाई हुई थीं, लेकिन दो पड़ोसियों—मिस्टर खन्ना और मिस्टर चड्ढा—के बीच पिछले कई महीनों से बोलचाल बंद थी। वजह कोई बड़ी नहीं थी, बस छोटी-सी गलतफहमी और अहंकार की दीवार। मोहल्ले का ही एक युवक, ईशान, जो शहर में एक मैनेजमेंट कंसल्टेंट था, छुट्टियों में घर आया हुआ था। उसने देखा कि दोनों परिवार एक-दूसरे को नज़रअंदाज़ कर रहे हैं, जिससे आसपास का माहौल भी भारी रहता था। ईशान जानता था कि सीधे तौर पर सुलह कराने की कोशिश नाकाम हो सकती है।

एक शाम ईशान मिस्टर खन्ना के घर चाय पर बैठा था। बातों-बातों में खन्ना जी ने कहा, "चड्ढा भले ही जिद्दी है, पर इस पूरे इलाके में उसके जैसा बगीचा किसी का नहीं है। पौधों की जो समझ उसे है, वो काबिले-तारीफ है।" ईशान ने यह सुना और चुप रहा। अगले दिन वह मिस्टर चड्ढा के यहाँ गया और सहज भाव से बोला, "अंकल, कल मैं खन्ना जी के पास था। वो बड़े गर्व से सबको बता रहे थे कि चड्ढा साहब के हाथ में जादू है, उनके बगीचे के गुलाब पूरे शहर में मशहूर हैं। वो आपकी मेहनत के कायल हैं।" चड्ढा साहब के चेहरे पर जो सख्त भाव थे, वो अचानक मोम की तरह पिघल गए। उन्हें यकीन नहीं हुआ कि उनका प्रतिद्वंद्वी उनकी इतनी गहराई से प्रशंसा कर रहा है। उस एक वाक्य ने बर्फ तोड़ दी। अगली सुबह दोनों ने एक-दूसरे को मुस्कुराहट के साथ "राम-राम" कहा।

ईशान ने यहाँ किसी महान उपदेश का सहारा नहीं लिया, बल्कि उसने व्यक्तित्व की एक बेहतरीन तकनीक का इस्तेमाल किया जिसे **"सकारात्मक संदेशवाहक" (*The Positive Emissary*)** कहा जाता है। यह ट्रिक बहुत गहरी है। हम अक्सर एक-दूसरे की शिकायतें तो बढ़ा-चढ़ाकर दूसरों तक पहुँचा देते हैं, लेकिन किसी की अच्छाई को 'ट्रांसफर' करना भूल जाते हैं। एक प्रभावशाली इंसान वह है जो दो लोगों के बीच 'पुल' बनता है, 'दीवार' नहीं। जब आप किसी व्यक्ति को यह बताते हैं कि किसी तीसरे व्यक्ति ने उसके बारे में कुछ बहुत नेक या प्रभावशाली कहा है, तो आप अनजाने में तीन बड़े काम कर रहे होते हैं।

इस ट्रिक को व्यवहार में लाने का तरीका बहुत सरल और असरदार है: **"पुष्टि और संचार" (*Validate and Relate*)**। पहली शर्त यह है कि तारीफ सच्ची होनी चाहिए। जब भी आप किसी समूह में हों और कोई व्यक्ति किसी गैर-मौजूद शख्स की प्रशंसा करे, तो उस बात को संभालकर अपनी 'पॉकेट' में रख लें। फिर जैसे ही आपको उस गैर-मौजूद शख्स से मिलने का मौका मिले, उसे एक उपहार की तरह वह खबर दें। लेकिन यहाँ एक बारीकी है—इसे ऐसे पेश करें जैसे आप उस प्रशंसा से बेहद प्रभावित हुए थे। उदाहरण के लिए, "कल मैं विकास के साथ था, वो बता रहा था कि आपकी लीडरशिप में टीम ने कैसे कमाल कर दिया। उसे आपकी काबिलियत पर बहुत भरोसा है।"

इसका मनोवैज्ञानिक असर यह होता है कि सुनने वाला आपको एक 'शुभचिंतक' मानने लगता है। उसे लगता है कि आप उन विरले लोगों में से हैं जो नकारात्मकता के शोर में सकारात्मकता को चुनकर लाते हैं। इससे आपकी साख एक 'नेक दिल' इंसान की बन जाती है, जिस पर लोग आँख मूँदकर भरोसा कर सकते हैं। यह तकनीक न केवल सामाजिक रिश्तों को मज़बूत करती है, बल्कि प्रोफेशनल लाइफ में भी आपको एक बेहतरीन टीम-प्लेयर और लीडर के रूप में स्थापित करती है।

ईशान ने चड्ढा साहब की आँखों में चमक देखते हुए मन ही मन सोचा, "रिश्ते तोड़ने के लिए शब्द बहुत हैं, पर जोड़ने के लिए बस एक 'सच की गूँज' ही काफी है।"

> **"सुनाई जो बुराई पीठ पीछे, वो तो विष की धार, पहुँचाई जो किसी की नेक बात, वो है सच्चा प्यार।"**

इस कहानी का सार बस इतना है कि दुनिया में नफरत फैलाने वाले दूतों की कमी नहीं है, लेकिन सम्मान और सद्भावना का 'डाकिया' बनने का साहस कम ही लोग जुटा पाते हैं। जब आप किसी की अच्छाई को सही पते पर पहुँचाते हैं, तो आप केवल एक खबर नहीं देते, बल्कि एक मुरझाए हुए रिश्ते में ताज़ी हवा का झोंका भर देते हैं। दूसरों की नज़र में आपकी अहमियत इस बात से नहीं होती कि आप कितना जानते हैं, बल्कि इस बात से होती है कि आप उनके बीच कितनी खुशियाँ और सुकून बाँट सकते हैं। एक महान व्यक्तित्व की पहचान उसकी कड़वाहट नहीं, बल्कि उसके शब्दों की वह मिठास है जो दूसरों के दिलों को आपस में जोड़ देती है।

ट्रिक नं. 29: शब्दों की शुद्धता: प्रशंसा का राजसी व्याकरण (The Royal Grammar of Appreciation: Master the Art of Impeccable Praise)

मैसूर के एक शांत और गरिमापूर्ण पुराने होटल के हॉल में एक शाम शहर के प्रतिष्ठित साहित्यकारों और बुद्धिजीवियों का मिलन था। अर्जुन, जो हाल ही में एक नए शहर से अपनी जॉब शुरू करके आया था, इस महफ़िल में थोड़ा नर्वस महसूस कर रहा था। वह चाहता था कि वहाँ मौजूद रसूखदार लोगों की नज़रों में वह अपनी जगह बना सके। उसने देखा कि हॉल के केंद्र में शहर के सबसे वरिष्ठ इतिहासकार, डॉक्टर राघवन, एक सोफे पर बैठे चर्चा कर रहे थे।

अर्जुन ने सोचा कि डॉक्टर साहब की प्रशंसा करके उनसे जुड़ा जा सकता है। वह पास गया और बड़े उत्साह से बोला, "सर, आप तो इतिहास के चलते-फिरते भगवान हैं! आपसे बेहतर तो शायद ही कोई इस शहर को जानता होगा।" डॉक्टर राघवन ने चश्मे के ऊपर से अर्जुन को देखा, एक फीकी मुस्कान दी और तुरंत किसी और से बात करने लगे। अर्जुन को झटका लगा; उसे लगा था कि इतनी बड़ी तारीफ सुनकर डॉक्टर साहब गदगद हो जाएंगे, पर हुआ इसके उलट।

तभी वहाँ एक और सज्जन आए, जिनका नाम था श्रीकांत। उन्होंने डॉक्टर राघवन के पास जाकर बड़े शांत स्वर में कहा, "डॉक्टर साहब, मैंने कल आपका नया शोध पत्र पढ़ा। जिस तरह आपने १८वीं सदी के उन भूलेखों का विश्लेषण किया है, वह आपकी सूक्ष्म दृष्टि और धैर्य का प्रमाण है। इतिहास के उन धुंधले पन्नों को आपने जिस तटस्थता से जीवित किया, वह वाकई सीखने लायक है।" डॉक्टर राघवन की आँखों में चमक आ गई। उन्होंने हाथ बढ़ाकर श्रीकांत को पास बिठाया और अगले आधे घंटे तक दोनों में गहरी चर्चा होती रही।

अर्जुन को अपनी गलती समझ आ गई। उसने प्रशंसा को 'मक्खन' (*Flattery*) की तरह इस्तेमाल किया था, जबकि श्रीकांत ने उसे 'सम्मान' (*Respect*) की तरह पेश किया था। यहीं से जन्म लेती है व्यक्तित्व की एक अचूक तकनीक जिसे **"तथ्यात्मक शाबाशी" (*The Fact-Checked Kudos*)** कहते हैं।

यह ट्रिक बहुत ही व्यावहारिक है और आपको चापलूसों की भीड़ से अलग एक 'पारखी' (*Connoisseur*) की श्रेणी में खड़ा कर देती है। इस ट्रिक को इस्तेमाल करने का सीधा नियम है: **कभी भी 'विशेषणों' (*Adjectives*) की झड़ी न लगाएं, बल्कि 'क्रिया' (*Action*) और 'असर' (*Impact*) पर बात करें।** जब आप कहते हैं "आप महान हैं," तो यह खोखला लगता है। लेकिन जब आप कहते हैं, "आपने जिस तरह उस विवाद को शांत किया, वह आपकी परिपक्वता को दर्शाता है," तो यह प्रशंसा 'बेदाग' और 'इम्पेकेबल' बन जाती है।

इसे लागू करने के लिए प्रशंसा में से **"अतिशयोक्ति"** को पूरी तरह निकाल दें। किसी की तुलना दूसरे से करके उसे बड़ा न दिखाएं, क्योंकि यह आपकी नकारात्मक मानसिकता को उजागर करता है। साथ ही, प्रशंसा के ठीक बाद अपना कोई काम न मांगें; वरना आपकी सारी बातें 'स्वार्थ' की

भेंट चढ़ जाएंगी। प्रशंसा तब करें जब उसका कोई तात्कालिक कारण न हो, ताकि वह सीधे सामने वाले के दिल और दिमाग में अपनी जगह बना सके।

श्रीकांत ने महफ़िल के बाद अर्जुन से कहा, "दोस्त, शहद की एक बूंद मक्खन के पूरे डिब्बे से ज्यादा कीमती होती है, बशर्ते वह शुद्ध हो। अपने शब्दों को सस्ता मत करो, उन्हें कीमती बनाओ।"

> **"झूठी महिमा नीचता, सांची प्रशंसा मान, तौल के बोले जो सदा, वही जगत में ज्ञान।"**

इस कहानी का सार यही है कि आपकी प्रशंसा आपकी अपनी गरिमा का प्रतिबिंब होती है। जब आप बिना किसी लालच के, सूक्ष्मता और सटीकता के साथ किसी की खूबी को पहचानते हैं, तो आप केवल उसकी तारीफ नहीं कर रहे होते, बल्कि आप अपने खुद के 'हाई-लेवल' व्यक्तित्व का प्रमाण दे रहे होते हैं। प्रशंसा ऐसी होनी चाहिए जो सामने वाले को गर्व महसूस कराए, न कि आपको छोटा दिखाए। शब्दों की शुद्धता ही आपके प्रभाव की असली शक्ति है।

ट्रिक नं. 30: उल्लास का आवेग: जीत के जश्न में भागीदारी का जादुई सूत्र (The Resonant Rejoice: Mastering the Art of Instant Validation)

केरल की शांत बैकवाटर्स के किनारे एक पुराने लकड़ी के विला में बचपन के चार दोस्त सालों बाद एक रीयूनियन के लिए मिले थे। रात का खाना खत्म हो चुका था और पुरानी यादों का दौर जारी था। तभी उनमें से एक, राघव, ने बड़ी झिझक के साथ अपनी जेब से एक छोटी सी तस्वीर निकाली और मेज पर रखते हुए बोला, "दोस्तों, पिछले हफ्ते मैंने अपनी पहली कला प्रदर्शनी (*Art Exhibition*) आयोजित की थी और मेरी तीन पेंटिंग्स पहले ही दिन बिक गईं।" राघव की आंखों में एक चमक थी, वह अपने दिल के करीब के सपने की जीत साझा कर रहा था।

लेकिन अगले ही पल सन्नाटा पसर गया। दो दोस्तों ने बस सिर हिलाया और एक ने अपने फोन से नजरें हटाए बिना कहा, "ओह, बढ़िया है भाई। बधाई हो।" राघव का वह उत्साह, जो कुछ सेकंड पहले सातवें आसमान पर था, अचानक जमीन पर आ गिरा। उसे ऐसा लगा जैसे उसने अपनी सबसे कीमती चीज गलत लोगों के सामने रख दी हो। वह तस्वीर उसने चुपचाप वापस जेब में रख ली और पूरी शाम फिर वह ज्यादा नहीं बोला।

तभी चौथे दोस्त, ईशान, जो कुछ देर के लिए बाहर गया था, कमरे में दाखिल हुआ। उसने जैसे ही मेज पर रखी दूसरी तस्वीर देखी, उसने राघव की बात पूरी होने का भी इंतजार नहीं किया। ईशान की आंखें फैल गईं, उसने हवा में हाथ लहराया और लगभग चिल्लाते हुए कहा, "क्या बात कर रहे

हो राघव! यह तो अद्भुत है! भाई, मुझे यकीन नहीं हो रहा कि तुमने यह कर दिखाया। दिखाओ मुझे, वह कौन सी पेंटिंग थी जो सबसे पहले बिकी?" ईशान का वह **'तत्काल उत्साह'** पूरे कमरे की ऊर्जा बदल गया। राघव का चेहरा फिर से खिल उठा और वह अगले आधे घंटे तक अपनी कला के बारे में जोश से बताता रहा।

ईशान ने यहाँ जिस जादुई कौशल का परिचय दिया, उसे हम व्यक्तित्व विकास की भाषा में **"त्वरित उल्लास" (*The Instant Launchpad*)** कह सकते हैं। यह तकनीक सिखाती है कि जब कोई आपके सामने अपनी खुशी या उपलब्धि का छोटा सा भी टुकड़ा रखे, तो आपकी प्रतिक्रिया बिजली की गति से होनी चाहिए। मनोविज्ञान के अनुसार, किसी की खुशखबरी और आपकी बधाई के बीच का 'समय' (*Time Gap*) ही यह तय करता है कि आप वाकई उसके शुभचिंतक हैं या सिर्फ औपचारिकता निभा रहे हैं। एक सेकंड की भी देरी सामने वाले को यह संदेश दे देती है कि आप या तो ईर्ष्या कर रहे हैं या आपको उसकी खुशी में कोई दिलचस्पी नहीं है।

इस 'ट्रिक' को व्यावहारिक रूप से अपनाने के लिए **"आवेग-अनुराग-अन्वेषण"** का नियम अपनाएं। जैसे ही कोई खुशखबरी सुनाए, तुरंत एक आवेगपूर्ण शब्द बोलें—जैसे "वाह!", "शानदार!", या "कमाल कर दिया!"। इसके बाद अपनी बॉडी लैंग्वेज से 'अनुराग' दिखाएं; थोड़ा आगे झुकें, आंखों में चमक लाएं और एक चौड़ी मुस्कान दें। और अंत में, 'अन्वेषण' यानी एक ऐसा सवाल पूछें जो उन्हें अपनी जीत का बखान करने का और मौका दे। उदाहरण के लिए, "यह सुनकर मजा आ गया! तुमने इसके लिए कितनी रातें जागी होंगी?"

रसूखदार और मानसिक रूप से मजबूत लोग कभी दूसरों की जीत पर कंजूसी नहीं करते। वे जानते हैं कि दूसरों के दीये से अपना दीया जलाने में रोशनी कम नहीं होती, बल्कि बढ़ जाती है। जब आप किसी की सफलता पर सबसे पहले और सबसे जोर से तालियाँ बजाते हैं, तो आप दुनिया को बताते हैं कि आप अपने आप में इतने सुरक्षित और सफल हैं कि आपको दूसरों की तरक्की से कोई खतरा नहीं है। यह व्यवहार आपको एक 'पॉजिटिव मैग्नेट' बना देता है, जिससे लोग अपनी खुशियाँ लेकर सबसे पहले आपके पास दौड़ना चाहते हैं।

ईशान ने उस रात विदा लेते समय राघव के कंधे पर हाथ रखकर कहा, "भाई, तुम्हारी जीत हम सबकी जीत है। अगली बार मुझे पहले बताना, मैं ढोल लेकर आऊंगा!"

> **"पर की जीत में जो हंसे, मन में रखे ना द्वेष, उसके यश की गूँज फिर,**
> **फैले दसों निवेश।"**

इस कहानी का सार यही है कि आपकी प्रतिक्रिया की गति ही आपके चरित्र की गहराई नापती है। खुशखबरी पर ठंडी प्रतिक्रिया देना किसी की खुशी का गला घोंटने जैसा है। जब आप बिजली जैसी तेजी से किसी का उत्साह बढ़ाते हैं, तो आप केवल शब्द नहीं बोल रहे होते, बल्कि आप एक इंसान के आत्मविश्वास को पंख दे रहे होते हैं। रिश्तों की मजबूती महँगे तोहफों में नहीं, बल्कि उन चंद सेकंडों के सच्चे और त्वरित उल्लास में छिपी होती है जो आप दूसरों की जीत के नाम करते हैं। आपकी 'वाह' किसी के संघर्ष की सबसे बड़ी मज़दूरी हो सकती है।

ट्रिक 31: प्रतिध्वनि का जादू: प्रशंसा को प्रभाव में बदलने का गुप्त सूत्र (The Boomerang Effect: Turning Applause into Allegiance)

सूरत की एक शाम, डायमंड मर्चेंट्स की एक हाई-प्रोफाइल चैरिटी नीलामी खत्म हुई थी। हॉल में शहर के रसूखदार लोग जमा थे। विहान, जो एक युवा और सफल उद्यमी था, आज की शाम का सितारा था। उसने अपनी सूझबूझ से नीलामी में उम्मीद से दोगुना फंड इकट्ठा करवाया था। जैसे ही कार्यक्रम खत्म हुआ, शहर के एक दिग्गज उद्योगपति, मिस्टर सिंघानिया, विहान के पास आए और सबके सामने बोले, "विहान, आज तुमने जो मैनेजमेंट दिखाया, वह काबिले-तारीफ है। तुम्हारी वजह से ही यह इवेंट इतना बड़ा बन पाया। तुम वाकई एक जीनियस हो!"

विहान के पास यहाँ दो रास्ते थे। अगर वह कहता, "जी शुक्रिया, मैंने इसके लिए महीनों तैयारी की थी," तो वह घमंडी लगता। और अगर वह हाथ जोड़कर कहता, "अरे नहीं सर, यह तो बस किस्मत थी, मैं कहाँ इतना काबिल," तो वह एक असुरक्षित और कम आत्मविश्वास वाला इंसान दिखता जो अपनी सफलता की जिम्मेदारी लेने से डरता है।

विहान ने एक गहरी सांस ली, मिस्टर सिंघानिया की आँखों में एक शालीन मुस्कान के साथ देखा और कहा, "बहुत-बहुत धन्यवाद सर! यह सुनकर हौसला बढ़ा। लेकिन सच तो यह है कि इस नीलामी की सफलता का बड़ा श्रेय आपकी उस शुरुआती स्पीच को जाता है, जिसने माहौल में वो जोश भर दिया कि लोग खुलकर दान करने लगे। आपने जो नींव रखी, मैंने बस उस पर इमारत खड़ी की।"

मिस्टर सिंघानिया का चेहरा गर्व से चमक उठा। उन्होंने विहान का कंधा थपथपाया और वहां खड़े अन्य लोगों से बोले, "देखो, काबिलियत के साथ-साथ इस लड़के की समझदारी भी बेमिसाल है।" उस एक पल में विहान ने न केवल प्रशंसा को स्वीकार किया, बल्कि उसे एक 'बुमेरांग' की तरह वापस मोड़कर सिंघानिया जी को अपनी जीत का हिस्सा बना लिया।

यहीं से निकलती है व्यक्तित्व की एक मारक ट्रिक जिसे **"सम्मान का प्रतिवर्तन"** (***The Credit Boomerang***) कहते हैं। यह ट्रिक उन लोगों के लिए रामबाण है जो अक्सर तारीफ सुनकर सकपका जाते हैं या अनजाने में अहंकारी दिखने लगते हैं। यह तकनीक सिखाती है कि प्रशंसा एक 'गर्म आलू' की तरह है—इसे न तो जमीन पर गिराना है (नकारना), और न ही इसे पकड़कर अपना हाथ जलाना है (घमंड)। इसे बस एक खूबसूरत मोड़ देकर वापस सामने वाले या अपनी टीम की तरफ उछाल देना है।

इस 'ट्रिक' को व्यावहारिक रूप से लागू करने के लिए **"स्वीकार-जुड़ाव-वापसी"** का तीन-चरणीय फॉर्मूला अपनाएं।

स्वीकार: जब कोई तारीफ करे, तो नजरें न चुराएं। सीधे उनकी आँखों में देखें और स्पष्ट शब्दों में 'धन्यवाद' कहें। यह आपके आत्मविश्वास को दर्शाता है।

जुड़ाव: उस सफलता के पीछे छिपे किसी छोटे से इनपुट, सलाह या प्रेरणा को याद करें जो सामने वाले ने कभी दी हो।

वापसी: अपनी सफलता का श्रेय उस व्यक्ति या परिस्थिति को लौटा दें। अगर सामने वाले का कोई सीधा हाथ नहीं है, तो आप उनकी 'पारखी नजर' की तारीफ कर सकते हैं। जैसे: "आप जैसे अनुभवी व्यक्ति से यह सुनना मेरे लिए किसी अवार्ड से कम नहीं है।"

इस तकनीक का सबसे बड़ा सामाजिक लाभ यह है कि यह सामने वाले के 'ईगो' (अहंकार) को संतुष्ट करती है। जब आप अपनी जीत की रोशनी में दूसरों को भी खड़ा करते हैं, तो लोग आपसे ईर्ष्या करने के बजाय आपके लिए दोबारा तालियाँ बजाना चाहते हैं। रसूखदार लोग जानते हैं कि अकेले चमकने वाला तारा केवल दिखता है, लेकिन जो दूसरों को भी चमका दे, वह पूरा आसमान बन जाता है।

विहान ने उस रात डायरी में एक बात लिखी, "आज मैंने सिर्फ पैसे नहीं जुटाए, मैंने शहर के सबसे रसूखदार आदमी को अपना प्रशंसक बना लिया, क्योंकि मैंने उनकी तारीफ को अपने सिर पर चढ़ने के बजाय उनके दिल तक वापस भेज दिया।"

"मिले जो आदर जगत में, राखो शीश नवाए, फेको श्रेय बुमेरैंग सम,
जो दुगुना होकर आए।"

इस पूरे वृत्तांत का मर्म यह है कि प्रशंसा को पचाना और उसे विनम्रता के साथ वापस लौटाना ही असली रसूख है। जब आप अपनी सफलता का टोकरा दूसरों के सिर पर सम्मान के रूप में रखते हैं, तो आपका वजन समाज में और बढ़ जाता है। तारीफ को स्वीकार करना आपका हक है, पर उसे साझा करना आपका चरित्र है। जो अपनी चमक बांटना जानता है, उसका सूरज कभी अस्त नहीं होता।

ट्रिक नं. 32: मौन मान्यता: प्रभाव के अदृश्य धागे (The Silent Validation: Weaving Influence Without Words)

ऋषिकेश की पहाड़ियों के बीच एक पुराने आश्रम में योग उत्सव चल रहा था। देश-विदेश से लोग आए थे। वहीं एक कोने में शहर के दो युवा उद्यमी, अर्णव और कबीर, बैठे थे। अर्णव बहुत ही वाचाल (*talkative*) था और हर किसी से मिलकर उन्हें खुश करने की कोशिश में लगा रहता था। उसने जब आश्रम के मुख्य प्रबंधक से मुलाकात की, तो सीधे शब्दों का सहारा लिया— "सर, आप कितने महान हैं! आपका अनुशासन देखकर मैं दंग हूँ।" प्रबंधक ने बस एक औपचारिक मुस्कान दी और आगे बढ़ गए। अर्णव को लगा कि उसने बहुत प्रभावशाली काम किया है, पर वास्तव में उसका प्रभाव शून्य रहा।

वहीं कबीर, जो थोड़ा शांत और गहरा व्यक्तित्व रखता था, शाम की चाय के दौरान प्रबंधक के पास पहुँचा। उसने अर्णव की तरह कोई विशेषण (*adjectives*) इस्तेमाल नहीं किए। उसने बस धीरे से पूछा, "सर, आश्रम की इस व्यवस्था के पीछे जो सूक्ष्म संतुलन है, उसे बनाए रखने के लिए आप कौन सी आंतरिक दृष्टि का उपयोग करते हैं? मैं अपनी संस्था में भी ऐसी ही स्थिरता लाना चाहता हूँ।" प्रबंधक रुक गए, कबीर की आँखों में देखा और वहीं बैठकर उसे आधे घंटे तक अपनी कार्यप्रणाली के गहरे अनुभव सुनाए। अर्णव दूर से यह सब देख रहा था और हैरान था कि बिना "महान" कहे कबीर ने प्रबंधक का दिल कैसे जीत लिया।

कबीर ने यहाँ जिस मनोवैज्ञानिक अस्त्र का उपयोग किया, उसे **"अप्रत्यक्ष अर्पण" (*The Implied Elevation*)** कहते हैं। यह तकनीक सिखाती है कि किसी की सीधे शब्दों में तारीफ करना कभी-कभी उन्हें सतर्क या संशयी (*suspicious*) बना सकता है, लेकिन जब आप अपनी बातों में उनकी श्रेष्ठता को 'तथ्य' (*fact*) मानकर चलते हैं, तो उनका अवचेतन मन इसे पूरी तरह स्वीकार कर लेता है।

इस 'ट्रिक' को जीवन में उतारने का सबसे व्यावहारिक तरीका है— **"जिज्ञासा को सम्मान बनाना"**। जब आप किसी से किसी पेचीदा विषय पर राय मांगते हैं या उन्हें कोई बड़ी जिम्मेदारी सौंपते हैं, तो आप अनकहे शब्दों में यह कह रहे होते हैं कि: "मैं आपकी बुद्धि का कायल हूँ" और

"आप इस काम के लिए सर्वश्रेष्ठ हैं।" इसे लागू करने के लिए बातचीत में "आप तो अनुभवी हैं" कहने के बजाय, उनके अनुभव से जुड़े गहरे सवाल पूछें। उदाहरण के लिए, किसी पुराने चित्रकार से यह न कहें कि "आप अच्छा पेंट करते हैं," बल्कि कहें— "आपके रंगों के चुनाव में जो गहराई है, वह वर्षों की एकाग्रता से ही आ सकती है, इस पर आपकी क्या सोच है?"

यह तकनीक रसूखदार लोगों के बीच बहुत लोकप्रिय है। वे जानते हैं कि किसी को 'अच्छा' कहना एक छोटा इनाम है, लेकिन किसी की 'राय' की कद्र करना उन्हें एक ऊँचे पायदान पर बिठाना है। जब आप किसी से सलाह मांगते हैं, तो आप अपना अहंकार नीचे रखते हैं और उनका ऊपर, जिससे वे आपके प्रति स्वाभाविक रूप से उदार (*generous*) हो जाते हैं। यह बिना बोले किया गया सबसे बड़ा सम्मान है।

कबीर ने उत्सव के अंत में अर्णव से कहा, "दोस्त, फूल की खुशबू चिल्लाकर नहीं बताई जाती, उसे महसूस करने के लिए बस सही खिड़की खोलनी पड़ती है।"

"बिन बोले जो मान दे, हृदय छुए वो बात, पूछो राय सुजान से, हो प्रभाव की रात।"

इस कहानी का निचोड़ यह है कि प्रभाव शब्दों के शोर में नहीं, बल्कि आपके दृष्टिकोण की गहराई में होता है। सीधी प्रशंसा एक औपचारिकता हो सकती है, लेकिन जब आप किसी की क्षमताओं को अपनी बातचीत का आधार (*foundation*) बना लेते हैं, तो आप उनके आत्म-सम्मान को एक नई ऊँचाई देते हैं। लोगों को यह बताना कि वे 'क्या' हैं, उससे कहीं ज्यादा शक्तिशाली यह है कि आप उन्हें यह महसूस कराएं कि उनकी मौजूदगी और राय आपके लिए 'कितनी' महत्वपूर्ण है। असली रसूख वही है जो शब्दों का मोहताज न हो।

ट्रिक नं. 33: तथ्यात्मक तरंग: संवाद के प्रवाह में रसूख का बीजारोपण (The Fact-Flow Adulation: Mastering the Stealthy Art of Recognition)

बेंगलुरु के एक स्टार्टअप हब की छत पर शाम की नेटवर्किंग इवेंट चल रही थी। वहां शहर के कई सफल उद्यमी और निवेशक जमा थे। मानस, जो अपनी नई कंपनी के लिए फंडिंग की तलाश में था, एक बहुत ही 'प्रिसीजन-ओरिएंटेड' (बारीकियों पर ध्यान देने वाले) इन्वेस्टर, मिस्टर कपूर से बात करने की कोशिश कर रहा था। मानस ने अपनी घबराहट छिपाने के लिए सीधा हमला किया, "सर, आपकी इन्वेस्टमेंट स्ट्रैटेजी बहुत महान है, मैंने आपके बारे में बहुत सुना है!" मिस्टर कपूर ने बस एक थकी हुई मुस्कान दी और अपनी ड्रिंक की चुस्की लेने लगे। उन्हें हर रोज़ ऐसे दर्जनों लोग

मिलते थे जो उन्हें 'मक्खन' लगाने की कोशिश करते थे। मानस की यह सीधी प्रशंसा एक दीवार बन गई थी जिसने बातचीत को आगे बढ़ने से रोक दिया।

तभी वहां सान्वी आई, जो एक अनुभवी मार्केटिंग हेड थी। उसने मिस्टर कपूर से हाथ मिलाया और बहुत ही सहज अंदाज़ में अपनी बात शुरू की, "हेलो मिस्टर कपूर! चूंकि आपकी कार्यशैली में 'तथ्यों की शुद्धता' (*Data Integrity*) को सबसे ऊपर रखा जाता है, इसलिए मैंने इस प्रेजेंटेशन के केवल उन्हीं हिस्सों को संकलित किया है जो आपके पिछले पोर्टफोलियो के परिणामों से मेल खाते हैं " सान्वी ने अपनी बात जारी रखी और अगले ही पल वह डील के तकनीकी पहलुओं पर चर्चा करने लगी। सान्वी ने मिस्टर कपूर को 'महान' नहीं कहा, लेकिन उसने उनकी सबसे बड़ी खूबी—डेटा पर उनकी पकड़—को एक 'स्थापित सत्य' की तरह बातचीत के बीच में पिरो दिया। मिस्टर कपूर के चेहरे पर एक गहरी संतुष्टि की चमक आई। उन्हें लगा कि सान्वी ने उन्हें वाकई 'पढ़ा' है, और वह भी बिना किसी दिखावे के।

सान्वी ने यहाँ व्यक्तित्व विकास की एक अत्यंत परिष्कृत तकनीक का उपयोग किया जिसे **"अनायास अभिवादन" (*The Effortless Fact-Check*)** कहते हैं। यह तकनीक सिखाती है कि प्रशंसा को कभी भी एक 'इनाम' की तरह पेश न करें जिसे आप सामने वाले को दे रहे हैं, बल्कि उसे एक 'सूचना' या 'सत्य' की तरह बातचीत के बहाव में छोड़ दें। जब आप रुककर किसी की तारीफ करते हैं, तो आप अनजाने में खुद को उनके 'जज' की भूमिका में रख देते हैं, जो सामने वाले को रक्षात्मक (*defensive*) बना सकता है। लेकिन जब आप तारीफ को एक एडजेक्टिव (विशेषण) की तरह वाक्य के बीच में इस्तेमाल करके आगे बढ़ जाते हैं, तो वह सीधे उनके अवचेतन मन में उतर जाती है।

इस 'ट्रिक' को व्यावहारिक बनाने के लिए **"विशेषण-विरामहीनता-विस्तार"** का फॉर्मूला अपनाएं।

विशेषण: सामने वाले की उस खूबी को पहचानें जो उनके लिए गर्व का विषय है (जैसे—धैर्य, समयबद्धता, या तार्किक सोच)।

विरामहीनता: उस खूबी को वाक्य की शुरुआत या बीच में एक तथ्य की तरह रखें, जैसे "आपके जैसे स्पष्टवादी इंसान के लिए..." या "चूंकि आप गुणवत्ता को लेकर समझौता नहीं करते, इसलिए..."।

विस्तार: तारीफ बोलने के बाद एक सेकंड के लिए भी न रुकें, बल्कि तुरंत अपने मुख्य मुद्दे या सवाल पर चले जाएं।

यह तकनीक आपको चापलूसों की कतार से हटाकर एक 'बौद्धिक साथी' (*Intellectual Peer*) बना देती है। शक्तिशाली लोग इसे इसलिए पसंद करते हैं क्योंकि यह उनकी गरिमा को बनाए रखती है और उन्हें यह अहसास कराती है कि आप उनकी कार्यक्षमता को 'डिफ़ॉल्ट' मानकर चल रहे हैं। यह बिना किसी शोर के सामने वाले के अहंकार को संतुष्ट करने का सबसे शिष्ट तरीका है।

सान्वी ने इवेंट के बाद मानस को एक सुनहरी सलाह दी, "मानस, किसी की तारीफ को 'तोहफा' बनाकर मत दो, उसे उनकी शख्सियत का 'हिस्सा' मानकर बात करो। लोग अपनी पहचान पर मुहर लगाने वालों को कभी नहीं भूलते।"

"गुण को सच मान बोलिए, जैसे सहज सुभाव, बिना रुके जो कह गए, गहरा करे प्रभाव।"

इस कहानी का सार यही है कि असली रसूख शब्दों के आडंबर में नहीं, बल्कि उनके सटीक चुनाव में होता है। जब आप किसी की खूबी को प्रशंसा के बोझ तले दबाने के बजाय उसे एक स्वाभाविक सत्य की तरह पेश करते हैं, तो आप उनके दिल और दिमाग की चाबी हासिल कर लेते हैं। लोग उन लोगों के साथ रहना और काम करना पसंद करते हैं जिनके पास होने से उन्हें अपनी श्रेष्ठता का अहसास 'प्रयासहीन' तरीके से होता रहता है। आपकी एक 'अनायास टिप्पणी' किसी के पूरे दिन का सबसे बड़ा आत्मविश्वास बन सकती है।

ट्रिक नं. 34: आंतरिक अर्पण: आत्मा के अदृश्य पदचिह्नों की पहचान (The Soul-Mirror: Honoring the Unseen Excellence)

हल्द्वानी के पास एक छोटे से पहाड़ी कस्बे के पुराने सामुदायिक केंद्र में एक विदाई समारोह चल रहा था। मंच पर कस्बे के सबसे सम्मानित डॉक्टर, डॉ. सान्याल बैठे थे, जो अपनी ४० साल की सेवा के बाद रिटायर हो रहे थे। एक-एक करके लोग माइक पर आ रहे थे और वही घिसे-पिटे जुमले दोहरा रहे थे— "आप बहुत महान डॉक्टर हैं," "आपने हजारों जानें बचाई हैं," "आप जैसा नेक इंसान मिलना मुश्किल है।" डॉ. सान्याल बस एक औपचारिक मुस्कान के साथ सिर हिला रहे थे। उनके लिए ये शब्द अब एक शोर की तरह थे, जो उन्होंने पिछले चार दशकों में लाखों बार सुने थे।

तभी भीड़ में से एक युवा शिक्षक, नीलकंठ, आगे बढ़ा। उसने डॉ. सान्याल के पास जाकर माइक नहीं थामा, बल्कि उनके बगल में बैठकर धीमी आवाज़ में कहा, "डॉक्टर साहब, सब आपकी दवाइयों और इलाज की बात कर रहे हैं। लेकिन मैंने पिछले दस सालों में गौर किया है कि जब भी कोई घबराया हुआ मरीज़ आपके पास आता है, तो आप प्रिस्क्रिप्शन लिखने से पहले अपनी कलम मेज पर रख देते हैं और अपनी पूरी एकाग्रता से उसकी आँखों में देखते हैं। वह जो पाँच

सेकंड का 'मौन आश्वासन' आप देते हैं, वह मरीज़ की आधी बीमारी उसी वक्त काट देता है। आपकी असली दवा आपकी पर्ची नहीं, बल्कि आपका वह 'सुनने का धैर्य' है।"

डॉ. सान्याल की आँखों में अचानक एक चमक आ गई। उन्होंने पहली बार अपनी औपचारिक मुस्कान छोड़कर नीलकंठ का हाथ कसकर थाम लिया। उनकी आँखों के कोने गीले थे। उन्होंने धीरे से फुसफुसाया, "बेटा, आज पहली बार किसी ने उस कोशिश को पहचाना, जिसे मैं हर रोज़ अपनी थकान के बावजूद ज़िंदा रखने के लिए संघर्ष करता हूँ।"

यहीं से जन्म लेती है व्यक्तित्व की वह सबसे मारक और प्रभावशाली तकनीक जिसे **"चरित्र-वेधन"** (***The Character-Pierce***) कहते हैं। यह तकनीक सिखाती है कि दुनिया को वह मत बताओ जो सबको दिख रहा है, बल्कि उसे वह बताओ जो उसने खुद के अंदर बड़ी मेहनत से सँजो कर रखा है, पर कोई उसे देख नहीं पाता।

इस 'किलर ट्रिक' को इस्तेमाल करने का तरीका बहुत ही सूक्ष्म और जासूसी (*Detective*) स्तर का है। जब भी आप किसी रसूखदार या प्रभावशाली व्यक्ति से मिलें, तो उनकी सफलता (दौलत, शोहरत, पद) की तारीफ बिलकुल न करें—वह उनके लिए 'बासी खबर' है। इसके बजाय, उनकी **'प्रक्रिया' (*Process*) या 'स्वभाव' (*Trait*)** की एक ऐसी सूक्ष्म परत ढूँढें जिसे हासिल करने के लिए उन्होंने बरसों खुद से लड़ाई लड़ी होगी। जैसे, किसी सख्त दिखने वाले अधिकारी से यह न कहें कि "आप बहुत पावरफुल हैं," बल्कि कहें— "मैंने देखा कि इतने दबाव वाले पद पर होने के बाद भी, आप अपनी आवाज़ की मिठास और शब्दों का चयन कभी नहीं खोते, यह आपके गहरे आत्म-नियंत्रण का प्रमाण है।"

इस तकनीक को सफल बनाने के लिए तीन कड़े मापदंड हैं: १. **विशिष्ट अवलोकन (*Hyper-Specificity*):** सामान्य शब्दों (जैसे—अच्छा, महान) का त्याग करें। उस विशेष क्षण या आदत का ज़िक्र करें जिसे आपने खुद घटित होते देखा हो। २. **एकांतिक प्रहार (*Private Delivery*):** इस तरह की प्रशंसा को सरेआम चिल्लाकर न कहें, वरना यह चापलूसी लगेगी। इसे हमेशा वन-ऑन-वन बातचीत के दौरान या विदा लेते समय एक 'सीक्रेट' की तरह कहें। ३. **दुर्लभता (*Scarcity*):** यह ट्रिक आपका रोज़ का औज़ार नहीं है। इसे केवल उन लोगों के लिए बचा कर रखें जिनसे आप एक स्थायी और गहरा जुड़ाव (*Deep Connection*) चाहते हैं।

जब आप किसी के 'चरित्र के उस मज़बूत धागे' को पकड़ लेते हैं जिसे सब अनदेखा कर देते हैं, तो आप उनके लिए केवल एक परिचित नहीं रह जाते। आप उनके लिए एक 'आईना' बन जाते हैं जिसमें उन्हें अपनी असली कीमत दिखाई देती है। शक्तिशाली लोग अक्सर अकेले होते हैं क्योंकि

सब उनके 'पद' से बात करते हैं, उनके 'अस्तित्व' से नहीं। यह ट्रिक आपको उनके अस्तित्व तक पहुँचा देती है।

नीलकंठ ने उस शाम डॉ. सान्याल से विदा लेते हुए महसूस किया कि अब वह उनके लिए महज़ एक शिक्षक नहीं, बल्कि वह इंसान थे जो उनकी आत्मा की भाषा समझता था।

> **"रूप-रंग तो सब कहें, कर्म कहें संसार, मर्म कहे जो प्राण का, वही असली सत्कार।"**

इस पूरे वृत्तांत का मर्म यह है कि साधारण प्रशंसा कान तक पहुँचकर दम तोड़ देती है, लेकिन 'चरित्र-वेधन' वाली प्रशंसा आत्मा में घर कर लेती है। किसी की सफलता का बखान करना उन्हें खुश कर सकता है, लेकिन उनके संघर्ष और सूक्ष्म आदतों को पहचानना उन्हें आपका मुरीद बना देता है। जब आप लोगों को यह महसूस कराते हैं कि वे 'देखे' (*Seen*) जा रहे हैं, तो आप उनके जीवन के सबसे प्रभावशाली व्यक्ति बन जाते हैं। याद रखिये, असली रसूख शब्दों के शोर में नहीं, बल्कि सही शब्द के सही निशाने पर बैठने में है।

ट्रिक नं. 35: अदृश्य ऊर्जा का संचार: सूक्ष्म स्वीकृति की जादुई शक्ति (The Micro-Validation: Mastering the Subtle Art of Everyday Influence)

शाम के धुंधलके में जब लखनऊ के एक व्यस्त रेलवे स्टेशन पर भीड़ का रेला उमड़ रहा था, तब प्लेटफॉर्म नंबर चार पर खड़ी एक चाय की दुकान पर भारी तनाव था। दुकान का मालिक, रामू काका, झिझकते हुए अपने नए सहायक, छोटे, को देख रहे थे जो पहली बार अकेले भीड़ को संभाल रहा था। छोटे घबराया हुआ था, हाथ कांप रहे थे और केतली से चाय गिर रही थी। तभी भीड़ में से एक सजीला नौजवान, अयान, आगे बढ़ा। अयान शहर का एक उभरता हुआ आर्किटेक्ट था, जिसकी बातों में एक अलग ही ठहराव रहता था।

अयान ने अपनी चाय का कुल्हड़ उठाया, छोटे की आंखों में देखा और बस इतना कहा, "जिस फुर्ती से तुम कुल्हड़ उठा रहे हो, वह कमाल की है छोटे! तुम्हारे हाथ में गजब की लय है।" छोटे के चेहरे पर जो शिकन थी, वह पल भर में गायब हो गई। उसके हाथों का कांपना बंद हो गया और वह दूगनी रफ़्तार से काम करने लगा। अयान ने कोई बहुत बड़ी प्रशंसा नहीं की थी, उसने बस एक ऐसी छोटी सी बात को 'नोटिस' किया जिसे बाकी लोग अनदेखा कर रहे थे। रामू काका भी मुस्कुरा दिए और अयान को मुफ़्त में एक बिस्किट पकड़ा दिया। अयान ने बिना कुछ खर्च किए उस पूरी दुकान की ऊर्जा बदल दी थी।

अयान यहाँ व्यक्तित्व विकास की एक ऐसी मारक तकनीक का उपयोग कर रहा था जिसे **"सूक्ष्म स्वीकृति" (*The Daily Spark*)** कहा जाता है। अक्सर हम किसी की बड़ी सफलता, जैसे शादी, जन्मदिन या प्रमोशन का इंतज़ार करते हैं तारीफ करने के लिए। लेकिन एक चुंबकीय व्यक्तित्व वाला इंसान जानता है कि असली रसूख 'रोज़ाना की छोटी ईंटों' से बनता है। मनोविज्ञान कहता है कि हर इंसान 'देखे जाने' का भूखा है। जब आप किसी के साधारण काम में से एक छोटा सा सकारात्मक बिंदु ढूंढ निकालते हैं, तो आप उन्हें एक 'मानसिक स्ट्रोक' (*Stroke*) देते हैं जो उनके आत्मविश्वास को पुनर्जीवित कर देता है।

इस ट्रिक को व्यावहारिक रूप से अपनाने का तरीका बहुत ही '*Precision*' (सटीकता) वाला है। इसे **"अवलोकन-उच्चारण-अनंतकाल"** का सूत्र कहें।

अवलोकन: अपने आस-पास उन छोटे कामों को देखें जो 'डिफ़ॉल्ट' मान लिए गए हैं। जैसे, सफाई वाले का कोने तक झाड़ू लगाना, आपकी बहन का करीने से पर्दे लगाना, या सहकर्मी का ईमेल में साफ़ भाषा का प्रयोग करना।

उच्चारण: बिना किसी भूमिका के, तुरंत उस बात को बोल दें। "आज आपने पौधों को बहुत सलीके से पानी दिया है, गार्डन चमक रहा है!"

अनंतकाल: इसे बिना किसी उम्मीद के दें। जब आप बिना किसी स्वार्थ के किसी के छोटे प्रयास को सम्मान देते हैं, तो वह बात उनके दिल में हमेशा के लिए दर्ज हो जाती है।

यह तकनीक आपको एक ऐसे 'पॉजिटिव रेडिएटर' (*Positive Radiator*) में बदल देती है जिसके पास हर कोई खड़ा होना चाहता है। लोग आपके लिए अतिरिक्त मेहनत करने को तैयार हो जाते हैं क्योंकि उन्हें पता होता है कि आप उनके 'मौन संघर्ष' को भी देख लेते हैं। बड़े लीडर्स इसी तरह अपनी टीम की वफादारी जीतते हैं; वे केवल बड़े प्रोजेक्ट्स की सफलता पर शैम्पेन नहीं खोलते, बल्कि रोज़ाना डेस्क पर जाकर एक छोटी सी शाबाशी की 'थपकी' दे आते हैं।

अयान ने चाय खत्म की और चलते-चलते छोटे के कंधे पर हाथ रखकर कहा, "अगली बार आऊंगा तो यही लय बरकरार रखना, तुम इस दुकान की जान हो।"

> **"बड़ी बधाई जग करे, स्वार्थ साधे लोय, सूक्ष्म सराहना जो करे, प्रिय पात्र वो होय।"**

इस पूरे वृत्तांत का सार यही है कि आपके शब्दों की कीमत उनकी लंबाई में नहीं, बल्कि उनके 'समय' (*Timing*) में छिपी होती है। बड़ी तारीफें आपको दुनिया की नज़रों में ऊँचा उठा सकती हैं, लेकिन छोटी और सच्ची सराहना आपको लोगों के दिलों में गहराई तक ले जाती है। जब आप दूसरों को उनकी रोज़मर्रा की साधारणता में 'असाधारण' महसूस कराते हैं, तो आप एक साधारण इंसान से बदलकर एक 'अपरिहार्य' (*Indispensable*) व्यक्तित्व बन जाते हैं। अपनी नज़रों को पारखी बनाइए, क्योंकि एक छोटी सी 'सराहना की थपकी' किसी के पूरे दिन का रुख बदल सकती है।

क्या आप आज अपने आस-पास किसी ऐसे व्यक्ति को जानते हैं जिसके छोटे से काम को आपने अब तक अनदेखा किया है?

ट्रिक नं. 36: उत्साह का आवेग: जीत के जश्न में भागीदारी का जादुई सूत्र (The Resonant Rejoice: Mastering the Art of Instant Validation)

केरल की शांत बैकवाटर्स के किनारे एक पुराने लकड़ी के विला में बचपन के चार दोस्त सालों बाद एक रीयूनियन के लिए मिले थे। रात का खाना खत्म हो चुका था और पुरानी यादों का दौर जारी था। तभी उनमें से एक, राघव, ने बड़ी झिझक के साथ अपनी जेब से एक छोटी सी तस्वीर निकाली और मेज पर रखते हुए बोला, "दोस्तों, पिछले हफ्ते मैंने अपनी पहली कला प्रदर्शनी (*Art Exhibition*) आयोजित की थी और मेरी तीन पेंटिंग्स पहले ही दिन बिक गईं।" राघव की आंखों में एक चमक थी, वह अपने दिल के करीब के सपने की जीत साझा कर रहा था।

लेकिन अगले ही पल सन्नाटा पसर गया। दो दोस्तों ने बस सिर हिलाया और एक ने अपने फोन से नजरें हटाए बिना कहा, "ओह, बढ़िया है भाई। बधाई हो।" राघव का वह उत्साह, जो कुछ सेकंड पहले सातवें आसमान पर था, अचानक जमीन पर आ गिरा। उसे ऐसा लगा जैसे उसने अपनी सबसे कीमती चीज गलत लोगों के सामने रख दी हो। वह तस्वीर उसने चुपचाप वापस जेब में रख ली और पूरी शाम फिर वह ज्यादा नहीं बोला।

तभी चौथे दोस्त, ईशान, जो कुछ देर के लिए बाहर गया था, कमरे में दाखिल हुआ। उसने जैसे ही मेज पर रखी तस्वीर और राघव के चेहरे के हाव-भाव देखे, उसने बात पूरी होने का भी इंतजार नहीं किया। ईशान की आंखें फैल गईं, उसने हवा में हाथ लहराया और लगभग चिल्लाते हुए कहा, "क्या बात कर रहे हो राघव! यह तो अद्भुत है! भाई, मुझे यकीन नहीं हो रहा कि तुमने यह कर दिखाया। दिखाओ मुझे, वह कौन सी पेंटिंग थी जो सबसे पहले बिकी?" ईशान का वह **'तत्काल उत्साह'** पूरे कमरे की ऊर्जा बदल गया। राघव का चेहरा फिर से खिल उठा और वह अगले आधे घंटे तक अपनी कला के बारे में जोश से बताता रहा।

ईशान ने यहाँ जिस जादुई कौशल का परिचय दिया, उसे हम व्यक्तित्व विकास की भाषा में **"त्वरित उल्लास" (*The Instant Launchpad*)** कह सकते हैं। यह तकनीक सिखाती है कि जब कोई आपके सामने अपनी खुशी या उपलब्धि का छोटा सा भी टुकड़ा रखे, तो आपकी प्रतिक्रिया बिजली की गति से होनी चाहिए। मनोविज्ञान के अनुसार, किसी की खुशखबरी और आपकी बधाई के बीच का 'समय' (*Time Gap*) ही यह तय करता है कि आप वाकई उसके शुभचिंतक हैं या सिर्फ औपचारिकता निभा रहे हैं। एक सेकंड की भी देरी सामने वाले को यह संदेश दे देती है कि आप या तो ईर्ष्या कर रहे हैं या आपको उसकी खुशी में कोई दिलचस्पी नहीं है।

इस 'ट्रिक' को व्यावहारिक रूप से अपनाने के लिए **"आवेग-अनुराग-अन्वेषण"** का नियम अपनाएं।

आवेग: जैसे ही कोई खुशखबरी सुनाना शुरू करे, खबर खत्म होने का इंतजार न करें। बीच में ही एक सकारात्मक आवेगपूर्ण शब्द बोलें—जैसे "वाह!", "शानदार!", या "कमाल कर दिया!"।

अनुराग: अपनी बॉडी लैंग्वेज से 'अनुराग' दिखाएं; थोड़ा आगे झुकें, आंखों को थोड़ा बड़ा करें (जो शुद्ध खुशी का संकेत है) और एक चौड़ी मुस्कान दें।

अन्वेषण: अंत में, 'अन्वेषण' यानी एक ऐसा उत्साहजनक सवाल पूछें जो उन्हें अपनी जीत का बखान करने का और मौका दे। जैसे— "यह सुनकर मजा आ गया! तुमने इसके लिए कितनी रातें जागी होंगी?"

रसूखदार और मानसिक रूप से मजबूत लोग कभी दूसरों की जीत पर कंजूसी नहीं करते। वे जानते हैं कि दूसरों के दीये से अपना दीया जलाने में रोशनी कम नहीं होती, बल्कि बढ़ जाती है। जब आप किसी की सफलता पर सबसे पहले और सबसे जोर से तालियाँ बजाते हैं, तो आप दुनिया को बताते हैं कि आप अपने आप में इतने सुरक्षित और सफल हैं कि आपको दूसरों की तरक्की से कोई खतरा नहीं है। यह व्यवहार आपको एक 'पॉजिटिव मैग्नेट' बना देता है, जिससे लोग अपनी खुशियाँ लेकर सबसे पहले आपके पास दौड़ना चाहते हैं।

ईशान ने उस रात विदा लेते समय राघव के कंधे पर हाथ रखकर कहा, "भाई, तुम्हारी जीत हम सबकी जीत है। अगली बार मुझे पहले बताना, मैं ढोल लेकर आऊंगा!"

> **"पर की जीत में जो हंसे, मन में रखे ना द्वेष, उसके यश की गूँज फिर,**
> **फैले दसों निवेश।"**

इस कहानी का सार यही है कि आपकी प्रतिक्रिया की गति ही आपके चरित्र की गहराई नापती है। खुशखबरी पर ठंडी या देरी से दी गई प्रतिक्रिया किसी की खुशी का गला घोंटने जैसा है। जब आप बिजली जैसी तेजी से किसी का उत्साह बढ़ाते हैं, तो आप केवल शब्द नहीं बोल रहे होते, बल्कि आप एक इंसान के आत्मविश्वास को पंख दे रहे होते हैं। रिश्तों की मजबूती महँगे तोहफों में नहीं, बल्कि उन चंद सेकंडों के सच्चे और त्वरित उल्लास में छिपी होती है जो आप दूसरों की जीत के नाम करते हैं। आपकी 'वाह' किसी के संघर्ष की सबसे बड़ी मज़दूरी हो सकती है।

ट्रिक नं. 37: 'एकत्व का सम्मोहन: अजनबियत की दीवारों को गिराने का सूत्र (The Unity Enchantment: Dissolving Barriers with Shared Vocabulary)

जयपुर के एक कला उत्सव में शाम की महफ़िल जमी थी। शहर के कई हस्तशिल्पी और नए निवेशक वहां मौजूद थे। उत्सव के एक कोने में खड़ा समीर, जो एक नया स्टार्टअप शुरू करना चाहता था, एक बड़े निवेशक मिस्टर सिंघानिया से बात करने की कोशिश कर रहा था। समीर की भाषा में "मैं" और "आप" की एक स्पष्ट दीवार थी। वह कह रहा था, "सर, 'मैं' चाहता हूँ कि 'आप' मेरे इस विचार को देखें, शायद 'आपको' इसमें कुछ दिलचस्पी हो।" मिस्टर सिंघानिया बस एक औपचारिक मुस्कान के साथ सुन रहे थे, पर उनके शरीर की भाषा (*Body Language*) बता रही थी कि वे मानसिक रूप से इस बातचीत से बाहर हैं। उन्हें लग रहा था जैसे कोई सेल्समैन उन्हें कुछ बेचने की कोशिश कर रहा है।

तभी वहां कबीर आया, जो एक अनुभवी उद्यमी था। उसने मिस्टर सिंघानिया से हाथ मिलाया और बहुत ही सहज अंदाज़ में पास रखी एक पुरानी पेंटिंग की ओर इशारा करते हुए कहा, "मिस्टर सिंघानिया, देखिए 'हमें' यहाँ कितनी अद्भुत विरासत देखने को मिल रही है। क्या 'हमें' नहीं लगता कि अगर 'हम' इस तरह की पारंपरिक कला को आधुनिक तकनीक से जोड़ दें, तो 'हमारी' अगली पीढ़ी के लिए 'हम' कुछ बड़ा खड़ा कर सकते हैं?"

अचानक मिस्टर सिंघानिया की आँखों में चमक आ गई। वे समीर की बातों से बोर हो रहे थे, लेकिन कबीर के शब्दों ने उन्हें अनजाने में ही कबीर की 'टीम' का हिस्सा बना लिया था। कबीर ने अभी तक मिस्टर सिंघानिया के साथ कोई डील फाइनल नहीं की थी, फिर भी उसके शब्दों ने एक ऐसा मायाजाल बुना कि सिंघानिया साहब को लगा जैसे वे और कबीर सालों पुराने साथी हों।

कबीर ने यहाँ जिस मनोवैज्ञानिक अस्त्र का उपयोग किया, उसे व्यक्तित्व विकास की भाषा में **"अग्रिम आत्मीयता" (*The Premature We*)** कहते हैं। यह ट्रिक सिखाती है कि किसी

अजनबी के साथ 'अपनापन' पैदा करने के लिए सालों का इंतज़ार करने की ज़रूरत नहीं है, बस अपनी शब्दावली से "मैं" और "आप" को बेदखल कर "हम" को जगह दे दें। जब दो लोग पहली बार मिलते हैं, तो उनके बीच एक 'अदृश्य सीमा' होती है। "आप" शब्द उस सीमा को सुरक्षित रखता है, जबकि "हम" शब्द उस सीमा को बातचीत के पहले ५ मिनट में ही लांघ जाता है।

इस 'ट्रिक' को व्यावहारिक रूप से अपनाने के लिए **"साझा-संबोधन-संयोजन"** का नियम अपनाएं।

साझा अनुभव: बातचीत की शुरुआत में ही किसी ऐसी चीज़ का ज़िक्र करें जो आप दोनों के लिए समान हो। जैसे, "आज 'हमें' मौसम का कितना अच्छा साथ मिला है" या "'हमें' इस कार्यक्रम की व्यवस्था पर गर्व होना चाहिए।"

संबोधन का बदलाव: सवाल पूछते समय "क्या 'आपको' लगता है" की जगह "क्या 'हमें' लगता है" कहें। यह सामने वाले के अवचेतन मन को संदेश देता है कि आप उनके प्रतिद्वंद्वी (*Opponent*) नहीं, बल्कि सहयोगी (*Partner*) हैं।

भविष्य का समावेशन: आने वाली मुलाकातों का ज़िक्र ऐसे करें जैसे वह तय हो। जैसे, "जब 'हम' अगली बार बैठेंगे, तो 'हमें' इस योजना के विस्तार पर और गहराई से चर्चा करनी चाहिए।"

शक्तिशाली लोग और कुशल राजनेता इस ट्रिक के माहिर खिलाड़ी होते हैं। वे जानते हैं कि "हम" शब्द बोलने से सुनने वाले का अहंकार (*Ego*) शांत हो जाता है और वह रक्षात्मक (*Defensive*) होने के बजाय उदार हो जाता है। यह ट्रिक आपको एक 'लीडर' की छवि देती है जो अकेले नहीं, बल्कि सबको साथ लेकर चलने में विश्वास रखता है।

कबीर ने जाते-जाते सिंघानिया साहब से कहा, "सर, 'हमें' खुशी है कि 'हमारे' विचार इस कदर मेल खाते हैं।"

"मैं और तू की जंग में, खो जाता सब ज्ञान, हम कह कर जो जुड़ गया, वही पुरुष महान।"

इस पूरी कहानी का निचोड़ यह है कि अजनबियत केवल एक मानसिक स्थिति है जिसे शब्दों के सही चुनाव से बदला जा सकता है। "हम" कहना केवल एक व्याकरण का बदलाव नहीं, बल्कि एक रसूखदार मानसिकता का प्रमाण है। जब आप दूसरों को अपनी बातचीत के दायरे में 'शामिल' कर लेते हैं, तो वे आपके प्रति अधिक खुले और वफादार हो जाते हैं। रसूखदार बनने का सबसे

छोटा रास्ता यही है कि आप लोगों के सामने नहीं, बल्कि उनके साथ खड़े हों। आपकी भाषा ही वह पुल है जो "अजनबी" को "अपना" बना सकती है।

अगली बार जब आप किसी से मिलें, तो खुद से पूछें—क्या आप उन्हें "दूर" रख रहे हैं या "हम" कहकर अपने करीब ला रहे हैं?

ट्रिक नं. 38: स्मृति का सूत्रपात: अजनबियत को आत्मीयता में बदलने का जादुई पल (The Anchor Effect: Crafting Instant Shared History)

देहरादून की सर्द शाम में एक प्रतिष्ठित लिटरेचर फेस्टिवल का आयोजन एक पुराने औपनिवेशिक बंगले में हो रहा था। लेखक, प्रकाशक और कलाकार कॉकटेल पार्टी में एक-दूसरे से औपचारिक परिचय कर रहे थे। अर्णव, जो एक युवा ग्राफ़िक डिज़ाइनर था, शहर के सबसे बड़े बुक-पब्लिशर मिस्टर मल्होत्रा से बात करने का मौका ढूँढ रहा था। जब उसे मौका मिला, तो उसने वही घिसा-पिटा तरीका अपनाया— "सर, मैं आपका बहुत बड़ा प्रशंसक हूँ, क्या मैं आपसे पांच मिनट बात कर सकता हूँ?" मिस्टर मल्होत्रा ने बस एक थकी हुई मुस्कान दी और अपने फोन की ओर देखने लगे। अर्णव के लिए वह दूरी 'हिमालय' जितनी बड़ी हो गई थी।

तभी वहाँ विहान आया, जो एक फ्रीलांस पत्रकार था। विहान ने मिस्टर मल्होत्रा के पास पहुँचते ही देखा कि बंगले की छत से एक पुराना झूमर थोड़ा टेढ़ा लटका हुआ है और हवा चलने पर वह अजीब सी 'चूँ-चूँ' की आवाज़ कर रहा था। विहान ने हाथ मिलाते ही मुस्कुराकर कहा, "मल्होत्रा साहब, लगता है इस बंगले का झूमर आज 'हमें' मॉर्स कोड में कोई गुप्त संदेश भेजने की कोशिश कर रहा है!" मल्होत्रा जी ने ऊपर देखा और ठहाका मार कर हँसे, "बिल्कुल, शायद यह बता रहा है कि पिछली बार यहाँ पेंट कब हुआ था!"

अगले १५ मिनट की बातचीत के दौरान विहान ने उस 'झूमर' का ज़िक्र तीन बार और किया। जब ड्रिंक्स खत्म हुईं, तो विहान ने विदा लेते हुए कहा, "सर, अब चलते हैं, इससे पहले कि वह झूमर 'हमें' यहाँ रुकने का कोई और कठिन आदेश दे दे!" मल्होत्रा जी ने विहान का कंधा थपथपाया और बोले, "विहान, तुम बड़े दिलचस्प इंसान हो, अपना कार्ड देते जाओ, हम कल विस्तार से बात करेंगे।" अर्णव वहीं खड़ा हैरान था कि कैसे एक साधारण सी घटना ने विहान को मल्होत्रा जी का 'पुराना यार' बना दिया।

विहान ने यहाँ जिस प्रभावशाली तकनीक का उपयोग किया, उसे व्यक्तित्व विकास की दुनिया में **"तात्कालिक साझा स्मृति"** (***The Instant History Loop***) कहते हैं। अक्सर हम सोचते हैं कि किसी के साथ गहरा रिश्ता बनाने के लिए सालों का वक्त चाहिए, लेकिन सच्चाई यह है कि

यादें वक्त से नहीं, बल्कि 'साझा अनुभवों' से बनती हैं। यह ट्रिक सिखाती है कि पहली ही मुलाक़ात में हुई किसी छोटी, अजीब या मज़ेदार घटना को एक 'प्राइवेट जोक' या 'गुप्त कोड' में बदल दें।

इस 'ट्रिक' को व्यावहारिक रूप से लागू करने के लिए **"अवलोकन-नामकरण-दोहराव"** का फॉर्मूला अपनाएं:

अवलोकन (*Micro-Observation*): बातचीत के पहले ३ मिनट में अपने आस-पास की किसी ऐसी चीज़ को ढूँढें जो सामान्य न हो—जैसे किसी की अजीब रिंगटोन, वेटर का अनोखा अंदाज़, या खिड़की से आती कोई तेज़ आवाज़।

नामकरण (*The Labeling*): उस घटना पर एक हल्की-फुल्की, सकारात्मक टिप्पणी करें जिसमें "हम" और "हमें" शब्द शामिल हों। जैसे, "लगता है इस पंखे की आवाज़ 'हमें' संगीत सुनाने पर तुली है।"

दोहराव (*The Recall*): बातचीत खत्म करते समय या बीच में उसी घटना का ज़िक्र दोबारा एक 'कोड वर्ड' की तरह करें। इससे सामने वाले के अवचेतन मन में यह संदेश जाता है कि आपके और उनके बीच एक 'साझा इतिहास' बन चुका है।

शक्तिशाली लोग और रसूखदार नेटवर्कर इस ट्रिक का इस्तेमाल इसलिए करते हैं क्योंकि यह अजनबियत के 'डिफ़ेंसिव कवच' को तुरंत तोड़ देती है। जब आप किसी के साथ एक 'साझा मज़ाक' बना लेते हैं, तो आप उनके लिए भीड़ का हिस्सा नहीं रहते, बल्कि 'इनसाइडर' बन जाते हैं। यह ट्रिक आपको एक ऐसा इंसान बनाती है जिसके साथ लोग बहुत जल्दी सहज (*Comfortable*) महसूस करने लगते हैं।

विहान ने उस रात अपनी डायरी में लिखा, "रिश्ते बनाने के लिए इतिहास का इंतज़ार मत करो, बल्कि वर्तमान में घट रही किसी छोटी सी धूल को भी 'यादगार' बना दो।"

> **"वक्त लगे जो याद बनने, वो तो दुनिया रीत, अभी हुआ जो साझा पल,**
> **वही अटूट प्रीत।"**

इस पूरी कहानी का मर्म यही है कि किसी के दिल में जगह बनाने के लिए लंबी मुलाक़ातें ज़रूरी नहीं हैं, बल्कि एक साझा पल को 'पकड़ लेना' काफी है। जब आप किसी अजनबी के साथ मिलकर एक छोटी सी घटना पर मुस्कुराते हैं, तो आप समय की रफ़्तार को मात दे देते हैं। 'इंस्टेंट हिस्ट्री' आपको एक ऐसा चेहरा बना देती है जिसे लोग सालों तक याद रखते हैं क्योंकि उनके पास

आपके साथ जुड़ा एक 'अपना मज़ाक' होता है। साख केवल काम से नहीं, बल्कि उन छोटे-छोटे धागों से बनती है जो अजनबियों को एक साझा कहानी में पिरो देते हैं।

ट्रिक नं. 39: प्रवेश की प्रभुता: उपस्थिति का राजकीय व्याकरण (The Sovereign Entry: Mastering the Presence of Command)

मदुरै के एक ऐतिहासिक हवेलीनुमा रिसॉर्ट में शहर के रसूखदार व्यापारिक घरानों की एक वार्षिक सभा आयोजित थी। हॉल ऊँची छतों, झूमरों और कीमती कालीनों से सजा हुआ था। आरव, जो अपनी नई टेक्सटाइल कंपनी का विस्तार करना चाहता था, भारी नक्काशीदार दरवाज़ों के पास खड़ा अपनी टाई ठीक कर रहा था। उसके चेहरे पर हल्की घबराहट थी। जैसे ही दरवाज़े खुले, आरव लगभग दौड़ते हुए अंदर घुसा और सीधे कोने में रखी ड्रिंक्स की मेज की ओर बढ़ गया। उसने मुड़कर पीछे भी नहीं देखा, बस अपनी हथेलियों को पेंट से पोंछता रहा। हॉल में मौजूद दिग्गज व्यापारियों ने उसे एक 'बेचैन नवागंतुक' के रूप में दर्ज किया और अपनी चर्चा जारी रखी। आरव भीड़ में होते हुए भी अदृश्य था।

तभी हॉल के भारी किवाड़ दोबारा खुले और अद्वैत ने प्रवेश किया। अद्वैत शहर का एक स्थापित नाम था, जिसकी उपस्थिति मात्र से चर्चाओं का रुख बदल जाता था। जैसे ही उसने अंदर कदम रखा, वह तुरंत आगे नहीं बढ़ा। वह ठीक चौखट के पास एक पत्थर की मूर्ति की तरह स्थिर हो गया। उसने अपनी रीढ़ सीधी की और अगले तीन से चार सेकंड तक अपनी गर्दन को बिना हिलाए, केवल आँखों से पूरे हॉल को बाएँ से दाएँ तक ऐसे स्कैन किया जैसे कोई जनरल युद्ध के मैदान का मुआयना कर रहा हो। इस संक्षिप्त 'पॉज़' (विराम) ने पूरे कमरे का ध्यान उसकी ओर खींच लिया। लोग अपनी बातचीत रोककर यह देखने लगे कि कौन आया है। अद्वैत ने अपनी नज़रें एक कोने से दूसरे कोने तक घुमाईं, जैसे वह हर चेहरे को पहचान रहा हो या किसी विशेष व्यक्ति का इंतज़ार कर रहा हो। जब उसने चलना शुरू किया, तो उसकी चाल में एक अजब सा ठहराव था। वह एक 'शिकार' की तरह नहीं, बल्कि एक 'शासक' की तरह लग रहा था।

अद्वैत ने यहाँ जिस गुप्त कला का प्रदर्शन किया, उसे हम **"विहंगम अवलोकन"** (***The Panoramic Survey***) कहते हैं। यह ट्रिक सिखाती है कि आपकी उपस्थिति का प्रभाव आपके पहले शब्द से नहीं, बल्कि आपके पहले कदम से शुरू होता है। जब आप किसी अपरिचित कमरे में घुसते ही तुरंत चलना शुरू कर देते हैं, तो आप अवचेतन रूप से यह संदेश देते हैं कि आप वहां सुरक्षित महसूस नहीं कर रहे हैं और जल्द से जल्द किसी ओट या कोने में छिपना चाहते हैं। इसके

विपरीत, दरवाज़े पर रुककर पूरे कमरे को 'स्कैन' करना आपकी उच्च सामाजिक स्थिति और आत्मविश्वास का प्रमाण है। यह संकेत देता है कि आप इस स्थान के अजनबी नहीं, बल्कि इसके स्वामी हैं।

इस 'राजकीय प्रवेश' को मुकम्मल बनाने के लिए **"परिधान और बैठने का शिष्टाचार"** का पालन करना अनिवार्य है। यदि आपने दो बटन वाला ब्लेज़र या सूट पहना है, तो खड़े होने और प्रवेश करने के दौरान ऊपर का बटन हमेशा बंद रखें। यह आपकी शारीरिक संरचना को एक 'शार्प' और अनुशासित ढाँचा देता है। जैसे ही आप किसी के साथ बैठने लगें, बिना किसी हड़बड़ी के कोट का बटन खोल दें। बटन बंद करके बैठने से कोट के सीने पर जो उभार (*Bulge*) आता है, वह आपके पूरे रसूख को 'अनाड़ी' लुक में बदल देता है। बैठते समय कुर्सी के किनारे पर दुबक कर न बैठें; अपनी पीठ को कुर्सी के पिछले हिस्से से सटाएँ और कोहनियों को आमरेस्ट पर फैलाकर रखें। मनोविज्ञान कहता है कि जो व्यक्ति जितनी अधिक जगह घेरता है, वह उतना ही अधिक शक्तिशाली और तनावमुक्त माना जाता है।

एक और महत्वपूर्ण विवरण आपकी कलाई पर बंधी घड़ी है। रसूख के लिए हमेशा एक क्लासिक एनालॉग (सुइयों वाली) घड़ी का चुनाव करें। स्मार्टवॉच डेटा दे सकती है, लेकिन एनालॉग घड़ी 'डिग्निटी' देती है। साथ ही, यदि आपने धूप का चश्मा पहना है, तो हॉल में प्रवेश से पहले ही उसे उतार लें। चश्मे को सिर पर चढ़ाना या शर्ट की जेब में लटकाना आपको एक लापरवाह पर्यटक दिखा सकता है, जबकि उसे हाथ में रखना या केस में डालना आपको एक गंभीर व्यक्तित्व बनाता है।

अद्वैत ने जब मेज के पास पहुँचकर आरव से हाथ मिलाया, तो बस इतना कहा, "आरव, इस कमरे को देखो। यहाँ का हर कोना तुम्हारी कहानी सुनने को बेताब है, बस तुम्हें उन्हें अपनी नज़र से जीतना होगा।"

"सिंह चले जब वन विषै, थमे पवन की चाल, स्थिर दृष्टि जो धरे, सोई पुरुष विशाल।"

इस कहानी का सार यह है कि आपका प्रभाव आपकी गति में नहीं, बल्कि आपकी स्थिरता में छिपा है। प्रवेश करते समय का वह तीन सेकंड का मौन विराम आपकी साख की नींव रखता है। जो व्यक्ति कमरे को 'रबरनैक' यानी पूरे विस्तार से देखता है, दुनिया उसे मुड़कर देखती है। परिधान के छोटे-छोटे नियम जैसे कोट के बटन और बैठने का अंदाज़ यह बताते हैं कि आप केवल शरीर से वहां मौजूद नहीं हैं, बल्कि आप अपनी गरिमा के प्रति पूरी तरह सजग हैं। रसूखदार बनने का अर्थ शोर मचाना नहीं, बल्कि अपनी खामोशी से पूरे कमरे का ध्यान अपनी ओर खींच लेना है।

ट्रिक नं. 40: काम की बातें: चुप रहकर भी अपना रसूख दिखाने का तरीका (The Art of Quiet Presence)

गाज़ियाबाद के एक पुराने और रसूखदार व्यापारिक क्लब के बंद कमरे में शहर के दिग्गज निर्यातकों की एक महत्वपूर्ण बैठक चल रही थी। फर्श पर बिछे ईरानी कालीन और दीवारों पर लगी महँगी पेंटिंग्स के बीच, युवा उद्यमी निशांत थोड़ा असहज महसूस कर रहा था। उसने एक बहुत ही महँगा डिज़ाइनर सूट पहना था, लेकिन कमरे में घुसते ही उसे लगा कि कुछ तो अधूरा है। वह बार-बार अपनी कलाई की स्मार्टवॉच पर नोटिफिकेशन चेक कर रहा था जो बार-बार वाइब्रेट होकर उसकी एकाग्रता भंग कर रही थी। जब वह कॉफी के लिए उठा, तो उसने गौर किया कि क्लब के सबसे पुराने और सम्मानित सदस्य, दीवान साहब की नज़र एक पल के लिए निशांत के जूतों पर गई और फिर उन्होंने अपनी नज़रें फेर लीं। निशांत ने नीचे देखा—उसके जूते भूरे रंग के थे जबकि उसने नेवी ब्लू सूट पहना था और उसकी बेल्ट काले रंग की थी। वह महँगे कपड़ों में होने के बावजूद एक 'अनाड़ी' (*Amateur*) लग रहा था।

दीवान साहब, जो अपनी मूक लेकिन प्रभावशाली उपस्थिति के लिए जाने जाते थे, निशांत के पास आए। उन्होंने कोई भाषण नहीं दिया, बस अपनी कलाई धीरे से आगे की। उनकी क्लासिक एनालॉग घड़ी शर्ट के सफेद कफ के नीचे आधी छिपी हुई थी। दीवान साहब ने मुस्कुराते हुए कहा, "बेटा, रसूख कपड़ों की कीमत में नहीं, बल्कि उनके 'तालमेल' में होता है। जो इंसान अपने जूतों की धूल और घड़ी की स्थिति पर ध्यान नहीं दे सकता, वह व्यापार की बारीकियों को कैसे संभालेगा?" निशांत को बिना किसी लेक्चर के समझ आ गया कि उसका 'स्टेटस' कहाँ डगमगा रहा था।

यहीं से व्यक्तित्व निर्माण का वह अचूक सिद्धांत निकलता है जिसे **"विवरणों की लय" (*The Synchronized Detail*)** कहते हैं। यह ट्रिक सिखाती है कि दुनिया आपको ऊपर से नीचे तक एक 'इमेज' के रूप में देखती है। अगर उस इमेज का एक भी हिस्सा—जैसे जूते या घड़ी—लय से बाहर है, तो आपका पूरा प्रभाव खत्म हो जाता है।

इस 'लय' को हासिल करने का सबसे पहला और अनिवार्य नियम है—**जूतों और बेल्ट का अटूट गठबंधन**। यदि आपके जूते काले हैं, तो बेल्ट हर हाल में काली ही होनी चाहिए। यदि आप नेवी ब्लू या डार्क ग्रे जैसे गंभीर रंगों के सूट पहन रहे हैं, तो केवल पॉलिश किए हुए काले 'ऑक्सफोर्ड' या 'लोफर्स' ही पहनें। भूरे जूते केवल हल्के रंगों या कैजुअल ट्राउजर्स के लिए बचा कर रखें। याद रखें, जूतों की चमक आपके अनुशासन का विज्ञापन है; उन पर जमी धूल आपकी ढिलाई को दर्शाती है।

अगला महत्वपूर्ण पड़ाव है आपकी घड़ी। रसूखदार बनने के लिए घड़ी को कलाई की हड्डी (*Wrist Bone*) के ठीक ऊपर इस तरह पहनें कि वह स्थिर रहे। शर्ट पहनते समय घड़ी कफ के अंदर आधी छिपी होनी चाहिए—यह 'सबटल पावर' (सूक्ष्म शक्ति) का संकेत है। जब आप हाथ हिलाएँ या समय देखें, तभी उसका पूरा दर्शन होना चाहिए। बहुत बड़े डायल वाली भड़कीली घड़ियाँ यह संदेश देती हैं कि आप ध्यान खींचने के लिए चिल्ला रहे हैं, जबकि एक क्लासिक, मीडियम साइज डायल वाली सुइयों वाली घड़ी आपकी परिपक्वता (*Maturity*) को दर्शाती है।

तीसरा और सबसे अनदेखा विवरण है आपके मोजे। कभी भी औपचारिक जूतों के साथ सफेद मोजे पहनने की गलती न करें—सफेद मोजे केवल खेल के मैदान के लिए हैं। मोजों का रंग हमेशा आपकी पैंट (*Trousers*) के रंग से मिलना चाहिए। इससे पैरों की लंबाई में एक निरंतरता दिखती है, जिससे आपका कद और व्यक्तित्व दोनों ऊंचे लगते हैं। अगर आप अपना चश्मा उतारते हैं, तो उसे शर्ट के कॉलर में लटकाने के बजाय हाथ में गरिमा के साथ पकड़ें या सीधे केस में रखें। मेज पर रखते समय उसके लेंस हमेशा आसमान की ओर होने चाहिए, जो आपकी सूक्ष्म जागरूकता को दर्शाता है।

दीवान साहब ने विदा लेते समय निशांत की कलाई की तरफ देखा और बोले, "घड़ी समय बताने के लिए कम और तुम्हारी 'वैल्यू' बताने के लिए ज्यादा होती है, इसे सही पते पर बांधो।"

> **"बेल्ट-जूता एक रंग, घड़ी कलाई सोय, बारीकी जो जान ले, रसूख उसी का होय।"**

इस पूरी कहानी का मर्म यह है कि एक प्रभावशाली व्यक्तित्व 'परफेक्शन' में नहीं, बल्कि 'प्रिसीजन' (सटीकता) में बसता है। जब आपके जूतों की चमक, बेल्ट का रंग और घड़ी का स्थान एक-दूसरे के पूरक होते हैं, तो आप बिना बोले ही यह साबित कर देते हैं कि आप विवरणों के उस्ताद हैं। रसूख वह है जिसे लोग तुरंत नहीं देख पाते, लेकिन जब देखते हैं, तो उनके पास आपके सम्मान के अलावा कोई विकल्प नहीं बचता। बारीकियों में निवेश ही आपकी शख्सियत का असली मुनाफा है।

ट्रिक नं. 41: बैठने और चलने का शाही अंदाज़ (The Power Posture & Royal Walk)

बनारस के एक पुराने घाट पर शाम की आरती की तैयारियाँ चल रही थीं। भारी भीड़ के बीच एक कोने में स्थित ऊँची गैलरी में शहर के रसूखदार लोगों के लिए कुर्सियाँ लगी थीं। सुमित, जो एक बड़ी कंपनी में सेल्स हेड था, अपनी बारी का इंतज़ार कर रहा था। वह बार-बार अपनी कुर्सी के किनारे पर दुबक कर बैठता, कभी अपने हाथों को जांघों के बीच दबा लेता, तो कभी घबराहट में

अपने मोबाइल के कवर से खेलने लगता। जब वह खड़ा होता, तो उसके कंधे झुके होते और वह भीड़ के बीच से रास्ता मांगते हुए ऐसे निकलता जैसे किसी का कर्जदार हो। लोग उसे धक्का देकर आगे निकल जाते और कोई उसकी मौजूदगी पर ध्यान भी नहीं देता।

तभी गैलरी की सीढ़ियों से एक बुजुर्ग सज्जन, पंडित दीनानाथ, ऊपर आए। उनकी उम्र ७० के पार थी, लेकिन उनके चलने के अंदाज़ ने पूरी गैलरी का ध्यान अपनी ओर खींच लिया। वे बहुत धीरे चल रहे थे, जैसे समय उनका गुलाम हो। उनकी ठुड्डी ज़मीन के समानांतर थी और नज़रें सीधे सामने। जब वे रुके, तो उनके दोनों पैरों के बीच एक सम्मानजनक १०-१२ इंच की दूरी थी। उन्होंने अपने कंधे पीछे की ओर रोल किए थे, जिससे उनका सीना चौड़ा और व्यक्तित्व प्रभावशाली लग रहा था। उन्होंने कोई महँगा सूट नहीं पहना था, लेकिन उनके बैठने के तरीके ने सबको बता दिया कि असली 'अल्फा' कौन है। वे कुर्सी पर पूरे रसूख से पीछे टिककर बैठे और अपने दोनों हाथ कुर्सी के हत्थों (*Armrests*) पर फैला दिए। उस गैलरी में सुमित जैसे कई युवा थे, पर सम्मान की लहर सिर्फ दीनानाथ जी की ओर थी।

सुमित ने गौर किया कि दीनानाथ जी भीड़ में जगह 'मांग' नहीं रहे थे, बल्कि अपनी शारीरिक मुद्रा से जगह 'घेर' रहे थे। यहीं से व्यक्तित्व की वह गुप्त ट्रिक निकलती है जिसे **"क्षेत्रीय विस्तार" (*The Territory Expansion*)** कहते हैं। यह ट्रिक कहती है कि आप भौतिक रूप से जितनी अधिक जगह घेरते हैं, मनोवैज्ञानिक रूप से आपका रसूख उतना ही बढ़ जाता है। एक आम इंसान खुद को सिकोड़ कर छोटा दिखाने की कोशिश करता है, जबकि एक प्रभावशाली व्यक्ति अपनी उपस्थिति को विस्तार देता है।

इस शाही अंदाज़ को अपनाने के लिए कुछ व्यावहारिक नियमों का पालन करें:

खड़े होने का 'स्टैंस' (*The Stand*): जब भी खड़े हों, पैरों को जोड़कर न रखें (यह 'सर्वेंट' लुक देता है)। पैरों के बीच कंधे जितनी दूरी रखें। इससे आपका संतुलन और आत्मविश्वास दोनों बढ़ते हैं।

हाथों की शांति: अपने हाथों को जेब में छिपाने या छाती पर बांधने के बजाय शरीर के बगल में ढीला छोड़ दें। अगर अंगूठा बाहर रखते हुए जेब में हाथ डालना है, तो यह आपकी 'पावर' को दर्शाता है। लेकिन याद रहे, अपनी उंगलियों से बार-बार किसी चीज़ को न छुएं (*Fidgeting*); शांत हाथ एक स्थिर दिमाग की पहचान हैं।

चलने की 'रॉयल पेस' (*The Pace*): कभी भी हड़बड़ी में न चलें। तेज़ चलना संदेश देता है कि आप किसी के दबाव में हैं। अपनी चाल को थोड़ा धीमा करें और हर कदम को पूरे वजन के साथ ज़मीन पर रखें। चलते समय गर्दन को स्थिर रखें और ज़मीन की ओर देखने की गलती न करें।

कुर्सी का इस्तेमाल (*The Throne Sit*): बैठते समय कुर्सी के किनारे पर न दुबकें। पूरी गहराई तक बैठें और अपनी कोहनियों को बाहर की तरफ आर्मरेस्ट पर रखें। जब आप अपने शरीर को फैलाते हैं, तो आपका मस्तिष्क 'टेस्टोस्टेरोन' रिलीज करता है जो आपको और अधिक साहसी बनाता है।

पंडित जी ने सुमित की घबराहट भांपते हुए उससे बस एक बात कही, "बेटा, जो खुद की जगह का सम्मान नहीं करता, दुनिया उसे किनारे धकेल देती है। अपनी रीढ़ सीधी करो, आधा रसूख तो वहीं खड़ा हो जाता है।"

> **"झुके कंधे और दबे पाँव, कायर की पहचान, सीना ताने जो खड़ा, वही पुरुष बलवान।"**

इस कहानी का सार यह है कि आपका शरीर आपके शब्दों से पहले बात करता है। यदि आप खुद को सिकोड़ कर चलते हैं, तो दुनिया आपको कमज़ोर मान लेती है। रसूखदार दिखने के लिए आपको चिल्लाने की ज़रूरत नहीं है, बस अपनी शारीरिक मुद्रा को 'अल्फा' मोड में लाना है। अपनी ठुड्डी ऊँची रखें, चाल में ठहराव लाएं और बैठने में संकोच न करें। जब आप जगह घेरना शुरू करते हैं, तो लोग खुद-ब-खुद आपके लिए रास्ता छोड़ना शुरू कर देते हैं।

एक प्रभावशाली व्यक्ति समय के पीछे नहीं भागता, बल्कि समय को अपनी चाल के अनुसार चलाता है।

ट्रिक नं. 42: खाली हाथ: रसूख और रुतबे की असली पहचान (The Power of Empty Hands)

ग्वालियर के एक पुश्तैनी महल में शहर के सबसे बड़े व्यापारिक घराने की शादी का जश्न चल रहा था। गेट पर मेहमानों की लंबी कतार थी। तभी एक महँगी गाड़ी रुकी और उसमें से दो भाई, रोहन और अर्णव उतरे। रोहन ने दोनों हाथों में कीमती उपहारों के बड़े-बड़े डिब्बे पकड़े हुए थे, एक कंधे पर भारी सा लैपटॉप बैग लटका था और उसकी जेबें मोबाइल और बटुए के कारण बुरी तरह फूली हुई थीं। वह चलते समय बार-बार अपना बैग संभाल रहा था और उसका पूरा ध्यान सामान को गिरने से बचाने पर था। वह किसी 'डिलीवरी बॉय' जैसा लग रहा था।

इसके ठीक विपरीत, उसका बड़ा भाई अर्णव बिल्कुल शांत था। उसके दोनों हाथ पूरी तरह खाली थे। उसने एक फिटिंग वाला जोधपुरी सूट पहना था, जिसमें कहीं कोई उभार नहीं था। वह सीधा खड़ा था और उसके चलने में एक राजसी ठहराव था। जैसे ही वह हॉल में घुसा, दरबान ने उसे झुककर सलाम किया और बड़े-बड़े बिज़नेसमैन खुद चलकर उससे हाथ मिलाने आए। अर्णव के खाली हाथ चिल्ला-चिल्ला कर कह रहे थे कि वह यहाँ किसी का काम करने नहीं, बल्कि महफ़िल की शोभा बढ़ाने आया है। उसे अपना सामान उठाने के लिए हाथों की ज़रूरत नहीं थी, क्योंकि उसका रुतबा ही काफी था।

रोहन को उस दिन समझ आया कि असली रसूख कपड़ों की कीमत में नहीं, बल्कि इस बात में है कि आप अपने शरीर को कितना 'आज़ाद' रखते हैं। यहीं से व्यक्तित्व की एक बेमिसाल ट्रिक निकलती है जिसे **"मुक्त हस्त मुद्रा" (*The Hands-Free VIP*)** कहते हैं। यह ट्रिक सिखाती है कि आप जितने कम बोझ के साथ चलते हैं, मनोवैज्ञानिक रूप से उतने ही अधिक 'शक्तिशाली' माने जाते हैं।

इस रुतबे को अपने व्यवहार में लाने के लिए कुछ व्यावहारिक नियमों को गाँठ बाँध लें:

सामान का त्याग (*The Burden Rule*): किसी भी खास कार्यक्रम या मीटिंग में घुसते समय बड़े बैग, फाइलें या भारी सामान साथ न ले जाएँ। इन्हें गाड़ी में छोड़ दें या काउंटर पर जमा करा दें। एक *VIP* कभी भी अपना बोझ खुद नहीं ढोता। अगर फाइल ले जाना ज़रूरी हो, तो उसे सिर्फ एक पतले स्लीक फोल्डर में रखें।

जेबों का अनुशासन (*The Silhouette Rule*): अपनी पैंट की जेबों में मोबाइल, चाबियाँ या मोटा बटुआ न ठूंसें। यह आपकी फिटिंग बिगाड़ देता है और आपको 'भद्दा' दिखाता है। इन चीज़ों को अपने कोट की अंदरूनी जेब में रखें। आपका बाहरी ढाँचा (*Silhouette*) बिल्कुल सीधा और शार्प दिखना चाहिए।

गिलास और प्लेट का संतुलन (*The One-Hand Rule*): पार्टियों में अक्सर लोग दोनों हाथों में खाने-पीने का सामान लेकर 'ब्लॉक' हो जाते हैं। रसूखदार तरीका यह है कि एक समय में सिर्फ एक चीज़ पकड़ें। अगर हाथ में गिलास है, तो उसे हमेशा 'बाएँ हाथ' में पकड़ें। इससे आपका 'दाहिना हाथ' हमेशा सूखा और किसी भी पल हाथ मिलाने के लिए तैयार रहेगा।

एक्सेसरीज़ की गरिमा: आपका बटुआ (*Wallet*) बिल्कुल पतला होना चाहिए, जिसमें सिर्फ ज़रूरी कार्ड्स हों। साथ ही, हमेशा अपनी जेब में एक अच्छी मेटल बॉडी वाला पेन रखें। किसी से

पेन मांगना आपकी 'कमज़ोरी' और 'अधूरी तैयारी' को दर्शाता है, जबकि अपना पेन होना आपकी आत्मनिर्भरता का प्रतीक है।

अर्णव ने रोहन का हाथ खाली कराते हुए धीमी आवाज़ में कहा, "भाई, जिसके हाथ भरे होते हैं, वह सेवा करता है; और जिसके हाथ खाली होते हैं, वह शासन करता है। अपना बोझ नीचे रखो और सीधे खड़े हो।"

> **"खाली हाथ जो चलत है, तज के सब जंजाल, भीड़ चीर मारग करे,**
> **वही पुरुष विशाल।"**

इस कहानी का सार यह है कि आपका रुतबा आपकी शारीरिक स्वतंत्रता से झलकता है। जब आप सामान के बोझ से मुक्त होकर चलते हैं, तो आप दुनिया को यह संदेश देते हैं कि आप सुरक्षित हैं, व्यवस्थित हैं और पूरी तरह उपलब्ध हैं। खाली हाथ आत्मविश्वास की सबसे बड़ी निशानी हैं। यह आपको एक 'आम कामगार' की श्रेणी से उठाकर एक 'निर्णायक लीडर' की श्रेणी में खड़ा कर देता है। रुतबा दिखावे में नहीं, बल्कि अपनी उपस्थिति की सरलता और स्वाभाविकता में है।

याद रखें, जो व्यक्ति अपने हाथों को आज़ाद रखता है, पूरी दुनिया उससे हाथ मिलाने को बेताब रहती है।

ट्रिक नं. 43: शरीर की भाषा से बात जीतना: खामोश रहकर गहरा असर डालने का तरीका (The Body Language of Listening)

उदयपुर की एक पुरानी हवेली में शहर के बड़े हस्तशिल्प व्यापारियों की एक गुप्त बैठक चल रही थी। मेज के चारों ओर शहर के दिग्गज बैठे थे, जो एक नए विदेशी प्रोजेक्ट पर चर्चा कर रहे थे। उन्हीं के बीच युवा उद्यमी, सारांश, अपनी जगह बनाने की कोशिश कर रहा था। सारांश दिखने में बहुत स्मार्ट था, लेकिन जैसे ही कोई अनुभवी व्यापारी बोलना शुरू करता, सारांश की बेचैनी साफ दिखने लगती। वह कभी अपना मोबाइल चेक करता, कभी घड़ी की सुइयों को देखता और जब कोई उससे सीधे बात करता, तो वह बस अपनी गर्दन घुमाकर "हूँ-हाँ" कर देता। उसका बाकी शरीर दरवाज़े की तरफ होता, जैसे वह वहां से भागने की ताक में हो। दिग्गज व्यापारियों ने उसे एक 'अपरिपक्व और उतावला' लड़का मानकर उसकी बातों को गंभीरता से लेना बंद कर दिया।

तभी हॉल में प्रवेश हुआ बुज़ुर्ग व्यापारी, सेठ दीपचंद का। वे बहुत कम बोलते थे, लेकिन उनका रुतबा ऐसा था कि उनके आने मात्र से चर्चा थम गई। सारांश ने गौर किया कि जब कोई छोटा व्यापारी भी सेठ जी से बात करता, तो वे केवल गर्दन नहीं घुमाते थे। वे अपनी कुर्सी को पूरा

घुमाकर, अपना पूरा धड़ (*Torso*) उस व्यक्ति की ओर कर लेते थे। उनकी आँखें स्थिर थीं और वे बहुत धीरे से अपनी पलकें झपका रहे थे। जब कोई गंभीर बात कहता, तो वे बस एक इंच उनकी तरफ झुक जाते। सेठ जी ने पूरी मीटिंग में शायद दस शब्द भी नहीं बोले होंगे, लेकिन अंत में फैसला उन्हीं की मर्जी से हुआ। सारांश को समझ आ गया कि सुनने का अपना एक राजसी व्याकरण होता है, जिसे वह अब तक नज़रअंदाज़ कर रहा था।

यहीं से व्यक्तित्व की वह सबसे कीमती ट्रिक निकलती है जिसे **"पूर्ण समर्पण मुद्रा" (*The Total Presence Pivot*)** कहते हैं। यह ट्रिक सिखाती है कि ध्यान देना (*Attention*) आज के दौर का सबसे महंगा उपहार है। जब आप किसी को अपना पूरा ध्यान देते हैं, तो आप उन्हें बिना बोले यह महसूस कराते हैं कि वे 'महत्वपूर्ण' हैं।

इस 'खामोश रसूख' को अपने भीतर उतारने के लिए इन व्यावहारिक चरणों का पालन करें:

धड़ का रुख (*The Torso Turn*): अगली बार जब कोई आपसे बात करे, तो केवल गर्दन घुमाने की 'सस्ती' हरकत न करें। अपनी कमर से ऊपर के पूरे हिस्से को उनकी तरफ मोड़ें। यह मनोवैज्ञानिक रूप से संदेश देता है कि आप उनके लिए पूरी तरह उपलब्ध हैं। गर्दन घुमाना 'लो-स्टेटस' व्यवहार है, जबकि पूरा शरीर मोड़ना 'हाई-स्टेटस' रसूख है।

स्थिरता का जादू (*Motionless Power*): सुनते समय अपने हाथों को पत्थर की तरह स्थिर रखें। चेहरे को छूना, दाढ़ी सहलाना या उंगलियों से मेज बजाना घबराहट के लक्षण हैं। आपकी शारीरिक शांति ही आपकी मानसिक शक्ति का विज्ञापन है। जितना कम आप हिलेंगे, उतने ही अधिक बुद्धिमान और प्रभावशाली दिखेंगे।

पलकों की रफ़्तार (*The Slow Blink*): अपनी आँखों को बहुत जल्दी-जल्दी न झपकाएं। सामने वाले की आँखों में देखते हुए बहुत धीरे से पलकें झपकाएं। इसे 'पावर गेज़' कहते हैं। यह स्थिरता सामने वाले को अपनी बात और भी गहराई से कहने के लिए मजबूर कर देती है।

कुर्सी का सलीका (*The Royal Lean*): जब सामने वाला कोई बहुत ज़रूरी बात कहे, तो महज़ एक इंच उनकी तरफ झुकें। यह बिना बोले उनकी बात की 'तारीफ' करना है। अपनी बात कहते समय वापस कुर्सी की पीठ से लग जाएं, जो आपकी 'अथॉरिटी' और आत्मविश्वास को दर्शाता है।

सेठ दीपचंद ने मीटिंग के बाद सारांश के कंधे पर हाथ रखा और बस इतना कहा, "बेटा, जो कान से सुनता है वो जानकारी पाता है, लेकिन जो पूरे शरीर से सुनता है वो दिल जीत लेता है। अपनी ऊर्जा को बिखेरो मत, उसे सामने वाले पर केंद्रित करो।"

> **"तन को मोड़ो लक्ष्य पर, नैन रखो थिर धीर, मौन श्रवण जो कर सके,**
> **सोई पुरुष गम्भीर।"**

इस कहानी का सार यह है कि आपका प्रभाव इस बात पर निर्भर नहीं करता कि आप कितना बोलते हैं, बल्कि इस पर निर्भर करता है कि आप दूसरे को कितना 'सुना हुआ' महसूस कराते हैं। जब आप अपनी देह-भाषा से किसी को सम्मान देते हैं, तो वे आपके प्रति वफादार हो जाते हैं। रसूखदार बनने का अर्थ शोर मचाना नहीं, बल्कि अपनी उपस्थिति को इतना गहरा बनाना है कि आपकी खामोशी भी सामने वाले पर अपना दबदबा बना सके। सुनने की कला ही असल में नेतृत्व की पहली सीढ़ी है।

ट्रिक नं. 44: भीड़ में अपनी अलग दुनिया बनाना: गहरे जुड़ाव का राजसी तरीका (The Power of Exclusive Focus)

इंदौर के एक आलीशान कंवेंशन सेंटर में शहर के नामी स्टार्टअप फाउंडर्स और इनवेस्टर्स की एक नेटवर्किंग नाइट चल रही थी। हॉल में संगीत का शोर था, वेटर ट्रे लेकर घूम रहे थे और हर कोई एक हाथ में ड्रिंक और दूसरे में मोबाइल थामे 'अगले शिकार' की तलाश में नज़रें घुमा रहा था। सार्थक, जो एक नया ऐप लॉन्च करने वाला था, एक बड़े इनवेस्टर मिस्टर खुराना से बात कर रहा था। लेकिन सार्थक की नज़रें स्थिर नहीं थीं। जैसे ही हॉल का दरवाज़ा खुलता या कोई ज़ोर से हँसता, सार्थक की गर्दन तुरंत उस तरफ मुड़ जाती। वह मिस्टर खुराना की बात तो सुन रहा था, लेकिन उसका शरीर और उसकी आँखें बता रही थीं कि उसका ध्यान हर जगह है। मिस्टर खुराना ने दो मिनट में अपनी घड़ी देखी और "अगले ग्रुप से मिलना है" कहकर वहाँ से निकल गए। सार्थक भीड़ में होकर भी अकेला रह गया, क्योंकि उसने खुराना साहब को 'अकेला' महसूस नहीं कराया।

तभी वहाँ अयान की एंट्री हुई। अयान ने मिस्टर खुराना को एक कोने में पकड़ा और उनसे बात शुरू की। अगले दस मिनट तक अयान ने अपनी गर्दन एक इंच भी इधर-उधर नहीं घुमाई। उसके कंधे मिस्टर खुराना की तरफ थोड़े मुड़े हुए थे, जिससे उनके और खुराना साहब के बीच एक 'अदृश्य घेरा' (*Invisible Bubble*) बन गया था। हॉल में चाहे कोई चिल्लाए या कोई सेलिब्रिटी निकले, अयान की नज़रें मिस्टर खुराना के चेहरे पर पत्थर की तरह टिकी रहीं। खुराना साहब को ऐसा लगा जैसे इस पूरे शोर-शराबे वाले हॉल में सिर्फ वे और अयान ही मौजूद हैं। अयान ने उन्हें 'दुनिया का

सबसे महत्वपूर्ण व्यक्ति' महसूस कराया। नतीजा? खुराना साहब ने खुद उसे अपना पर्सनल नंबर दिया और अगले दिन ऑफिस बुलाया।

अयान ने यहाँ जिस 'अल्फा' तकनीक का इस्तेमाल किया, उसे व्यक्तित्व विकास की भाषा में **"अनन्य एकाग्रता" (*The Laser-Focused Bubble*)** कहते हैं। यह ट्रिक सिखाती है कि आपका रसूख इस बात से नहीं दिखता कि आप कितने लोगों को जानते हैं, बल्कि इस बात से दिखता है कि आप जिस एक व्यक्ति से बात कर रहे हैं, उसे कितनी शिद्दत से अपना 'वक्त' दे रहे हैं। भीड़-भाड़ वाली जगहों पर लोग अक्सर 'बेचैन' (*Distracted*) दिखते हैं, लेकिन एक रसूखदार इंसान अपनी स्थिरता से महफ़िल जीत लेता है।

इस राजसी अंदाज़ को अपनाने के लिए इन व्यावहारिक चरणों का पालन करें:

शून्य-भटकाव नियम (*The Zero-Glance Rule*): जब आप किसी से बात कर रहे हों, तो दुनिया की किसी भी हलचल पर अपनी नज़रें न घुमाएँ। अपनी आँखों को सामने वाले के चेहरे के एक त्रिकोण (दोनों आँखें और नाक का ऊपरी हिस्सा) पर टिका दें। यह स्थिरता सामने वाले को यह संदेश देती है कि आपकी बातचीत उनके लिए 'प्राथमिकता' है।

कंधों का घेरा (*The Shoulder Shield*): खड़े होते समय अपने शरीर को थोड़ा सा सामने वाले की तरफ झुकाएँ और अपने कंधों से एक ऐसा कोण (*Angle*) बनाएँ जो बाहर के लोगों को बातचीत में घुसने से रोकता हो। यह एक 'प्राइवेट स्पेस' बनाता है जहाँ सिर्फ आप दोनों की ऊर्जा होती है।

प्रतिक्रिया में देरी (*The Delayed Reaction*): अगर बातचीत के बीच कोई तीसरा व्यक्ति आपको पुकारे या कंधा थपथपाए, तो तुरंत 'कठपुतली' की तरह न मुड़ें। पहले अपनी बात का वाक्य पूरा करें, सामने वाले की आँखों में एक आखिरी बार देखें, और फिर बहुत धीरे से (*Slow Motion* में) नए व्यक्ति की ओर मुड़ें। यह आपकी 'अथॉरिटी' और 'आत्म-नियंत्रण' को दर्शाता है।

जेब और बटुए का सलीका: रसूखदार दिखने के लिए अपनी पैंट की जेबों को खाली रखें। मोटा बटुआ और कैश कभी भी पैंट की पिछली जेब में न रखें; इसे हमेशा कोट की अंदरूनी जेब (*Inner Pocket*) में रखें। अगर आपको पैसे देने हैं, तो पूरा बटुआ निकालकर नोट न गिनें; अपने पास एक स्लीक 'मनी क्लिप' रखें या कुछ बड़े नोट अलग से रखें। यह आपकी 'क्लास' और तैयारी को दिखाता है।

अयान ने मीटिंग के बाद सार्थक से बस इतना कहा, "सार्थक, जब तुम हर तरफ देखते हो, तो तुम किसी को भी नहीं देख पाते। अपनी नज़रों को एक जगह टिकाना सीखो, दुनिया खुद-ब-खुद तुम्हारी तरफ मुड़ जाएगी।"

> **"चंचल नैन जो हर तरफ, भटके मन की रीत, थिर दृष्टि जो एक पे, सोई पावे जीत।"**

इस कहानी का सार यह है कि आपका ध्यान ही आपकी सबसे बड़ी 'करेंसी' है। आज के शोर वाले ज़माने में, किसी को अपनी पूरी एकाग्रता देना सबसे बड़ा सम्मान है। जब आप भीड़ में भी किसी के लिए 'अकेले' उपलब्ध होते हैं, तो आप उनके दिल में एक स्थायी जगह बना लेते हैं। रसूखदार बनने का मतलब यह नहीं कि आप सबको देखें, बल्कि यह है कि आप जिसे देखें, उसे पूरी तरह देखें। आपकी स्थिरता ही आपके आत्मविश्वास का सबसे बड़ा विज्ञापन है।

अगली बार जब आप किसी महफ़िल में हों, तो खुद से पूछें—क्या आप अपनी नज़रों से लोगों को 'अपना' बना रहे हैं या 'अजनबी'?

ट्रिक नं. 45: हाथों का इशारा और रसूख की पहचान (The Silent Language of Authority)

वाराणसी के एक आलीशान होटल के हॉल में शहर के बड़े टेक्सटाइल व्यापारियों की एक गुप्त बैठक चल रही थी। मेज के चारों ओर शहर के दिग्गज बैठे थे, जो एक नए सरकारी टेंडर पर चर्चा कर रहे थे। उन्हीं के बीच युवा उद्यमी, विनीत, अपनी बात मनवाने की कोशिश कर रहा था। विनीत बहुत उत्तेजित था; बात करते समय उसके हाथ बेतहाशा हवा में लहरा रहे थे, जैसे वह मक्खियाँ मार रहा हो। कभी वह मेज पर उँगलियाँ चटकाता, तो कभी अपनी जेब में हाथ ठूँस लेता। उसकी इस घबराहट भरी देह-भाषा (*Body Language*) ने उसकी दमदार दलीलों को भी कमज़ोर बना दिया। हॉल में मौजूद अनुभवी व्यापारियों ने उसे एक 'अस्थिर और कच्चा' खिलाड़ी मानकर उसकी बातों को अनसुना कर दिया।

तभी हॉल में प्रवेश हुआ शहर के सबसे पुराने और रसूखदार व्यापारी, राय बहादुर साहब का। वे बहुत धीमे चलते थे और उनके चेहरे पर एक अजीब सा ठहराव था। जब उन्होंने बोलना शुरू किया, तो उनके हाथ मेज के नीचे नहीं छिपे थे, न ही वे हवा में फालतू तैर रहे थे। उन्होंने अपनी दोनों हथेलियों की उंगलियों के पोरों (*Fingertips*) को आपस में जोड़कर एक 'त्रिकोण' जैसा आकार बनाया और उसे अपनी ठुड्डी के पास स्थिर रखा। पूरी मीटिंग में उनके हाथों की हरकतें बहुत ही धीमी और नपी-तुली थीं। जब उन्हें किसी को चुप कराना होता, तो वे बस अपनी हथेली को धीरे से

ज़मीन की तरफ दबाने का इशारा करते। विनीत चकित था कि बिना चिल्लाए, राय बहादुर साहब के हाथों ने कैसे पूरे हॉल पर हुकूमत कर ली।

विनीत ने यहाँ व्यक्तित्व विकास की एक सबसे शक्तिशाली और जादुई तकनीक सीखी, जिसे **"हाथों का सिंहासन" (*The Tactical Gestures*)** कहते हैं। यह ट्रिक सिखाती है कि आपके हाथ आपकी बातों के लिए 'विज़ुअल एम्पलीफायर' का काम करते हैं। एक कमज़ोर व्यक्ति अपने हाथों पर नियंत्रण खो देता है, जबकि एक रसूखदार इंसान अपने हाथों से अपनी सत्ता (*Authority*) का संकेत देता है।

इस 'हाथों के रसूख' को अपने भीतर उतारने के लिए इन व्यावहारिक नियमों का पालन करें:

पोरों का पिरामिड (*The Steeple*): जब आप कोई बहुत गंभीर बात कह रहे हों या किसी का तर्क सुन रहे हों, तो अपनी उंगलियों के पोरों को आपस में जोड़ें (जैसे मंदिर का शिखर होता है)। यह 'स्टीपल' मुद्रा दुनिया का सबसे बड़ा आत्मविश्वास का संकेत है। यह दिखाता है कि आप अपनी बात पर पूरी तरह आश्वस्त हैं और आपको चिल्लाने की ज़रूरत नहीं है।

हथेलियों का शासन (*The Palm Power*): अगर आप टीम से सुझाव माँग रहे हैं, तो हथेलियाँ ऊपर (*Palms Up*) रखें—यह सहयोग का संकेत है। लेकिन अगर आप चाहते हैं कि आपकी बात को अंतिम सत्य माना जाए या माहौल शांत हो जाए, तो हथेलियों को धीरे से ज़मीन की तरफ (*Palms Down*) दबाते हुए इशारा करें। यह बिना बोले 'आदेश' देने का शाही तरीका है।

उंगली का निषेध (*The Pointing Rule*): कभी भी किसी की तरफ उंगली न उठाएँ, यह आक्रामक और छिछोरा लगता है। अगर किसी की ओर इशारा करना है, तो पूरी खुली हथेली (*Open Hand*) का उपयोग करें। यह सम्मान और दबदबा दोनों एक साथ दिखाता है।

बटन और बैठने की जुगलबंदी: रसूख का एक 'पावर मूव' यह है कि जब आप अपनी बात खत्म करके बैठने लगें, तो सामने वाले की आँखों में देखते हुए बहुत ही स्मूथ तरीके से अपने कोट का बटन खोलें। यह क्रिया बिना रुके होनी चाहिए। यह दिखाता है कि आप अपनी हर हरकत और अपने वजूद पर पूरा नियंत्रण रखते हैं।

राय बहादुर साहब ने मीटिंग के बाद विनीत के कंधे पर हाथ रखा और बस इतना कहा, "बेटा, जो अपने हाथों को स्थिर नहीं रख सकता, वह साम्राज्य कैसे संभालेगा? अपनी हरकतों को धीमा करो, रसूख अपने आप बढ़ जाएगा।"

"हाथ न नचाओ भीख सम, राखो थिर आधार, पोरों से पर्वत खड़ा, सोई पुरुष सरकार।"

इस कहानी का सार यह है कि आपकी चुप्पी और आपके हाथों की स्थिरता में ही आपकी असली ताकत छिपी है। जब आप बेवजह की शारीरिक हरकतों को रोककर केवल ज़रूरी और नपे-तुले इशारे करते हैं, तो आपकी हर बात में 'वजन' आ जाता है। रसूखदार बनने का मतलब डराना नहीं, बल्कि अपनी देह-भाषा से यह साबित करना है कि आप हर स्थिति में खुद के मालिक हैं। आपके हाथ आपकी गवाही देने चाहिए, न कि आपकी घबराहट का विज्ञापन करने चाहिए।

याद रखें, एक प्रभावशाली व्यक्तित्व वही है जिसके हाथों की खामोशी भी सामने वाले के मन पर अपनी छाप छोड़ दे।

ट्रिक नं. 46: मुड़ने का सही तरीका: अपनी मौजूदगी से सामने वाले का दिल जीतना (The Total Turn)

पुणे के एक आलीशान रिसॉर्ट में शहर के सबसे बड़े रियल एस्टेट टायकून्स की एक शाम की पार्टी चल रही थी। चारों तरफ महँगे सूट, इत्र की खुशबू और व्यापार की गंभीर चर्चाएँ थीं। अक्षत, जो एक नया आर्किटेक्चर स्टार्टअप शुरू कर रहा था, अपने एक दोस्त के ज़रिये शहर के सबसे बड़े इन्वेस्टर, मिस्टर सिंघानिया से मिलने पहुँचा। अक्षत ने देखा कि मिस्टर सिंघानिया एक ग्रुप में खड़े बात कर रहे थे। जैसे ही अक्षत ने हाथ बढ़ाकर नमस्ते कहा, सिंघानिया साहब ने काम में मशगूल रहते हुए सिर्फ अपनी 'गर्दन' घुमाई और बिना आँखें मिलाए एक औपचारिक "हेलो" बोलकर वापस अपनी बातचीत में लग गए। अक्षत को ऐसा लगा जैसे उसकी कोई कीमत ही नहीं है। उसे महसूस हुआ कि वह सिंघानिया साहब के लिए एक 'रुकावट' (*Interruption*) मात्र था।

तभी वहाँ अद्वैत की एंट्री हुई। अद्वैत शहर का एक स्थापित नाम था। जैसे ही अद्वैत, मिस्टर सिंघानिया के पास पहुँचा और उनका नाम पुकारा, सिंघानिया साहब ने अपनी पुरानी बातचीत को वहीं विराम दिया। उन्होंने केवल अपनी गर्दन नहीं घुमाई, बल्कि अपने पैरों के अंगूठे से लेकर सिर तक, यानी अपना पूरा शरीर (*Torso*) अद्वैत की तरफ घुमा लिया। वे ऐसे खड़े हो गए जैसे इस पूरे हॉल में अद्वैत के अलावा कोई और है ही नहीं। अद्वैत को सिंघानिया साहब ने जो 'पूरा ध्यान' दिया, उसने साफ़ कर दिया कि रसूखदार लोग एक-दूसरे का सम्मान कैसे करते हैं। अक्षत समझ गया कि उसका वजूद सिंघानिया साहब की नज़रों में छोटा इसलिए था क्योंकि सिंघानिया साहब ने अपना शरीर उसकी तरफ मोड़ना ज़रूरी नहीं समझा।

यहीं से व्यक्तित्व की एक बेहद मारक ट्रिक निकलती है जिसे **"पूर्ण समर्पण पिवट" (*The Total Pivot*)** कहते हैं। यह ट्रिक सिखाती है कि आपका शरीर आपके शब्दों से ज़्यादा तेज़ बोलता है। जब आप किसी से मिलते समय केवल गर्दन घुमाते हैं, तो आप अनजाने में यह संदेश देते हैं कि— "आप इतने ज़रूरी नहीं हैं कि मैं अपना पूरा काम छोड़कर आपकी तरफ मुड़ूँ।" लेकिन जब आप पूरा शरीर घुमाते हैं, तो आप सामने वाले को एक 'वीआईपी' होने का अहसास कराते हैं।

इस 'शाही अंदाज़' को अपने व्यवहार में लाने के लिए इन ४ व्यावहारिक नियमों का पालन करें:

धड़ का समर्पण (*Torso Alignment*): जब भी कोई आपसे बात करने आए, अपनी पुरानी स्थिति को छोड़कर अपना पूरा सीना और धड़ उनकी तरफ मोड़ दें। यह '100% अटेंशन' का सबसे बड़ा शारीरिक संकेत है। यह सामने वाले के आत्मविश्वास को सातवें आसमान पर पहुँचा देता है क्योंकि उन्हें लगता है कि आपने उस पल के लिए पूरी दुनिया को 'पॉज़' कर दिया है।

पैरों की वफादारी (*Feet Focus*): हमारे पैर कभी झूठ नहीं बोलते। अगर आप किसी से बात कर रहे हैं लेकिन आपके पैरों के पंजे दरवाज़े की तरफ हैं, तो इसका मतलब है कि आप वहां से भागना चाहते हैं। रसूखदार बनने के लिए अपने दोनों पैरों के पंजों को सीधे सामने वाले की तरफ रखें। यह 'अटूट भरोसे' और गहरी 'रुचि' का प्रतीक है।

मुस्कान में ठहराव (*The Delayed Warmth*): जैसे ही आप उनकी तरफ मुड़ें, तुरंत नकली मुस्कान न दें। पहले एक सेकंड के लिए उनकी आँखों में शांति से देखें, जैसे आप उनकी मौजूदगी को स्वीकार कर रहे हों, और फिर धीरे-धीरे एक सच्ची मुस्कान आने दें। इसे 'फ्लडिंग स्माइल' कहते हैं, जो यह जताती है कि यह मुस्कान 'सबके लिए' नहीं, सिर्फ 'उनके लिए' है।

मोजों और जूतों की मर्यादा: जब आप 'पिवट' करके बैठते हैं, तो पैंट अक्सर ऊपर चढ़ती है। हमेशा इतने लंबे मोजे पहनें कि आपकी टांग की त्वचा (*Skin*) बिल्कुल न दिखे। त्वचा का दिखना एक 'जेंटलमैन' के लिए बड़ी भूल मानी जाती है। साथ ही, अपने जूतों की तली (*Sole*) को भी साफ़ रखें, क्योंकि मुड़ते और बैठते समय लोग आपकी बारीकियों पर गौर करते हैं।

अद्वैत ने बाद में अक्षत से कहा, "दोस्त, दुनिया को 'हेलो' मत कहो, बल्कि अपने पूरे वजूद से उन्हें यह महसूस कराओ कि उनके आने से तुम्हारी दुनिया में उजाला हुआ है। बस अपनी दिशा बदल लो, लोगों की तुम्हारे प्रति सोच बदल जाएगी।"

"ग्रीवा मोड़ जो देखते, तिनका सम सम्मान, देह पूरी जो मोड़ दे, सोई पुरुष महान।"

इस कहानी का सार यह है कि आपकी देह-भाषा ही आपके सम्मान का असली पैमाना है। जब आप किसी की ओर पूरी तरह मुड़ते हैं, तो आप बिना बोले यह कह रहे होते हैं कि "आप मेरे लिए कीमती हैं।" रसूखदार बनना केवल अच्छे कपड़े पहनना नहीं है, बल्कि अपनी ऊर्जा को सामने वाले पर पूरी तरह केंद्रित करना है। जब आप अपनी 'अटेंशन' को एक कीमती उपहार की तरह बांटते हैं, तो लोग आपके मुरीद बन जाते हैं। याद रखिये, आपकी स्थिरता और आपका फोकस ही आपकी सबसे बड़ी शक्ति है।

क्या आप अगली बार किसी से मिलते समय केवल गर्दन घुमाएंगे या 'पिवट' करके उनका दिल जीतेंगे?

ट्रिक नं. 47: चश्मे की चमक और गहरा रसूख: आँखों से बुद्धिमानी दिखाने का तरीका (The Intelligence of Lenses)

पटना के एक मशहूर साहित्य सम्मेलन में शहर के दिग्गज पत्रकार और लेखक जुटे थे। हॉल में चर्चा गरम थी, तभी युवा पत्रकार समीर अपनी बात रखने के लिए खड़ा हुआ। समीर ने बेहद महँगे कपड़े पहने थे, लेकिन उसका चश्मा बार-बार उसकी नाक से नीचे फिसल रहा था। हर दो मिनट में वह अपनी बीच वाली उँगली से चश्मे को ऊपर धकेलता, जिससे उसकी एकाग्रता टूट रही थी। बात करते समय वह कभी चश्मे की डंडी मुँह में चबाने लगता, तो कभी उसे अपनी शर्ट के निचले हिस्से से रगड़कर साफ करने लगता। समीर की इन हरकतों ने उसे एक 'परेशान और कच्चे' लड़के की तरह दिखाया, जिसके पास जानकारी तो थी पर आत्मविश्वास और गरिमा की भारी कमी थी।

तभी मंच पर वरिष्ठ संपादक, मिस्टर चटर्जी आए। उन्होंने एक क्लासिक 'मैटे ब्लैक' वेफेयरर चश्मा पहना था जो उनके चेहरे पर पूरी तरह स्थिर था। पूरी स्पीच के दौरान उनका हाथ एक बार भी चश्मे तक नहीं गया। जब उन्हें एक बहुत ही गंभीर और निजी बात साझा करनी थी, तो उन्होंने बहुत ही शालीनता से चश्मा उतारा और उसे अपनी बंद हथेलियों के बीच थाम लिया। चश्मा हटाते ही उनकी आँखों का सीधा संपर्क (*Eye Contact*) इतना प्रभावशाली था कि पूरा हॉल शांत हो गया। चटर्जी साहब ने चश्मे को अपनी नाक का बोझ नहीं, बल्कि अपनी बौद्धिक शक्ति (*Intellectual Power*) का गहना बना लिया था। समीर को समझ आ गया कि चश्मा केवल नज़र ठीक करने का साधन नहीं, बल्कि आपके व्यक्तित्व का 'फ्रेम' है।

यहीं से व्यक्तित्व विकास की वह गुप्त ट्रिक निकलती है जिसे **"लेंस लॉजिक"** (***The Lens Protocol***) कहते हैं। यह ट्रिक सिखाती है कि चूंकि चश्मा आपकी आँखों के ऊपर बैठता है, इसलिए यह आपके चेहरे का सबसे प्रभावशाली हिस्सा बन जाता है।

इस 'लेंस रसूख' को अपने भीतर उतारने के लिए इन व्यावहारिक नियमों का पालन करें:

फ्रेम की स्थिरता (*The Fit Factor*): रसूखदार दिखने की पहली शर्त है कि आपका चश्मा नाक पर पूरी तरह फिट हो। हल्का 'टाइटेनियम' या अच्छी क्वालिटी का 'एसीटेट' फ्रेम चुनें। अगर आप बार-बार उँगली से चश्मा ऊपर चढ़ाते हैं, तो आप घबराए हुए और 'लो-स्टेटस' इंसान लगते हैं। एक स्थिर चश्मा आपके स्थिर दिमाग का संकेत है।

सफाई का संस्कार (*The Microfiber Rule*): एक प्रभावशाली व्यक्ति कभी भी अपनी शर्ट, रूमाल या तौलिये से चश्मा साफ नहीं करता। यह आपकी लापरवाही को दर्शाता है। हमेशा अपने पास एक छोटा 'माइक्रोफाइबर' कपड़ा रखें। धुंधले लेंस यह संदेश देते हैं कि आपकी अपनी चीज़ों पर पकड़ नहीं है, तो आप बड़े फैसले कैसे लेंगे?

उतारने की कला (*The Authority Removal*): जब आप किसी से बहुत निजी या बहुत गंभीर बात करना चाहें, तो धीरे से चश्मा उतारें। यह एक 'अदृश्य दीवार' हटाने जैसा है। लेकिन याद रहे, चश्मे की डंडी मुँह में कभी न डालें—यह बचकाना और 'अनप्रोफेशनल' है। अगर सोचना है, तो चश्मा बंद करके उसे अपनी ठुड्डी (*Chin*) के पास रखें।

धूप के चश्मे की मर्यादा (*Sunglass Etiquette*): जैसे ही आप किसी के घर या ऑफिस के अंदर कदम रखें, धूप का चश्मा उतार दें। चश्मे को सिर पर टिकाना या शर्ट के कॉलर में लटकाना 'सस्ता' लुक देता है। इसे हमेशा इसके हार्ड केस (*Case*) में रखें। मेज पर रखते समय लेंस हमेशा ऊपर की ओर होने चाहिए, ताकि उन पर खरोंच न आए और आपकी सावधानी दिखे।

चटर्जी साहब ने सम्मेलन के बाद समीर से बस इतना कहा, "बेटा, चश्मा तुम्हारी आँखों का पर्दा नहीं, बल्कि तुम्हारी दूरदर्शिता का प्रमाण होना चाहिए। इसे सलीके से पहनो, दुनिया तुम्हें गौर से देखेगी।"

"मैला शीशा धुंधला रूप, थिर न रहे जो नैन, स्वच्छ लेंस और स्थिर फ्रेम, रसूख बढ़ावे चैन।"

इस कहानी का सार यह है कि छोटी-छोटी आदतें ही आपकी बड़ी पहचान बन।ती हैं। एक साफ, स्थिर और चेहरे के आकार के हिसाब से सही चुना गया चश्मा आपको भीड़ में एक 'विद्वान' और 'लीडर' की छवि देता है। जब आप अपने चश्मे को एक औजार की तरह इस्तेमाल करना सीख जाते हैं, तो आपकी आँखों की ताकत कई गुना बढ़ जाती है। रसूखदार बनना दिखावा नहीं, बल्कि अपनी हर छोटी चीज़ की गरिमा बनाए रखना है।

क्या आपका चश्मा आपकी नाक पर टिका है या आपके रुतबे पर? आज ही इसे जाँचें।

ट्रिक नं. 48: खुशबू और बालों का अंदाज़: अपनी छाप छोड़ने का शाही तरीका (The Aura of Scent & Style)

शिमला के एक मशहूर हेरिटेज होटल के डाइनिंग हॉल में शहर के बड़े कारोबारियों की एक डिनर पार्टी चल रही थी। पूरा हॉल महँगे परफ्यूम और सिगार की हल्की गंध से भरा था। वहीं एक कोने में विकास खड़ा था, जो अपनी नई स्टार्टअप डील के लिए शहर के सबसे बड़े होटल चेन के मालिक, मिस्टर खन्ना का इंतज़ार कर रहा था। विकास ने सूट तो बहुत महँगा पहना था, लेकिन उसके बाल माथे पर बिखरे हुए थे और उसने इतनी तेज़ खुशबू वाला परफ्यूम लगाया था कि आसपास खड़े लोग अपनी नाक सिकोड़ रहे थे। जब मिस्टर खन्ना उसके पास आए, तो विकास की उस चुभने वाली महक ने उन्हें दो कदम पीछे हटने पर मजबूर कर दिया। मिस्टर खन्ना ने बस औपचारिक हाथ मिलाया और "बाद में बात करते हैं" कहकर आगे बढ़ गए। विकास को समझ नहीं आया कि उसकी हज़ारों की ड्रेस के बावजूद उसका प्रभाव इतना 'सस्ता' क्यों पड़ा।

तभी हॉल में अर्णव की एंट्री हुई। अर्णव का सूट साधारण था, लेकिन उसके बाल पीछे की तरफ बहुत ही सलीके से सेट थे, जिससे उसका माथा साफ़ और चेहरा 'शार्प' दिख रहा था। जैसे ही वह मिस्टर खन्ना के पास पहुँचा, हवा में एक बहुत ही हल्की और सुकून देने वाली चन्दन (*Sandalwood*) की महक घुली। यह खुशबू ऐसी थी जो चिल्ला नहीं रही थी, बल्कि धीरे से अपनी मौजूदगी दर्ज करा रही थी। मिस्टर खन्ना खुद उसकी तरफ झुके और लंबी चर्चा शुरू कर दी। विकास को दूर से ही समझ आ गया कि रसूख कपड़ों की चमक में नहीं, बल्कि उस 'अदृश्य आभा' (*Aura*) में होता है जिसे आपकी खुशबू और ग्रूमिंग तैयार करती है।

यहीं से व्यक्तित्व की वह जादुई ट्रिक निकलती है जिसे **"नासिका और नयन प्रभाव" (*The Sensory Anchor*)** कहते हैं। यह ट्रिक सिखाती है कि लोग आपको देखने से पहले आपको 'महसूस' करते हैं।

इस 'शाही आभा' को अपने भीतर उतारने के लिए इन व्यावहारिक नियमों का पालन करें:

परफ्यूम का चुनाव (*The Signature Scent*): कभी भी बहुत तेज़ खुशबू न लगाएँ जो दूसरों का दम घोंटे। गंभीर और हाई-प्रोफाइल मीटिंग्स के लिए 'वुडी' या 'मस्क' बेस वाली खुशबू चुनें—यह आपको भरोसेमंद और मैच्योर दिखाता है। शाम की पार्टियों के लिए 'स्पाइसी' या 'लेदर' खुशबू का इस्तेमाल करें, जो आपको एक रहस्यमयी और शक्तिशाली इंसान बनाती है। परफ्यूम को कपड़ों

के बजाय अपनी कलाई और कान के पीछे लगाएँ, जहाँ शरीर की गर्मी इसे धीरे-धीरे हवा में छोड़ती रहे।

चेहरे का ढाँचा और बाल (*The Frame of Face*): आपके बाल आपके व्यक्तित्व का 'ताज' हैं। अगर आपका चेहरा गोल है, तो साइड के बाल छोटे रखें और ऊपर वॉल्यूम दें ताकि आप 'डोमिनेंट' दिखें। चौकोर चेहरे वाले लोग छोटे और 'क्लीन-कट' बाल रखें ताकि उनकी जॉलाइन उभरकर आए, जो मज़बूत इरादों की निशानी है। याद रखें, बालों को पीछे की तरफ (*Back-comb*) सेट करना दुनिया का सबसे 'एलीट' लुक माना जाता है क्योंकि यह आपके पूरे चेहरे को खुला और स्पष्ट दिखाता है।

बारीकियों का रसूख (*The Detail Rule*): एक रसूखदार इंसान कभी भी अपनी गर्दन के पीछे उगे छोटे बालों (*Nape hair*) को नज़रअंदाज़ नहीं करता। हर १०-१२ दिन में इन्हें साफ़ करवाएँ। यह सूक्ष्म आदत बताती है कि आप अपनी ज़िंदगी की छोटी-छोटी बारीकियों पर कितनी पैनी पकड़ रखते हैं। साथ ही, अगर बाल डाई करते हैं, तो 'नेचुरल ब्लैक' चुनें; बहुत ज़्यादा गहरा काला रंग आत्मविश्वास की कमी और बनावटीपन को दर्शाता है।

अर्णव ने डिनर के बाद विकास से बस इतना कहा, "दोस्त, खुशबू ऐसी हो कि लोग तुम्हारे पास आना चाहें, और हेयरकट ऐसा हो कि लोग तुम्हें गंभीरता से लें। महक और चमक का सही संतुलन ही असली रुतबा है।"

> **"सुगंध हो चंदन सी शांत, मस्तक ऊँचा ढाल, सलीका जो बालों का**
> **रखे, सोई पुरुष विशाल।"**

इस कहानी का सार यह है कि आपकी ग्रूमिंग आपके बारे में वह सब कुछ कह देती है जो आप शब्दों से नहीं कह पाते। जब आपकी खुशबू मर्यादित होती है और आपके बाल आपके चेहरे को एक स्पष्ट आकार देते हैं, तो आप भीड़ में एक 'शासक' की तरह उभरते हैं। रसूखदार बनने का अर्थ दिखावा करना नहीं, बल्कि अपनी उपस्थिति को इतना सुखद और प्रभावशाली बनाना है कि लोग आपकी संगति के लिए तरसें। आपकी 'सिग्नेचर महक' और 'क्लासिक हेयरकट' ही आपकी असली पहचान है।

क्या आपकी महक लोगों को करीब बुलाती है या उन्हें आपसे दूर धकेलती है? आज ही अपनी 'आभा' की जाँच करें।

ट्रिक नं. 49: हाथ मिलाने का सही तरीका: एक स्पर्श से अपना रुतबा बनाने का हुनर (The Handshake of Confidence)

भोपाल के एक पुराने नवाबों वाले क्लब में शहर के बड़े उद्योगपतियों की एक बंद कमरे में मीटिंग चल रही थी। वहाँ हर कोई अपनी साख और रसूख के साथ मौजूद था। युवा बिज़नेसमैन आर्यन अपनी नई फैक्ट्री के लाइसेंस के लिए शहर के सबसे प्रभावशाली रिटायर्ड अधिकारी, मिस्टर खान से मिलने पहुँचा था। आर्यन ने महँगा सूट पहना था और बहुत आत्मविश्वास में दिख रहा था। जैसे ही मिस्टर खान ने हाथ बढ़ाया, आर्यन ने उनके हाथ को इतनी ज़ोर से भींच दिया। कि खान साहब के चेहरे पर शिकन आ गई। आर्यन को लगा कि वह अपनी 'शक्ति' दिखा रहा है, लेकिन खान साहब को वह एक 'अहंकारी और उतावला' लड़का लगा।

अगले ही पल, आर्यन का छोटा भाई ईशान अंदर आया। ईशान ने मिस्टर खान के पास जाकर शांति से अपना हाथ बढ़ाया। उसने न तो हाथ को ढीला छोड़ा और न ही ज़रूरत से ज़्यादा दबाया। हाथ मिलाते समय ईशान की हथेली पूरी तरह खान साहब की हथेली से मिली हुई थी। उसने खान साहब की आँखों में सीधे देखते हुए एक धीमी और गहरी मुस्कान दी। ईशान ने केवल तीन सेकंड के लिए हाथ मिलाया और फिर शालीनता से पीछे हट गया। मिस्टर खान इतने प्रभावित हुए कि उन्होंने पूरी मीटिंग में ईशान की बातों को सबसे ज़्यादा तवज्जो दी। आर्यन को समझ आ गया कि रुतबा हाथ दबाने में नहीं, बल्कि सही 'स्पर्श' और 'संतुलन' में होता है।

यहीं से व्यक्तित्व निर्माण का वह अचूक नियम निकलता है जिसे **"हथेली का संगम" (*The Web-to-Web Logic*)** कहते हैं। यह ट्रिक सिखाती है कि आपका हाथ मिलाना सामने वाले के अवचेतन मन में आपकी पूरी कुंडली खोल देता है।

[*Image showing a vertical handshake with palms fully touching, eyes locked, and a subtle smile, representing equality and strength*]

इस 'शाही स्पर्श' को अपने भीतर उतारने के लिए इन ३ व्यावहारिक नियमों को गांठ बांध लें:

संपर्क का गणित (*The Web Contact*): हाथ मिलाते समय अक्सर लोग केवल उंगलियाँ पकड़ते हैं (*Low-status*)। असली तरीका यह है कि अपने अंगूठे और पहली उंगली के बीच के खाली हिस्से (*Web*) को सामने वाले के उसी हिस्से से पूरी तरह सटा दें। जब तक दोनों हथेलियाँ पूरी तरह नहीं मिलेंगी, तब तक 'भरोसा' और 'बराबरी' का अहसास पैदा नहीं होगा।

पकड़ का संतुलन (*The Grip Balance*): अपनी पकड़ को उतना ही मज़बूत रखें जितना आप एक 'पके हुए आम' को पकड़ते हैं—इतना कि वह हाथ से फिसले भी नहीं और इतना भी नहीं कि वह दब जाए। हाथ को केवल २ से ३ बार ही ऊपर-नीचे (*Pump*) करें। याद रखें, हाथ मिलाते समय आपका हाथ बिल्कुल सीधा (*Vertical*) होना चाहिए। अगर आपका हाथ ऊपर है, तो आप घमंडी लगेंगे; अगर नीचे है, तो आप दबे हुए लगेंगे। सीधा हाथ 'बराबरी' और 'सम्मान' दिखाता है।

नज़र का ताला (*The Eye-Lock*): जब आप हाथ मिला रहे हों, तो अपनी नज़रें इधर-उधर न भटकाएँ। सामने वाले की आँखों में कम से कम २ सेकंड तक देखें और हाथ छोड़ने के एक पल बाद ही अपनी नज़रें हटाएँ। यह आपके 'विजयी' और 'स्थिर' व्यक्तित्व का प्रमाण है। साथ ही, हमेशा हाथ मिलाते समय खड़े हो जाएँ; बैठे-बैठे हाथ मिलाना बेहद अपमानजनक और आलसी माना जाता है।

एक और महत्वपूर्ण विवरण आपकी कलाई और उंगलियों का है। हाथ मिलाते समय ये सबसे ज़्यादा दिखते हैं। अपने हाथ में ज़रूरत से ज़्यादा अंगूठियाँ न पहनें—यह असुरक्षा और दिखावे का प्रतीक है। एक साधारण मेटल कड़ा या एक क्लासिक घड़ी आपकी कलाई की गरिमा बढ़ा देती है। अगर आप फॉर्मल शर्ट पहन रहे हैं, तो 'कफलिंक्स' का प्रयोग करें; यह छोटी सी बारीकी बताती है कि आप एक बहुत ही सुलझे हुए और ऊँचे दर्जे के इंसान हैं।

मिस्टर खान ने विदा लेते समय ईशान से बस इतना कहा, "बेटा, तुम्हारे हाथ मिलाने के अंदाज़ ने बता दिया कि तुम अपनी ज़िम्मेदारी संभालने के लिए तैयार हो। जो संतुलन तुम्हारे स्पर्श में है, वही तुम्हारे काम में भी दिखेगा।"

> **"उंगली पकड़ न मीत बन, पूरी हथेली जोड़, नपी-तुली जो पकड़ हो,
> वही रसूख का जोड़।"**
>
> इस कहानी का सार यह है कि आपका एक 'हैंडशेक' हज़ारों शब्दों पर भारी पड़ता है। जब आप सही तकनीक और गर्मजोशी से हाथ मिलाते हैं, तो आप बिना बोले यह साबित कर देते हैं कि आप एक आत्मविश्वासी और भरोसेमंद लीडर हैं। रसूखदार बनने का अर्थ डराना नहीं, बल्कि अपने स्पर्श से सामने वाले को यह यकीन दिलाना है कि आप उनके बराबर के और एक मज़बूत इंसान हैं। आपका दाहिना हाथ हमेशा सूखा और गर्म होना चाहिए, ताकि आपका हर 'स्पर्श' आपकी सफलता की गवाही दे।

ट्रिक नं. 50: बोलने में ठहराव और रुतबे का असर (The Magic of the Power Pause)

ग्वालियर के कलेक्ट्रेट ऑफिस के बाहर गलियारे में भारी गहमागहमी थी। शहर के कई छोटे-मोटे नेता और ठेकेदार अपनी फाइलें लेकर चिल्ला-चिल्लाकर अपनी बात मनवाने की कोशिश कर रहे थे। उसी भीड़ में रजत भी था, जो एक नए प्रोजेक्ट के लिए मंजूरी लेने आया था। जैसे ही उसे अंदर बुलाया गया, वह घबराहट में तेज़ी से बोलने लगा। उसकी आवाज़ में "उम...", "सर, मेरा मतलब...", "जैसे कि..." जैसे शब्द बार-बार आ रहे थे। वह अपनी फाइल मेज पर पटक रहा था और हर सवाल का जवाब बिजली की गति से दे रहा था। जिलाधिकारी (*DM*) ने उसकी ओर एक ठंडी नज़र डाली और "हम विचार करेंगे" कहकर उसे बाहर भेज दिया। रजत को लगा कि उसने बहुत जानकारी दी, पर असल में उसने अपना प्रभाव पूरी तरह खो दिया था।

तभी बरामदे से एक शांत व्यक्तित्व वाले व्यक्ति, मिस्टर अवस्थी, अंदर दाखिल हुए। उन्होंने सूट नहीं, बल्कि एक सादा लेकिन कड़क प्रेस किया हुआ कुर्ता-पायजामा पहना था। उनके चेहरे पर एक अजीब सा सन्नाटा था। जैसे ही *DM* ने उनसे सवाल पूछा, अवस्थी जी तुरंत नहीं बोले। उन्होंने गहरी सांस ली, २-३ सेकंड के लिए जिलाधिकारी की आंखों में स्थिरता से देखा, और फिर बहुत ही नपे-तुले शब्दों में अपनी बात कही। जब वे किसी शब्द पर अटकते, तो वे "अह..." या "हूँ..." नहीं कहते, बल्कि चुप हो जाते। वह दो सेकंड की खामोशी पूरे कमरे में एक भारीपन पैदा कर देती थी। *DM* उनकी हर बात को ऐसे सुन रहे थे जैसे कोई कीमती प्रवचन हो। अवस्थी जी ने पानी का गिलास उठाया, एक घूंट भरा और अपना अंतिम तर्क देकर फाइल बंद कर दी। रजत बाहर खड़ा यह सब देख रहा था और उसे समझ आ गया कि चिल्लाने से नहीं, बल्कि शब्दों के बीच के 'सन्नाटे' से रसूख बनता है।

यहीं से व्यक्तित्व की वह गुप्त और राजसी ट्रिक निकलती है जिसे **"रणनीतिक खामोशी" (*The Strategic Silence*)** कहते हैं। यह ट्रिक सिखाती है कि आपकी शक्ति आपके बोलने की रफ़्तार में नहीं, बल्कि आपके 'ठहराव' में छिपी है। मनोविज्ञान के अनुसार, जो व्यक्ति सवाल सुनने के बाद थोड़ा रुककर जवाब देता है, उसे समाज में अधिक बुद्धिमान और नियंत्रित (*In Control*) माना जाता है।

इस 'खामोश रसूख' को अपनी रोज़ाना की बातचीत में उतारने के लिए इन ३ नियमों का पालन करें:

बोलने से पहले का विराम (*The Pre-Speech Gap*): जब भी आपसे कोई महत्वपूर्ण व्यक्ति सवाल पूछे, तो उत्तर देने के लिए भूखे शेर की तरह न झपटें। २-३ सेकंड के लिए रुकें। अपनी ठुड्डी (*Chin*) को थोड़ा ऊपर उठाएं और सामने वाले की आंखों में देखें। यह 'पॉज़' यह संदेश

देता है कि आप उनकी बात को 'तौल' रहे हैं और आपका जवाब कोई रटा-रटाया भाषण नहीं, बल्कि एक ठोस विचार है।

'फिलर' शब्दों का त्याग (*Eliminate Filler Words*): कमज़ोर वक्ता अक्सर अपनी बात के खाली स्थानों को "मतलब...", "जैसे कि...", "एक्चुअली..." जैसे कचरा शब्दों से भर देते हैं। एलीट तरीका यह है कि इन शब्दों की जगह पूरी तरह 'खामोश' हो जाएं। अगर आप अगला शब्द सोच रहे हैं, तो चुप रहें। वह सन्नाटा आपकी गंभीरता को बढ़ा देगा, जबकि "उम..." आपकी घबराहट का विज्ञापन कर देगा।

प्रतिक्रिया में देरी (*The Response Lag*): जब कोई आपको कोई बड़ा ऑफर दे या अच्छी खबर सुनाए, तो तुरंत "हाँ-हाँ" न करें। थोड़ा रुकें, जैसे आप उस पर विचार कर रहे हों। यह आपकी 'उपलब्धता' (*Availability*) को कम और आपकी 'वैल्यू' (*Value*) को बढ़ा देता है। डिजिटल दुनिया में भी, किसी बड़े अधिकारी या क्लाइंट के मैसेज का रिप्लाई तुरंत (१० सेकंड में) न करें। 2-5 मिनट का इंतज़ार यह दिखाता है कि आप एक व्यस्त और काम वाले इंसान हैं।

रुतबा दिखाने के लिए अपनी एक्सेसरीज़ का भी स्मार्ट इस्तेमाल करें। यदि आप दबाव में हैं, तो अपना सफेद, सूती रूमाल निकालें और धीरे से माथे पर सिर्फ एक बार 'टैप' करें। यह 'रॉयल' अंदाज़ दिखाता है कि आप पसीने से परेशान नहीं हैं, बल्कि अपनी स्वच्छता के प्रति सजग हैं। मेज पर रखे पानी के गिलास का इस्तेमाल 'नेचुरल पॉज़' के लिए करें; जब आपको सोचने के लिए वक्त चाहिए हो, तो एक घूंट पानी पिएं। यह आपको ५-७ सेकंड का मुफ्त समय दे देता है।

मिस्टर अवस्थी ने बाहर निकलते समय रजत के कंधे पर हाथ रखा और बस इतना कहा, "बेटा, ढोल इसलिए शोर मचाता है क्योंकि वह अंदर से खाली होता है। अपनी बातों के बीच में जगह छोड़ना सीखो, लोग तुम्हारी चुप्पी सुनने के लिए तरसेंगे।

इस पूरी कहानी का मर्म यही है कि शब्दों का वजन उनकी संख्या से नहीं, बल्कि उनके पीछे की शांति से नापा जाता है। जब आप रुक-रुक कर और सोच-समझकर बोलते हैं, तो आप महफ़िल के 'रिएक्टिव' सदस्य नहीं, बल्कि उसके 'मास्टर' बन जाते हैं। रसूखदार बनने का अर्थ है अपनी ऊर्जा को सहेज कर रखना और उसे केवल वहीं खर्च करना जहाँ उसकी सबसे ज़्यादा ज़रूरत हो। आपकी खामोशी सामने वाले को यह सोचने पर मजबूर कर देती है कि आपके दिमाग में क्या चल रहा है—और यही अनकहा डर या उत्सुकता आपके रसूख की सबसे मज़बूत नींव है।

याद रखें, जो व्यक्ति अपनी जुबान पर लगाम लगा सकता है, वह पूरी दुनिया पर लगाम लगा सकता है।

लेखक परिचय (*About Author*):

अर्जुन मौर्य एक प्रखर लेखक और विचारक हैं, जो आधुनिक जीवनशैली, मानवीय व्यवहार और व्यक्तित्व विकास से जुड़े विषयों पर अपने गहरे अवलोकन और दृष्टिकोण के लिए जाने जाते हैं। उनका लेखन मुख्य रूप से एकाग्रता *(Focus)*, उत्पादकता *(Productivity)* और आत्म-विकास के उन व्यावहारिक पहलुओं पर केंद्रित रहता है, जो आज के तेज और विचलित करने वाले समय में अत्यंत प्रासंगिक हैं।

वे अपने विचारों को केवल सिद्धांतों तक सीमित नहीं रखते, बल्कि उन्हें ऐसे सरल और प्रभावशाली ढंग से प्रस्तुत करते हैं, जिससे पाठक उन्हें अपने दैनिक जीवन में आसानी से लागू कर सके। अर्जुन मौर्य विशेष रूप से इस बात पर ध्यान देते हैं कि व्यक्ति अपनी आंतरिक क्षमता को पहचान सके और उसे अपने व्यवहार और निर्णयों में उतार सके।

उनका लेखन आत्म-अनुशासन, स्पष्ट सोच, मानसिक स्वतंत्रता और जीवन के प्रति एक संतुलित दृष्टिकोण विकसित करने पर केंद्रित है। वे मानते हैं कि व्यक्तित्व निर्माण एक निरंतर चलने वाली प्रक्रिया है, जिसमें छोटे-छोटे बद

समय के साथ बड़े परिणाम देते हैं।

"***WAKE UP: Now or Never***" के माध्यम से अर्जुन मौर्य ने इसी सोच को एक संगठित रूप में प्रस्तुत करने का प्रयास किया है, ताकि पाठक अपने जीवन में सकारात्मक बदलाव लाने के लिए प्रेरित हो सके और अपने लक्ष्य की ओर अधिक स्पष्टता के साथ आगे बढ़ सके।

अर्जुन मौर्य वर्तमान में अध्ययन और लेखन के माध्यम से व्यक्तित्व विकास के क्षेत्र में सक्रिय रूप से जुड़े हुए हैं, और वे अपने विचारों के जरिए लोगों को एक बेहतर और अधिक जागरूक जीवन की ओर प्रेरित करने का प्रयास करते हैं।

www.ingramcontent.com/pod-product-compliance
Lightning Source LLC
Chambersburg PA
CBHW062133160726
48282CB00027B/805
* 9 7 8 9 3 5 8 1 0 6 9 1 6 *